中伦研究院出品

中伦研究院出品

1993-2023

中倫 ZHONG LUN

金融行业

合规体系与数字化

中伦研究院 / 编

FINANCIAL INDUSTRY
COMPLIANCE SYSTEM
AND DIGITALIZATION

法律出版社 LAW PRESS · CHINA
北京

图书在版编目(CIP)数据

金融行业 : 合规体系与数字化 / 中伦研究院编. -- 北京 : 法律出版社, 2023
ISBN 978-7-5197-7995-5

Ⅰ. ①金… Ⅱ. ①中… Ⅲ. ①金融法-研究-中国②数字货币-研究 Ⅳ. ①D922.280.4②F713.361.3

中国国家版本馆 CIP 数据核字(2023)第 104019 号

金融行业
——合规体系与数字化
JINRONG HANGYE
—HEGUI TIXI YU SHUZIHUA

中伦研究院 编

责任编辑 李争春 翁潇潇
装帧设计 汪奇峰

出版发行 法律出版社
编辑统筹 法规出版分社
责任校对 张红蕊
责任印制 耿润瑜
经　　销 新华书店

开本 710 毫米×1000 毫米 1/16
印张 27 **字数** 452 千
版本 2023 年 7 月第 1 版
印次 2023 年 7 月第 1 次印刷
印刷 天津嘉恒印务有限公司

地址:北京市丰台区莲花池西里 7 号(100073)
网址:www.lawpress.com.cn
投稿邮箱:info@lawpress.com.cn
举报盗版邮箱:jbwq@lawpress.com.cn

销售电话:010-83938349
客服电话:010-83938350
咨询电话:010-63939796

书号:ISBN 978-7-5197-7995-5
定价:136.00 元
凡购买本社图书,如有印装错误,我社负责退换。电话:010-83938349

编 辑 委 员 会

中伦律师事务所创立于1993年，是中国最早获批设立的合伙制律师事务所之一。经过30年快速、稳健的发展壮大，中伦已成为中国规模最大的综合性、国际化律师事务所之一。来自全球18个办公室，包含420余位权益合伙人在内的2500多名专业人员，分别专精于特定的专业领域，通过合理的专业分工和紧密的团队合作，中伦有能力在各个领域为客户提供高质量的法律服务。

随着中国企业进一步迈向国际化，中伦与全球不同国家和法域的律师事务所建立了多维度、多渠道的合作关系，服务网络持续延伸，搭建了多元化、深层次的全球服务平台，形成了跨区域、跨领域、跨法域的综合发展格局，更加有效地为客户提供全方位、一站式的法律服务。

中伦研究院创立于2017年，依托中伦作为大型国际化律所的海量实践经验，集成中伦在行业内的前沿案例，结合全球化的法律与商业思维，致力于为法律服务注入前瞻性、创新性、综合性的知识成果与智力资产，推动法律行业变革与进步，并以科技解读法律，以法律赋能未来。

序　　言

2023年，是中伦律师事务所成立三十周年。而立之年驻足回眸，一代代中伦人在朝与夕的传承中坚守，在变与革的创新中突围，融入助力国家法治发展的大潮之中，脱颖而出。在既往的耕耘中，中伦见证并参与了经济与社会的发展，也受益于中国与全球的交流融合，始终保持理性、充满信心、彰显韧性。

三十年来，中伦践行律师使命，以法为业，以律为师，夯实理论基础、坚持专业化升级，与客户风雨兼程、同舟共济，共同把握时代机遇，迎接历史挑战。今天，中伦已经成长为一家提供全方位法律服务的大型综合性律所，在三十多个业务领域处于国内乃至世界领先地位，整体专业实力持续领跑中国法律服务市场。同时，中伦以“立足中国，连接全球”为出发点，不断提高为客户在全球配置最优法律服务资源的能力，并在国际舞台上贡献属于中国律师的智慧。

三十年来，中伦不断探索现代化中国律所建设之路，注重科学的组织和制度建设，以文化塑造人、以事业凝聚人，力争打造有活力、有温度、有效率、有目标、有原则的专业机构，构建优质的企业生态系统。同时，中伦努力承担社会责任，致力于慈善公益、法律援助、法学教育、国际交流、建言献策、参与立法、对外共享研究成果，于不同层面参与法治建设，推动律师行业发展和社会进步。中伦与中伦人共同成长，互相成就，攥指成拳，合力致远。

最近五年面对世界大变局和诸多不确定因素，中伦努力把握时代脉搏，在发扬光大传统优势领域的基础上，积极适应新场景、学习新技术、运用新工具、创造新模式。其中一个重要方面就是以行业部门为入口，服务于国家产业政策，面向未来发展趋势，培养精通专业、熟谙行业、兼具全球视野和本地专长的业务团队，从而为客户提供更精准、更全面、更优质的全产业链服务。

这套中伦三十周年系列文集正是展现了这方面的成果，共六卷，分别聚焦房地产与基础设施、能源与自然资源、金融行业、通讯与技术、健康与生命科学、文化娱乐教育六大行业。它的问世离不开中伦合伙人和律师们的不辞辛劳；在繁忙的业务之暇，他们将执业中的经验凝结为一篇篇兼具专业性、针对性和实用性的文章。这是他们为中伦三十岁生日献上的一份厚礼，更是中伦奉献给读者们的一份答卷。

三十周年是“百年中伦”的一个重要里程碑，也是中伦面向未来的一个关键时刻。中伦将秉承“专业、进取、包容、共享”的核心价值观，以“制度化、专业化、国际化”为抓手，拥抱科技创新革命，为建设成为国际上受人尊敬的法律专业服务机构，为推进中国法治化进程，笃行不怠，踔厉风发。

志之所趋，无远弗届，穷山距海，不能限也。

是为序。

中伦律师事务所管理委员会主任

赵　靖

目　录

一、银行业与金融服务

合规与监管

金融行业反垄断合规要点及趋势概览 …………………………………… 3

针对金融机构高风险客户强化尽调现状的思考
——结合49号通报与实务观点 ………………………………… 14

个人金融信息保护的合规要点解读 …………………………………… 22

金融控股公司如何应对即将到来的监管风暴
——以监管现状及发展趋势为视角 …………………………………… 34

金融控股公司步入规范监管时代
——《金融控股公司监督管理试行办法》核心要点聚焦 ………………… 43

理财公司内控合规监管新常态 ………………………………………… 53

理财公司产品销售管理全解析 ………………………………………… 66

世界银行制裁判例研究:欺诈、腐败与串通 ……………………………… 92

金融产品

回归信托业务本源
——财产权信托在特殊资产管理中的应用 ………………………………… 111

我国基础设施公募REITs项目实务过程中的核心问题探讨 ……………… 120

金融风险及争议解决

非典型增信措施的法律性质识别实务探析 ……………………………… 150

跨境担保适用法律和管辖选择的困境 …… 160
金融争议解决视角下中国内地的第三方资助
——回归金融属性，维系金融创新 …… 172
供应链行业票据违约与当事人破产叠加下，持票人如何行权 …… 187
凝共识删繁就简，解疑难定分止争
——评析审理银行卡纠纷司法解释 …… 195
试论金融债委会成员一致行动原则 …… 204
跨境融资
解析跨境融资交易中的非对称管辖条款 …… 214
关于在英进行跨境绿色融资主要路径的常见问答 …… 224

二、保险业
迈进后疫情时代，拥抱互联网保险 …… 239
债权投资计划保证担保的法律合规要点 …… 246
互联网保险业务外部合规审计要点分析 …… 262
我国香港特别行政区保险业的法律监管
——立法及监管框架概览 …… 271
《保险公司偿付能力管理规定》修订亮点解读 …… 277
困境保险公司之风险监测与处置 …… 288

三、金融科技与创新
合规与监管
银行保险机构信息科技外包风险要点透视 …… 311
网络货运平台的供应链金融合规之路 …… 320
数据安全保护重新定义金融合规 …… 329

银行电商业务的开展及其法律合规问题探讨 …………………… 342
举一纲而万目张
——金融数据的分类分级与全生命周期保护 …………………… 351
金融数据服务业数据合规指引 …………………………………… 361
金融机构建立数据中心的合规要点分析 ………………………… 369
草木百年新雨露
——数字征信时代的业务创新与监管挑战 ……………………… 379
数字资产
数字财富传承法律问题探析 ……………………………………… 393
虚拟资产在我国香港特别行政区 ………………………………… 399
前沿观察:从境外热点案例中看 NFT 性质认定与法律风险 …………… 419

CHAPTER 01

银行业与金融服务

金融行业反垄断合规要点及趋势概览

余昕刚　蒋蕙匡　贾　申*

*作者简介：

余昕刚，中伦律师事务所北京办公室合规与政府监管部合伙人，电邮为：scottyu@zhonglun.com。

蒋蕙匡，中伦律师事务所北京办公室合规与政府监管部合伙人，电邮为：jianghuikuang@zhonglun.com。

贾申，中伦律师事务所北京办公室合规与政府监管部顾问，电邮为：jiashen@zhonglun.com。

金融行业具有高风险性，关系国计民生和社会稳定，在全球范围内历来属于强监管领域。反垄断作为政府开展市场监管的手段之一，在金融行业逐步落地并持续加强。

2020 年 12 月，中央政治局会议提出强化反垄断和防止资本无序扩张，①反垄断立法与执法日益活跃，金融行业也不例外。2021 年 11 月 18 日，国家反垄断局正式挂牌，加强包括金融领域在内的经营者集中审查工作将成为下一阶段强化反垄断和反不正当竞争监管的重点。② 2022 年 1 月，原银保监会工作会议指出，做好全年监管工作，确保经济金融大局稳定，强化金融反垄断和反不正当竞争。③

金融行业一直是反垄断执法的重点领域。据不完全统计，截至 2021 年年底，我国反垄断执法机构在金融行业的超过 100 起垄断协议案件中作出处罚，对 1 起金融行业滥用市场支配地位案件进行调查，在 5 起金融行业未依法申报案件中作出处罚，共无条件批准超过 350 起涉金融领域（含投资基金类）的经营者集中申报。随着对金融监管的逐步加强，金融行业预计将迎来更多的反垄断合规风险和案例。

本文回顾总结境内外金融行业的反垄断案例，并结合《反垄断法》2022 年修正的内容，梳理金融行业反垄断合规热点难点，探讨金融企业反垄断合规管理思路。

一、金融行业经营者集中：逐步加大反垄断审查力度、增加违法成本

金融行业投资并购项目活跃，尤以投资基金为代表。无论涉及哪些细分业态和哪种交易形式，只要相关交易项目达到经营者集中申报标准，就需要进行反垄断申报。据不完全统计，截至 2021 年年底，我国反垄断执法机构共批准超过 350 起涉金融领域（含投资基金类）的经营者集中交易，并在 5 起金融行业的未依法申

① 参见《2021 经济工作怎么干？中共中央政治局会议做了分析研究》，载百度网 2020 年 12 月 12 日，https://baijiahao.baidu.com/s?id=1685857053299453397&wfr=spider&for=pc。

② 参见《国家反垄断局正式挂牌　民生金融科技传媒领域经营者集中审查或将加强》，载中国经营网 2021 年 11 月 18 日，http://www.cb.com.cn/index/show/zj/cv/cv135144031263。

③ 参见《银保监会召开 2022 年工作会议》，载中华人民共和国中央人民政府网，http://www.gov.cn/xinwen/2022-01/26/content_5670511.htm。

报案件中作出处罚(包括 B 公司与某银行新设合营企业案①、某保险集团股份有限公司和某创业投资有限公司设立合营企业案②、T 公司收购某小额贷款业务金服有限公司股权案③、S 公司和某银行设立合营企业案④、Y 投资有限公司收购某消费金融股份有限公司股权案⑤)。下文将回答金融领域经营者集中的若干典型问题。

(一)投资人以财务投资为目的仅收购非控股股权是否需要申报

不一定。是否需要申报取决于交易方是否取得控制权和营业额是否达标。投资人并不会因为其是财务投资、收购少数股权、不并表等原因而当然免除申报义务。即使仅投资少数股权,也可能取得反垄断法项下的控制权。按照经营者集中申报规则和实践,是否获得控制权需要根据具体交易安排结合多项因素进行综合判断,包括具有表决权的股权比例、董事会席位及决策机制(含否决权)、任命高管的资格、投资人与目标公司的附加业务合作协议(如订单保障、优先采购、限制与投资人的竞争对手合作)等。

单就持股比例而言,我国《反垄断法》并未规定只要未达到某一持股比例即可豁免经营者集中申报。因此,即使投资人的目的是进行财务投资而不谋求并表,持股比例不高且目标公司股权结构较为分散,但如果该交易使投资人在目标公司的股东会、董事会和/或管理层取得了对目标公司经营决策方面的积极或消极的控制,则仍有可能构成经营者集中。在构成经营者集中的情况下,如果达到相关营业额标准,则需要进行经营者集中申报。

据不完全统计,截至 2021 年年底,至少有 10 起持股比例不超过 10% 的案件中的相关当事人因未依法申报受到了行政处罚。例如,在某网约车平台与某电动

---

① 参见市场监管总局处罚决定书:https://www.samr.gov.cn/jzxts/tzgg/xzcf/art/2023/art_65450390c47a4032ab458c41fe1adf06.html。

② 参见市场监管总局处罚决定书:https://www.samr.gov.cn/jzxts/tzgg/xzcf/art/2023/art_a0629d127e4947dc80583223a711a3b0.html。

③ 参见市场监管总局处罚决定书:https://baijiahao.baidu.com/s?id=1716944059667695022&wfr=spider&for=pc。

④ 参见市场监管总局处罚决定书:https://www.sac.gov.cn/cms_files/filemanager/samr/www/samrnew/fldes/tzgg/xzcf/202204/t20220424_341680.html。

⑤ 参见市场监管总局处罚决定书:https://www.samr.gov.cn/jzxts/tzgg/xzcf/art/2023/art_a862c9573c8d4ac8a92b67fa3fb3db2b.html。

车企业设立合营企业违法实施经营者集中案①中，网约车平台仅通过其子公司持股3.23%，但仍因未依法申报受到了行政处罚。这些执法案例警示基金等金融领域投资方要重视小股权投资项目的反垄断合规工作。

（二）基金或其他投资平台的营业额如何计算

根据国务院《关于经营者集中申报标准的规定》，如果交易达到以下标准之一，则应当进行经营者集中申报：(1)参与集中的所有经营者上一会计年度在全球范围内的营业额合计超过100亿元人民币，并且其中至少两个经营者上一会计年度在中国境内的营业额均超过4亿元人民币；(2)参与集中的所有经营者上一会计年度在中国境内的营业额合计超过20亿元人民币，并且其中至少两个经营者上一会计年度在中国境内的营业额均超过4亿元人民币。

与其他行业相比，金融行业中经营者集中申报的营业额计算具有特殊性。具体而言，银行业金融机构、证券公司、期货公司、基金管理公司和保险公司等金融业经营者营业额需依据《金融业经营者集中申报营业额计算办法》进行计算，即除保险公司外的金融行业经营者营业额＝（营业额要素累加－营业税金及附加）×10%，保险公司营业额＝（保费收入－营业税金及附加）×10%。

对于基金投资人而言，参与投资的某一基金（或基金项下特殊目的公司或投资平台）的营业额应包含同一集团内所有基金所"控制"（反垄断法意义上的控制）的所有投资组合的营业额，即便投资对象所处的行业/市场与本次交易所涉的行业/市场并不相关（当然，投资组合与目标公司的业务关系可能会影响申报过程中的实质竞争分析和审查）。

（三）设立基金本身是否需要申报

不一定。实践中，判断一个或多个普通合伙人与一个或多个有限合伙人共同新设基金的情形是否构成经营者集中，需考虑普通合伙人和有限合伙人对基金的控制情况。有限合伙人亦可能对基金形成控制，如果存在多个合伙人（无论是普通合伙人还是有限合伙人）共同控制基金的情形，则会构成经营者集中，需进一步基于营业额判断是否触发申报义务。例如，在某私人有限公司和某基金有限合伙

① 参见市场监管总局处罚决定书：https://www.samr.gov.cn/zt/qhfldzf/art/2021/art_152a15cc90784eb9ad3a2706f2549312.html%201。

新设合营企业案[①]中，新设的基金由普通合伙人和有限合伙人共同控制，且营业额已达标，交易方基于此进行了反垄断申报。

（四）申报对交易时间表的影响如何

如交易达到反垄断申报标准，则反垄断申报获批是交易交割的前置程序，申报人应当在签署集中协议后、实施集中前向反垄断执法机构申报，在获得批准前不得交割。

近年来，金融领域（尤其是投资基金领域）项目经常符合简易案件标准，如果准备得当、沟通顺利，反垄断申报对于交易时间表的影响就不明显。据统计，自简易案件标准实施以来，已申报的涉基金投资项目案件中，90%以上均以简易案件标准审结。2020年以来，简易案件平均可在立案后15日左右审结（相比而言，普通程序的案件在立案后需要2—4个月甚至更久才能审结）。需要注意的是，《反垄断法》在2022年的修正中新增了经营者集中审查停钟制度，可能会导致实际审查时限延长，也需交易各方提前做好准备。

（五）没有进行申报或者先交割后申报的后果如何

根据原《反垄断法》的规定，对于未依法申报的交易，反垄断执法机构可以对经营者处50万元以下的罚款，并可视案情责令经营者采取以下措施恢复到集中前的状态：（1）停止实施集中；（2）限期处分股份或者资产；（3）限期转让营业；（4）其他必要措施。

在金融领域的未依法申报案件中，涉案企业均被处以原《反垄断法》下的违法实施集中的顶格罚款（50万元）。需要特别提示的是，根据2022年修正后的《反垄断法》的规定，经营者违法实施集中，且具有或者可能具有排除、限制竞争效果的，由国务院反垄断执法机构责令停止实施集中、限期处分股份或者资产、限期转让营业以及采取其他必要措施恢复到集中前的状态，处上一年度销售额10%以下的罚款；不具有排除、限制竞争效果的，处500万元以下的罚款。随着企业违法成本的大幅上升，金融领域企业应持续加强反垄断合规管理，包括进一步强化经营者集中申报意识。

在境外，越来越多的金融行业并购案件正受到反垄断审查。2020年11月，美

---

① 参见某私人有限公司和某基金有限合伙新设合营企业案，载反垄断局网，http://fldj.mofcom.gov.cn/article/jyzjzjyajgs/201709/20170902653289.shtml。

国司法部就维萨(Visa)收购普莱德(Plaid)事宜发起反垄断调查,理由是Visa作为在线借记服务的"垄断者",每年向消费者和商家收取数十亿美元的在线支付费用,Plaid则正在开发一种低成本的在线借记支付方式,若这项收购最终成功,将进一步强化Visa在在线借记服务领域的垄断地位,增加其他支付领域创新者的进入壁垒,也将令广大消费者无法在在线借记服务领域获得更低价格与更好服务。面对美国司法部的反垄断调查,Visa在2021年年初决定取消对Plaid的收购。[①] 由此可见,反垄断审查可能对交易进程和结果产生重大影响,需要交易各方提前与外部律师沟通,就反垄断申报相关风险进行评估。

二、金融行业垄断协议执法:保险业为代表、横向协议为主、多由行业协会组织

据不完全统计,截至2021年年底,我国反垄断执法机构共对金融领域11起系列案件中超过100个当事人作出处罚(见表1),呈现出以保险领域为代表、横向垄断协议为主、多由行业协会组织的特点。随着社会经济的不断发展和反垄断执法的日益强化,预计未来会有更多不同细分领域的金融行业经营者会因达成/实施垄断协议而受到查处。

表1 金融领域当事人的反垄断行政处罚案件信息表

序号	案件名称	违法行为	当事人数量	调查部门	调查期间(月)	合计罚款数额(万元)
1	湖南省永州市保险行业协会组织本行业经营者垄断协议案	固定或者变更商品价格	1	湖南省物价局	6	40
2	湖南省常德市保险行业协会组织本行业经营者垄断协议案	分割市场	3	原湖南省工商行政管理局	6	130

① See *Visa abandons $5.3B Plaid acquisition in the face of DoJ antitrust suit*, COINTELEGRAPH, (Jan. 12, 2021), https://cointelegraph.com/news/visa - abandons - 5 - 3b - plaid - acquisition - in - the - face - of - doj - antitrust - suit.

续表

序号	案件名称	违法行为	当事人数量	调查部门	调查期间（月）	合计罚款数额（万元）
3	湖南娄底保险行业价格垄断案	固定或者变更商品价格	13	湖南省物价局	7	219
4	新疆保险协会和部分保险公司价格垄断案	固定或者变更商品价格	7	新疆维吾尔自治区发展改革委	未知	651.14
5	浙江省保险协会价格垄断协议案	固定或者变更商品价格	23	国家发展改革委	未知	约 11020
6	江苏扬州保险行业协会及 23 家财产保险公司价格垄断案	固定或者变更商品价格	24	江苏省物价局	未知	900
7	中国太平洋人寿保险股份有限公司湖北分公司分割市场案	分割市场	5	原湖北省工商行政管理局	未知	7.25
8	中国人寿江西省分公司等 17 家保险公司建筑工程险垄断案	分割市场	17	原江西省工商管理局	30	约 522
9	湖北省保险行业协会组织本行业经营者垄断协议案	分割市场	1	原湖北省工商行政管理局	38	20
10	河池市保险行业涉嫌垄断案	分割市场	10	原广西壮族自治区工商行政管理局	39	约 56.5
11	山东日照 14 家会计师事务所垄断协议案	分割销售市场	14	原山东省工商行政管理局	25	约 41

目前公开的金融行业垄断协议案件呈现出持续时间长、地域范围广、涉案企业多、社会影响大等特点。有的违法行为持续几年甚至十多年。例如，湖北省保

险行业协会组织本行业经营者从事垄断协议案中分割市场的违法行为自 2003 年持续至 2016 年。有的涉案企业多达数十家。例如，浙江省保险协会价格垄断协议案涉及行业协会和 32 家保险企业①，执法机构最终对浙江省保险行业协会和 22 家保险企业进行了处罚；在调查过程中，由于部分公司主动承认并提交相关证据而被全部免除处罚或按照一定幅度（90%）减轻处罚，也有部分保险公司由于并未参与达成、实施垄断协议，执法机关依法对其停止调查。

保险行业内的垄断协议绝大多数是由保险行业协会组织的。由于保险行业的特性，行业协会具有组织当地保险公司达成并实施垄断协议的资源和能力。因此，保险业经营者更应在参与行业协会的沟通交流等活动时注意反垄断合规，尤其不要与竞争对手交流保费、费率等竞争敏感信息。需提示的是，即便是因为行业协会或行业主管部门指导而达成了垄断协议，企业作为参与者并不能被免除处罚，垄断协议导致的反垄断合规风险依然存在。根据《禁止垄断协议规定》第 46 条的规定，如果经营者能够证明其受行政机关和法律、法规授权的具有管理公共事务职能的组织滥用行政权力强制或者变相强制达成垄断协议，可以依法从轻或者减轻处罚（而非免除处罚）。

国外也不乏金融领域的反垄断执法案例，具有代表性的是银行合谋操纵欧元利率衍生品定价案。2011 年，欧盟委员会对涉嫌操纵欧元银行同业拆借利率（EURIBOR）衍生品价格的行为启动调查。调查发现，2005 年 9 月至 2008 年 5 月，共有 7 家银行的交易员在不同时段通过企业聊天室或即时消息进行定期联系，相互交流与交易头寸、定价策略有关的敏感信息，合谋扭曲欧元利率的正常定价机制，影响欧元利率衍生品市场的公平竞争。在确定存在限制竞争的卡特尔后，欧盟委员会于 2013 年 12 月与多家银行达成和解，罚款总额高达 15 亿欧元。由于另外三家银行拒绝和解，调查仍按照欧盟标准的卡特尔调查程序持续进行。2016 年 12 月，欧盟委员会以涉嫌合谋操纵欧元利率衍生品定价的名义，对法国农业信贷银行等三家金融机构处以共计 4.85 亿欧元的罚款。②

---

① 本案一共涉及 32 家保险企业及协会，国家发改委最终对其中 9 家免除处罚，也就是对行业协会与 22 家保险公司进行了处罚。

② See *Antitrust*: *Commission fines Crédit Agricole*, *HSBC and JPMorgan Chase € 485 million for euro interest rate derivatives cartel*, Comissione europea, (Dec. 7, 2016), https://ec.europa.eu/commission/presscorner/detail/it/IP_16_4304.

三、金融行业滥用市场支配地位执法：相关市场细分、合规风险增加

目前国内公开的金融行业滥用市场支配地位案件数量较少。2016 年，原内蒙古自治区工商行政管理局对某银行内蒙古自治区分行涉嫌“没有正当理由搭售商品，或者在交易时附加其他不合理的交易条件”的滥用市场支配地位行为进行立案调查。该分行被控具有内蒙古自治区“金融扶贫富民工程”贷款业务市场支配地位，在开展“金融扶贫富民工程”贷款时，要求贷款农牧户必须购买人身意外伤害保险，否则不予发放贷款。该分行在接受调查过程中要求下属支行停止办理农牧户贷款代理保险业务，采取退还保费、建立农牧户阳光办贷卡制度等措施积极整改，原内蒙古自治区工商行政管理局于 2018 年决定对其中止调查。

本案的相关商品市场为较为细分的具体项目贷款业务市场，相关地域市场为省份市场，体现了监管机关对金融行业相关市场界定的可能思路，具有一定参考意义。企业应当注意，如果细分相关市场，企业被认定具有市场支配地位的可能性和日常经营管理中的合规风险将大大增加。

虽然目前金融行业滥用市场支配地位的案件数量较少，但随着互联网平台企业的崛起和互联网金融业务的发展，并考虑国内针对平台领域反垄断执法力度逐步加大的现状，未来对金融行业滥用市场支配地位的监管可能将进一步加强。与前文所述的反垄断方面的规定类似，根据《禁止滥用市场支配地位行为规定》第 41 条的规定，经营者能够证明其受行政机关和法律、法规授权的具有管理公共事务职能的组织滥用行政权力强制或者变相强制滥用市场支配地位的，可以依法从轻或者减轻处罚（而非免除处罚）。

境外针对金融领域滥用市场支配地位的反垄断执法案例也在不断涌现。2021 年 10 月 28 日，《华尔街日报》报道，美国司法部正在对国际卡组织 Visa 与大型金融科技公司的关系展开调查，包括 Visa 向 Square 等金融科技公司提供合作激励的情况。资料表明，Visa 有时会提出降低费用或者提供其他奖励措施，以换取金融科技公司通过 Visa 而非其他卡组织网络进行交易。该行为类似于近期中国对平台企业重点执法的“二选一”滥用市场支配地位行为。目前该案件仍在调查中。①

---

① 参见相关媒体报道：https://cn. wsj. com/articles/% E7% BE% 8E% E5% 9B% BD% E5% 8F% B8% E6% B3% 95% E9% 83% A8% E8% B0% 83% E6% 9F% A5visa% E4% B8% 8E% E5% A4% A7% E5% 9E% 8B% E9% 87% 91% E8% 9E% 8D% E7% A7% 91% E6% 8A% 80% E5% 85% AC% E5% 8F% B8% E7% 9A% 84% E5% 85% B3% E7% B3% BB - 11635378608。

四、互联网金融的监管新动向：平台经济反垄断与金融监管的交叉互动

近几年互联网金融如雨后春笋般涌现。目前各大知名平台企业均在其平台生态系统下设立金融平台，以“科技创新”为名进军金融市场。平台企业作为连接生产、流通、消费过程中各方的中心主体，实质上发挥了调节资金余缺的作用，即平台实质上已成为互联网金融领域的核心。金融行业已经形成“互联网平台 + 金融服务”与“传统金融服务 + 互联网”的新型竞争格局。考虑到金融业本身属于强监管领域，预计互联网金融服务将成为平台经济反垄断和金融监管的交叉地带。

2021 年 1 月，中国人民银行发布《非银行支付机构条例（征求意见稿）》，明确支付领域相关的审查及反垄断监管，明确界定相关市场范围以及市场支配地位认定标准，以维护市场公平竞争秩序。该征求意见稿第 54 条明确了“非银行支付机构不得开展不正当竞争，妨害市场公平竞争秩序”的原则；第 55 条规定了市场支配地位预警措施；第 56 条规定了市场支配地位情形认定，为非银行支付机构市场支配地位的认定提供了指引；第 57 条规定了市场支配地位监管措施，包括中国人民银行可以向国务院反垄断执法机构建议采取停止滥用市场支配地位行为、停止实施集中、按照支付业务类型拆分非银行支付机构等措施。该征求意见稿对非银行支付机构的反垄断工作提供了具体指引，其将如何与平台反垄断监管等进行协调互动，仍有待观察。

五、金融行业经营者反垄断合规管理

在执法机构加强对金融行业的反垄断监管的背景下，金融行业各经营者，包括平台金融服务经营者，更需要高度重视反垄断合规，至少考虑从以下几个方面做好企业内部风险评估和整改工作，必要时聘请外部顾问对企业的反垄断风险进行评估诊断，协助整改措施有效落地，确保企业合规运营。

（一）基于自身业务特点梳理反垄断合规风险场景

建议企业根据《反垄断法》及相关法律法规，必要时聘请外部律师就自身业务流程各个环节可能涉及的反垄断合规风险场景进行梳理，并制作合规风险自查清单和行之有效的合规指引，以指导业务部门的日常工作，确保业务运营的反垄断合规。

（二）重点管控反垄断执法频率较高领域的合规风险

1. 加强投资并购项目的反垄断申报合规

鉴于投资股权比例方面并不存在无须申报的“安全港”，建议企业就投资并购项目尽早聘请外部律师进行反垄断评估，并就存量交易进行自查，管控交易项目应报未报的合规风险。

2. 避免达成垄断协议

就目前我国执法案例集中的横向垄断协议合规而言，建议金融行业经营者与同业竞争者谨慎交流价格、成本等竞争敏感信息，并在参与行业协会相关活动时主动寻求合规部门的把关与指导，有效管控可能的垄断协议风险。

（三）把控“互联网＋金融”模式的反垄断合规风险

无论是互联网平台企业发展金融业务，还是传统金融企业借助互联网平台开展业务，建议在新业务模式的探索设计过程中，引入反垄断合规审查和标准流程（Standard Operating Procedure，SOP）合规控制嵌入，并在业务模式的落地经营过程中与合规部门同步最新情况。

（徐浩哲、于佳永对本文亦有贡献）

针对金融机构高风险客户强化尽调现状的思考

——结合49号通报与实务观点

唐梦沅　穆　耸*

*作者简介：

唐梦沅，中伦律师事务所北京办公室公司业务部非权益合伙人，电邮为：tangmengyuan@zhonglun.com。

穆耸，中伦律师事务所北京办公室公司业务部合伙人，电邮为：musong@zhonglun.com。

鉴于反洗钱金融行动特别工作组（Financial Action Task Force on Money Laundering，FATF）第四轮互评估中认定中国金融机构在高风险客户强化尽职调查方面的薄弱情况，监管部门加大了对“未按规定对高风险客户采取管控措施”的查处力度。《中国人民银行营业管理部关于洗钱高风险客户强化尽职调查典型问题的通报》（银管发〔2022〕49 号）指出，金融机构在洗钱高风险客户强化尽职调查机制建设和实际执行等方面均存在缺陷，随之而来的相关实务观点[①]中也对洗钱高风险客户尽职调查的实施现状提出了问题并给出了解决建议。就此，笔者拟从法律法规出发，结合实务观点与日常工作提出一些思考与建议。

一、洗钱高风险客户强化尽职调查的依据

为弄清洗钱高风险客户强化尽职调查的问题，我们需要追本溯源，探究基础的法律法规依据。在《金融机构客户尽职调查和客户身份资料及交易记录保存管理办法》（以下简称 2022 年 1 号令）出台前，《金融机构客户身份识别和客户身份资料及交易记录保存管理办法》（已失效）曾首次提出，“对于高风险客户或者高风险账户持有人，金融机构应当了解其资金来源、资金用途、经济状况或者经营状况等信息，加强对其金融交易活动的监测分析。客户为外国政要的，金融机构应采取合理措施了解其资金来源和用途”；并规定，“对本金融机构风险等级最高的客户或者账户，至少每半年进行一次审核”。《法人金融机构洗钱和恐怖融资风险管理指引（试行）》（银反洗发〔2018〕19 号）再次提出“法人金融机构应当有效识别高风险业务（含产品、服务）”并“应按照相关法律法规的要求，开展进一步的强化尽职调查措施”，其后《中国人民银行关于明确可疑交易报告制度有关执行问题的通知》（银发〔2010〕48 号，已失效）对于有关主体涉高风险国家（地区）的情形明确“应尽可能采取强化的客户尽职调查措施”。在《中国人民银行关于进一步做好受益所有人身份识别工作有关问题的通知》中，中国人民银行使用大篇幅提出强化身份识别措施的要求，要求金融机构针对特定情形（如涉及外国政要、非自然人客户的股权或者控制权结构异常复杂等）进行强化的尽职调查。但遗憾的是，总体而言，关于高风险客户识别与强化尽职调查的规定并未形成自上而下的法规体系。

① 本文所称的实务观点，主要指监管部门领导、实务工作者、研究人员在公开渠道上发表的实务性文章与观点。

为顺应 FATF 相关建议[①],2022 年 1 号令中明确,对于高风险情形及高风险客户,需要根据风险情形采取相匹配的以下一种或者多种强化尽职调查措施,具体包括:(1)获取业务关系、交易目的和性质、资金来源和用途的相关信息,必要时,要求客户提供证明材料并予以核实;(2)通过实地查访等方式了解客户的经济状况或者经营状况;(3)加强对客户及其交易的监测分析;(4)提高对客户及其受益所有人信息审查和更新的频率;(5)与客户建立、维持业务关系,或者为客户办理业务,需要获得高级管理层的批准。

在 2022 年 1 号令生效后,即初步形成了以 2022 年 1 号令指导客户尽职调查实操、以各监管通知指导细节操作的监管规则体系。

二、金融机构对法规要求的理解情况与实施中存在的问题

根据笔者在实际工作中遇到的情况,大中型金融机构普遍对于反洗钱规定及 2022 年 1 号令的变化有了基础性的了解与认识,并逐步着手更新相关政策与工作流程。但出于种种原因,目前对于洗钱高风险客户强化尽职调查工作仍存在以下问题。

(一)思维转变需要时间

虽然 2022 年 1 号令出台前监管规定对于高风险客户识别与强化尽职调查早已有了要求,但金融机构的落实情况均不理想,因此可以将 2022 年 1 号令的出台视为各大金融机构思维转变的契机。大多数金融机构在理论层面已理解 2022 年 1 号令的出台对客户尽职调查工作的影响与其中包含的思路转变,但在操作中仍无法跳出原有的思维模式。比如,部分机构认为涉及外国政要即应视为高风险情况、涉及 FATF 黑名单地区即应视为高风险情况,无法根据机构自身状况建立特定的高风险认定机制等。

(二)人力与资金的限制

对于部分已调高风险等级的客户,无法因其客观状况发生变化而立即改变风险等级(如对服刑完毕人员降低风险等级),其原因包括无人力与资金进行及时回溯,或由于无暇精细化操作以及无监管指导意见不敢进行操作等。

---

① 指 FATF 40 项建议中针对特定客户和活动的额外措施等。

基于目前的市场状态，金融机构均有意开源节流，导致在业务条线上客户尽职调查信息收集有走过场或不严谨的问题，而由于法律合规与风险管控部门人员一般超负荷运转，又很难及时发现这些问题。

（三）业务倾向影响合规指标调整

高风险客户的划定、重新评级，权重与评级方法的调整受本机构人力、业务部门意见等影响较大，一般设定后再进行调整的难度与阻力不小。

（四）高风险客户审批机制实施难

高风险客户的内部审批流程名存实亡。一般而言，认定高风险不代表该客户一定无法开展业务，但其流程需从业务端经合规部门递送高级管理层定夺，高级管理层很多情况下会本着多一事不如少一事的原则否决申请，或本着处罚是或有事项的态度全部批准，法律合规与风险管控部门落实流程的难度很大。

（五）处罚成本与利润难以权衡

从行政监管的角度来看，一般而言，金融机构基于前述原因，其内部漏洞较多，一次检查可能会查出几百上千条违规问题，而在其中强化尽职调查的问题看起来反而是一项小问题。并且由于《反洗钱法》规定的处罚力度有限，忽略或模糊处理部分反洗钱合规点也是一种成本考量的结果。

（六）监管能力与金融机构能力不平衡

在实践中，相当一部分监管部门工作人员与领导的技术与理论水平已达到国际标准。但是，在金融机构端，受限于权限、工作量与薪资，大部分金融机构的人员尚不具备较高的技术与理论水平，这也导致许多金融机构与监管部门的差距在不断拉大，形成不平衡的状态。

三、监管部门提出的问题与解决思路的思考

近年来，无论是监管部门还是金融机构，均已大步走向成熟的合规之路，从最开始的不识规定到现在的主动研究风控策略，中国的反洗钱合规环境正在不断优化。就近期北京地区反洗钱监管部门针对机构高风险客户管控所提出的“管控空白”“管控过头”“管控单一”“管控混乱”“管控不实”等问题，笔者认为，这些问题的产生与解决宜关注技术和监管环境两个方面。就该两个方面，笔者提出以下建议与思路以供讨论。

（一）从技术角度出发

1. 针对“管控空白”“管控单一”等问题

（1）修正与优化制度、流程

笔者认为，无论出于何种原因，不能按照法规要求与监管期待进行内部控制制度、流程的修正与优化，均是有极大缺陷且从监管角度难以原谅的，因为该项工作是成本最低也最为基础的合规工作。修正与优化制度、流程的要点包括但不限于：①切实制定属于机构自身的高风险客户特征清单。②明确初步客户尽职调查、持续客户尽职调查、重新尽职调查的具体触发情形与管控措施，并且明确具体的管控政策要求。从工作实践出发，金融机构需要关注目前司法实践中金融机构管控措施是否损害消费者权益的司法观点，并结合监管规定根据不同情形设定不同梯度的管控手段，如设置暂停柜面交易、限制账户部分功能、强制线下服务、限额限频、停止服务、冻结账户/资金等有梯度的管控措施。③明确客户尽职调查数据合规审查、筛查名单回溯、内部审计的频率与具体要求，并根据该等要求形成本机构的例行工作任务。

（2）定期进行数据审查、名单回溯与合规审计

目前大部分金融机构将精力放在首次客户尽职调查工作上，而缺乏对客户尽调信息的审核与定期的名单筛查机制（除非名单发生了重大变化）。笔者认为，从实践出发，要加强对业务人员的培训并明确内部制度流程，但人无完人，我们应当接受业务人员因过失或工作不精而出错的可能性。因此，更为有效的工作方式即为定期与非定期地对客户尽职调查数据进行合规审查并进行名单回溯，以动态了解本机构反洗钱履职情况并及时查漏补缺，形成客户风险等级实时调整的科学工作模式。这是最为简单、直接与有效的事后评价机制，虽然并不一定能完全满足监管要求，但应是金融机构需满足的最低层次的合规评估工作要求，毕竟“知错能改，善莫大焉”。

对于部分金融机构因自身能力有限无法开发适应性系统的情况，实务观点也给出了很好的建议，包括“利用数据库编写 SQL 语句，或 EXCEL 表透视等方式进行人工数据分析，评估本机构高风险客户的管控策略是否缓释了风险”。

（3）定期审查模型有效性

无论是监管规定还是实务观点中，均不止一次提出要审查模型有效性（包括

但不限于可疑交易模型、高风险客户模型等）。在高风险客户分类方面，实务观点提出可“采用比率法，定期选取截至某时点上报过可疑交易、司法查询（能够或不能够明确客户涉嫌违法，且交易异常）、行政调查（能够或不能够明确客户涉嫌违法，且交易异常）涉及的三类客户（剔除以前所有此类评估使用过的客户，以免重复）；统计上述三类高风险客户在该时间节点前的合计数；再用上述高风险客户合计数除以这三类客户合计数”。“理论上此比值越接近 1，标志着某金融机构的客户洗钱风险等级划分工作越有效……”笔者认为，前述方式不失为一种底线思维的审查方式，金融机构大可参照该等模式先行定期核查，以确保至少不会出现无高风险客户或出现极端数量高风险客户（过高或过低）的情况。如条件允许，则应当结合自身情况进行更为科学的审查。

2. 针对“管控不实”“管控混乱”等问题

（1）应将反洗钱管控条款纳入客户协议

金融机构需改变对自身风控政策讳莫如深、不愿向客户告知内部风控要求与措施的现状，而应当将反洗钱管控条款纳入客户协议，向客户明确告知相关风险与后果，并做到条款可用、能用，此举亦是对金融机构权利的有效保障。监管机构也重审：“建议金融机构与存量客户签订补充服务协议，明确反洗钱相关条款。金融机构应‘未雨绸缪’，前置法律手段，摆脱因对高风险客户管控引发的恶意投诉甚至法律诉讼。同时也建议金融机构在其官网、营业网点以多种方式宣传有关法律规定。”

（2）梳理与优化技术系统

在实践中，制度无法落实是行业痛点之一，在目前的行业状况下，笔者认为，一味要求业务人员精益求精化身反洗钱专家的难度是比较大的。从我国的普遍实践来看，如果可以通过技术系统进行流程性管理则可能获得更好的效果。实务观点中也提出“考虑到管控的工作量和难度，以及复杂性，金融机构必须使用强力的技术手段，提升高风险客户管控的实质效果”，并建议风险管控模块所应具备的功能包括“策略设置、管控执行、效果跟踪、监测与分析、管控台账等”，为金融机构提供了基础指引。

从细节上举例而言，如针对业务部门不能完整填写客户尽职调查信息的情况，应在开户系统中设定必填、必选项并屏蔽部分无用语（如不详、未知、银行转账等）；又如，针对客户尽职调查与高风险管理脱节的问题，可在系统中加入可快速生成的初步风险等级，并将其与后续操作进行关联，从技术层面形成合规工作流程闭环；再如，针对管控策略，应提前建立“电话回访、临柜提供材料、上门核实、加大交易监测频次、限制交易规模、限制某些金融产品或服务、限制或暂停交易渠道、账户只收不付、中止业务、账户冻结、终止业务等”模块化策略，实施“一键管控”。

（3）进一步明确留痕机制

在客户尽职调查工作中，从业务部门开展的客户尽调与信息填写、资料收集，到高风险客户的强化尽调流程、法律合规与风控部门的审查，再到高级管理层的特定情形审批，金融机构应当形成内部处处留痕机制，并对相关分析与说明板块做出备注要求。如不得仅以“因击中名单定为高风险”“系统认定风险较高”“经排查可认定风险较低”“经讨论可开展交易”等非分析类语言进行分析说明，必须说明具体法律依据、事实情况、建议结论，采用三段论式分析模式。

（4）加强对法规与合规要求的学习

目前金融机构普遍需要同时面对反洗钱、反逃税、制裁、反电信诈骗、反恐怖融资等各类合规场景，各类场景下的要求与流程相似又不尽相同。因此，金融机构应当加强对相关法律法规的学习，以制订出符合本机构自身情况的制度与工作流程。

3. 进一步加强外部力量协助已成为不可避免的趋势

由于反洗钱工作的专业性、复杂性、重复性，除超大型金融机构可凭借强大的合规团队解决自身问题外，绝大部分金融机构均面临着缺少长期资金、招不到“即插即用”的人员等现实问题，因此，聘请外部力量已成为不可避免的趋势。即便对于超大型金融机构，为避免内部舞弊及工作不畅，亦需要聘请外部力量协助进行合规审计相关工作。

（二）从监管环境角度出发

笔者认为，从司法环境与经济环境来看，合规工作不应是“剃头挑子一头热”，金融机构的底色是逐利的，但我国的实际情况是在合规端鲜有天价罚单或对金融机构造成巨大压力的处罚，进而难以从实质上推进金融机构切实落实合规政策。但在欧美国家，因无法接受监管导致机构自身关停的例子却比比皆是。因此，笔者认为，为较好地解决合规端问题，监管部门与立法部门宜立足我国情况促进国内金融机构的合规成长。

1. 如何避免“管控过头”是大部分金融机构长期、持续性的问题

从法规要求与监管要求出发，金融机构应该本着“以风险为本”的原则对“如何控”“怎么控”进行因地制宜的处理。但实操中，由于时间、精力的限制，一般金融机构只能通过“一刀切”的方式进行处理，如对涉FATF黑名单的交易一概拒绝等。

笔者认为，我国的合规环境仍处于较初级的阶段，还需要时间不断进行成长与改善，也建议监管部门对金融机构的困境抱有一定程度的理解。“一刀切”的方式虽然灵活性较差，但不失为目前环境下的一种合规风险控制方式，待金融机构可以熟练进行客户尽职调查及采取相关风控措施后，则可以逐步根据自身风险防控目标与获客经济风险平衡考虑，真正形成科学的工作模式。以现状来看，“管控过头”问题将是长期、持续性的问题。

2. 宜从法规层面出发进一步明确金融机构各部门职责，并通过处罚与监管手段将合规压力传递至每个涉及的部门、人员

大部分金融机构中，法律合规与风控部门的话语权均较低，相关合规领导需要顶着巨大的压力在本机构内推进合规工作的开展。该工作往往无法得到其他部门的理解，一旦出现问题，第一个需接受处罚的通常是合规部门的负责人，因而很难进行实质性地风控。对此，实务观点中也提出了“明确董监高的管理、监督职责和分支机构经营层高管责任”“针对不同性质高风险客户分类作业，建立授权制度”“建立机构‘横向’和‘纵向’的工作机制和流程”等建议。

考虑到金融机构内耗的困境，笔者认为，如切实需要推进金融机构合规工作，立法部门与监管部门宜从法律法规及处罚实践出发，通过进一步立法明确各部门责任、有效化处罚金额及将处罚落实到每个涉及的部门与人员身上等方式，使金融机构的董监高、客户管理部门等归口部门切实感受到外部监管压力，而非在法律合规部内部进行压力传导，将更有利于提升金融机构的整体合规重视度，有利于合规部门的工作推进。

个人金融信息保护的合规要点解读

李　瑞　钟俊鹏　贾　申*　姚　远

*作者简介：

李瑞，中伦律师事务所北京办公室公司业务部合伙人，电邮为：lirui@ zhonglun. com。

钟俊鹏，中伦律师事务所北京办公室公司业务部非权益合伙人，电邮为：zhongjunpeng @ zhonglun. com。

贾申，中伦律师事务所北京办公室合规与政府监管部顾问，电邮为：jiashen@ zhonglun. com。

个人金融信息保护属于个人信息保护领域、消费者权益保护领域及金融监管领域共同关注的议题,可能涉及的监管部门包括中国人民银行、国家金融监督管理总局、证监会等金融行业主管部门,网信办、工信部等网络与数据安全主管部门,以及国家市场监督管理总局等消费者权益保护主管部门;涉及的合规义务主体包括传统金融持牌机构以及各类金融科技公司。个人金融信息保护具有业务场景复杂、合规要求交错等特点,是金融数据合规工作中的难点和重中之重。

为了帮助金融业机构进一步落实《个人信息保护法》、《中国人民银行金融消费者权益保护实施办法》及《银行保险机构消费者权益保护管理办法》等相关规定中的个人金融信息保护要求、提升个人金融信息全流程处理的规范性,本文将重点结合《个人金融信息保护技术规范》[①]介绍个人金融信息保护合规工作中的要点,并对如何进行个人金融信息资产梳理以及全生命周期保护提供建议。

一、个人金融信息资产梳理

(一)个人金融信息的定义

在开展个人金融信息保护工作之前,首先需要明确何为个人金融信息。根据《个人金融信息保护技术规范》第 3.2 条的规定,个人金融信息,是指"金融业机构[②]通过提供金融产品和服务或者其他渠道获取、加工和保存的个人信息",具体包括账户信息、鉴别信息、金融交易信息、个人身份信息、财产信息、借贷信息及其他反映特定个人某些情况的信息。据此,个人金融信息不等同于《个人信息保护法》所提及的金融账户信息,个人金融信息的范围显然更广泛。另外,根据《个人信息保护法》第 28 条敏感个人信息的定义及示例[③],个人金融信息也并不完全落入敏感个人信息的范畴,而需结合相关信息泄露的影响综合判断。

(二)个人金融信息的分类分级

金融业机构进行个人金融信息资产梳理的核心是建立完善的、动态可调的分类分级体系。个人金融信息的分类规则较为明确,参考《个人金融信息保护技术

---

① 《个人金融信息保护技术规范》虽然仅是推荐性标准,但是其为金融机构处理个人金融信息过程中涉及的安全核查及评估提供了详尽的指引,是金融监管实务中的重要参考依据。

② 具体而言,金融业机构不仅指传统的持牌金融机构,还包括其他提供金融产品或服务从而涉及个人金融信息处理的新型金融业机构。

③ 根据《个人信息保护法》第 28 条的规定,金融账户属于敏感个人信息。

规范》,金融业机构可以以账户信息、鉴别信息、金融交易信息、个人身份信息、财产信息、借贷信息及其他信息为标准将个人金融信息粗分为 7 大子类,再进一步根据自身组织经营情况向下细分。在明确个人金融信息的分类后,金融业机构应当搭建个人金融信息的分级框架。依据信息遭到未经授权的查看或未经授权的变更后所产生的影响和危害,《个人金融信息保护技术规范》将个人金融信息按敏感程度从高到低分为 C3、C2、C1 三个等级,并列举了具体的个人金融信息等级供参考(如表 1 所示)。

表 1 个人金融信息等级判断规则

等级	描述	具体信息范围
C3	一旦遭到未经授权的查看或未经授权的变更,会对个人金融信息主体的信息安全与财产安全造成严重危害	主要为用户鉴别信息,具体如下: · 银行卡密码、预付卡支付密码; · 个人金融信息主体登录密码、账户查询密码、交易密码; · 卡片验证码(CVN 和 CVN2)、动态口令、短信验证码、密码提示问题答案等
C2	一旦遭到未经授权的查看或未经授权的变更,会对个人金融信息主体的信息安全与财产安全造成一定危害	主要为可识别特定个人金融信息主体身份与金融状况的个人金融信息,以及用于金融产品与服务的关键信息,包括但不限于: · 支付账号及其等效信息,如支付账号、证件类识别标识与证件信息(身份证、护照等)、手机号码; · 账户(包括但不限于支付账号、证券账户、保险账户)登录的用户名; · 用户鉴别辅助信息,如动态口令、短信验证码、密码提示问题答案、动态声纹密码;若用户鉴别辅助信息与账号结合使用可直接完成用户鉴别,则属于 C3 级信息; · 直接反映个人金融信息主体金融状况的信息,如个人财产信息(包括网络支付账号余额)、借贷信息; · 用于金融产品与服务的关键信息,如交易信息(如交易指令、交易流水、证券委托、保险理赔)等; · 用于履行了解客户要求,以及按行业主管部门存证、保全等需要,在提供产品和服务过程中收集的个人金融信息主体照片、音视频等影像信息; · 其他能够识别出特定主体的信息,如家庭地址等

续表

等级	描述	具体信息范围
C1	一旦遭到未经授权的查看或未经授权的变更，可能会对个人金融信息主体的信息安全与财产安全造成一定影响	主要为机构内部的信息资产，指供金融业机构内部使用的个人金融信息，包括但不限于： · 账户开立时间、开户机构； · 基于账户信息产生的支付标记信息； · C2 和 C3 级信息中未包含的其他个人金融信息

上述分级标准有助于厘清个人金融信息与《个人信息保护法》下的敏感个人信息的关系：首先，《个人金融信息保护技术规范》对于 C2、C3 级信息的描述与《个人信息保护法》下敏感个人信息一旦泄露或者非法使用，容易导致自然人的财产安全受到危害的属性基本一致，因此，宜将 C2、C3 级信息归入敏感个人信息，提高其保护标准，在处理此类信息时还需要注意遵循单独同意、进行个人信息保护影响评估等特殊处理规则。其次，对于 C1 级信息，其一旦遭到未经授权的查看或未经授权的变更，可能会对个人金融信息主体的信息安全与财产安全造成一定影响，但这种影响是否达到《个人信息保护法》上侵害自然人的人格尊严或危害人身、财产安全的程度从而构成敏感个人信息，则需结合具体场景判定。

金融业机构在进行个人金融信息资产梳理和等级判定时还应当注意：(1) 鉴于《金融数据安全　数据安全分级指南》（以下简称《金融数据分级指南》）提供了与《个人金融信息保护技术规范》具有融合性的金融数据的分类分级框架，而个人金融信息又属于金融数据，并且《金融数据分级指南》中提供的分级框架下的 2 至 4 级与上述 C1、C2、C3 级信息存在一一对应的关系，因此，金融业机构可以在金融数据资产清单对应的金融数据等级中嵌入个人金融信息模块，将个人金融信息融合进金融数据分级框架中进行一体化统筹管理，从而减轻需要分别管理多个数据资产清单的工作压力。(2) 若干低敏感程度信息经过组合、关联和分析后可能产生高敏感程度信息，如账户登录的用户名和动态口令均为 C2 级信息，但如果两者经过组合、关联后可完成用户鉴别和登录，则产生的信息属于 C3 级的用户鉴别信息。金融业机构在进行此类行为后，应注意对相关个人金融信息重新进行分级。(3) 同一信息在不同的服务场景中可能处于不同的级别，应依据服务场景以及信息在该场景下的作用，对信息等级进行场景化识别。

二、个人金融信息生命周期保护的技术要求

从收集、传输、存储、使用到删除和销毁，个人金融信息的生命周期中各环节设置与《个人信息保护法》《金融数据安全　数据生命周期安全规范》等规定基本一致。基于不同的个人金融信息级别，《个人金融信息保护技术规范》提供了相应的技术和管理要求的参考，金融业机构可以参照相关要求，设计并实施覆盖个人金融信息全生命周期的安全保护策略。表 2 中归纳了主要环节中的典型合规义务。

表 2　个人金融信息生命周期保护技术及管理要求示例

处理环节及场景	《个人金融信息保护技术规范》中的 3 级个人金融信息适用规则	合规义务示例
收集	一般性规则	· 确保收集信息来源的可追溯性； · 采取技术措施引导个人金融信息主体查阅隐私政策，在获得其明示同意后方可收集； · 应采取屏蔽措施防止用户银行卡密码、网络支付密码等密码类信息明文显示
	C2、C3 级信息特殊规则	· 不应委托无金融业相关资质的机构收集 C2、C3 级信息； · 通过受理终端、客户端应用软件、浏览器等方式收集 C3 级信息时，应使用加密等技术措施
传输	一般性规则	· 建立相应的个人金融信息传输安全策略和规程，采用安全通道、数据加密等安全控制措施； · 传输前通信双方应通过技术手段进行身份鉴别认证； · 接收方应对接收的信息进行完整性校验
	C2、C3 级信息特殊规则	· 通过公共网络传输信息时，C2、C3 级信息应使用加密通道或数据加密的方式进行传输
存储	一般性规则	· 符合个人金融信息主体授权使用的目的所必需的最短时间要求； · 将去标识化、匿名化后的数据与可用于恢复识别个人的信息采取逻辑隔离的方式进行存储
	C2、C3 级信息特殊规则	· 不应留存非本机构的 C3 级信息，若确有必要留存，则应取得个人金融信息主体及账户管理机构的授权； · C3 级信息应采用加密措施确保数据存储的保密性

续表

处理环节及场景		《个人金融信息保护技术规范》中的3级个人金融信息适用规则	合规义务示例
使用	共享和转让	一般性规则	· 共享和转让前,开展个人金融信息安全影响评估、接收方信息安全保障能力评估,并签署数据保护责任承诺; · 因收购、兼并、重组、破产等情况发生个人金融信息的共享和转让的,应使用逐一传达(或公告)的方式通知个人金融信息主体(注:如果在上述过程中个人金融信息处理的目的发生变化,应根据《个人信息保护法》的要求重新取得信息主体的明示同意)
		C2、C3级信息特殊规则	· C3级信息以及C2级信息中的用户鉴别辅助信息不应共享、转让
	公开披露	一般性规则	· 事先开展个人金融信息安全影响评估; · 未经个人金融信息主体同意,不应公开披露个人生物识别信息
		C2、C3级信息特殊规则	· C3级信息以及C2级信息中的用户鉴别辅助信息不应公开披露
	委托处理	一般性规则	· 不应超出个人金融信息主体授权同意的范围; · 对委托行为进行个人金融信息安全影响评估; · 对第三方机构等受委托者进行监督,签署合同并进行安全检查和评估; · 未经书面授权,受委托者不得转委托; · 委托关系解除时(或外包服务终止后),受委托者应按照金融业机构的要求销毁其处理的个人金融信息,并承担后续保密责任; · 对外部嵌入或接入的SDK(软件开发工具包)等自动化工具应开展技术检测,对其收集的个人金融信息进行审计,发现超范围时及时断开
		C2、C3级信息特殊规则	· C3级信息以及C2级信息中的用户鉴别辅助信息不应委托给第三方机构进行处理
	加工处理	一般性规则	· 清洗和转换过程中对个人金融信息进行保护; · 对匿名化或去标识化处理的数据集或其他数据集汇聚后重新识别出个人金融信息主体的风险进行识别和评价
		C2、C3级信息特殊规则	· 清洗和转换过程中对C2、C3级信息采取更加严格的保护措施

续表

处理环节及场景		《个人金融信息保护技术规范》中的3级个人金融信息适用规则	合规义务示例
使用	汇聚整合	一般性规则	· 超出收集时所声明的使用范围使用的,应再次征得个人金融信息主体明示同意; · 开展个人金融信息安全影响评估
删除		一般性规则	· 采取技术手段在金融产品和服务所涉及的系统中去除个人金融信息,使其不可被检索和访问; · 依法依规响应个人金融信息主体删除其个人金融信息的要求
销毁		一般性规则	· 建立个人金融信息销毁策略和管理制度,明确销毁对象、流程、方式和要求; · 对个人金融信息存储介质销毁过程进行监督与控制; · 销毁过程应保留有关记录; · 采用不可恢复的方式(如消磁、焚烧、粉碎等)对不再使用的存储个人金融信息的介质进行销毁处理

此外,《个人金融信息保护技术规范》还特别关注支付敏感信息,并在部分环节中有针对性地设置了特殊合规义务。根据《个人金融信息保护技术规范》的规定,支付敏感信息是指支付信息中涉及支付主体隐私和身份识别的重要信息,具体包括银行卡磁道数据或芯片等效信息、卡片验证码、卡片有效期、银行卡密码、网络支付交易密码等用于支付鉴权的个人金融信息。由于其敏感性,支付敏感信息一般属于 C3 级别的个人金融信息,因此,除适用上述 C3 级别信息处理的一般合规要求外,处理支付敏感信息时还需履行以下的特殊合规义务(见表 3)。

表 3　C3 级中支付敏感信息的特殊合规义务

处理环节	合规义务示例
收集	网络支付业务系统中,应使用具有信息输入安全防护、即时数据加密功能的安全控件对支付敏感信息的输入进行安全保护,并采取有效措施防止合作机构获取、留存支付敏感信息
传输	支付敏感信息的安全传输技术控制措施应符合有关行业技术标准与行业主管部门有关规定的要求

续表

处理环节	合规义务示例
存储	受理终端、个人终端及客户端应用软件均不应存储支付敏感信息及个人生物识别信息的样本数据、模板，仅可保存完成当前交易所必需的基本信息要素，并在完成交易后及时予以清除

数字化时代，金融业机构全面提高个人金融信息的保护能力不仅是更严监管态势下的必然要求，更是实现数字化金融转型的关键。金融业机构应当以网络数据安全及个人信息保护等方面的法律为根基，以行业主管部门的相关规定为枝干，以国家标准为叶，落实个人金融信息的分类分级，并建立涵盖个人金融信息收集、传输、存储、使用、删除、销毁等各个环节的全生命周期的内控合规制度。

三、个人金融信息外部合作管理

金融业机构与外部机构合作开展个人金融信息处理活动已然成为业内常态，合作内容通常涉及以下两个环节：一是在收集端通过数据提供商、互联网平台等外部渠道间接收集个人金融信息；二是在使用端对已收集的信息委托外部机构进行分析、加工等，或向其他关联和非关联合作方共享以合作开展相关业务。

就收集端而言，金融业机构需要重点对第三方个人信息来源的合法性进行审核，形成规范的审核流程，并且应要求外部合作机构确保其将个人信息提供给金融业机构的情形已经明确为个人信息主体所知晓并同意。如果相关收集行为是为了对相关用户的信用状况进行判断，涉及从事个人征信业务，金融业机构还必须核实该个人金融信息提供方是否为个人征信持牌机构。[①] 此外，在外部机构主要通过爬虫技术获取信息的情形下，金融业机构需要注意核实信息来源是否确为公开网站等渠道、是否为个人信息主体同意并主动公开，如爬取用户通讯录中第三人信息的行为，就往往因缺乏相应信息主体的同意而不具有合法性基础。

就使用端而言，根据《个人金融信息保护技术规范》的要求，金融业机构在其

① 《征信业务管理办法》第3条规定："本办法所称征信业务，是指对企业和个人的信用信息进行采集、整理、保存、加工，并向信息使用者提供的活动。本办法所称信用信息，是指依法采集，为金融等活动提供服务，用于识别判断企业和个人信用状况的基本信息、借贷信息、其他相关信息，以及基于前述信息形成的分析评价信息。"

个人金融信息保护制度体系的管理范畴中，除了应涵盖本机构，还应涵盖相关外包服务机构与外部合作机构，确保相关制度传达至外部合作方，并且在委托处理或与外部机构共享前对上述机构进行审查评估。在此基础之上，金融业机构在就个人金融信息开展外部合作时还应当特别注意以下合规义务：

(1)妥善签署合作协议。协议应明确双方个人金融信息保护责任、保密义务、监督、处罚、合同终止和突发情况下的应急处置，并要求外部机构不留存C2、C3级信息；如因业务需要(清分清算、差错处理)确需留存C2级信息(如支付账号)，应明确合作方保密义务与泄密责任，并落实相应的安全控制措施，将有关资料留档备查。

(2)访问权限与控制。对于可能访问个人金融信息的外部机构及其人员，应要求外部机构向有关人员传达个人金融信息保护安全要求，并与其签署保密协议，对协议履行情况进行监督。

(3)数据库的运维主体。除委托外包服务机构处理个人金融信息的情形之外，对于其他外部合作机构，不应将存储个人金融信息的数据库交由其运维。

(4)监督与检查。定期以信息安全评估、现场检查等方式对外部机构个人金融信息保护措施落实情况进行确认。

(5)数据分析中的信息脱敏。开展数据分析等方面的合作时，应确保使用的是脱敏后的个人金融信息。

(6)合作方为互联网平台企业时的特殊义务。如外部机构为互联网平台企业，则未经个人授权同意，应要求其不得跨平台传递个人金融信息。

另外，当出现个人金融信息泄露事件时，如果还因此产生了一定经济损失或社会影响，金融业机构还应及时委托外部的安全评估机构重新进行相关安全评估与检查活动，同时将相关结果报送行业主管部门。

四、个人金融信息跨境传输

在跨国金融业机构进行用户研究，或境内外金融机构处理跨境支付、对外联络等业务时，通常会产生个人信息跨境传输的需求。需要注意的是，《个人金融信息保护技术规范》确立了个人金融信息本地化存储原则下的跨境传输制度。[①] 如因业务需要，金融业机构确需向境外机构（含总公司、母公司或分公司、子公司及其他为完成该业务所必需的关联机构）提供个人金融信息时，需满足以下要求：

（1）符合国家法律法规及行业主管部门有关规定。

（2）获得个人金融信息主体明示同意。

（3）依据国家、行业有关部门制定的办法与标准开展个人金融信息出境安全评估，确保境外机构数据安全保护能力达到国家、行业有关部门与金融业机构的要求。

（4）通过与境外机构签订协议、现场核查等方式，明确并监督境外机构有效履行个人金融信息保密、数据删除、案件协查等义务。

（5）值得注意的是，就上述的信息出境安全评估义务，结合《数据出境安全评估办法》，可能存在以下几种触发情形：①金融业机构被认定为关键信息基础设施运营者（Critical Information Infrastructure Operator，CIIO）[②]；②出境数据中含有重要数据；③金融业机构处理超过 100 万人以上个人信息；④金融业机构累计向境外提供超过 10 万人个人信息或者 1 万人敏感个人信息。就上述与境外机构签订的数据传输协议，《个人信息保护法》《数据出境安全评估办法》《个人信息出境标准合同办法》也提出了同样要求。

除上述要求外，如果境外司法或执法机构为跨境调查取证而请求调取存储在中国境内的个人金融信息，金融业机构只能在获得境内相关主管机关的批准后方可响应该等请求、对境外提供个人金融信息。需要特别注意的是，数据出境安全评估结果的有效期为两年，在有效期届满或其他一些情形下，数据处理者需要重新申报评估。目前，《数据出境安全评估办法》已经落地，该办法对负责评估的机构、标准合同的架构及条款、既存已出境数据是否须补报等问题进行了规定。

---

① 2011 年中国人民银行《关于银行业金融机构做好个人金融信息保护工作的通知》（已失效）就已经要求银行业金融机构在中国境内收集的个人金融信息的储存、处理和分析应当在中国境内进行，而《个人金融信息保护技术规范》第 7.1.3 条则进一步将该义务扩大至所有金融业机构涉及个人金融信息处理的活动。

② 根据《关键信息基础设施安全保护条例》的相关规定，金融业属于 CIIO 所在的重点行业，笔者认为，属于 CIIO 的金融业机构将由中国人民银行及地方分行、国家金融监督管理总局及地方分局、证监会及地方证监局等金融行业保护工作部门通知相关认定结果。

五、金融类应用程序运维中的个人金融信息收集

在金融产品数字化的背景下，应用程序成为当下金融业机构采集用户个人金融信息的主要工具，但同时也是个人金融信息处理违法违规的“重灾区”。根据笔者统计，在网信部门及工信部门2019年10月至2022年6月的应用程序治理通报中，有300余款金融类应用程序被监管部门通报或下架处理，其中，隐私政策提示及收集使用规则公开问题和违规或超范围收集信息问题各占到通报比例的30%以上。此外，第三方SDK披露问题也逐渐成为通报重点，并已占到通报比例的25%。由此可见，个人金融信息收集是当前金融类应用程序监管执法的重点领域。此处列出以下应用程序收集端须遵循的合规义务要点以供参考：

(1)严守最小必要原则，要求用户必须提供的个人信息，不得超过必要个人信息范围，同时避免收集超出业务实际需要、与业务无关的个人信息。金融业机构可参考《常见类型移动互联网应用程序必要个人信息范围规定》对于网络支付、网络借贷、手机银行、投资理财类应用程序的要求，确定自身的必要个人信息范围。

(2)通过弹窗、明显位置的统一资源定位系统(Uniform Resource Locator，URL)链接等方式收集信息时，需要引导用户查阅隐私政策，并在获得其明示同意后，方可开展有关个人金融信息的收集活动。

(3)在隐私政策等公示文本中，必须逐项列明信息收集和共享的内容、目的及范围，以及所嵌入的SDK等第三方共享对象。

(4)当用户明确表示不同意收集某项非业务必要的个人信息后，应避免继续频繁地征求用户同意、干扰用户正常使用。

(5)使用人脸、指纹等个人生物识别信息作为用户登录的验证方式时，应通过弹窗、即时提示等方式征得用户的单独同意，并避免将生物识别信息作为唯一的验证方式。

六、金融营销宣传及自动化推广

金融产品和服务的营销宣传在当下是金融业机构引流变现的重要渠道。在《个人信息保护法》及《金融消费者权益保护实施办法》《银行保险机构消费者权益保护管理办法》等监管要求下，金融业机构在进行营销宣传活动时还应确保遵

守以下合规义务：

(1)收集个人金融信息用于营销宣传、用户体验改进、市场调查等目的时，需要确保通过适当方式供用户自主选择是否同意将自身的个人金融信息用于以上目的，如果用户不同意，金融业机构也不得因此拒绝提供相关产品或服务。

(2)通过电话呼叫、信息群发、网络推送等方式向用户发送营销信息时，金融业机构应当同时提供拒绝继续接收或退订的选择，避免短时间内对相同用户重复呼叫、发送短信和高频推送。

(3)在根据用户兴趣爱好、消费习惯等开展个性化精准营销时，金融业机构应当同时提供不针对用户个人特征进行推送的选项或界面关闭按钮等便捷的拒绝方式。

(4)应通过签订书面合作协议及采取相应的技术安全措施等方式，防止互联网平台等外部合作机构利用痕迹数据对用户个人开展未经授权的金融营销活动。

七、结语

在网络安全与数据保护方面，金融业作为重点行业在相关制度配套方面走在了前列，既有的标准、规范已对金融数据合规提出了诸多要求。但金融业机构的金融数据合规应当乘上“三驾马车”①，在对数据合规进行全局性理解的情况下，全面而有针对性地从重点难点问题入手，主动开展合规工作。

（罗仪涵对本文亦有贡献）

---

① “三驾马车”是指《个人信息保护法》《金融消费者权益保护实施办法》《个人金融信息保护技术规范》。

金融控股公司如何应对即将到来的监管风暴

——以监管现状及发展趋势为视角

何植松*

* 作者简介：

何植松，中伦律师事务所上海办公室公司业务部合伙人，电邮为：hezhisong@ zhonglun. com。

2020 年 2 月 14 日，中国人民银行、原银保监会、证监会、国家外汇局、上海市政府出台《关于进一步加快推进上海国际金融中心建设和金融支持长三角一体化发展的意见》，其明确提出“支持符合条件的非金融企业集团在上海设立金融控股公司”，这在一定程度上反映了监管层对于金融控股公司亦张亦弛的监管态度。

作为一种商事主体和金融创新形式，金融控股公司近年来在国内迅猛发展。这是经济全球化背景下，产业资本与金融资本深度融合的必然产物，也是当下金融业分业监管格局下，由分业经营向混业（综合化）经营转型的最佳模式之一。经过十多年的“野蛮生长”，各种类型、名目的金融控股公司层出不穷，从数量、业务领域、从业人数、管理资产规模上看都是前所未有的，这在客观上促进了产融结合以及资源和客户需求的分类、整合、协同，满足了民生发展对金融的多方位需求，提高了经济社会整体运行效率。

但是，由于 2020 年以前立法层面上对金融控股公司的法律定位和监管主体长期不明确，金融控股公司处于监管的真空或灰色地带。部分金融控股公司存在出资不实、循环注资、抽逃资本、公司法人治理结构和内部控制机制不健全、风险防范和隔离措施不严密、通过不正当关联交易进行利益输送等问题，极易引发跨机构、跨市场、跨业态的系统性风险。故金融控股公司成了治理金融乱象、金融“强监管”“补短板”的重点关注对象之一。

本文立足于金融控股公司的立法和监管现状，结合 2019 年 7 月 26 日中国人民银行公布的《金融控股公司监督管理试行办法（征求意见稿）》，解析金融控股公司监管理念、趋势，尝试为众多金融控股公司依法合规应对即将到来的监管风暴提供操作视角和可行路径。

一、金融控股公司的概念

从严格意义上说，在中国金融控股公司尚不是一个法律概念，而只是一个事实表述。因为截至目前，尚没有法律法规对金融控股公司进行明确界定。实践中大量出现的“金融控股公司”或类似表述（如“金控”“金控集团”等），要么是对境外类似公司名称的中文直译，如加拿大枫信金融控股有限责任公司（Fairfax Financial Holdings Limited）、我国台湾地区的富邦金融控股股份有限公司（Fubon Financial Holding Co.，Ltd.）等；要么是工商行政管理部门名称核准登记口径的表述，但是各地工商行政管理部门在核准企业使用“金融控股公司”或类似名称时，也并没有统一的前置性审批要求。

按照惯常的理解，金融控股公司是指通过股权投资、授权管理等方式，对两个或两个以上不同类型金融机构拥有实质控制权的企业法人机构。在目前语境下，金融机构特指由中国人民银行、原银保监会、证监会（以下简称“一行两会”）及其派出机构直接监管的机构，包括商业银行、保险公司、证券公司、信托公司、基金管理公司、金融资产管理公司、支付公司、征信公司以及金融监管部门认定的其他境内外金融机构。

二、金融控股公司的分类

实务中，对金融控股公司的分类有很多标准。遵循本文的论述逻辑以及中国人民银行口径，笔者拟按照“金融控股公司本身是否也是金融机构”把金融控股公司分为两大类。

一大类是母金融机构在自身主营金融业务的同时，通过设立、投资、并购等形式控股两种或两种以上不同类型的子金融机构，形成综合化金融集团，母金融机构本身就是金融控股公司（以下简称金融集团）。例如，工农中建交等大型国有银行均已投资控股基金公司、金融租赁公司、保险公司、理财子公司、金融资产投资公司等子金融机构；头部的保险公司（如中国平安人寿保险股份有限公司、中国人寿保险股份有限公司等）均已投资控股商业银行、基金公司、信托公司等子金融机构。金融集团类金融控股公司本身就是金融机构，因此其名称里一般并不会再额外冠以“金融控股公司”的字样。

另一大类是非金融企业通过设立、投资、并购等形式控股两种或两种以上不同类型的金融机构，该非金融企业即为事实上的金融控股公司（以下简称非金融集团），具体可分为以下几类。

1. 经国务院批准成立的金融控股公司，包括中国中信集团有限公司、中国光大集团股份公司、中国银河金融控股有限责任公司。

2. 由国务院国资委直属央企出资设立的金融投资运营平台公司，其对央企下属的金融机构履行出资人管理职责，如国家电网有限公司下属的国网英大国际控股集团有限公司、中国华能集团有限公司下属的华能资本服务有限公司等。

3. 由地方人民政府出资设立的金融投资运营平台公司，这类机构数量较多，很多地级以上城市都有类似的平台公司，如北京国有资本经营管理中心、上海国际集团有限公司、天津泰达投资控股有限公司等。

4. 部分头部民营企业和上市公司通过控制多家、多类金融机构形成的金融投资运营平台公司，公认的有明天系、复星系、恒大系、海航系等民营集团内部形成的控股平台。

5. 部分头部互联网企业借助在电子商务领域的优势地位，向金融领域强势拓展形成的金融投资运营平台公司，典型例子就是阿里系的浙江蚂蚁小微金融服务集团，其目前已实际控制网商银行、信美人寿互保、国泰财险、支付宝、天泓基金等数家金融机构。

非金融集团类金融控股公司的名称五花八门、不一而足，也有相当一部分会直接冠以“金融控股公司”的字样。

三、金融控股公司监管现状

（一）金融集团类金融控股公司

就前述第一大类金融控股公司（金融集团）而言，由于金融控股公司本身及其子公司都是金融机构，原本各自就都归属于原银保监会或证监会及其派出机构的监管范畴，所以相较于非金融集团类金融控股公司来说要稳健规范得多。

2004 年 4 月 1 日，原银监会依照已颁布的《外资银行并表监管管理办法》（已于 2011 年 1 月废止），开始对设立营业性分支机构或附属机构的独资、合资银行以及在华设立两家以上（含两家）营业性分支机构的外国银行实行并表监管。

2008 年 2 月 4 日，原银监会颁布并实施《银行并表监管指引（试行）》，开始对银行集团（商业银行及其控制的境内外子银行、非银行金融机构、非金融机构）实行并表监管。2015 年 7 月 1 日，前述指引被原银监会《商业银行并表管理与监管指引》取代。

2011 年 3 月 8 日，原银监会颁布并实施《金融资产管理公司并表监管指引（试行）》，开始对经国务院批准已实施股份制改革的金融资产公司及其控制的境内外子公司实行并表监管。

2014 年 12 月 4 日，原保监会颁布并实施《保险集团并表监管指引》，开始对保险集团(保险公司及其直接或间接控制的其他保险类子公司)实行并表监管。

以上并表监管的原则是在单一法人监管的基础上,对银行集团、保险集团及其他金融集团的资本、财务以及风险进行全面和持续的监管,识别、计量、监控和评估银行集团、保险集团及其他金融集团的总体风险状况。

2018年,原银监会和保监会正式合并后,原来横亘在银行业和保险业之间的分业监管格局趋于弱化。相应地,对于横跨银行业、保险业的金融控股公司的日常并表监管及共享监管信息的力度预计会进一步强化。

2018年11月,“一行两会”联合发布《关于完善系统重要性金融机构监管的指导意见》,该意见进一步明确,金融控股公司适用国家有关金融控股公司监管的规定,但经国务院金融稳定发展委员会认定具有系统重要性的金融控股公司(金融集团),应同时适用该意见的监管要求。

(二)非金融集团类金融控股公司

就前述第二大类金融控股公司(非金融集团)而言,由于其涵盖的子项较多,需要逐一审视。

对于第1、2子项(经国务院批准成立的金融控股公司、由国务院国资委直属央企出资设立的金融投资运营平台公司),它们要么是国务院直接批准成立的金融控股公司,要么是央企独资或控股的金融控股公司,整体相对稳健规范,风险可控。由于它们本身并不是金融企业,所以并没有被纳入“一行两会”的监管范畴,更没有类似于前述对金融集团的全面并表监管要求。

2009年9月,财政部颁布并实施《金融控股公司财务管理若干规定》,对金融控股公司及其子公司的财务管理活动进行规制,规制内容涵盖资本及资金募集、投资经营活动、资产管理、风险控制、考核评价、利润分配、财务分析报告、信息披露等方面。由于财政部并不是法定的金融监管机构,同时该规定明确仅适用于中国中信集团有限公司、中国光大(集团)总公司、中国光大集团有限公司及其子公司,所以只能理解为财政部为履行央企出资人职责、从股东角度对所投资金融控股公司进行的内部控制和财务管理行为,不能等同于金融监管机构的并表监管。

对于第3—5子项(由地方人民政府出资设立的金融投资运营平台公司、部分头部民营企业和上市公司、部分头部互联网企业出资设立的金融投资运营平台公司),基于与第1、2子项相同的原因,也并没有被纳入“一行两会”的监管范畴。实践中,第3—5子项下金融控股公司发展最为迅猛,在企查查等应用上初步查询,就能检索到近2万家冠以“金融控股”“金控”字样的公司(当然,这里面有一部分是不符合本文关于金融控股公司的定义的,有名无实;但也有相当一部分公司符合本文关于金融控股公司的定义,但并没有冠以“金融控股”“金控”字样,有实无名)。必须承认的是,这类金融控股公司的蓬勃发展,优化了非金融企业自身的资本配置,帮助金融机构增强了资本实力,有利于加强金融业与实体经济的相互认知和理解,也极大地满足了各类企业和消费者对多元化金融服务的需求,但同时也存在因监管主体缺位导致的监管真空和盲区。其中确有一些企业投资动机不纯、盲目急剧向金融业扩张,同时控制多个不同类型金融机构,形成跨领域、跨业态、跨区域、跨国境的经营实体,系统性风险不断累积和暴露,在过去三到五年里达到顶峰。其主要表现为:(1)风险隔离机制缺失,金融风险和实业风险交叉传递。(2)缺少整体资本约束,缺乏能够抵御风险的真实资本。(3)控制关系或受益关系复杂,风险隐蔽性强。(4)不当干预金融机构经营,利用关联交易搞利益输送,损害金融机构和投资者利益。

基于上述背景,2018年4月19日,“一行两会”联合发布实施《关于加强非金融企业投资金融机构监管的指导意见》。中国人民银行也在其正式出版的《中国金融稳定报告(2018)》中就“非金融企业投资金融机构的发展现状及监管”“建立金融控股公司监管制度、防范金控集团野蛮生长风险”进行了专题阐述。2019年1月19日,中共中央办公厅、国务院办公厅依据《国务院机构改革方案》制定的《中国人民银行职能配置、内设机构和人员编制规定》正式颁布实施,该规定中首次明确,由中国人民银行宏观审慎管理局牵头金融控股公司等金融集团和系统重要性金融机构基本规则拟订、监测分析、并表监管。

综上,目前的监管格局是:由国家金融监督管理总局、证监会负责对金融集团类金融控股公司实施并表监管,由中国人民银行牵头金融控股公司等金融集团和系统重要性金融机构基本规则拟订、监测分析、并表监管。

四、(非金融集团类)金融控股公司监管趋势

2019年7月26日,中国人民银行公开披露《金融控股公司监督管理试行办法(征求意见稿)》(以下简称《金控监管办法》)。

《金控监管办法》目前虽然还处于征求意见阶段，但是其中所传递出来的监管理念、要求和趋势却是显而易见的。可以合理预见的是，正式稿一旦发布实施，将会对整个行业带来广泛深远的影响，值得所有金融控股公司及其投资人高度关注，并据此做出前瞻性安排。

那么，《金控监管办法》到底传递出了哪些重要的监管理念、要求和趋势呢？笔者认为，至少包括以下几个方面。

1.《金控监管办法》明确规定适用于“实际控制人为境内非金融企业和自然人的金融控股公司”，“金融监管部门根据本办法，对金融机构跨业投资控股形成的金融集团实施监管”。这在立法层面上首次厘清了中国人民银行对金融控股公司的监管仅限于非金融集团类金融控股公司。对金融集团类金融控股公司的监管仍由国家金融监督管理总局、证监会等金融监管部门实施，但该等金融监管部门也必须依据《金控监管办法》对金融集团类金融控股公司实施监管（具体实施细则由金融监管部门另行制定），这同样是在立法层面上首次厘清了中国人民银行对金融控股公司基本监管规则的拟订职责。《金控监管办法》同时明确了金融控股公司的财务制度管理由财政部负责。

2. 对金融控股公司实施市场准入许可是防范金融风险的第一道门槛。金融业是特许行业，从事金融业务必须持牌经营，获取金融牌照必须通过行政许可。《金控监管办法》参照国际通行做法及监管实践，明确了对金融控股公司实行严格的市场准入许可要求，力图从源头上控制风险，防止金控平台风险不当传导至金融机构本身。《金控监管办法》分别从设立程序、设立条件、股东资质、资本金来源、业务范围等方面对金融控股公司进行详细规制。相关标准及条件类同于对金融机构筹设的要求，可见监管方事实上把金融控股公司当作金融机构来看待。

3. 确立了中国人民银行对金融控股公司进行宏观审慎管理、穿透监管、协调监管的原则，以及会同相关部门按照实质重于形式的原则对金融控股集团（金融控股公司及其所控股机构共同构成的企业法人联合体）的资本、行为、风险进行全面、持续、穿透监管，防范金融风险跨行业跨市场传递。

4. 严格对股东资质、股权结构的审核要求。通过设定正面清单、负面清单等方式，对金融控股公司主要股东、控股股东或实际控制人资质实施穿透式核查，对金融控股公司的真实股权结构实施穿透式监管。根据《金控监管办法》，金融控股公司的主要股东、控股股东或实际控制人应当具有良好的诚信记录和社会声誉；核心主业突出，资本实力雄厚，投资动机纯正，有合理的投资金融业的商业计划；公司治理规范，股权结构和组织架构清晰；财务状况良好，最近三个会计年度连续盈利。在负面清单中，也明确列举了禁止成为金融控股公司主要股东、控股股东或实际控制人的情形（包括股权存在瑕疵，曾代持及被代持金融机构股份，曾虚假投资、循环注资金融机构等）以及金融控股公司控股股东的禁止行为（包括关联方众多及股权关系复杂、不透明或存在权属纠纷，滥用市场垄断地位或技术优势开展不正当竞争，操纵市场、扰乱金融秩序等）。

5. 强化对资本金来源真实性和合规性的监管。金融控股公司股东应当以合法自有资金投资金融控股公司，不得以委托资金、债务资金以及投资基金等方式投资金融控股公司。金融控股公司应当以合法自有资金投资控股金融机构，不得对金融机构进行虚假注资、循环注资，不得抽逃金融机构资金。中国人民银行对金融控股公司的资本合规性实施穿透管理，向上核查投资控股金融控股公司的资金来源，向下会同其他金融管理部门核查金融控股公司投资控股金融机构的资金来源。

6. 明确了并表监管和全面风险管理的内容和范围。金融控股公司应当对纳入并表管理范围内所控股机构的公司治理、资本和杠杆率等进行全面持续管控，有效识别、计量、监测和控制金融控股集团的总体风险状况。《金控监管办法》详细列举了应当纳入并表管理范围的情形。《金控监管办法》同时对金融控股公司资本管理要求、资本补充要求、资产负债率要求、全面风险管理、所控股金融机构全面风险管理、集团风险偏好和风险限额、集团统一风险敞口、集团统一授信协调、风险隔离、关联交易原则及禁止的关联交易、信息披露原则等内容作了相应规定。

7. 强调公司法人治理和规范有机结合，发挥协同效应。根据《金控监管办法》，金融控股公司应当具有简明、清晰、可穿透的股权结构，实际控制人和最终受益人可识别，法人层级合理，与自身资本规模、经营管理能力和风险管控水平相适应。金融控股公司所控股金融机构不得反向持有母公司股权。金融控股公司所控股金融机构之间不得交叉持股。原则上，金融控股公司所控股金融机构不得再成为其他类型金融机构的主要股东。金融控股公司不得滥用实质控制权，干预所控股机构的独立自主经营,损害所控股机构以及其相关利益人的合法权益。在严格隔离内部风险的前提下,金融控股公司与其所控股机构之间、其所控股机构之间可以共享客户信息、销售团队、信息技术系统、运营后台、营业场所等资源,发挥协同效应,合理配置内部资源。

8. 根据《金控监管办法》,对于非金融企业、自然人实质控制两个或两个以上不同类型金融机构且总资产规模达到规定下限的企业,如未获得金融控股公司牌照,要责令改正;逾期不改正的,要采取责令其部分或全部转让所持金融机构股权的措施。对于存量的符合设立条件但不符合监管要求的金融控股公司,经同意可设置过渡期,允许在一定期限内进行整改,并进行达标验收。任何机构未向中国人民银行申请准入许可并获得批准,不得登记为金融控股公司。未经中国人民银行批准,任何单位不得在名称中使用"金融控股""金控""金融集团"等字样。

不难看出,上述监管理念、思路、要求其实与《关于加强非金融企业投资金融机构监管的指导意见》所传递的理念、思路、要求如出一辙,是对该指导意见的重申、细化和制度性提升。因此,可以合理预测,尽管日后正式出台的《金控监管办法》可能会在监管的具体指标和要求上有所变化,但整体的监管趋势应该是一致的。现存的金融控股公司(无论是有名无实的还是有实无名的)或拟设立金融控股公司的投资人宜逐一对照梳理、整改、完善,未雨绸缪,以应对即将到来的监管风暴。

未来,随着《金控监管办法》正式稿这只监管靴子的落地,对金融控股公司的监管有望走上健康有序的"快车道"。

金融控股公司步入规范监管时代

——《金融控股公司监督管理试行办法》核心要点聚焦

何植松　张　静[*]　石志杰

[*]作者简介：

何植松，中伦律师事务所上海办公室公司业务部合伙人，电邮为：hezhisong@ zhonglun. com。

张静，中伦律师事务所上海办公室私募基金与资管部合伙人，电邮为：zhangjingsh@ zhonglun. com。

2020年9月11日，国务院发布《关于实施金融控股公司准入管理的决定》（以下简称《准入决定》）。同日，中国人民银行也正式发布《金融控股公司监督管理试行办法》（以下简称《金控办法》）。至此，中国人民银行根据国务院授权正式对金融控股公司实施市场准入管理并组织实施监管。《金控办法》将市场准入作为防控风险的第一道门槛并设立了明确的准入条件和负面清单，将金融控股公司正式作为一种全新类别的持牌金融机构纳入监管范畴。本文拟在回顾金融控股公司主要监管政策历史演进的基础上，对《金控办法》进行简要分析，以管窥金融控股公司监管新规的核心要点。

一、金融控股公司主要监管政策的历史演进

为了加强对非金融企业、自然人等主体设立金融控股公司的监督管理，防范系统性金融风险，自2017年以来，中共中央、国务院、中国人民银行多次强调加强对金融控股公司的监管，主要监管政策见表1。

表1 加强对金融控股公司的监管政策

序号	时间	政策/会议	核心内容概述
1	2017年4月25日	习近平总书记在中央政治局第四十次集体学习中讲话	统筹监管金融控股公司和重要金融基础设施，补齐监管短板，避免监管空白
2	2017年7月14日至15日	第五次全国金融工作会议	规范金融综合经营和产融结合
3	2018年1月25日至26日	2018年全国银行业监督管理工作会议	清理规范金融控股集团，推动加快出台金融控股公司监管办法
4	2018年3月5日	政府工作报告	健全对金融控股公司监管
5	2018年4月19日	中国人民银行、原银保监会、证监会《关于加强非金融企业投资金融机构监管的指导意见》	为规范非金融企业投资金融机构行为，出台《非金融企业投资金融机构监管指导意见》
6	2018年5月	《“十三五”现代金融体系规划》	明确金融控股公司的法律地位和监管主体，研究制定金融控股公司监管规则

续表

序号	时间	政策/会议	核心内容概述
7	2018 年 11 月 2 日	《中国金融稳定报告(2018)》	专题论述“建立金融控股公司监管制度　防范金控集团野蛮生长风险”
8	2019 年 1 月 19 日	中共中央、国务院发布《中国人民银行职能配置、内设机构和人员编制规定》	中国人民银行负责金融控股公司等金融集团和系统重要性金融机构基本规则制定、监测分析和并表监管
9	2019 年 7 月 26 日	《金融控股公司监督管理试行办法(征求意见稿)》(以下简称《金控办法(征求意见稿)》)	中国人民银行正式就《金控办法(征求意见稿)》规定的设立金融控股公司的市场准入许可、严格股东资质监管、强化资本来源真实性和资金运用合规性监管、明晰股权结构管理、强化公司治理和关联交易监管等主要内容向社会公开征求意见
10	2020 年 9 月 11 日	国务院《关于实施金融控股公司准入管理的决定》	授权中国人民银行对金融控股公司开展市场准入管理并组织实施监管。明确非金融企业、自然人等控股或实际控制两个或两个以上不同类型金融机构,并且控股或实际控制的金融机构总资产规模符合要求的,应申请设立金融控股公司
11	2020 年 9 月 11 日	《金控办法》	《金控办法》正式将非金融企业投资控股形成的金融控股公司纳入监管

二、金融控股公司的界定

(一)金融控股公司的定义

金融控股公司是指依法设立,控股或实际控制两个或两个以上不同类型金融机构,自身仅开展股权投资管理、不直接从事商业性经营活动的有限责任公司或股份有限公司。

（二）所控股金融机构范围

1. 所控股金融机构类型

(1)国家金融监督管理总局监管下的商业银行(不含村镇银行)、金融租赁公司、信托公司、金融资产管理公司、人身保险公司、财产保险公司、再保险公司、保险资产管理公司。

(2)证监会监管下的证券公司、公募基金管理公司、期货公司。

(3)国务院金融管理部门认定的其他金融机构。

2. 境内外金融机构

金融控股公司所控股金融机构包括金融控股公司控股或实际控制的境内外金融机构。

对于金融控股公司所控股金融机构类别,《金控办法》列举的均为国家金融监督管理总局、证监会监管下的核心持牌金融机构,对于其他持牌金融机构尚未明确列举,包括由国家金融监督管理总局监管的消费金融公司、理财子公司、金融资产投资公司等非银行金融机构及保险经纪公司、保险代理公司等,由证监会监管的券商资管子公司、基金子公司等。其他准(类)金融机构,如小额贷款公司、融资租赁公司、融资担保公司等也未明确列举。

三、《金控办法》的适用范围

《金控办法》将符合以下情形的金融控股公司纳入监管：

(1)控股股东或实际控制人为境内非金融企业、自然人以及经认可的法人；

(2)实质控制两类或两类以上金融机构；

(3)实质控制的金融机构的总资产或受托管理资产达到一定规模,或者中国人民银行按照宏观审慎监管要求,认为需要设立的金融控股公司。

金融机构跨业投资控股形成的金融集团参照《金控办法》确定监管政策标准,具体规则另行制定。

《金控办法》仅规制非金融企业、自然人以及经认可的法人作为控股股东、实际控制人的金融控股公司,不直接适用于金融机构作为控股股东、实际控制人的金融控股公司。

四、实质控制的标准

《金控办法》将控股或实际控制统称为实质控制，实质控制的标准具体可以分为以下几类。

（一）绝对控制

投资方直接或间接取得被投资方过半数有表决权股份的，即对被投资方形成实质控制。计算表决权时应当综合考虑投资方直接或间接持有的可转换工具、可执行认股权证、可执行期权等潜在表决权。

（二）相对控制

投资方未直接或间接取得被投资方过半数有表决权的股份，有以下情形之一的，视同投资方对被投资方形成实质控制：(1)投资方通过与其他投资方签订协议或其他安排，实质拥有被投资方过半数表决权。(2)按照法律规定或协议约定，投资方具有实际支配被投资方公司行为的权力。(3)投资方有权任免被投资方董事会或其他类似权力机构的过半数成员。(4)投资方在被投资方董事会或其他类似权力机构具有过半数表决权。(5)其他属于实质控制的情形，包括按照《企业会计准则第 33 号——合并财务报表》构成控制的情形。

两个或两个以上投资方均有资格单独主导被投资方不同方面的决策、经营和管理等活动时，能够主导对被投资方回报产生最重大影响的活动的一方，视为对被投资方形成实质控制。

实践中，由于国务院金融管理部门对于投资者在金融机构的持股比例上限有相关规则限制，如投资者在中资商业银行的持股比例一般不得超过 20%、在民营银行的持股比例不得超过 30%，因此，在具体判断持有金融机构 20% 或 30% 股权的第一大股东是否构成该等金融机构的控股股东、实际控制人，即第一大股东是否实质控制该等金融机构时存在诸多困难，实践中分歧也较大。笔者认为，认定该等金融机构控股股东、实际控制人需要根据《金控办法》《企业会计准则第 33 号——合并财务报表》等相关规定，结合该等金融机构的股权结构现状、主要股东情况、公司章程具体条款、公司治理实际情况等多方面因素及国务院金融管理部门的监管意见综合判断。

五、应当申请设立金融控股公司的特定情形

非金融企业、自然人及经认可的法人实质控制两个或两个以上不同类型金融机构，并具有表2情形之一的，应当向中国人民银行申请设立金融控股公司并取得金融控股公司许可证。

表2 应当申请设立金融控股公司的特定情形

序号	应当申请设立金融控股公司的特定情形	
1	实质控制的金融机构中含商业银行	金融机构的总资产规模不少于5000亿元
2		金融机构总资产规模少于5000亿元，但商业银行以外其他类型的金融机构总资产规模不少于1000亿元
3		金融机构总资产规模少于5000亿元，但商业银行以外其他类型的金融机构受托管理资产的总规模不少于5000亿元
4	实质控制的金融机构不含商业银行	金融机构的总资产规模不少于1000亿元
5		金融机构受托管理资产的总规模不少于5000亿元
6	实质控制的金融机构总资产规模或受托管理资产的总规模未达到上述任一标准，但中国人民银行按照宏观审慎监管要求，认为需要设立金融控股公司	

此外，《金控办法》还明确了金融控股集团的概念，即金融控股公司及其所控股机构共同构成的企业法人联合体。符合前述任一标准的企业集团，如果企业集团内的金融资产占集团并表总资产的比重达到或超过85%，则可申请专门设立金融控股公司，由金融控股公司及其所控股机构共同构成金融控股集团；也可以按照《金控办法》规定的设立金融控股公司的同等条件，由企业集团母公司直接申请成为金融控股公司，企业集团整体被认定为金融控股集团，金融资产占集团并表总资产的比重应当持续达到或超过85%。

六、金融控股公司的设立条件及股东条件

《金控办法》具体规定了金融控股公司的设立条件及非主要股东、主要股东、控股股东或实际控制人的条件，见表3。

表 3 设立条件及股东资格的限制

类别	设立条件及股东资格的限制
金融控股公司的设立条件	(1)实缴注册资本额不低于 50 亿元人民币，且不低于直接所控股金融机构注册资本总和的 50%。 (2)拟设金融控股公司的股东、实际控制人符合相关法律、行政法规、《准入决定》和《金控办法》规定。 (3)有符合任职条件的董事、监事和高级管理人员。 (4)有健全的组织机构和有效的风险管理、内部控制制度。 (5)有能力为所控股金融机构持续补充资本。 根据《准入决定》，除上述规定外，金融控股公司设立条件还包括股东、实际控制人信誉良好
非主要股东的正面清单	(1)非金融企业应当依法设立，股权结构清晰，公司治理完善。 (2)非金融企业和自然人最近三年无重大违法违规记录或重大不良信用记录；没有因涉嫌重大违法违规正在被调查或处于整改期间；不存在对所投资企业经营失败负有重大责任未逾三年的情形；不存在因故意犯罪被判处刑罚、刑罚执行完毕未逾五年的情形。 (3)非金融企业不存在长期未实际开展业务、停业、破产清算、治理结构缺失、内部控制失效等影响履行股东权利和义务的情形；不存在可能严重影响持续经营的担保、诉讼、仲裁或其他重大事项
主要股东、控股股东、实际控制人的正面清单	除应符合上述非主要股东的条件外，还应符合以下条件： (1)非金融企业和自然人应当具有良好的信用记录和社会声誉。 (2)非金融企业应当核心主业突出，资本实力雄厚，投资金融机构动机纯正，已制定合理的投资金融业的商业计划，不盲目向金融业扩张，不影响主营业务发展。 (3)非金融企业应当公司治理规范，股权结构和组织架构清晰，股东、受益所有人结构透明，管理能力达标，具有有效的风险管理和内部控制机制。 (4)非金融企业应当财务状况良好。成为主要股东的，应当最近两个会计年度连续盈利。成为控股股东或实际控制人的，应当最近三个会计年度连续盈利，年终分配后净资产达到总资产的 40%（母公司财务报表口径），权益性投资余额不超过净资产的 40%（合并财务报表口径）。 (5)持有金融控股公司 5% 以上股份的自然人，应当具有履行金融机构股东权利和义务所需的知识、经验和能力
主要股东、控股股东或实际控制人的负面清单	(1)股权存在权属纠纷。 (2)曾经委托他人或接受他人委托持有金融控股公司或金融机构股权。 (3)曾经虚假投资、循环注资金融机构，或在投资金融控股公司或金融机构时，有提供虚假承诺或虚假材料行为。 (4)曾经投资金融控股公司或金融机构，对金融控股公司或金融机构经营失败或重大违规行为负有重大责任。 (5)曾经投资金融控股公司或金融机构，拒不配合中国人民银行或国务院银行保险监督管理机构、国务院证券监督管理机构、国家外汇管理部门监管

续表

类别	设立条件及股东资格的限制
控股股东或实际控制人禁止行为	(1)通过特定目的载体或委托他人持股等方式规避金融控股公司监管。 (2)关联方众多,股权关系复杂、不透明或存在权属纠纷,恶意开展关联交易,恶意使用关联关系。 (3)滥用市场垄断地位或技术优势开展不正当竞争。 (4)操纵市场、扰乱金融秩序。 (5)五年内转让所持有的金融控股公司股份。 (6)其他可能对金融控股公司经营管理产生重大不利影响的情形
一控或两参规则	同一投资人及其关联方、一致行动人,作为主要股东参股金融控股公司的数量不得超过两家,作为控股股东和实际控制人控股金融控股公司的数量不得超过一家。 根据国务院授权持有金融控股公司股权的投资主体,以及经中国人民银行认可参与金融控股公司风险处置的投资主体,不受上述规定限制
备注:本文中非主要股东、主要股东、控股股东及实际控制人定义如下: (1)非主要股东:持有金融控股公司股权不足5%且对金融控股公司经营管理无重大影响的股东。 (2)主要股东:持有或控制金融控股公司股份总额5%以上股份或表决权,或持有股份总额不足5%但对金融控股公司经营管理有重大影响的股东。 (3)控股股东:出资额占金融控股公司资本总额50%以上或其持有的股份占金融控股公司股本总额50%以上的股东;出资额或持有股份的比例虽不足50%,但依其出资额或持有的股份所享有的表决权已足以对股东会、股东大会的决议产生重大影响或能够实际支配公司行为的股东。 (4)实际控制人:通过投资关系、协议或其他安排,能够实际支配公司行为的人	

参考了《商业银行股权管理暂行办法》《关于加强非金融企业投资金融机构监管的指导意见》的监管原则,《金控办法》对金融控股公司股东资格实行分类监管,设定正负面清单及禁止行为,并对金融控股公司的资本合规实施穿透管理。

《金控办法》未对非主要股东标准中的"重大影响"进行界定,笔者认为,"重大影响"通常包括但不限于:向金融控股公司派驻董事、监事或高级管理人员,通过协议或其他方式影响金融控股公司的财务和经营管理决策,以及国务院金融管理部门认定的其他情形。

七、《金控办法》对金融控股公司股权结构的主要监管要求

1. 金融控股公司应当具有简明、清晰、可穿透的股权结构,实际控制人和最终

受益人可识别,法人层级合理,与自身资本规模、经营管理能力和风险管控水平相适应。

2.《金控办法》实施前,已经存在的、股权结构不符合《金控办法》要求的企业集团,应当在国务院金融管理部门认可的期限内,降低组织架构复杂程度,简化法人层级。

3.《金控办法》实施后,新增的金融控股公司,金融控股公司和所控股金融机构法人层级原则上不得超过三级。

4. 金融控股公司所控股金融机构不得反向持有母公司股权、所控股金融机构之间不得交叉持股。金融控股公司所控股金融机构不得再成为其他类型金融机构的主要股东,但金融机构控股与其自身相同类型的或属业务延伸的金融机构,并经国务院金融管理部门认可的除外。

八、金融控股公司的过渡期安排

《金控办法》实施前已具备应当申请金融控股公司情形的机构,应当在《金控办法》实施之日起 12 个月内向中国人民银行申请设立金融控股公司;《金控办法》实施前已经存在的、具备金融控股公司设立情形但尚未达到《金控办法》监管要求的机构,经国务院金融管理部门同意,可以在一定期限内进行整改,并由国务院金融管理部门进行验收。

九、未按《金控办法》规定获得金融控股公司许可的法律后果

金融控股公司名称应包含“金融控股”字样,未取得金融控股公司许可证的,不得从事《金控办法》第 6 条所规定的金融控股公司业务,不得在名称中使用“金融控股”“金融集团”等字样。

按照《金控办法》规定应当设立金融控股公司,但未获得金融控股公司许可的,中国人民银行可以会同国家金融监督管理总局、证监会对其采取以下措施:(1)责令改正;(2)要求部分转让对金融机构的股权至丧失实质控制权;(3)要求全部转让对金融机构的股权;(4)其他纠正措施。

十、《金控办法》与《金控办法(征求意见稿)》相比的主要变化

《金控办法》与《金控办法(征求意见稿)》相比,有如下变化:一是增加了《信

托法》《准入决定》作为上位法；二是将实质控制细化为控股或实际控制；三是新增了经认可的法人这一新控股股东或实际控制人类别、企业集团母公司直接申请金融控股公司的金融资产比重的持续性要求；四是新增了金融控股公司应当规范资金使用并不得为其主要股东、控股股东和实际控制人提供融资支持的规定；五是新增了金融控股公司业务终止时期金融控股公司许可证应注销、董监高变更应符合任职条件并向中国人民银行备案的规定，对非金融企业作为主要股东的营利性条件实施差异化要求，延长了提交金融控股公司设立申请的时限，放宽了金融控股公司法人层级要求，豁免了新设金融控股公司作为金融机构股东的连续盈利要求，提高了对违法行为的罚款金额；六是建立了中国人民银行与相关部门之间的信息共享机制等。

十一、结语

《金控办法》首次明确了金融控股公司的法律地位、监管机构、准入条件等，补齐了监管制度短板。《金控办法》系《关于加强非金融企业投资金融机构监管的指导意见》后，加强非金融企业投资金融机构监管的又一重磅顶层制度设计，旨在从源头上进一步规范非金融企业作为控股股东、实际控制人的金融控股公司的行为。《金控办法》实施后，中国人民银行依法依规开展金融控股公司准入管理和持续监管。市场也迎来一大波申请金融控股公司牌照的热潮，同时不少存量“金控”主体面临整改压力，机遇与挑战并存。无论如何，《金控办法》的颁布和实施能成为“有效防范化解系统性风险，增强金融服务实体经济能力”的有力推手。

（胡婉璐对本文亦有贡献）

理财公司内控合规监管新常态

何植松　张　静*　赵　楠　孙悦媛

*作者简介：

何植松，中伦律师事务所上海办公室公司业务部合伙人，电邮为：hezhisong@ zhonglun. com。

张静，中伦律师事务所上海办公室私募基金与资管部合伙人，电邮为：zhangjingsh@ zhonglun. com。

一、背景情况

自2018年12月《商业银行理财子公司管理办法》(以下简称《理财公司办法》)发布实施以来,截至2022年8月25日,共有30家理财公司(含4家合资理财公司)获批筹建,其中28家理财公司(含4家合资理财公司)获批开业。截至2022年6月末,银行及理财公司理财产品合计余额29.1万亿元,其中,理财公司的理财产品余额达到19.1万亿元,理财公司成为理财业务发展的主力军。理财公司作为具备独立法人资格的新型资管机构,其监管框架日臻完善,但是,合规管理、风险管理方面的具体规则仍缺位,有必要尽快构建全面有效的内控管理制度。

在上述背景下,原中国银行保险监督管理委员会(以下简称原银保监会)于2022年4月29日发布《理财公司内部控制管理办法(征求意见稿)》(以下简称《征求意见稿》)向社会公开征求意见。2022年8月22日,原银保监会在充分吸收采纳合理意见的基础上正式公布《理财公司内部控制管理办法》(以下简称《内控办法》),自公布之日起施行。《内控办法》从"内部控制职责"、"内部控制活动"、"内部控制保障"及"内部控制监督"四个维度对理财公司内部控制提出了全方位的监管要求,与《关于规范金融机构资产管理业务的指导意见》(以下简称《资管新规》)、《商业银行理财业务监督管理办法》(以下简称《理财新规》)、《理财公司办法》等规则共同构成理财公司内控管理的基本依据。上述规则已有规定的,如销售管理、内外部审计等内容,《内控办法》与之充分衔接。对于目前仍通过内设部门开展理财业务的银行,其内控管理主要遵循《商业银行内部控制指引》(已失效),《商业银行内部控制指引》(已失效)未予明确的,参照《内控办法》执行。

本文旨在从理财公司完善内部控制的角度,结合笔者为理财公司提供法律服务过程中的业务经验,就《内控办法》对理财公司的组织架构、职责分工、内部控制活动、内部控制保障等方面的监管要求,对理财公司的影响进行法律分析,并提出合规建议。

二、《内控办法》解读

(一)《内控办法》结构概览

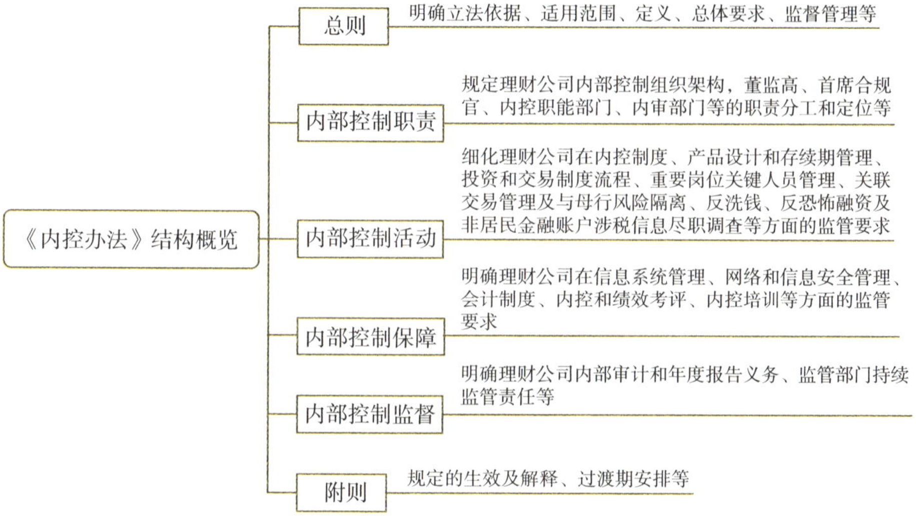

图 1 《内控办法》结构概览

(二)《内控办法》适用主体

根据《内控办法》第 2 条的规定,《内控办法》适用于理财公司。理财公司包括在中国境内经国家金融监督管理总局批准设立的以下三类非银行金融机构:(1)商业银行理财子公司;(2)商业银行理财子公司与境外资产管理机构合资设立,并由境外资产管理机构控股的合资理财公司;(3)其他主要从事理财业务的非银行金融机构。

(三)内部控制的定义及原则

内部控制是指“理财公司为防范化解风险,保证依法合规经营和持续稳健运行而建立的组织机制、制度流程和管控措施等”,由公司治理、制度流程以及各种风险防范措施构成。《内控办法》从全面性、制衡性、适应性和审慎性四个方面对理财公司内部控制提出了总体要求。

(四)内部控制组织架构与职责分工

根据《内控办法》的要求,理财公司应当强化董监高及各内控部门的职责划分,在组织架构上设置首席合规官、指定专门的内控职能部门;在监督制衡方面,则由内部审计部门进行内部控制审计,同时各部门进行自查自评,及时报告发现问题并进行整改。

1. 理财公司在《内控办法》项下的内部控制组织架构与职责分工见图2。

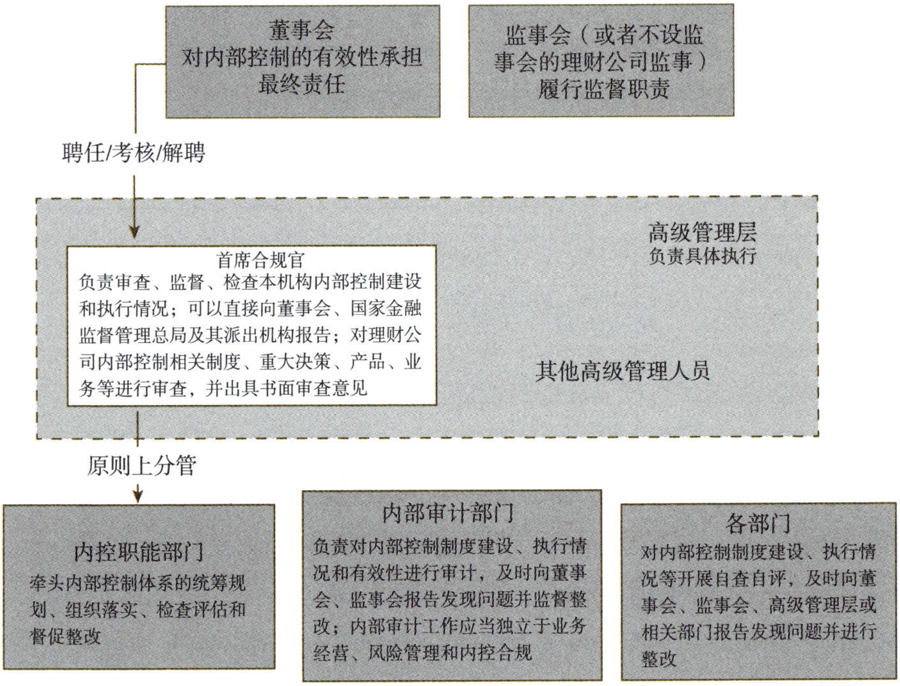

图2 理财公司在《内控办法》项下的内部控制组织架构与职责分工

2. 独立性相关要求

(1)董事长、监事长以及高管的独立性要求

《内控办法》对理财公司董事长、监事长和高管均提出了独立性要求,明确该等人员原则上不得由理财公司股东、实际控制人及其关联方的人员兼任。这是首次从理财公司适用的法规层面明确理财公司的董事长原则上应当由专职人员担任,对于尚未实现前述人员独立设置的理财公司,后续可能面临一定的整改压力。

值得注意的是,相较于《征求意见稿》绝对禁止董事长、监事长以及高管由理财公司股东、实际控制人及其关联方的人员兼任,《内控办法》的要求较为缓和,仅要求"原则上"不得兼任,为暂未实现相关人员独立设置的理财公司留下了一定的整改时间及解释空间。

(2)首席合规官的独立性要求

《内控办法》第8条首次明确,理财公司应当设立首席合规官。首席合规官属于理财公司的高级管理人员范围,参照国家金融监督管理总局关于非银行金融机构行政许可事项的相关规定获得任职资格。理财公司需提前考虑符合任职资格条件的首席合规官人选。

首席合规官可以直接向董事会、国家金融监督管理总局及其派出机构报告。此外,相较于《征求意见稿》,《内控办法》进一步细化了首席合规官的职责,明确首席合规官还应当对理财公司内部控制相关制度、重大决策、产品、业务等进行审查,并出具书面审查意见,以更好地发挥其监督制衡作用。

在首席合规官的独立性要求上,《内控办法》明确首席合规官不得兼任和从事直接影响其独立性的职务和活动。

(3)内控职能部门的独立性要求

在内控职能部门独立性方面,《内控办法》要求如下:一方面,内控职能部门必须为董事会指定的专门部门;另一方面,内控职能部门原则上由首席合规官分管,且分管该部门的高管人员不得同时分管与内部控制存在利益冲突的部门。

3. 理财公司对首席合规官、内控职能部门的履职保障与支持

为保障首席合规官、内控职能部门的充分履职和有效运转,《内控办法》在《征求意见稿》的基础上进一步对理财公司提出:(1)在首席合规官开展工作过程中保障其所需的知情权和调查权等;(2)在人员数量和资质、薪酬和其他激励政策、信息系统访问权限、信息系统建设以及内部信息渠道等方面,给予内部控制职能部门足够的支持。

(五)内部控制活动

《内控办法》在整体上强调了理财公司应建立健全内部控制制度体系,并要求每年至少全面评估一次。《内控办法》在《征求意见稿》的基础上进一步规范了理财公司内部控制活动,优化条款表述、细化监管要求,并且将理财产品销售管理、投资账户管理、风险准备金管理、反洗钱、反恐怖融资及非居民金融账户涉税信息尽职调查纳入理财公司内部控制制度体系。

根据《内控办法》的规定,理财公司业务活动以及管理活动的各个内部控制核

心环节见图3。

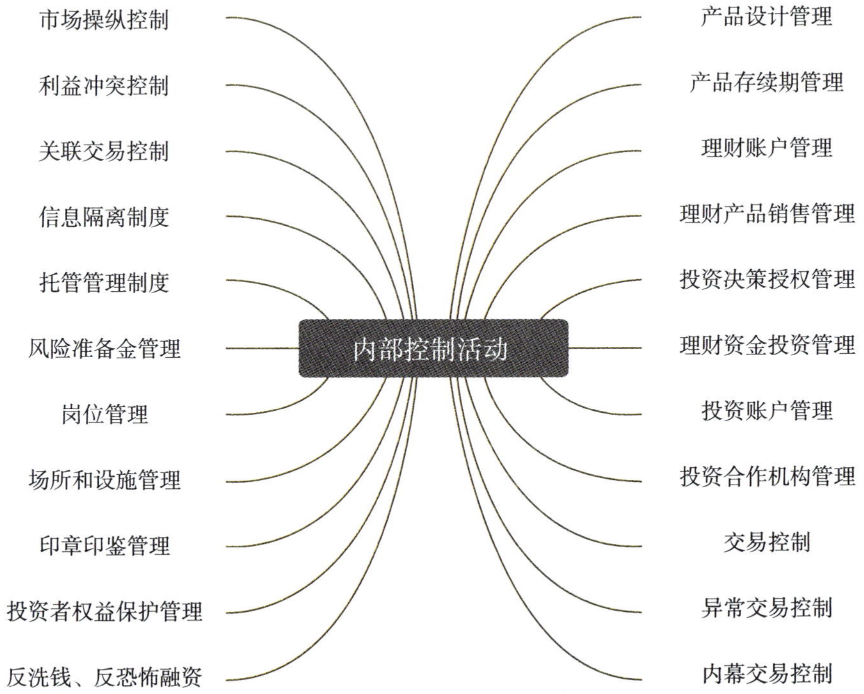

图3　内部控制核心环节

1. 产品设计管理、产品存续期管理、理财账户管理、理财产品销售管理和理财产品托管管理

表1　产品流程监管要求解读

序号	流程	监管要求	解读
1	产品设计管理	1)应当建立理财产品设计管理制度； 2)发行理财产品前应当严格履行内部审批程序； 3)涉及发行创新产品、对现有产品进行重大改动、拓展新的业务领域以及其他可能增加风险的产品或业务，应当获得董事会或者董事会授权的专门委员会批准	《内控办法》在产品设计管理需履行内部审批程序方面延续了《理财新规》的要求。与《征求意见稿》相比，明确不仅发行“创新产品”，对现有产品进行重大改动、拓展新业务领域及其他可能增加风险的产品或业务，也均需至少由董事会或董事会授权的专门委员会批准；但尚待监管部门后续进一步明确如何界定“创新产品”

续表

序号	流程	监管要求	解读
2	产品存续期管理	1)应当建立产品存续期管理制度; 2)持续跟踪每只理财产品风险监测指标变化情况,定期或者不定期开展压力测试	《内控办法》首次提出“产品存续期管理”,要求根据压力测试采取有效措施。但对于理财产品的压力测试暂未设定固定的最低频率。理财公司仍应按照现行及后续发布的监管规定开展产品压力测试工作
3	理财账户管理	1)应当建立理财账户管理制度,应完整准确获取投资者身份信息,采取有效措施核实其真实性; 2)为每位投资者开立独立唯一的理财账户,并提供查询服务; 3)理财产品销售、投资、收益分配等全部业务活动、业务环节涉及的资金归集、收付和划转等全流程,应当通过银行账户及银行清算结算渠道办理; 4)不得违规开立、使用账户,不得混用理财账户、银行账户与其他账户,至少每年跟踪监测各类账户风险及合规状况并出具分析报告	在理财产品跨行代销的模式下,通常该代销机构仅将投资者的部分身份信息(如姓名、身份证号)传输给理财公司,理财公司对投资者身份信息真实性的核实比较困难,《内控办法》的规定对跨行代销模式提出了挑战,或将对理财产品的销售模式产生较大的影响
4	理财产品销售管理	1)应当建立理财产品销售管理制度,实名制管理,有效核查投资者身份并留存记录; 2)做好理财产品销售结算资金隔离,理财产品赎回、分红及认(申)购不成功的款项应原路退回,或退还至投资者指定的其他同名账户; 3)理财产品销售信息和数据交换原则上应当通过国家金融监督管理总局认可的技术平台进行,参与信息和数据交换的相关机构应当符合技术平台相关规范要求	在遵循《资管新规》《理财新规》《理财公司理财产品销售管理暂行办法》的监管原则基础上,进一步强调理财产品销售结算资金与其他资金严格隔离,并细化理财产品销售信息数据保护要求;尚待监管机构后续进一步对国家金融监督管理总局认可的技术平台的准入要求进行明确

续表

序号	流程	监管要求	解读
5	理财产品托管管理	1)应当建立理财产品第三方独立托管制度; 2)与托管机构签订书面合同,明确约定托管机构应提供的服务; 3)应当在本机构官方网站或者行业统一渠道公示托管机构信息	在遵循《资管新规》和《理财新规》的监管原则基础上,提出了理财产品托管机构信息的公示要求

2. 产品投资和交易制度流程

(1)投资制度

表2 投资制度监管要求解读

序号	涉及制度	监管要求	解读
1	投资决策授权管理制度	1)合理划分投资决策职责和权限,明确授权对象、范围和期限等内容; 2)至少每年评估一次授权执行情况和有效性; 3)建立投资决策授权持续评价和反馈机制,及时调整或者终止不适用的授权	借鉴证券基金行业在投资管理内控制度方面的先进实践
2	理财资金投资管理制度	1)明确投资不同类型资产的审核标准、投资决策流程、风险控制措施和投后管理等内容; 2)对每笔投资进行独立审批和投资决策; 3)建立风险分类标准和管理机制,及时动态调整资产风险分类结果,确保真实准确反映资产质量	明确投后资产风险分类和管理,强调投后管理;但在资金投向的管理方面,需关注股票量化交易模式下如何满足"保证资金投向"的监管要求
3	理财产品投资账户管理制度	为不同理财产品分别设置相关投资账户,并在资金清算、会计核算、账户记录等方面确保独立、清晰与完整	遵循《资管新规》和《理财新规》的监管原则,进一步落实"三单管理"要求
4	理财投资合作机构管理制度	1)明确准入标准与程序、责任与义务、存续期管理、利益冲突防范机制、信息披露义务、退出机制等内容; 2)对理财投资合作机构开展尽职调查,	在现有监管规则的基础上进一步细化对合作机构的管理要求并明确要求制定合作机构管理制度。《内控

续表

序号	涉及制度	监管要求	解读
		实行名单制管理，并通过签订书面协议，明确权利义务和风险承担方式； 3）审慎确定各类理财投资合作机构的合作限额，以及单一受托投资机构受托资产占理财公司全部委托投资资产的比例，逐笔记录委托投资有关交易信息，妥善保存相关材料，并由内部控制职能部门组织核查	办法》在《征求意见稿》的基础上，增加了单一合作机构的限额和集中度要求，但在集中度方面，并未明确集中度比例。为满足监管要求，理财公司应在内部制度中自行设置合作机构的合作限额和集中度比例

（2）交易制度流程

表3 交易制度流程监管要求

序号	涉及制度/措施	监管要求
1	投资交易活动最低限度内部控制措施	1）建立交易监测系统、预警系统和反馈系统； 2）实行集中交易制度和投资指令审核制度； 3）实行公平交易制度，不得进行利益输送； 4）实行交易记录制度； 5）建立投资人员、交易人员名单； 6）建立投资人员信息公示制度
2	异常交易监测制度	有效识别、分析应对异常交易： 1）大额申报、连续申报、频繁申报或者频繁撤销申报； 2）短期内大额频繁交易； 3）虚假申报或者虚假交易； 4）偏离公允价格的申报或者交易； 5）违反公平原则的交易； 6）交易市场或者托管机构提示的异常交易； 7）投资于禁止或者限制的投资对象和行业； 8）与禁止或者受限的交易对手进行交易； 9）与理财产品投资策略不符的交易； 10）超出理财产品销售文件约定投资范围的交易； 11）其他涉嫌异常交易行为
3	内幕信息管理制度	严格设定最小知悉范围。不得利用内幕信息牟取不正当利益
4	不得操纵控制市场	理财公司及其人员不得利用优势地位操纵交易

3. 利益冲突与利益冲突控制

在利益冲突控制方面,《内控办法》要求理财公司建立利益冲突防控制度,强调利益冲突制度建设和人员管理要求。在人员管理方面,要求理财公司对全体人员及其配偶、利害关系人建立证券投资申报、登记、审查、管理、处置制度。投资人员和交易人员一方面不得直接持有、买卖境内外股票,实施股权激励计划或者员工持股计划的除外;另一方面不得从事与本机构有利益冲突的职业或者活动,未经本机构批准不得在其他经济组织兼职,不得违规为其他机构或者个人提供投资顾问、受托管理等服务。

在关联交易管理方面,《内控办法》与《理财新规》第 21 条、《理财公司办法》第 42 条的监管要求基本保持一致。首先,明确了银行理财子公司的关联方及重大关联交易界定标准,应按照《资管新规》以及国家金融监督管理总局关于关联交易管理和理财公司管理的相关规定执行。其次,明确了理财公司关联交易包括自有资金投资和理财产品资金投资两类。再次,结合理财公司业务实际,将理财公司以自有资金及理财产品投资其关联方发行的资管产品明确纳入关联交易范围。最后,对理财公司关联交易信息在披露渠道、披露范围方面作出要求。

在信息管理方面,《内控办法》要求理财公司建立信息隔离制度,特别强调了敏感信息识别、评估和管理。

4. 风险准备金管理

正式发布的《内控办法》对《征求意见稿》中未提及的风险准备金管理作出了要求,明确理财公司应建立风险准备金管理制度。一方面,在风险准备金的保管上,需开立专门账户单独管理、使用;另一方面,明确了风险准备金的投资范围及高流动性资产的最低持有比例要求。

5. 岗位管理、场所和设施管理

在岗位管理方面,理财公司应当建立岗位责任制度,实施不相容岗位分离措施,明确重要岗位清单,重要岗位人员实行轮岗或者强制休假制度,严格执行员工履职回避相关规定。

在场所和设施管理方面,理财公司应确保交易场所相对独立,配备门禁系统和监控设备,无关人员未经授权不得进入;限定投资人员、交易人员使用理财公司统一管理的通讯工具开展投资交易并应当监测留痕;交易人员的手机及其他通讯工具在交易时间需集中存放保管。

6. 印章印鉴管理

理财公司应当建立印章印鉴管理制度，指定专人保管、严格用印审批流程，妥善保存用印后的书面合同。

7. 投资者权益保护

《内控办法》在重申《理财新规》和《理财公司理财产品销售管理暂行办法》的监管要求基础上，明确了投资者投诉渠道的披露要求，以及针对信访涉及内控管理问题的特别处理要求。

8. 反洗钱、反恐怖融资及非居民金融账户涉税信息尽职调查

为完善理财公司内部控制管理体系，《内控办法》在"内部控制活动"这一章最后强调了反洗钱、反恐怖融资及非居民金融账户涉税信息尽职调查要求。

（六）内部控制保障

针对内部控制保障，《内控办法》从信息系统建设、网络和信息安全管理、数据质量控制制度和流程、会计核算和估值、内控和绩效考评以及人员培训方面提出了要求。为落实投资者权益保护、"三单管理"和内控工作的有效开展提供了具体的指导意见和要求。

（七）内部控制监督

《内控办法》强调通过内部监督与外部监督共同推动理财公司完善内部控制长效机制。

在内部监督方面，理财公司内审部门应当至少每年开展一次内控审计评估，发现问题及时沟通、整改与报告。相较于《征求意见稿》，《内控办法》在监管报备内容中增加了审计评估报告，同时将报送报告的截止时间放宽至每年 4 月底。

在外部监督方面，国家金融监督管理总局及其派出机构将内部控制执行情况作为非现场监管、现场检查、现场调查和有关股东监管评级的重要考虑因素。

此外，《内控办法》还明确了监管部门的处罚依据，对理财公司及相关人员可责令限期整改、采取监管措施或者实施行政处罚。

三、《内控办法》对理财公司的影响及合规建议

《内控办法》自 2022 年 8 月 22 日颁布之日起正式施行，理财公司应当在施行

之日起6个月内完成整改。为满足《内控办法》的相关监管要求，理财公司应在以下方面采取相应的措施。

（一）完善内部组织架构和人员配置

根据《内控办法》的要求，理财公司应聘任具备相应履职能力的首席合规官；指定专门的内部控制部门，交由首席合规官或其他适格高管人员分管，并配备相应数量和具有相应资质的人员；建立岗位责任制度，明确各部门、岗位职责及权限，重点业务环节实施双人、双责复核制，明确重要岗位清单，重要岗位人员实行轮岗或者强制休假制度等。

（二）梳理并健全内部控制活动所需的制度

《内控办法》在内部控制管理的各个环节提出了相应的制度建设要求，如理财产品设计管理制度、产品存续期管理制度、理财账户管理制度等。在理财产品投资和交易方面，应制定投资决策授权管理制度、理财资金投资管理制度、理财产品投资账户管理制度、理财投资合作机构管理制度等；在投资者信息保护方面，应建立健全投资者权益保护制度、投资者信息处理管理制度、数据质量控制制度及信息隔离制度等；在反洗钱、反恐怖融资方面，应当建立异常交易监测制度、内幕信息管理制度、利益冲突防控制度、关联交易管理制度，对全体人员及其配偶、利害关系人建立证券投资申报、登记、审查、管理、处置制度等；对内部控制职能部门和内部审计部门建立区别于其他部门的绩效考核机制和薪酬管理制度等。

理财公司应对照《内控办法》对于内控制度建设的监管要求，梳理公司现行制度，对于尚缺位的制度及时补充制订，对于现有制度根据《内控办法》要求进行完善，以便建立健全内部控制制度体系并严格予以执行。

（三）完善产品设计及投资、交易流程

《内控办法》在理财产品设计及投资、交易流程方面提出了较为详细的监管要求。在理财产品设计环节：明确发行创新产品、对现有产品进行重大改动、扩展新业务领域及其他可能增加风险的产品或业务，均需至少由董事会或董事会授权的专门委员会批准。在投资环节：借鉴证券基金行业在投资管理内控制度方面的先进实践，进行投资决策授权管理；明确理财资金投资管理要求，强调投后资产风险分类和管理；明确理财产品投资账户管理要求，进一步强调“三单管理”要求；明确理财投资合作机构管理要求，在现有监管要求基础上，进一步细化对合作机构的监管要求并明确提出合作机构限额及集中度管理要求。在交易环节：明确规定投资交易活动最低限度内部控制措施、异常交易监测及内幕信息管理等监管要求。

理财公司应根据上述要求，进一步完善理财产品设计及投资、交易等各个环节的流程，以符合《内控办法》的监管要求。

（四）采取符合内控管理需求的保障措施

理财公司应根据《内控办法》及其他监管规定的要求，从信息系统管理、信息安全与投资者信息处理管理、数据质控、会计核算与处理、消费者权益保护以及内控绩效考评等角度，建立、完善相应的保障措施以保障本机构内控体系的建立和完善。

四、结语

综上所述，《内控办法》在遵循《资管新规》、《理财新规》及《理财公司办法》监管原则的基础上，从"内部控制职责"、"内部控制活动"、"内部控制保障"及"内部控制监督"四个维度对理财公司内部控制进一步提出了明确的监管要求，并进一步加大监管力度，使理财公司内控方面的合规压力显著提升。笔者建议，理财公司根据《内控办法》的要求梳理完善内部组织架构、相关制度文件及投资交易流程，并采取相应的内部保障措施，助力理财公司逐一落实《内控办法》的相关监管要求，确保公司高效、合规运转。

理财公司产品销售管理全解析

何植松　张　静*

*作者简介：

何植松，中伦律师事务所上海办公室公司业务部合伙人，电邮为：hezhisong@ zhonglun. com。

张静，中伦律师事务所上海办公室私募基金与资管部合伙人，电邮为：zhangjingsh@ zhonglun. com。

自2018年12月《商业银行理财子公司管理办法》颁布以来,国有大型银行、全国性股份制银行、头部城商行和农商行纷纷筹建设立理财子公司,合资理财子公司也陆续进场。截至2023年6月,已有31家银行理财子公司获批筹建,其中30家已开业。此外,还有5家中外合资理财公司获批筹建,其中4家已开业。

2021年5月11日,原中国银行保险监督管理委员会(以下简称原银保监会)正式发布《理财公司理财产品销售管理暂行办法》(以下简称《销售管理办法》)。同日,原银保监会负责人就《销售管理办法》答记者问。此前,原银保监会于2020年12月25日发布了《关于〈商业银行理财子公司理财产品销售管理暂行办法(征求意见稿)〉公开征求意见的通知》(以下简称《征求意见稿》),并于发布之日起至2021年1月29日向社会公开征求意见。

在《销售管理办法》落地前,理财公司主要沿用商业银行理财、代销等监管规则。此次《销售管理办法》在《征求意见稿》的基础上进一步明确适用机构范围、增加年度报告机制、完善禁止性规定、设置销售专区并实现产品隔离,区分理财信息登记时间和材料要求、设置《销售管理办法》实施过渡期等。《销售管理办法》更详尽地规范了理财公司销售或代销理财产品业务,弥补了此前理财产品销售规定和监管规则的全面性和适用性不完备问题。

《销售管理办法》也是对《关于规范金融机构资产管理业务的指导意见》(以下简称《资管新规》)、《商业银行理财业务监督管理办法》(以下简称《理财新规》)、《商业银行理财子公司管理办法》(以下简称《理财子公司办法》)的具体落实,积极推进监管规则一致,促进理财业务更快进入全面净值化时代。

本文旨在从理财公司开展理财产品销售和代销业务角度,结合我们为理财公司提供法律服务的业务经验,就《销售管理办法》对理财产品销售业务的影响进行简要解读。

一、理财产品销售相关基本概念

(一)理财公司及理财产品的定义

根据《销售管理办法》第2条的规定,理财公司是指在中华人民共和国境内依法设立的商业银行理财子公司,以及中国银行保险监督管理委员会批准设立的其他主要从事理财业务的非银行金融机构。

理财产品是指理财公司按照约定条件和实际投资收益情况向投资者支付收益、不保证本金支付和收益水平的非保本理财产品。

《销售管理办法》适用范围的扩大充分考虑了2019年7月由国务院金融委员会作出的“允许境外资产管理机构与中资银行或保险公司的子公司合资设立由外方控股的理财公司”的对外开放举措。即除商业银行理财子公司外,原银保监会批准设立的其他主要从事理财业务的非银行金融机构也属于理财公司,如外方资产管理机构与商业银行理财子公司、保险资产管理公司设立的合资理财公司,这也给未来可能出现的新型理财公司留下空间。

(二)理财销售的定义

《征求意见稿》在《理财新规》的基础上对理财产品销售的规定做了细化。《销售管理办法》又在《征求意见稿》的基础上对将宣传推介理财产品视为理财产品销售的场景进行了补充定义,见表1。

表1 《理财新规》《征求意见稿》《销售管理办法》对理财产品销售的规定

文件	内容
《理财新规》	商业银行理财产品销售是指商业银行将本行发行的理财产品向投资者进行宣传推介和办理认购、赎回等业务活动
《征求意见稿》	本办法所称理财产品销售包括以下部分或全部业务活动: (一)以展示、介绍、比较单只或多只理财产品部分或全部特征信息等方式宣传推介理财产品; (二)提供单只或多只理财产品投资建议; (三)为投资者办理认购、申购和赎回; (四)国务院银行业监督管理机构认定的其他业务活动。 从事以上部分或全部业务活动的机构为理财产品销售机构
《销售管理办法》	理财产品销售包括面向投资者开展的以下部分或全部业务活动: (一)以展示、介绍、比较单只或多只理财产品部分或全部特征信息并直接或间接提供认购、申购、赎回服务等方式宣传推介理财产品; (二)提供单只或多只理财产品投资建议; (三)为投资者办理理财产品认购、申购和赎回; (四)国家金融监督管理总局认定的其他业务活动。 从事以上部分或全部业务活动的机构为理财产品销售机构

目前市场上,互联网平台存在理财产品信息营销宣传的情形。但是这类“导

流”模式是否属于理财产品销售,《销售管理办法》作出了更为细致的界定。

根据《征求意见稿》的规定,只要以展示、介绍、比较理财产品部分或全部特征信息等方式宣传推介理财产品即视为理财产品销售行为,但《销售管理办法》的规定调整了相关表述:“以展示、介绍、比较单只或多只理财产品部分或全部特征信息并直接或间接提供认购、申购、赎回服务等方式宣传推介理财产品”,属于理财产品销售行为。结合《销售管理办法》对理财产品销售机构的持牌要求,笔者认为,该条规定更明确了理财产品销售机构从事理财产品销售行为的边界。

另外,根据《关于进一步规范金融营销宣传行为的通知》(银发〔2019〕316号)的规定,“未取得相应金融业务资质的市场经营主体,不得开展与该金融业务相关的营销宣传活动。但信息发布平台、传播媒介等依法接受取得金融业务资质的金融产品或金融服务经营者的委托,为其开展金融营销宣传活动的除外”。笔者认为,该规定项下的营销宣传行为与《销售管理办法》项下的宣传推介行为的实质区别尚待进一步明确。

(三)结算资金独立性及破产隔离

《销售管理办法》在《征求意见稿》的基础上,扩大理财产品销售结算资金独立及破产隔离的范围至提供理财产品销售结算资金划转结算等服务的机构。

根据《销售管理办法》的规定,理财产品销售机构、提供理财产品销售结算资金划转结算等服务的机构不得将理财产品销售结算资金归入自有资产,且在该等机构因依法解散、被依法撤销或者被依法宣告破产等原因进行清算时,理财产品销售结算资金不属于其清算财产。

二、理财产品销售机构

(一)明确理财产品销售机构的定义

根据《销售管理办法》的规定,理财产品销售机构包括销售本公司发行理财产品的理财公司和接受理财公司委托销售其发行理财产品的代理销售机构。

关于代理销售机构的范围,《销售管理办法》明确了理财产品销售机构的持牌要求,未经金融监督管理部门许可,任何非金融机构和个人不得代理销售理财产品。同时,《销售管理办法》在《理财子公司办法》列举的代理销售机构范围基础上,增加了其他理财公司作为代理销售机构。具体规定见表2。

表 2 《理财子公司办法》《征求意见稿》《销售管理办法》对代理销售机构的规定

文件	内容
《理财子公司办法》	银行理财子公司可以通过商业银行、农村合作银行、村镇银行、农村信用合作社等吸收公众存款的银行业金融机构，或者国务院银行业监督管理机构认可的其他机构代理销售理财产品。代理销售银行理财子公司理财产品的机构应当遵守国务院银行业监督管理机构关于代理销售业务的相关规定
《征求意见稿》	理财产品销售机构包括： （一）销售本公司发行理财产品的银行理财子公司； （二）接受银行理财子公司委托销售其发行理财产品的代理销售机构，包括其他银行理财子公司，商业银行、农村合作银行、村镇银行、农村信用合作社等吸收公众存款的银行业金融机构，以及国务院银行业监督管理机构规定的其他机构
《销售管理办法》	理财产品销售机构包括： （一）销售本公司发行理财产品的理财公司； （二）接受理财公司委托销售其发行理财产品的代理销售机构，包括其他理财公司，商业银行、农村合作银行、村镇银行、农村信用合作社等吸收公众存款的银行业金融机构，以及国家金融监督管理总局规定的其他机构

（二）理财产品销售机构开展销售业务活动应具备的条件

根据《销售管理办法》的规定，理财产品销售机构不得以理财名义或使用“理财”字样开展其他金融产品销售业务活动。理财产品销售机构从事理财产品销售业务应至少应符合《销售管理办法》规定的 8 项条件，包括财务状况、自有渠道（营业网点或电子渠道）、系统设施、制度机制、监管指标等。与《征求意见稿》相比，《销售管理办法》做了两处调整：(1) 明确理财产品销售机构需具备的自有渠道可以是营业网点和电子渠道二选一，而非同时具备；(2) 删除理财产品销售机构需具备完善的理财产品销售结算资金管理制度的要求。

根据《销售管理办法》的规定，若理财公司与不具备相应条件的机构合作开办理财产品销售业务活动销售机构，国家金融监督管理总局及其派出机构有权依照法律法规予以处罚。

（三）理财公司选择代理销售机构

根据《销售管理办法》的规定，理财公司对代理销售机构应展开尽职调查、定期规范性评估以及名单制管理（见表 3）。

表3 《销售管理办法》对理财公司选择代理销售机构的规定

<table>
<tr><th>事　项</th><th colspan="2">要　求</th></tr>
<tr><td>尽职调查</td><td colspan="2">对代理销售机构的条件要求、专业服务能力和风险管理水平等开展尽职调查</td></tr>
<tr><td rowspan="2">规范性评估</td><td colspan="2">至少每年开展一次对理财产品销售业务活动情况规范性评估</td></tr>
<tr><td colspan="2">有权要求代理销售机构配合提供理财产品销售录音录像、交易记录以及相关制度文件等资料</td></tr>
<tr><td rowspan="2">名单制管理</td><td colspan="2">实行专门的名单制管理，明确规定准入标准和程序、责任与义务、存续期管理、利益冲突防范机制、信息披露义务及退出机制等</td></tr>
<tr><td colspan="2">理财产品销售机构的名单应当至少由理财公司高级管理层批准并定期评估，并根据实际情况对名单进行及时调整</td></tr>
<tr><td rowspan="3">暂停/中止合作</td><td>合作终止情形</td><td>合作终止后果</td></tr>
<tr><td>代理销售机构不符合《销售管理办法》第7条规定条件的；
代理销售机构未按规定接受理财公司对理财产品销售业务活动定期规范性评估的</td><td>暂停或中止业务合作，并在5个工作日内至少通过理财公司、代理销售机构的官方渠道予以公告</td></tr>
<tr><td>理财公司发现代理销售机构存在《销售管理办法》第25条规定的禁止行为或认定代理销售机构销售行为严重损害投资者合法权益的且代理销售机构未采取有效纠正措施的</td><td>中止部分或全部业务合作，并在5个工作日内至少通过本公司、代理销售机构的官方渠道予以公告</td></tr>
</table>

《销售管理办法》强化了理财公司对代理销售机构的准入机制、日常管理要求和责任。理财公司需对代理销售机构开展实质尽职调查，落实名单制管理制度等。与《征求意见稿》相比，《销售管理办法》就理财公司对代理销售机构理财产品销售业务情况的规范性评估从“定期”变为“至少每年一次”。根据《销售管理办法》的规定，理财公司未按照该办法要求对代理销售机构开展规范性评估、有效履行管理职责的，国家金融监督管理总局及其派出机构有权依照法律法规予以处罚。

此外，就“有权要求代理销售机构配合提供理财产品销售录音录像、交易记录以及相关制度文件等资料”以及合作终止情形等约定内容，建议理财公司根据《销售管理办法》的规定确认本公司的代理销售合作协议是否需要进行修改和增补。

（四）代理销售机构选择理财产品

根据《销售管理办法》第 13 条的规定，代理销售机构选择代理销售理财产品仍需承担尽职调查工作，而不得仅以理财公司相关产品资料或其出具意见作为审批依据。具体而言，代理销售机构总部应当对拟销售的理财产品开展尽职调查，并承担审批职责，纳入本机构统一专门名单管理，不得仅以理财公司相关产品资料或其出具意见作为审批依据；通过分支机构销售的，应当以书面形式对分支机构进行明确授权，载明该分支机构可销售的理财产品范围。

（五）代理销售合作协议

《销售管理办法》对代理销售合作协议应包括的内容进行了列举式规定，主要是关于理财公司和代理销售公司的承诺性规定，以及双方的责任和义务。理财公司与代理销售机构应当在代理销售合作协议签订 10 个工作日内，至少通过理财公司、代理销售机构的官方渠道予以公告。

据此，建议理财公司就目前使用的代理销售合作协议的条款内容与《销售管理办法》的规定进行逐项比对，根据规定对协议进行修改或增补。同时，理财公司还应注意《销售管理办法》项下的公告义务。新开业的理财公司需提前考虑设置官方渠道。

（六）理财公司与代理销售机构之间的责任义务划分

《销售管理办法》对理财产品销售操作环节中理财公司和代理销售机构的责任义务划分作了规定，见表 4。

表 4 《销售管理办法》对理财产品销售操作环节中理财公司和代理销售机构的责任义务划分

责任主体	相关责任/义务	《销售管理办法》对应条款
理财公司	代理销售合作协议中约定的职责：合规性承诺	第 11 条　代理销售机构总部和理财公司应当以书面形式签订代理销售合作协议，至少包括以下内容： （一）理财公司对拟委托销售理财产品和本公司制订的宣传销售文本出具的合规性承诺……
	拒绝认（申）购、赎回说明理由	第 34 条　理财公司暂停或者开放认（申）购、赎回等业务的，应当按照相关规定和投资协议、销售协议约定说明具体原因和依据

续表

责任主体	相关责任/义务	《销售管理办法》对应条款
理财公司	对账	第37条　理财公司委托代理销售机构销售理财产品的，理财公司应当至少每日与代理销售机构进行对账，确保销售结算资金的安全性和双方客户交易明细的一致性
	信息登记	第53条　理财产品销售机构应当按照规定，定期向银保监会或其派出机构报送与理财产品销售有关的统计报表和相关报告等，并确保报送信息的真实性、准确性、完整性和及时性
代理销售机构	配合理财公司规范性评估工作	第9条　理财公司开展规范性评估，需要调阅理财产品销售录音录像、交易记录以及相关制度文件等资料的，代理销售机构应当予以配合。代理销售机构应当按照法律、法规以及合作协议约定，及时、准确向理财公司提供理财产品销售相关的数据、信息和资料等
		第11条　代理销售机构总部和理财公司应当以书面形式签订代理销售合作协议，至少包括以下内容： …… （十）代理销售机构承诺依据本办法规定接受理财公司对理财产品销售业务活动定期开展的规范性评估，完整、准确、及时向理财公司提供理财产品销售相关资料……
		第14条　代理销售机构未按规定接受理财公司对理财产品销售业务活动定期规范性评估的，理财公司应当按照代理销售合作协议约定暂停或中止与代理销售机构的业务合作，并在5个工作日内至少通过本公司、代理销售机构的官方渠道予以公告
	代理销售合作协议中约定的职责：承诺配合非现场监管、现场检查	第11条　代理销售机构总部和理财公司应当以书面形式签订代理销售合作协议，至少包括以下内容： …… （九）代理销售机构承诺配合理财公司接受银保监会及其派出机构针对理财产品销售业务活动实施的非现场监管、现场检查等，并完整、准确、及时提供相关数据、信息和资料等……
	销售文件合规性审核	第29条　理财公司应当统一编制本公司理财产品投资协议书和理财产品说明书。代理销售机构可以接受理财公司委托编制代理销售协议书、风险揭示书、投资者权益须知等销售文件，并应当对其编制的销售文件进行合规性审核，使用前向理财公司备案

续表

责任主体	相关责任/义务	《销售管理办法》对应条款
代理销售机构	办理理财产品的认（申）购、赎回	第 34 条　理财产品销售协议生效后，理财产品销售机构应当按照法律、行政法规、监管规定和理财产品投资协议、销售协议的约定，办理理财产品的认（申）购、赎回，不得擅自拒绝接受投资者的认（申）购、赎回申请
	款项收付凭证	第 36 条　理财公司委托代理销售机构销售理财产品的，代理销售机构应当至少每日向理财公司提供销售明细和相关有效凭证信息
理财公司和代理销售机构	代理销售合作协议中约定其他的职责	第 11 条　代理销售机构总部和理财公司应当以书面形式签订代理销售合作协议，至少包括以下内容： …… （二）双方在风险承担、信息披露、风险揭示、客户信息传递及信息保密、投诉处理、应急处置、业务中止及后续服务安排等方面的责任和义务； （三）双方业务管理系统职责边界和运营服务接口； （四）理财产品投资者敏感信息等资料的保存权限、责任和方式； （五）反洗钱、反恐怖融资及非居民金融账户涉税信息尽职调查义务履行及责任划分； （六）双方就在理财产品销售过程中违反投资者适当性管理的行为，各自应当依法承担的法律责任； （七）理财产品销售信息交换及资金交收权利义务……
	反洗钱、反恐怖融资及非居民金融账户涉税	第 11 条　代理销售机构总部和理财公司应当以书面形式签订代理销售合作协议，至少包括以下内容： …… （五）反洗钱、反恐怖融资及非居民金融账户涉税信息尽职调查义务履行及责任划分……
		第 32 条　理财产品销售机构应当根据反洗钱、反恐怖融资及非居民金融账户涉税信息尽职调查等相关法律法规要求识别客户身份。 代理销售机构应当配合理财公司开展反洗钱、反恐怖融资及非居民金融账户涉税信息尽职调查等工作，并向理财公司提供投资者身份信息及法律法规规定的其他信息
	年度报告	第 12 条　理财公司与代理销售机构应当于每年度结束后 2 个月内分别向银保监会或其派出机构报告本机构理财产品销售合作情况年度报告

续表

责任主体	相关责任/义务	《销售管理办法》对应条款
理财公司和代理销售机构	投诉处理机制	第 51 条　理财公司和代理销售机构应当建立有效的理财产品销售业务投资者投诉处理机制,明确受理和处理投资者投诉的途径、程序和方式。 理财公司和代理销售机构应当根据法律、行政法规、监管规定和协议约定,明确划分双方责任和义务,及时、妥善处理投资者投诉
	投诉处理自查和投资者权益保护工作评估	第 52 条　理财公司和代理销售机构应当至少每半年开展一次投资者投诉处理情况自查和投资者权益保护工作评估,形成报告留存备查。理财公司和代理销售机构的高级管理层应当定期审议投资者投诉及权益保护工作情况,审视业务风险并督促整改,持续完善内控制度

根据《销售管理办法》的约定,理财公司和代理销售机构应当根据法律法规、监管规定和合作协议的约定,合理划分双方权责,共同承担理财产品销售管理责任。理财公司不得因其他机构代理销售而免除自身应当承担的责任。代理销售机构不得因业务暂停或中止而弱化、减免本机构应当承担的责任。

《全国法院民商事审判工作会议纪要》第 74 条规定,因金融产品发行人、销售者未尽适当性义务导致消费者遭受损失的,消费者可以请求金融产品发行人和销售者分别或共同承担赔偿责任。但发行人和销售者已约定按份承担赔偿责任的,可向责任方进行追偿。

据此,理财公司和代理销售机构在实际业务开展过程中应注意结合业务实际情况,根据《销售管理办法》完善代理销售合作协议中双方的法定和约定职责,并明确约定双方的责任承担原则。

三、风险管理和内部控制

(一)制度制定及评估完善

根据《销售管理办法》的规定,理财产品销售机构应当具备并有效执行理财产品销售业务制度,制定与本机构发展战略相适应的相关制度,及时评估和完善相关制度,确保制度有效性。

除《销售管理办法》第 15 条对相关制度进行列举外,《销售管理办法》其他条文中也涉及制度要求，见表5。

表5 《销售管理办法》对理财产品销售机构的理财产品销售业务制度规定

序号	制度类型	《销售管理办法》对应条款
1	产品准入	第15条
2	风险管理和内部控制制度	第15条、第54条第1款第2项
3	投资者适当性管理	第15条
4	业务操作	第15条
5	资金清算	第15条
6	客户服务	第15条
7	信息披露	第15条
8	合作机构管理	第15条
9	人员及行为管理	第15条
10	投诉和应急处理	第15条
11	保密管理	第15条
12	销售人员的上岗资格、持续培训、信息公示与查询核实等制度	第42条
13	档案管理	第23条
14	投资者权益保护制度	第46条
15	信息系统、财务管理等内控制度	第54条第1款第2项
16	满足理财产品销售管理需要的组织体系、操作流程和监测机制	第7条第5项
17	理财产品销售结算资金管理制度	第7条第6项
18	反洗钱、反恐怖融资及非居民金融账户涉税信息尽职调查内部控制制度	第7条第7项
19	对拟委托销售的理财产品建立适合性调查、评估和审批制度	第9条

《销售管理办法》对理财产品销售机构应具备的制度进行了较为系统和全面的规定。据此，建议理财产品销售机构注意根据《销售管理办法》梳理和完善相关制度。

特别需要注意的是,《销售管理办法》第七章“监督管理与法律责任”也明确规定:

1. 若理财产品销售机构未按照《销售管理办法》要求建立风险管理制度和相关信息系统,或者风险管理制度落实不到位、存在重大风险隐患或者引发较大风险事件的,国家金融监督管理总局有权依照法律法规予以处罚,还可以依照法律法规对直接负责的董事、高级管理人员和其他直接责任人员进行处理;涉嫌犯罪的,依法移送司法机关处理。

2. 若理财公司合作的理财产品销售机构未持续具备“完善的理财产品销售投资者适当性管理、投资者权益保护、销售人员执业操守、应急处理等制度,以及满足理财产品销售管理需要的组织体系、操作流程和监测机制”“完善的理财产品销售结算资金管理制度”“完善的反洗钱、反恐怖融资及非居民金融账户涉税信息尽职调查内部控制制度”的,由国家金融监督管理总局及其派出机构依照法律法规予以处罚。

(二)信息系统管理

1. 对理财公司的要求

《销售管理办法》规定,理财公司对代理销售机构进行尽职调查时,也应调查代理销售机构的信息系统情况。

若理财公司与不具备相应条件的理财产品销售机构合作的,国家金融监督管理总局及其派出机构有权依照法律法规予以处罚,还可以依照法律法规对直接负责的董事、高级管理人员和其他直接责任人员进行处理;涉嫌犯罪的,依法移送司法机关处理。

2. 对理财销售机构的要求

《销售管理办法》规定,理财产品销售机构应具备以下条件:与独立开展理财产品销售业务活动相适应的信息系统;安全、高效的办理理财产品认(申)购和赎回等业务的技术设施和销售系统;代理销售机构与理财公司实施信息系统联网,能够满足数据传输需要。

理财产品销售机构应当加强信息科技风险管理,建立网络安全监测和应急响应体系,保障网络和信息系统安全可靠、可持续服务。理财产品销售机构应当采取可靠的技术措施,确保客户信息安全。

若理财产品销售机构未能按照《销售管理办法》建立信息系统的，国家金融监督管理总局及其派出机构有权依照法律法规予以处罚。

（三）内部控制

《销售管理办法》规定了理财产品销售机构内部各职能部门的相关职责，具体见表6。

表6 《销售管理办法》对理财产品销售机构内部各职能部门的职责规定

机构	职责
董事会	负责审核批准理财产品销售重要策略、制度和程序
高级管理层	负责根据董事会批准的理财产品销售策略、制度和程序，对理财产品销售业务风险进行管理，制定并监督执行有关投资者权益保护与内部控制制度，向董事会定期报告理财产品销售总体情况、重大事项及潜在风险，确保风险管理的有效性
专门部门和人员	（1）该部门和人员负责对理财产品销售业务活动的合法合规性进行审查、监督和检查，并确保该部门和人员独立、有效履行职责； （2）该部门应当对理财产品销售准入、产品合规及风险评估的标准和流程等销售业务内部制度以及新销售产品、新业务方案等进行合规审查，并出具合规审查意见； （3）该部门发现本机构存在与理财产品销售相关的重大风险或违法违规行为，应当提出处理意见，并督促整改。理财产品销售机构应当就重大风险或违法违规行为及时向国家金融监督管理总局或其派出机构报告，并视情况告知相关合作机构。 该部门人员不得兼任经营管理等与岗位职责存在利益冲突的职务

理财产品销售机构应设置双重隔离机制：

（1）人员隔离：专门负责理财产品销售业务合规审查的人员不得兼任经营管理等与岗位职责存在利益冲突的职务；

（2）业务隔离：理财产品销售机构开展或拟开展与理财产品销售业务存在利益冲突的业务时，应建立利益冲突防范机制。

（四）理财产品销售机构的其他内控要求

根据《销售管理办法》的规定，理财产品销售机构应建立理财产品准入、销售业务统一管理、利益冲突防范、信息科技风险管理等方面的制度，具体见表7。

表 7 《销售管理办法》对理财产品销售机构的其他内控要求

内控领域	具体要求
专项合规意见	理财产品销售机构应当对拟向特定对象销售的理财产品实施专门的尽职调查和风险评估,充分了解拟销售产品的投资方向、策略、风险以及投资者适当性要求等,出具专项合规意见并留存备查
对分支机构销售业务统一管理	不得通过与他人合资、合作经营管理分支机构,或将分支机构承包或者委托给他人等方式开展理财产品销售业务
利益冲突防范	理财产品销售机构应当建立健全业务范围管控制度,审慎评估理财产品销售业务与其依法开展或拟开展的其他业务之间可能存在的利益冲突,建立严格的利益冲突防范机制并确保有效实施
信息科技管理	理财产品销售机构应当加强信息科技风险管理,建立网络安全监测和应急响应体系,保障网络和信息系统安全可靠、可持续服务。 理财产品销售机构应当采取可靠的技术措施,确保客户信息安全
反欺诈	理财产品销售机构应当充分利用科技手段,加强对伪冒网站、伪冒产品等监测,有效防范各类欺诈风险。 理财公司委托代理销售机构销售理财产品的,代理销售机构和理财公司应当建立联防联控的反欺诈体系,共同承担反欺诈的责任
业务信息记录	完整记录和保存销售业务活动信息,确保记录信息全面、准确和不可篡改,并持续满足国家金融监督管理总局及其派出机构依法实施信息采集、核查、取证等监管行为的要求。 记录信息应当至少包括投资者身份证明资料、宣传销售文本、产品风险及其他关键信息提示、交易记录与确认信息等
档案管理制度	妥善保管投资者理财产品销售相关资料,保管年限不得低于 20 年
离任审计	理财产品销售机构及其分支机构的理财产品销售部门负责人以及承担合规性审查、监督和检查的部门负责人离任的,应当进行审计

根据《销售管理办法》的规定,若代理销售机构直接或间接委托其他机构销售理财产品的,国家金融监督管理总局及其派出机构有权依照法律法规予以处罚。

四、理财产品销售管理

(一)销售禁止性行为

《销售管理办法》以列举和兜底的形式对理财产品销售机构及其销售人员从事理财产品销售业务活动的禁止情形进行了规定,共 18 种(见表 8)。

表 8 《销售管理办法》对理财产品销售机构及其销售人员从事理财产品销售业务活动的规定

序号	规定
1	误导投资者购买与其风险承受能力不相匹配的理财产品
2	虚假宣传、片面或者不当宣传,夸大过往业绩,预测理财产品的投资业绩,或者出具、宣传理财产品预期收益率
3	使用未说明选择原因、测算依据或计算方法的业绩比较基准,单独或突出使用绝对数值、区间数值展示业绩比较基准
4	将销售的理财产品与存款或其他产品进行混同
5	在理财产品销售过程中强制捆绑、搭售其他服务或产品
6	提供抽奖、回扣、馈赠实物、代金权益及金融产品等销售理财产品
7	违背投资者利益优先原则,为谋取机构或人员的利益,诱导投资者进行短期、频繁购买和赎回操作
8	由销售人员违规代替投资者签署销售业务相关文件,或者代替投资者进行风险承受能力评估、理财产品购买等操作,代替投资者持有或安排他人代替投资者持有本机构销售的理财产品
9	为理财产品提供直接或间接、显性或隐性担保,包括部分或全部承诺本金或收益保障
10	利用或者承诺利用理财产品和理财产品销售业务进行利益输送或利益交换
11	给予、收取或索要理财产品销售合作协议约定以外的利益
12	恶意诋毁、贬低其他理财产品销售机构或者其他理财产品
13	截留、挪用理财产品销售结算资金
14	违法违规提供理财产品投资者相关信息
15	未经授权或超越授权范围开展销售业务,私自推介、销售未经本机构审批的理财产品,通过营业网点或电子渠道提供未经本机构审批的理财产品销售相关文件和资料
16	未按规定或者协议约定的时间发行理财产品,或者擅自变更理财产品的发行日期
17	在全国银行业理财信息登记系统对理财产品进行登记并获得登记编码前,办理理财产品销售业务,发布理财产品宣传推介材料
18	国家金融监督管理总局规定禁止的其他情形

上述18种禁止性行为,主要是关于提供虚假信息、违背投资者真实意愿、不正当竞争、违反信义义务、刚性兑付、越权销售、违法违规提供投资者信息的。若理财产品销售机构误导投资者购买与其风险承受能力不相匹配的理财产品的,国家金融监督管理总局及其派出机构有权依照法律法规予以处罚。

与《征求意见稿》相比,《销售管理办法》对销售人员的禁止性规定增加了:

1. 禁止单独或突出使用绝对数值、区间数值展示业绩比较基准。《销售管理办法》保留了《征求意见稿》规定的"禁止使用未说明选择原因、测算依据或计算方法的业绩比较基准",新增规定"禁止单独或突出使用绝对数值、区间数值展示业绩比较基准"。根据原银保监会就《销售管理办法》的答记者问,新增内容有利于防止变相宣传预期收益率,更好促进产品净值化转型,推进打破刚兑预期。《销售管理办法》一方面明确禁止使用未说明选择原因、测算依据或计算方法的业绩比较基准;另一方面也禁止单独或突出使用绝对数值、区间数值展示业绩比较基准,但并非禁止使用绝对数值、区间数值展示业绩比较基准。至于如何把握使用绝对数值、区间数值展示业绩的尺度,尚有待进一步明确。

2. 禁止通过电子渠道提供未经审批的理财产品销售相关文件和资料。这进一步规范了销售人员通过电子渠道进行销售的行为。

此外,经检索,自《征求意见稿》发布以来国家金融监督管理总局关于"理财产品销售"作出的行政处罚,涉及销售禁止性行为的案由主要为:

(1)单位部分理财产品交易存在利益输送;

(2)违规销售理财产品;

(3)违规销售无真实投资、无测算依据、无充分信息披露的理财产品。

上述行政处罚基本依据《银行业监督管理法》中关于审慎经营规则的规定作出。但相关处罚事由均被《销售管理办法》规定为销售禁止性行为,如不得"利用或者承诺利用理财产品和理财产品销售业务进行利益输送或利益交换"等。因此,理财公司及销售人员应注意在从事理财产品销售业务活动时不得有《销售管理办法》所禁止的18种行为。

(二)销售管理

根据《销售管理办法》的规定,理财产品销售机构通过营业网点或电子渠道向非机构投资者销售理财产品,应分别遵守相关规定(见表9)。

表 9 《销售管理办法》对理财产品销售机构向非机构投资者销售理财产品的规定

销售方式	具体要求
营业网点销售	按照国家金融监督管理总局的相关规定实施理财产品销售专区管理，面向投资者严格有效区分理财产品与其他金融产品
	在销售专区内对每只理财产品销售过程进行录音录像，销售专区应当具有明显标识
	销售评级为四级以上的理财产品，应当在营业网点进行，除非与非机构投资者当面书面约定
电子渠道销售	征得投资者同意，积极采取有效措施和技术手段完整客观记录营销推介、产品风险和关键信息提示、投资者确认和反馈等重点销售环节，确保能够满足回溯检查和核查取证的需要

《销售管理办法》在《征求意见稿》的基础上，增加了在销售专区有效区分理财产品和其他金融产品的规定；删除了在销售专区开展除理财产品销售之外的其他活动的规定。据此，理财公司在进行理财产品销售时应注意设置销售专区并将理财产品与其他金融产品隔离。

（三）宣传销售文本

1. 文本类型及编制

根据《销售管理办法》的规定，理财产品宣传销售文本包括宣传推介材料和销售文件，代理销售合作协议属于销售文件范畴。具体规定见表 10。

表 10 《销售管理办法》对理财产品宣传销售文本的规定

文件类型	具体要求
宣传推介材料	理财产品销售机构为宣传推介理财产品向投资者分发或者发布，使投资者可以获得的文字、图片、音频、视频以及其他形式的信息
销售文件	理财产品投资协议书、销售（代理销售）协议书、理财产品说明书、风险揭示书、投资者权益须知等，应当严谨清晰界定理财公司、代理销售机构以及投资者之间关于投资和销售等权责关系； 经投资者签字确认的销售文件，理财产品销售机构和投资者双方均应留存

根据《销售管理办法》的规定，理财产品的投资协议书和理财产品说明书由理财公司统一编制，代理销售机构可以接受理财公司委托编制代理销售协议书、风

险揭示书、投资者权益须知等销售文件，并对其编制的销售文件进行合规性审核，使用前向理财公司备案。

（1）鉴于理财公司委托代理销售机构进行编制代理销售协议书、风险揭示书、投资者权益须知等销售文件时，该等文件的合规性审查由代理销售机构进行，只是在使用前需向理财公司备案。据此，理财公司在委托代理销售机构进行编制时，除要求代理销售机构进行合规性承诺外，还可考虑在代理销售合作协议中设置代理销售机构违反合规性承诺时的赔偿责任承担条款。

（2）目前实践中，文本编制主要有两种情形：

①理财公司编制产品说明书、风险揭示书、投资者权益须知；代销机构编制并与投资者签署销售协议书。

②理财公司编制产品说明书、风险揭示书、投资者权益须知、销售协议，代销机构编制并与投资者签署代销协议或销售申请书。

鉴于《销售管理办法》统一了要求，理财公司应根据《销售管理办法》的规定调整宣传销售文本类型，如增加理财产品投资协议。

（3）经检索，自《征求意见稿》发布以来，国家金融监督管理总局关于"理财产品销售"作出的行政处罚，涉及宣传销售文本的案由主要为"风险揭示书存在问题"和"策略保本型理财产品销售文件未充分揭示风险"。

需要特别注意的是，由代理销售机构编制的风险揭示书和投资者权益须知的内容在不同代销渠道下可能会有所不同。为防止投资者通过不同代销渠道接收的信息有所差异，笔者建议，理财公司督促代理销售机构按照《销售管理办法》及其他法律法规规定及时、准确、完整地披露理财产品的风险状况以及投资者权益，并考虑将该等内容作为代理销售机构的义务性规定约定至代理销售合作协议中。

2. 文本责任

根据《销售管理办法》的规定，理财公司对理财产品的全部宣传推介材料内容承担管理责任。未经理财公司授权和审核同意，代理销售机构不得做任何更改并制作分发。鉴于理财产品投资协议书和理财产品说明书由理财公司统一编制，实践中，理财公司基本会采用格式文本进行编制。《民法典》第 496 条第 2 款规定："采用格式条款订立合同的，提供格式条款的一方应当遵循公平原则确定当事人之间的权利和义务，并采取合理的方式提示对方注意免除或者减轻其责任等与对方有重大利害关系的条款，按照对方的要求，对该条款予以说明。提供格式条款的一方未履行提示或者说明义务，致使对方没有注意或者理解与其有重大利害关系的条款的，对方可以主张该条款不成为合同的内容。”据此，理财公司作为标准合同文本的提供方，应当提示对方注意与对方有重大利害关系的格式条款，并按照对方的要求，对该等条款予以说明。

《民法典》第 497 条规定：“有下列情形之一的，该格式条款无效：（一）具有本法第一编第六章第三节和本法第五百零六条规定的无效情形；（二）提供格式条款一方不合理地免除或者减轻其责任、加重对方责任、限制对方主要权利；（三）提供格式条款一方排除对方主要权利。”据此，笔者建议，作为标准合同文本提供方的理财公司，避免以格式条款不合理地免除或者减轻理财公司责任、加重对方责任、限制对方主要权利。

《民法典》第 498 条规定：“对格式条款的理解发生争议的，应当按照通常理解予以解释。对格式条款有两种以上解释的，应当作出不利于提供格式条款一方的解释。格式条款和非格式条款不一致的，应当采用非格式条款。”据此，若标准合同文本中的格式条款有两种以上解释的，可能将作出不利于理财公司的解释。

（四）理财产品评级

根据《销售管理办法》的规定，理财产品风险等级由低到高至少包括一级至五级，并可以根据实际情况进一步细分。理财公司和代理销售公司均应进行评级，当评级结果不一致时，应以较高风险等级的评级结果为准。

理财公司应当在宣传销售文本等材料和理财产品登记信息中标明“该产品通过代理销售机构渠道销售的，理财产品评级应当以代理销售机构最终披露的评级结果为准”。

（五）投资者适当性

《销售管理办法》就理财产品销售机构对购买理财产品的投资者风险识别和承受能力评估、投资者承诺、尽职调查、合格投资者内容进行了规定，具体见表 11。

表 11 《销售管理办法》对理财产品销售机构履行投资者适当性义务的规定

义务	具体内容
风险识别、承受能力评估	定期或不定期对风险识别、承受能力进行持续评估
	制定投资者风险承受能力评估书，确定投资者风险承受能力等级，建立将投资者和理财产品进行匹配的方法
	超过一年未进行风险承受能力评估或发生可能影响自身风险承受能力情况的非机构投资者，再次购买时需重新评估
	代理销售时，由代理销售机构将投资者风险承受能力评估结果以及投资者与理财产品进行匹配的方法，及时、准确提供给理财公司
投资者承诺	投资资金为自有资金
尽职调查	完善合格投资者尽职调查流程并履行投资者签字确认程序，包括但不限于合格投资者确认、投资者适当性匹配、风险揭示、自有资金投资承诺
合格投资者	理财产品销售机构不得向不特定社会公众销售私募理财产品

（六）反洗钱、反恐融资、反逃税

《销售管理办法》对反洗钱、反恐怖融资及非居民金融账户涉税信息尽职调查进行了强制性规定：理财产品销售机构应配备相关制度；理财产品代销机构应配合理财公司进行相关尽职调查工作，并向理财公司提供投资者身份信息及法律法规规定的其他信息。

理财产品销售机构应当按照规定，定期向国家金融监督管理总局或其派出机构报送与理财产品销售有关的统计报表和相关报告等。未按照规定向国家金融监督管理总局及其派出机构报告或者报送有关文件、资料的，由国家金融监督管理总局及其派出机构责令改正，逾期不改正的，由国家金融监督管理总局及其派出机构依照法律法规予以处罚。

经检索，在《征求意见稿》发布以来关于反洗钱的行政处罚中，处罚的案由主要如下：（1）未按规定履行客户身份识别义务；（2）未按规定保存客户身份资料和交易记录；（3）未按规定报送大额交易报告和可疑交易报告；（4）与身份不明的客户进行交易。反洗钱合规问题属于监管重点，理财公司应当重点关注。

另外，《销售管理办法》对反洗钱、反恐怖融资及非居民金融账户涉税信息尽职调查进行了强制性规定。理财公司在开展业务过程中，除遵守《销售管理办法》中对反洗钱、反恐融资、反逃税的规定外，也应遵守《反洗钱法》《中国人民银行关于加强反洗钱客户身份识别有关工作的通知》《金融机构反洗钱规定》《法人金融机构洗钱和恐怖融资风险管理指引(试行)》《中国人民银行办公厅关于进一步加强反洗钱和反恐怖融资工作的通知》《金融机构客户尽职调查和客户身份资料及交易记录保存管理办法》等法律法规的规定。

(七)投资者购买理财产品

根据《销售管理办法》的规定,投资者购买理财产品的流程要点见表12。

表12 《销售管理办法》对投资者购买理财产品流程的规定

流程	具体要求
认(申)购、赎回	不得擅自拒绝接受投资者的认(申)购、赎回申请
	理财公司暂停或者开放认(申)购、赎回等业务的,应当按照相关规定和投资协议、销售协议约定说明具体原因和依据
款项交付	全额交付,国家金融监督管理总局另有规定的除外
认(申)购申请成立	提交申请并全额付款
款项收付	理财产品销售机构应当通过投资者指定的银行账户办理理财产品认(申)购和赎回的款项收付,制作、留存款项收付的有效凭证
	代理销售机构应当至少每日向理财公司提供销售明细和相关有效凭证信息
归集、划转理财产品销售结算资金	确保理财产品销售结算资金安全、及时划付,并将赎回、分红及认(申)购不成功的相应款项划入投资者认(申)购时使用的银行账户
	理财公司应当至少每日与代理销售机构进行对账
销售费用	按销售文件约定收取销售费用,并如实核算、记账;未经载明,不得对不同投资者适用不同费率
	已约定的收费项目、条件、标准和方式进行调整时,应当按照有关规定进行信息披露后方可调整;投资者不接受的,应当允许提前赎回理财产品
信息披露	(一)及时向投资者告知认(申)购、赎回理财产品的确认日期、确认份额和金额等信息; (二)定期向投资者提供其所持有的理财产品基本信息,及时向投资者告知对其决策有重大影响的信息
	应向投资者披露全部在售及存续的理财产品相关信息
关联方管理制度	理财产品销售机构销售关联方管理的面向特定对象销售的理财产品,应当建立健全关联方产品销售管理制度,在风险揭示书的醒目位置向投资者披露关联方及关联关系,揭示关联关系可能产生的不利影响和投资风险,并由投资者签字确认

根据《销售管理办法》的规定，理财产品销售机构未按规定进行风险披露，以及截留、挪用理财产品销售结算资金的，国家金融监督管理总局及其派出机构有权依照法律法规予以处罚。

经检索，在《征求意见稿》发布以来原银保监会关于“理财产品销售”作出的行政处罚中，涉及信息披露的案由主要为“理财产品信息披露不到位”和“部分理财产品信息披露不合规，对接本行信贷资产”。理财公司在进行信息披露时应注意披露的充分性和合规性。

另外，部分理财公司在实践中存在未在风险揭示书中向投资者披露关联方及关联关系，且未揭示关联关系可能产生的不利影响和投资风险，但在产品说明书中披露了相关内容的情况。建议理财公司在后续实践操作中根据《销售管理办法》的规定对风险揭示书进行完善。

五、销售人员管理

（一）理财产品销售人员管理主体责任

根据《销售管理办法》的规定，理财产品销售机构应当承担本机构理财产品销售人员管理的主体责任，加强对本机构理财产品销售人员行为的持续监督和排查，严格防范私自销售。

经检索，在《征求意见稿》发布以来原银保监会关于“理财产品销售”作出的行政处罚中，涉及销售人员的案由为“某员工私售理财产品”。据此，建议理财公司加强对理财产品销售人员的管理。

（二）规范销售人员资质

根据《销售管理办法》的规定，理财产品销售见表13。

表13 《销售管理办法》对销售人员资质的规定

资质类型	具体要求
销售人员条件	（1）具有完全民事行为能力； （2）具有高中以上文化程度； （3）从事金融工作1年以上； （4）具备良好的诚信记录及职业操守； （5）熟悉理财业务活动及理财产品销售相关的法律法规； （6）国家金融监督管理总局规定的其他条件。 未经理财产品销售机构进行上岗资格认定并签订劳动合同，任何人员不得从事理财产品销售业务活动，国家金融监督管理总局另有规定的除外

续表

资质类型	具体要求
销售人员培训	(1)每年培训时长不少于20小时； (2)内外部培训+考核； (3)培训记录存档
销售人员信息	(1)在全国银行业理财信息登记系统登记； (2)在营业网点和电子渠道显著位置对理财产品销售人员信息进行公示； (3)理财产品销售人员在向投资者宣传销售理财产品前，应当进行自我介绍并告知理财产品销售人员信息查询和核实渠道
禁止性行为	共18种，详见本文第四节第(一)部分分析

六、投资者合法权益保护

根据《销售管理办法》的规定，理财产品销售机构应当建立健全投资者权益保护管理体系，严格实施事前协调、事中管控和事后监督(见表14)。

表14 《销售管理办法》对理财产品销售机构履行投资者保护义务的规定

义务	具体要求
投资者身份验证	结合非机构投资者年龄、地区和行业背景，充分了解投资者基本信息、收入来源、财务状况、投资经验、投资目标和风险偏好等，严谨客观实施风险承受能力评估，审慎使用评估结果
	根据投资者的风险承受能力销售不同风险等级的产品，把合适的理财产品销售给合适的投资者
投资者信息提供	要求投资者真实提供信息，自主作出认(申)购和赎回等决定，独立对销售文件进行签字确认，自主承担投资风险
	投资者拒绝提供的，理财产品销售机构应当告知投资者相应的后果及责任，并可拒绝向其提供销售服务
风险揭示书	理财产品销售文件应当包含风险揭示书的专页。风险揭示书应当使用通俗易懂的语言，并至少包含《销售管理办法》第49条规定的内容
安全、合法收集信息	理财产品销售机构收集、使用个人信息，应当按照法律法规规定，遵循正当、必要的原则，保证信息采集、处理及使用的安全性和合法性
	未经客户专门授权，不得将客户个人信息及相关理财产品销售信息提供其他第三方机构和个人，法律、行政法规和国家金融监督管理总局另有规定的除外

续表

义务	具体要求
投资者投诉处理	建立投资者投诉处理机制，明确受理和处理投资者投诉的途径、程序和方式
	因电子渠道销售业务产生投诉纠纷的，理财产品销售机构应当在处理过程中提供投资者交易记录和确认信息等。因机构自身原因不能提供的，应当按照有利于投资者的原则处理投资者诉求
投诉自查及投资者保护评估	应当至少每半年开展一次投资者投诉处理情况自查和投资者权益保护工作评估，形成报告留存备查
	高级管理层应当定期审议投资者投诉及权益保护工作情况，审视业务风险并督促整改，持续完善内控制度

根据《销售管理办法》的规定，理财产品销售机构未按规定进行风险揭示的或违法违规提供与理财产品持有人、理财产品投资运作相关非公开信息的，国家金融监督管理总局及其派出机构有权依照法律法规予以处罚。

理财产品销售机构应根据投资者的风险承受能力销售不同风险等级的产品，把合适的理财产品销售给合适的投资者。经检索，在《征求意见稿》发布以来原银保监会关于"理财产品销售"作出的行政处罚中，涉及投资者适当性的案由分别为"面向不合格个人投资者销售投资高风险资产或权益性资产的理财产品"和"将投向权益类资产及集合资金信托计划的理财产品面向一般个人客户销售"。理财公司在实践中应特别关注对非机构投资者的风险承受能力进行持续性评估。

七、监督管理

（一）信息报告

根据《销售管理办法》的规定，理财产品销售机构应当按照规定，定期向国家金融监督管理总局或其派出机构报送与理财产品销售有关的统计报表和相关报告等。未按照规定向国家金融监督管理总局及其派出机构报告或者报送有关文件、资料的，由国家金融监督管理总局及其派出机构责令改正，逾期不改正的，由国家金融监督管理总局及其派出机构依照法律法规予以处罚。

（二）信息登记工作及更新

根据《销售管理办法》的规定，理财公司应按照登记要求向全国银行业理财信息登记系统登记并提交材料(见表15)。

表15 《销售管理办法》对理财公司向全国银行业理财信息登记的要求

时 间	提交材料
代理销售合作协议签订10个工作日内(变更登记应自变化发生之日起3个工作日内)	(1)与代理销售机构签订的协议文本; (2)代理销售机构的尽职调查情况; (3)国家金融监督管理总局规定的其他材料
确定委托代理销售机构所销售理财产品后3个工作日内(变更登记应自变化发生之日起3个工作日内)	相关理财产品名称及全国银行业理财信息登记编码目录

与《征求意见稿》相比,《销售管理办法》对于登记的时间及材料做了较大的改动。理财公司在实际展业过程中应注意《销售管理办法》规定的登记要求。

另外,需特别注意的是,经检索,在《征求意见稿》发布以来原银保监会关于"理财产品销售"作出的行政处罚中,涉及信息登记的案由为"理财信息登记不准确"。据此,理财公司应注意理财信息登记的准确性以及及时办理变更登记。

(三)监管检查、评估和整改

根据《销售管理办法》的规定,国家金融监督管理总局及其派出机构应当对理财产品销售业务进行现场或非现场检查,并基于检查情况定期对理财产品销售业务活动进行评估。

理财产品销售机构违反《销售管理办法》规定从事理财产品销售业务活动,在规定的时限内未能采取有效整改措施,或者其行为严重危及理财业务稳健运行、损害投资者合法权益的,国家金融监督管理总局及其派出机构有权依照法律法规采取监管措施。若拒绝执行,由国家金融监督管理总局及其派出机构依照法律法规予以处罚。

八、6个月过渡期约定

《销售管理办法》自2021年6月27日起施行。《销售管理办法》施行前的理财产品销售业务活动不符合《销售管理办法》相关要求的,理财公司与代理销售机构应当在《销售管理办法》施行之日起6个月内完成整改。

《销售管理办法》更多的是关于如何合法合规开展理财产品销售业务的实操

性规定,理财公司应严格按照《销售管理办法》的规定对理财产品销售业务进行整改。

九、结语

在商业银行理财子公司队伍逐渐壮大、外资控股合资理财子公司陆续进场的市场大环境下,《销售管理办法》的落地补齐了目前对理财产品销售法律法规及监管规定全面性和适用性不足的短板。《销售管理办法》的正式施行影响着理财产品销售市场的发展,国家金融监督管理总局也依法依规对理财公司和理财产品销售机构进行持续监管。目前已开业的理财公司和理财产品销售机构也可能或多或少面临着整改压力,机遇与挑战并存。

(毕艳苹、胡婉璐对本文亦有贡献)

世界银行制裁判例研究:欺诈、腐败与串通

刘相文* 王 涛 张亦文

* 作者简介:
刘相文,中伦律师事务所北京办公室合规与政府监管部合伙人,电邮为:liuxiangwen@ zhonglun. com。

一、欺诈行为构成要件及抗辩理由解读

近年来，中国企业被世界银行制裁的案例时有发生。被除名企业不仅将丧失参与优质世界银行项目的商业机会，国内外商业声誉也会受到较大影响。世界银行制裁主要针对五种违规行为：欺诈行为、腐败行为、串通行为、胁迫行为和阻碍（调查与执法）行为。在世界银行官网公布的截至2023年3月23日的95份制裁委员会裁决中，有超过60%是关于欺诈行为的指控。准确理解欺诈行为的构成要件、认定标准和抗辩理由，企业不仅可以在遭遇世界银行制裁时有效进行抗辩，而且亦可在开展交易前据此评估自身行为的合规性，从而决定是否以及如何推进相关交易。鉴于此，我们系统梳理了世界银行制裁委员会的过往判例，结合我们过往协助中国企业应对世界银行制裁的实务经验，较为系统地分析世界银行制裁的欺诈行为的构成要件和抗辩理由，供中国企业，尤其是海外投资运营企业决策者参考。

（一）欺诈行为的构成要件

2016年7月1日，《世界银行投资项目融资借款人采购规定》（以下简称2016年《采购规定》）将之前关于采购非咨询服务和咨询服务的规则合二为一，[①]规定借款人（包括世界银行贷款的受益人）、投标人（申请人）、咨询顾问、承包商和供应商、任何分包商、咨询服务分包商、服务提供商、任何代理人（无论是否公开声明）以及任何前述主体的员工都必须在采购流程、世界银行资助合同的选择和合同签署时践行最高的道德准则，不得从事腐败、欺诈、串通、胁迫、阻碍（调查与执法）等不当行为。其中，“欺诈行为”指为了获得经济利益或者其他利益或者逃避某种合同义务，有意地或不计后果地误导或企图误导一方[②]的包括歪曲事实在内的任何行为或隐瞒。[③] 由此可见，认定世界银行制裁的欺诈行为成立，必须满足三个要件：一是行为人客观上进行了不实陈述；二是行为人存在明知或者不计后果

① 法不溯及既往，对于发生于2016年7月之前的不当行为，仍然适用此前的《世界银行借款人货物、工程和非咨询服务采购指南》和《世界银行借款人咨询顾问选聘指南》。这两部指南和2016年《采购规定》关于欺诈行为的界定完全一致，因此，本文的分析适用于2010年以后所有采购相关欺诈行为。

② “一方”主要指采购决策和审查采购决策的世行员工和其他机构的人员。

③ The World Bank Procurement Regulations For Ipf Borrowers Procurement In Investment Project Financing Goods, Works, Non – Consulting And Consulting Services.

的主观过错；三是行为人进行不实陈述是为了获得某种利益或者逃避某种义务。

1. 不实陈述

不实陈述既包括提供不实信息，又包括隐瞒应当披露的信息。2016 年《采购规定》并没有对何为“不实陈述”或者“隐瞒”进行明确定义。制裁委员会一般根据行为人在《要求解释信》(Show Cause Letter)回函中的陈述、机构廉政部(INT)调查笔录、当事人在听审中所作陈述等多种证据认定是否存在不实陈述。当证人证言不完整或者不可靠时，制裁委员会会考虑案件材料作为一个整体是否包含补强证人证言的内容。① 过往判例中认定的不实陈述情形包括但不限于：伪造预付款担保、伪造财务报告、伪造简历、伪造业绩、伪造投标保函、伪造签名、隐瞒利益冲突关系、投标时虚报施工人员、虚报联合投标体项目角色，以及在合同履行过程中出具虚假账单、虚报工程进度等。现结合以下案例进行分析。

在制裁委员会第 90 号裁决②中，被告项目公司与其商业伙伴联合投标，标书随附日期为 2011 年 10 月 31 日的联合体协议，约定联合体各方为项目承担连带建设责任，被告将承担项目 25% 的工作量。然而，事后联合体双方于 2011 年 10 月 31 日还签署了一份内部协议，约定由被告的联合体伙伴整体履行合同，并向被告支付合同价的 1.8% 作为对价，被告不再实际参与项目建设。而且，该内部协议还约定，其优先于随附标书的联合体协议，且内部协议一方未经另一方书面同意，在任何情况下都不得将内部协议对外泄露。被告指定同一名员工代表，代表被告签署了前述联合体协议和内部协议。基于以上事实以及其他相关事实，制裁委员会认定被告的员工在联合体协议中虚假陈述了被告在合同履行过程中预期的角色，并最终要求被告为其员工的欺诈行为承担制裁责任。

在制裁委员会第 86 号裁决③中，被告项目公司在项目合同中列明若干顾问作为关键员工参与项目，并将其各自简历提交给了投标联合体。但是，记录显示，而且各方也无争议的是，前述顾问没有参与合同的实际履行。尽管如此，联合体的月度报告和进度证明中还是记载，前述顾问作为“技术助理”提供了服务，并且就其作为“外国人员”提供的服务收费。制裁委员会据此认定，被告前述行为构成虚

① Sanctions Board Decision No. 59 (2013).

② Sanctions Board Decision No. 90 (2016).

③ Sanctions Board Decision No. 86 (2016).

假陈述。

2. 存在明知或者不计后果的主观过错

这一要件要求行为人必须知道(know)所传达的信息或印象是错误的，或者对所传达的信息或印象的真伪漠不关心达到了不计后果的程度(recklessly indifferent)。制裁委员会可以从间接证据(circumstantial evidence)中推断行为人的主观状态。

制裁委员会经常通过行为人的陈述或者承认，认定被告对不实陈述是否明知。① 在制裁委员会第46号裁决中，被告的物流专员在调查中承认其无权签署相关文件，从而被认定为明知其自身伪造了相关签名。② 在认定是否存在不计后果(reckless)的主观状态时，制裁委员会考虑被告是否明知时却忽视了存在错误或者误导性信息的重大风险。③ 如果证据不足以证明被告明知重大风险，制裁委员会判断被告是否根据行业标准、惯例、特定的商业政策、世界银行的采购政策以及相关的招标文件履行了"在当时情况下，'理性人'应尽的注意义务"的判断就是不充分的。④

例如，在制裁委员会第51号裁决⑤中，招标合同和招标委员会明确要求"如标书中的专业人员不能实际参与相关工作，投标人可能被取消资格"。因而，在招标谈判和签订承诺书时，作为投标人的被告有义务确认相关专业人员能否实际参与工作。但是，被告的总经理签订承诺书时根据的仅是专业人员应聘时和招聘人员达成的口头承诺，而没有确认专业人员在其签订承诺书时的意向或授权。被告本应知道其行为存在错误陈述的重大风险，却对可能导致的后果存有不计后果的心态，因而被认定为没有尽到"理性人"应尽的注意义务。

3. 为了获得某种利益或者逃避某种义务

制裁委员会曾经因证据表明不实陈述是为了满足一项投标要求，而认定被告人意在获得经济利益或者其他利益，或者为了逃避某项义务。⑥ 满足该构成要件

① Sanctions Board Decision No. 75 (2014).
② Sanctions Board Decision No. 46 (2012).
③ Sanctions Board Decision No. 50 (2012).
④ Sanctions Board Decision No. 46 (2015).
⑤ Sanctions Board Decision No. 51 (2012).
⑥ Sanctions Board Decision No. 114 (2018).

的门槛极低，一般只要认为是为了获得中标或者签订合同而提交虚假材料，就都会被认定为是为了获得某种经济利益，而不考虑该投标要求的实际重要性，以及对投标者的主观分析。[①] 即使被告拥有很多更好的商业机会，该项目对于被告来说可有可无，制裁委员会仍然认为，只要被告授权参加项目投标，那么就有从中获利的意图，否则根本不会去参加投标。[②] 因此，只要是在世界银行资助项目中明知或者不计后果地进行虚假陈述或者对应当披露的信息进行隐瞒，就会被推定为目的在于获得某种利益或者逃避某种义务。笔者在公开渠道尚未发现就该要件成功抗辩的先例。

（二）欺诈行为的抗辩理由

要想证明欺诈指控成立，INT 必须提供充分的事实和法律依据。面对 INT 的指控，中国企业一方面可以通过内部调查掌握的事实和证据，纠正和反驳 INT 指控的事实；另一方面也可以在丰富的过往判例中发掘与案件事实相关的点，灵活运用判例法中的类比和对比推理，从法律上提出抗辩理由。就欺诈行为而言，既可以援引追诉时效、区分员工个人责任和单位责任、行为竞合等适用于所有不当行为的一般性抗辩理由，又可以从欺诈行为的构成要件出发，结合案件事实论证企业不存在虚假陈述，或者企业不存在明知或者不计后果的主观心态。

1. 一般性抗辩理由

（1）追诉时效抗辩

世界银行制裁不当行为存在相应的追诉时效限制。《银行程序：银行资助项目的制裁流程与和解程序》中规定：①就 2016 年《采购规定》项下合同相关不当行为，如果在合同履行完毕后满 10 年，INT 尚未向审查员提交指控书和证据；或者②对于其他不当行为，如果发生后满 10 年，INT 尚未向审查员提交指控书和证据，那么世界银行资格暂停与取消办公室（SDO）就应当终结案件。也即，世界银行制裁的不当行为追诉时效为 10 年，从 2016 年《采购规定》相关合同履行完毕之日起算，不仅起算点靠后，而且时效还很长，对于行为人而言比较不利。尽管如此，对于发生时间久远的交易行为，行为人还是可以结合案件实际情况，考虑利用追诉时效进行抗辩。

---

① Sanctions Board Decision No. 128 (2020).

② Sanctions Board Decision No. 48 (2012).

(2)员工或者代理人个人行为抗辩

INT提起指控后，企业常见的抗辩思路是：相关欺诈行为即使存在，也系员工或者代理人个人行为，不应当由单位承担责任。制裁委员会在过往判例中确认过此种抗辩路径，但存在比较严格的适用条件。即只要员工或者代理人在履行职务过程中进行了不当行为，不管不当行为是不是一种合理的履职方式，单位原则上都要为员工或者代理人的欺诈行为承担责任。企业如果主张是员工或者代理人个人进行了欺诈行为，企业不应当承担单位责任，那么必须证明企业与案涉项目相关的合规制度及合规管理非常到位，而“流氓员工”(rogue employee)仍然进行了欺诈行为。鉴于此，笔者建议，中国企业在被世界银行追究单位责任时，可以考虑以下抗辩理由和应对措施：

①发现不当行为后第一时间对相关人员进行处理，并加强合规管理，以表明企业对不当行为的零容忍态度；

②提出行为人并非单位员工或者代理人，并非在履职过程中进行不当行为，并非为单位利益行事；

③主张企业建立了完善的合规制度，对项目人员进行了严格的合规管理和合规培训，在这种情况下仍然发生了不当行为，单位不应承担责任。

企业切忌单纯主张对于员工的不当行为毫不知情，这会被认定为应当知情而不知情、对员工的合规管理不到位，从而需要承担单位责任。

(3)行为竞合抗辩

世界银行制裁年限的基准线是按照制裁指控的数量来计算的，即每项指控对应3年的制裁基准期。一方面，INT过往曾经对同一制裁对象的不同类不当行为提出过若干指控。例如，在制裁委员会第60号裁决[①]中，INT即对行为人的行贿行为提起了腐败行为指控，同时对行为人后续隐瞒行贿行为的行为提起了欺诈行为指控。制裁委员会认为，针对个人被告的欺诈指控是基于其隐瞒亲自参与的行贿活动，相关欺诈行为和腐败行为密不可分，欺诈指控被行贿指控吸收，因此，只能针对个人被告成立一项行贿指控。相应地，对于该个人被告所代表的公司，其欺诈指控也被行贿指控所吸收。另一方面，INT过往也曾经对同一制裁对象就同

① Sanctions Board Decision No. 60 (2013).

一类不当行为(如欺诈行为)提起若干项指控。例如,在第 92 号裁决[①]中,制裁委员会认定被告存在三项欺诈行为:一是被告在账单中记载了某研究助理没有实际开展的工作;二是被告没有披露已经支付或者将要支付给市场代理人的佣金;三是被告在合同中虚假陈述两名顾问将参与工作。制裁委员会认定前述三项欺诈指控相互独立,可以同时成立,因此行为人欺诈指控制裁基准线为 9 年。

鉴于此,如果能够主张 INT 指控的行为之间存在紧密联系,一项指控以另一项指控的存在为前提,或者一项指控是实现另一项指控的必要条件,那么可以主张其中一项指控应当吸收另一项指控,从而大大减少世界银行制裁的基准年限。例如,在认定投标者虚假陈述其参与工程建设的角色构成一项欺诈行为之后,笔者认为,就不能再认定其在投标时提供虚假施工名单构成另一项欺诈行为了。因为只有提供虚假施工名单,才能虚假陈述其参与工程建设的角色,两者实质上是同一行为。

(4)不能援引国内法抗辩

制裁委员会在过往案例中,一般不支持被告援引行为地法对世界银行制裁提出的抗辩。制裁委员会在第 55 号裁决[②]中认为,在世界银行制裁程序中,没有援引某国法律作为有效法源的基础。制裁委员会在第 46 号裁决[③]中,驳回了被告关于应当根据其所在国法律认定其为作为代理人或者关联方的法律责任的主张。无论是以被告所在国法还是以被告的公司章程作为抗辩,都无法免除被告根据世界银行规定应当承担的法律责任。被告在世界银行行政制裁程序项下承担的责任范围,不一定和其国内法项下承担的法律责任一致。[④]

2. 针对欺诈行为的专门抗辩理由

(1)关于不构成不实陈述的抗辩

根据世界银行关于欺诈行为中不实陈述的规定,结合世界银行过往裁判思路以及相应实务经验,笔者认为,可以从以下方面提出关于不实陈述的抗辩:

①行为人提供的信息和材料是准确无误的,不存在不符合事实的情况;

---

① Sanctions Board Decision No. 92 (2017).

② Sanctions Board Decision No. 55 (2013).

③ Sanctions Board Decision No. 46 (2012).

④ Sanctions Board Decision No. 50 (2012).

②行为人根据世界银行规定和合同约定,没有信息披露义务,隐瞒相关信息不违反披露义务;

③INT调查记录、证人证言、《要求解释信》回函等关于行为人陈述的内容存在不一致或者相互矛盾,证明效力更高的证据指向不实陈述不存在;

④关键证人拒绝提供签字小样供笔迹对照,不愿意配合确认INT指控,或者没有在书面证言上签字;

⑤缺乏真实文件对照证明提供给世界银行的文件或者信息系伪造;

⑥证人证言不完整、不可信,缺乏其他证据进行交叉印证。

(2)关于不存在主观过错的抗辩

根据世界银行关于欺诈行为中主观过错的规定,结合世界银行过往裁判思路以及团队第一手实务经验,笔者认为,可以从以下方面主张和证明不存在"知道或不计后果"的主观过错:

①行为人当时合理地判定其提供的信息是正确的;

②行为人当时不知道其提供的信息是错误的;

③行为人当时不可能意识到其提供的信息是错误的;

④行为人提供的信息虽然有误,但不是重大错误,且不存在违反世界银行规定的"重大风险";

⑤行为人尽到了理性人应尽的注意义务,依然没有意识到不实陈述风险;

⑥行为人的做法符合行业标准、惯例、特定的商业政策、世界银行的采购政策或相关的招标文件要求;

⑦行为人发现错误或风险后,及时调查并处理了责任人员,并采取了补救措施,不存在放任或漠不关心的心态。

世界银行依据其独立的实体法和程序法规则对各国企业施加制裁,允许世界各国律师代理客户处理制裁应对案件。值得注意的是,世界银行制裁规则大量承袭美国法规定,既包括丰富的英文判例,又包括复杂的"两审终审"程序,要准确把握和运用存在很大难度。笔者建议,企业应防患于未然,提前按照世界银行要求进行全面合规体系建设,以防范世界银行制裁风险,并在世界银行追责时作为很好的抗辩理由。

二、腐败行为构成要件及抗辩理由解读

在世界银行官网公示的截至2023年3月23日的95份制裁委员会裁决中，有31份是关于腐败行为的指控，占比接近30%。世界银行认为，回扣或贿赂的资金必然来源于项目经费，一般情况下都是以价格上升以及质量或性能下降为代价的。这不仅会降低公众对政府机构的信任，导致公共服务和基础设施不合标准，而且会打击人们举报欺诈和腐败的积极性。因此，世界银行历来重视打击和制裁其资助项目中的腐败行为。准确理解腐败行为的构成要件、认定标准和抗辩理由，对中国企业防范和应对世界银行项目中的合规风险非常必要。

继上文解读分析世界银行制裁的欺诈行为之后，本文继续梳理世界银行制裁委员会的过往判例，结合笔者的相关实务经验，分析世界银行制裁的腐败行为构成要件和抗辩理由，供中国企业，尤其是海外投资运营企业决策者参考。

（一）腐败行为的构成要件

2020年的《世界银行投资项目融资借款人采购规定》（以下简称2020年《采购规定》）将世界银行制裁的腐败行为定义为：直接或间接地（directly or indirectly）承诺提供（offering）、实际给予（giving）、接受（receiving）或者索取（soliciting）任何有价物（anything of value），以不正当地影响（influence improperly）另一方的行动（the actions of another party）。世界银行在《反腐败指导方针手册》中对腐败行为的举例是：公司通过行贿或支付回扣的方式从政府那里取得世界银行资助的合同。回扣一般是指一个公司获得合同后，向安排将合同授予该公司的部委官员“返还”金钱。通常情况下，回扣是按合同价值的百分比计算。在存在系统性腐败的国家，所有投标人在对合同进行投标时，都在成本内考虑了这个回扣的百分比。

根据上述成文法规定以及世界银行制裁委员会的裁判思路，世界银行制裁的腐败行为成立必须满足两个要件：一是行为人直接或间接地承诺提供、实际给予、接受或者索取任何有价物；二是行为人的目的在于不当地影响另一方的行为。

1. 承诺提供、实际给予、接受或者索取任何有价物

制裁委员会过往判例表明，无论是单纯承诺支付，还是实际提供了有价物，只

要满足了其中一项,腐败行为的客观要件即告成立,[①]而接受和索取则属于另外两种腐败行为模式。因此,腐败行为的客观要件可分为三种类型,即提供类、接受类和索取类。

(1)提供类

世界银行制裁委员会第 60 号裁决[②]同时涉及承诺提供和实际给予有价物两种情形,值得关注和分析。就实际提供贿赂而言,被告国际公司提供的财务记录显示,被告公司和被告国际公司就 11 份合同分别向同一中间人进行了 4 次和 10 次银行转账支付。世界银行采购顾问通过中间人即被告商务经理 INT 向被告公司发送账单,并接收被告公司付款。据此,世界银行制裁委员会认定被告公司和被告国际公司向世界银行采购顾问提供了有价物。就承诺提供有价物而言,顾问合同约定,被告公司向该世界银行采购顾问支付项目合同总价款的 5%,而且还约定未来的合同都适用前述 5% 的支付安排。世界银行制裁委员会认为,虽然没有证据证明所有的行贿安排都进行了实际支付,但是前述顾问合同的约定足以构成被告向采购顾问作出的支付承诺。

根据制裁委员会的过往裁判,特定情形下的沉默,可能被制裁委员会认定沉默者作出了承诺行贿的意思表示。在制裁委员会第 50 号裁决[③]中,当联合投标的其他商业伙伴在某次会议上提出行贿计划时,被告公司保持沉默。各方就行贿计划进行邮件往来的两个月时间内,被告公司也一直被抄送,但始终保持沉默。制裁委员会结合被告在另一次会议上要求另一商业伙伴参与行贿这一事实,最终认定被告作出了行贿承诺。制裁委员会在推理过程中,将被告的持续沉默作为认定其作出行贿承诺的重要因素。

(2)接受类

制裁委员会第 103 号裁决[④]是一起认定"接受"有价物指控成立的典型案例,该案还同时认定"索取"有价物的指控不成立。该案中,被告是中标公司某合资企业在项目所在国唯一的代理人,中标公司在标书中明确表示其已经或将向被告支

① Sanctions Board Decision No. 109 (2018).
② Sanctions Board Decision No. 60 (2013).
③ Sanctions Board Decision No. 50 (2012).
④ Sanctions Board Decision No. 103 (2017).

付一笔佣金或感谢费。中标公司的内部邮件显示，该公司高层计划向被告支付约9.5万美元，以确保合同获得世界银行批准。该邮件的附件内部备忘录中说明，需要向评标官员支付19万美元，其中约一半由代理人获得。银行记录显示，合资企业合伙人将约19万美元存入了被告账户，被告对此不予否认，只是称相关资金系用于其他项目。制裁委员会认为，上述证据表明被告从合资企业合伙人处接受了有价物。

该案中，中标公司内部邮件和备忘录均由其内部员工收发，未显示被告有参与，而且，该等邮件和备忘录中也没有体现被告主动索取有价物的内容，制裁委员会据此认为，证明被告主动索取有价物的证据不足。

(3)索取类

即使没有实际收到，只要行为人索取了有价物，就满足了腐败行为的客观要件。在制裁委员会第125号裁决[①]中，世界银行曾经在2004年将款项贷给刚果(金)政府推进电力市场项目，业主方选聘了某咨询公司为该项目提供各类咨询服务，包括可行性研究、技术规范开发以及招投标阶段的协助等，由该咨询公司的一位工程师担任项目经理。2010年，业主方发布招标文件选聘公司开展项目翻新工作，中标公司提名某绝缘体制造商为项目供应玻璃绝缘体。INT指控，该项目经理曾向该绝缘体制造商索要佣金(commission payment)，作为交换，项目经理助其在投标(tender process)环节获得优势。制裁委员会认为，虽然没有直接证据证明项目经理(通过中间人)实际收到了款项，但是往来邮件能够证明该项目经理曾经向中标公司索取20%(后降为10%，再降为6.5%)的佣金。因此，该项目经理向中标公司进行了索贿。

另外，提供贿赂的主体如果要求合作伙伴一起行贿，可能同时构成索取贿赂的主体。在制裁委员会第50号裁决[②]中，投标联合体由三家公司组成，即A公司、B公司和被告公司。在2006年4月的会议上，A公司要求向业主执行机构官员支付款项，B公司拒绝，被告公司保持沉默；在2006年6月的会议上，被告公司要求B公司同意付款行为；最后考虑到B公司拒绝行贿，A公司将款项支付的比例在三家公司内部进行了重新调整。制裁委员会认为，“索取”既包括具有影响力的公

---

① Sanctions Board Decision No. 125 (2020).

② Sanctions Board Decision No. 50 (2012).

务人员为自己索取贿赂，也包括怂恿他人向具有影响力的公务人员行贿，以换取对该公务人员的不适当影响，因此，制裁委员会认定被告要求合作伙伴向公务人员行贿的行为构成索取贿赂。

（4）有价物

2020年《采购规定》并未直接规定“有价物”的具体含义，制裁委员会过往判例认定有价物可以通过各种形式存在，不仅包括金钱，还包括一些其他形式的利益（benefit）或优势（advantage）。[①] 其他形式的利益或优势包括但不限于雇佣招标或者合同履行相关公务人员的亲属、[②]提供招标方需要的项目合同以外的服务、[③]提供游学（study tour）机会、[④]提供旅游机会（机票、住宿等）[⑤]、提供豪车（nice expensive vehicle）[⑥]等。金钱则包括现金（cash）[⑦]与转账（transfer）[⑧]。

2. 意在不当影响另一方的行为

要证明腐败行为的指控成立，还必须证明行为人行贿、收贿或者索贿是为了不正当地影响在供应商遴选和合同执行过程中拥有话语权的世界银行官员或者其他组织工作人员。认定该要件的关键在于被告的目的和被告意图影响的对象的身份。[⑨]

（1）不正当影响

被告的主观意图必须是不正当影响公务人员在遴选或合同执行过程中的行为。[⑩] 世界银行对“不当影响”的解读较为宽泛，包括“让政府认真考虑公司的投标”[⑪]“让采购人员恰当地完成其工作”[⑫]“为了避免不公正的对待”[⑬]等。制裁委

① Sanctions Board Decision No. 85 (2016).
② Sanctions Board Decision No. 78 (2015); Sanctions Board Decision No. 85 (2014).
③ Sanctions Board Decision No. 111 (2018).
④ Sanctions Board Decision No. 96 (2017).
⑤ Sanctions Board Decision No. 93 (2017).
⑥ Sanctions Board Decision No. 108 (2018).
⑦ Sanctions Board Decision No. 102 (2017).
⑧ Sanctions Board Decision No. 86 (2016).
⑨ Sanction Board Decision No. 111 (2018).
⑩ Sanctions Board Decision No. 108 (2018).
⑪ Sanctions Board Decision No. 108 (2018).
⑫ Sanctions Board Decision No. 60 (2013).
⑬ Sanctions Board Decision No. 60 (2013).

员会指出，不当影响不仅包括诱使公务人员违反其公务职责，甚至还包括确保公务人员履行其在正当合法情况下应履行的职责。[①] 例如，在制裁委员会第 108 号裁决中，被告会见了对项目有影响力的越南政府官员，并认定只有支付一定费用才能使越南政府认真考虑被告的投标，并确保越南政府在合同签署之后能够依照合同履行义务。被告因此为招标委员会安排了游学，并向政府官员支付了钱款。制裁委员会认定被告进行前述行为意在以不正当的方式影响越南政府官员。

虽然不当影响的实际发生有助于证明行为人意在施加不正当影响，但前者存在并非认定后者成立的必要条件。世界银行在《反腐败指南使用手册》(User Friendly Version of the Anti - Corruption Guidelines)中指出："不当行为已经完成(completed)或成功实现目的(succeed in its purpose)不构成被制裁行为的成立要件。例如，向另一方承诺进行腐败性支付本身就构成腐败行为，不要求另一方接受该承诺，也不要求实现该支付的预期目的。"在制裁委员会第 97 号裁决[②]中，被告公司的经理与投标代理方之间的通讯显示，被告公司愿意以任何成本(at any possible cost)中标。该经理向 INT 表示，他个人认为代理方和项目执行机构有"关系"(connections)，并且被告公司向代理方支付的代理费(合同价值的 10%)中的一部分将通过代理方输送给政府官员，以帮助被告公司中标。制裁委员会据此认定，被告公司支付代理费的意图在于间接向政府行贿以使公司中标。

在认定行为人的主观意图时，制裁委员会会考虑被告支付款项和招投标"重大步骤"时间点之间的联系。在制裁委员会第 103 号裁决[③]中，2012 年 2 月，评标委员会认为被告公司的投标文件符合招标要求且报价最低，但是没有要求被告对投标文件细节进行必要说明。2012 年 4 月 19 日，在被告内部备忘录中，被告总经理表示"由于招标评估工作停滞，需立即支付剩余款项"。2012 年 4 月 25 日，款项到账。2012 年 5 月 1 日，评标委员会推荐被告公司中标。制裁委员会据此认为，被告进行支付很可能意在不当影响招投标过程。

(2)另一方

腐败行为定义中的"另一方"是指与采购过程或合同执行相关的公务人员。

---

① Sanctions Board Decision No. 108 (2018).

② Sanctions Board Decision No. 97 (2017).

③ Sanctions Board Decision No. 103 (2017).

“公务人员”包括参与采购决策和采购决策审查的世界银行员工和其他机构的人员。被告所影响的“另一方”不要求是被指派到特定项目或负责特定合同的工作人员。①“另一方”包括虽然没有在采购流程中被分配具体责任，但对前述过程的决策或审查有实际(actual)或预期(perceived)作用的人员。② 被告必须知道或应当知道被支付方是公务人员。被告的主观认知可以从间接证据推定。在第102号裁决③中，被告在其招标文件中将收取款项的人员列为投标项目执行机构的官员，并注明投标文件将发送至该官员的电子邮箱，制裁委员会因此认定被告公司知道收款人为投标项目的采购专员。

（二）腐败行为的抗辩理由

要想证明关于腐败行为的指控成立，INT 必须提供充分的事实和法律依据。面对 INT 的指控，中国企业一方面可以通过内部调查掌握的事实和证据，纠正和反驳 INT 指控的事实；另一方面也可以在丰富的过往判例中发掘与案件事实的连接点，灵活运用判例法中的类比和对比推理，从法律上提出抗辩理由。就腐败行为而言，既可以援引追诉时效、区分员工个人责任和单位责任、行为竞合等适用于所有不当行为的一般性抗辩理由（详见本文“一、欺诈行为构成要件及抗辩理由解读”），又可以从腐败行为的构成要件出发，结合案件事实论证不存在提供、接受或者索取任何有价物的客观行为，或者不存在不当影响另一方的主观意图。

根据世界银行关于腐败行为的规定，结合世界银行过往裁判思路以及相应的实务经验，笔者认为，可以从以下方面提出抗辩理由，包括但不限于：(1)该有价物与案涉项目无关，系因其他项目而提供；(2)被告提供有价物是项目合理合法开支，不具有不当影响的意思；(3)他人在被告参与投标前业已作出行贿承诺，且对被告进行隐瞒；(4)被告对行为人不负有监管义务，也不知晓其从事腐败行为；(5)接受方不是在项目采购或合同履行过程中有决策权或审核权的人员；(6)被告不知道且没有合理可能知道接受方在项目采购或合同履行过程中有决策权或审核权；④(7)款项支付和招投标“重大步骤”时间点之间的联系不紧密，难以佐证

---

① Sanctions Board Decision No. 95 (2017).

② Sanctions Board Decision No. 95 (2017).

③ Sanctions Board Decision No. 102 (2017).

④ Sanctions Board Decision No. 92 (2017); Sanctions Board Decision No. 95 (2017); Sanctions Board Decision No. 60 (2013).

因果关系；(8)INT 提供的证据材料缺乏细节，不足以证明待证违规事实；①(9)访谈笔录过于精简，与真实访谈时长不匹配；(10)关于被告存在腐败行为的证据材料之间不一致，缺乏合理解释。

世界银行制裁的腐败行为构成要件相对简单，但是有待理解和适用的要点却不少。同时，认定存在腐败行为的门槛比较低，只要行为人承诺行贿，而且主观上有对采购或者合同履行产生不正当影响的意图，不论是否实际支付，也不论是否实际产生了不正当影响，甚至不论意在让公务人员违规偏袒还是仅仅想确保其公平尽责，都构成腐败行为。笔者建议，中国企业，尤其是有志于参与世界银行资助项目的中国企业，聘请跨境合规律师按照世界银行的合规标准加强合规体系建设，以有效防范商业贿赂相关风险。在发现既有交易存在制裁风险，或者收到世界银行调查通知时，尽早聘请跨境合规律师开展内部调查和风险评估，委托其代为出庭与谈判，使相关责任后果最小化。

三、串通行为构成要件及抗辩理由解读

在世界银行官网公示的截至 2023 年 3 月 23 日的 95 份制裁委员会裁决中，有 8 份是关于串通行为的指控。世界银行认为，串通投标可产生重大的负面影响，最直接的影响是导致商品和服务的价格高于竞争市场上的价格，此外，可能降低当地产业的竞争力，并通过影响政府官员进而不当扭曲政府的投资决策。串通风险较高的行业是建筑行业，以及合格投标人与发包的合同数量相对较少的行业。尽管目前尚未有中国企业因串通行为被世界银行制裁，但是考虑到世界银行近年来加大打击其制裁体系覆盖下的不合规行为，以及世界银行制裁会带来的重大商业、声誉影响和可能带来的多边开发银行联动制裁风险，准确理解串通行为的构成要件、认定标准和抗辩理由，对中国企业防范和应对世界银行项目中的合规风险非常必要。

继分析世界银行制裁的欺诈行为和腐败行为之后，本文继续梳理世界银行制裁委员会的过往判例，结合相关实务经验，分析世界银行制裁的串通行为构成要件和抗辩理由，供中国企业，尤其是海外投资运营企业决策者参考。

---

① Sanctions Board Decision No. 92 (2017).

（一）串通行为的构成要件

2022年的《世界银行借款人货物、工程和非咨询服务采购指南》（以下简称《采购指南》）将“串通行为”定义为：两方或多方当事人之间旨在实现不正当目的的安排，包括以不正当的方式影响另一方的行动[①]。根据《采购指南》的规定和制裁委员会的裁判思路，认定世界银行制裁的串通行为成立，必须满足两个要件：一是两方或多方当事人之间存在安排；二是当事人之间的安排旨在达到不正当的目的，包括以不正当的方式影响另一方的行动。

1. “当事人”（parties）的定义

《采购指南》针对“串通行为”定义的脚注进一步解释了“当事人”（parties）一词的含义：“当事人”是指采购过程的参与者（包括公职人员）意图直接或通过未参与竞标的第三方实现以下不正当目的：（1）进行虚拟竞争（simulate competition），（2）设定人为的、非竞争性的投标价格，或者（3）参与采购的各方互相了解对方的投标价格或其他竞标条件。根据世界银行制裁委员会的裁判思路，“串通行为”并不局限于操纵价格和串通投标的情形，而是可以涵盖广泛的串通类不当行为，“设定人为的、非竞争性的投标价格”仅用于进一步解释何为串通行为，而非要求串通行为必须具有此项特征。

制裁委员会过往判例表明，在对“当事人”的认定上，并不要求当事人直接参与合同的竞标，仅要求当事人参与采购过程。在此种较宽泛的解读下，合同项目的分包商即使并未参与合同的竞标，也可能因为在采购过程中为承包商居中牵线搭桥等不当行为而受到制裁[②]。

2. 两方或多方当事人之间的安排

“两方或多方当事人之间的安排”的一种表现是两方或多方投标人协同进行投标准备。在制裁委员会第130号裁决[③]中，两家投标公司的投标文件存在大量相似之处，包括相同的拟用于工程的成套设备、相同或相差无几的分项报价和最终价格。经世界银行调查，两家公司在实际生产经营中共用办公场所、人员及设

---

① *Guidelines: Procurement Of Goods, Works, And Non – Consulting Services Under Ibrd Loans And Ida Credits & Grants By World Bank Borrowers.*

② Sanctions Board Decision No. 118 (2019).

③ Sanctions Board Decision No. 130 (2020).

备，雇用了相同的人员为此次投标进行市场调研和标书制作及最终定价；其中一家投标公司的执行董事同时参与了两家公司的采购过程，并批准了两家公司的投标报价。世界银行认为前述事实构成了“两方或多方当事人之间的安排”，满足了串通行为的第一个构成要件。

“两方或多方当事人之间的安排”的另一种表现是投标人和招标单位之间的沟通或协同行为使投标人获得不为其他投标人所知的信息。在制裁委员会第 115 号裁决[①]中，世界银行调查证实，被制裁公司和合营伙伴共同设立了一家合营企业以参与竞标，被制裁公司和合营伙伴的通信往来文件显示，被制裁公司的工作人员早在投标文件发布前几个月，就与合作伙伴分享了合同的技术规格和财务条件；在提交标书前两周，被制裁公司和合营伙伴的员工传阅了两份包含详细成本明细的电子表格，发送者将其描述为“投标草案”“最高限价文件”或“客户已经提前设定的价格”。前述被制裁公司提前从招标单位获得的信息与招标单位正式发布的招标文件中，共有 100 多个项目是相同的，而且税前总价也相同。世界银行认为，这些证据表明被制裁公司获得并使用了招标单位的预算信息来确定己方的投标价格，并与其合作伙伴利用非公开信息编制标书。

3. 旨在达到不正当的目的，包括以不正当的方式影响另一方的行动

世界银行指出，串通行为的第二个构成要件“不当影响”并不是指投标价格的高低，而是指消除或限制竞争。世界银行认为，由于参与串通行为的各方可以将投标价格定为低价或高价，因此，价格高低本身并不是证明串通行为存在的关键因素。串通行为的最终目的是消除竞争。消除竞争的通常方式包括：①引诱或胁迫竞争者加入合谋安排；②通过威胁人身或经济伤害来压制投标；③与公职人员合谋，将竞争者排除在外，制定有倾向性的资格标准或规格，或宣布其他投标不具响应性；④创造可以排除竞争的条件，例如，限制许可证和执照的发放。根据世界银行的过往调查案例，串通行为中既定的中标者会通过空壳公司、虚构的公司或子公司作为指定的失败投标者，进行“保护性”或“影子”投标，或通过贿赂公务官员使其无视串通行为。

第一类不当影响是不当影响采购过程。在制裁委员会第 113 号裁决中，被制

① Sanctions Board Decision No. 115 (2019).

裁公司、一家当地公司(下称当地公司)以及一个行业协会(下称行业协会)对世界银行贷款的污染管理项目进行了投标，最终行业协会中标。被制裁公司因为通过包括串通行为在内的不正当行为帮助行业协会中标而受到世界银行的制裁。世界银行调查发现，被制裁公司和当地公司之间通过电子邮件就项目业主的预算以及两公司的报价进行了协商交流，帮助行业协会形成具有竞争优势的价格。世界银行认为，通过价格协商帮助其他竞争者中标的采购参与方构成串通行为，并对其进行制裁。

此外，世界银行可以从采购结果倒推被制裁公司对采购过程的影响。在制裁委员会第115号裁决[①]中，世界银行制裁委员判定被制裁公司在评标过程中至少对部分项目管理组的代表施加了影响，主要的依据是：世界银行观察到竞得合同的合营企业没有达到该项目的资格后审要求，世界银行因此4次建议该项目管理组重新评估投标结果，将该项目的合同授予达到资格后审要求的公司。但是，项目管理组的工作人员坚持将合同授予被制裁公司所设立的合营企业。在被制裁公司被提前临时停业后，世界银行要求项目管理组将合同授予价格第二低且具有相关资质的投标人或暂时不推荐中标人，但项目管理组的工作人员拒绝这样做。

第二类是在招标信息公开前获得招标相关保密信息，并不当影响招标要求。在制裁委员会第118号裁决中，某注册于项目所在国境外的公司作为承包商(下称承包商)对世界银行贷款项目进行投标，标书中指定了被制裁公司作为其唯一分包商(下称被制裁公司)，被制裁公司指定某公司作为其唯一供应商(下称供应商)。被制裁公司利用其与该项目的政府采购小组的良好关系，获得了本应保密的合同技术规格等信息。被制裁公司向承包商转交了非公开的合同技术规格信息，承包商的员工之间进行了内部讨论，以对承包商更有利的方式修改技术规格。然后，承包商将修改后的技术规格发送给被制裁公司，被制裁公司执行董事居中牵线，使最终发布的投标文件采用了对承包商更有利的技术规格。此外，被制裁公司通过不当方式操纵了政府采购小组对其他投标者关于技术要求的咨询。尽管被制裁公司辩称其与政府采购小组之间的沟通属于基于双方良好信任关系而进行的商务沟通，但世界银行没有采纳该抗辩。

---

① Sanctions Board Decision No. 115 (2019).

此外，世界银行指出，尽管串通行为的成立并不以实现不当影响为构成要件，但对采购程序不当影响的实现，如串通行为参与者最终中标，有利于证明被制裁者希望不当影响采购程序的主观意图（intent）。

（二）串通行为的抗辩理由

根据世界银行制裁的串通行为的构成要件，结合世界银行的制裁决定，以及相应实务经验，笔者认为，可以从以下方面提出关于串通行为的抗辩：

（1）投标人或其他当事方之间没有不当沟通或协同行为；（2）投标人或其他当事方之间没有为了获取不正当优势或排除竞争而形成的协议或其他安排；（3）投标人或其他当事方没有通过不正当手段获取非公开信息以在投标过程中取得优势①；（4）投标人或其他当事方与招标单位之间的沟通属于正常咨询和谈判，没有不当影响招标单位的采购标准或采购决策②；（5）投标人或其他当事方的行为并未对采购过程产生不当影响，即并未产生任何限制竞争的效果③；（6）投标人中标是由于正当商业原因，并非排除或限制竞争之后的结果；（7）世界银行指控缺乏充足证据证明投标人或其他当事方希望不当影响采购程序的主观意图；（8）世界银行指控依据的证人证言不真实④。

与欺诈行为和腐败行为相比，串通行为的案例相对较少，常常伴随着欺诈、腐败等其他世界银行禁止的行为。需要注意的是，串通行为的构成不以串通目的实现为前提，且竞标程序之外的第三方也可能因为串通帮助投标人取得不当竞争优势而被制裁。因此，串通行为的制裁对象较为宽泛。在判断某个行为是否构成串通行为时，世界银行最关注的要素是该行为对采购程序是否有限制或消除竞争的作用，这一点也是该指控最重要的抗辩点。结合类似案例及实操经验，笔者建议，中国企业规范投标程序，严格禁止陪标、串标、围标等行为；规范与招标单位、分包商、供应商等采购流程相关方之间的咨询和沟通，避免对招标单位产生不当影响；监督、管控联合投标人的行为，发现联合投标人的违法违规行为，应及时制止；对投标过程中的谈判与沟通进行记录存留，以免被相关方的违规行为牵连。

（王德昌、祝梓瑜、蒋孟菲对本文亦有贡献）

---

① Sanctions Board Decision No. 113 (2018).

② Sanctions Board Decision No. 113 (2018); Sanctions Board Decision No. 118 (2019).

③ Sanctions Board Decision No. 130 (2020).

④ Sanctions Board Decision No. 87 (2016).

回归信托业务本源

——财产权信托在特殊资产管理中的应用

周　丽* 　刘书璐

*作者简介：

周丽，中伦律师事务所深圳办公室私募基金与资管部合伙人，电邮为：zhouli@ zhonglun. com。

特殊资产，泛指企业困境资产、金融机构和非金融机构的不良资产及其他问题资产等。近年来，一方面，因企业债务违约、破产重组而出现的特殊资产规模增长迅速，其管理及处置成为亟待解决的问题。另一方面，在当前去通道、压降融资规模的大背景下，传统资金信托业务面临严峻的监管政策限制，信托公司纷纷寻求业务转型。在两方面需求的作用下，财产权信托基于信托法律赋予的独立性以及风险隔离作用，在特殊资产管理方面逐渐体现其制度优势，也为传统业务受阻的信托公司开拓了新的业务方向。

本文将基于实务中的典型应用场景，分析财产权信托在特殊资产管理中的应用及应关注的问题。

一、财产权信托的典型应用场景

结合笔者的项目经验及公开案例，目前在实务操作中，财产权信托在特殊资产管理方面有以下几种典型应用场景。

（一）典型应用场景一：企业债务重组

财产权信托的典型应用场景之一是在企业债务重组中对特定资产进行隔离。

这一应用场景的常见交易结构为：在企业债务重组过程中，应债权人要求，企业作为委托人将其持有的资产（如股权、债权等）作为信托财产委托信托公司设立财产权信托。此种情形下，财产权信托可采用自益型（委托人为唯一受益人）、他益型（委托人指定债权人为受益人）或自益、他益相结合（委托人、债权人共同作为财产权信托的受益人，一般债权人为优先受益人、委托人为普通受益人）的形式（见图1）。

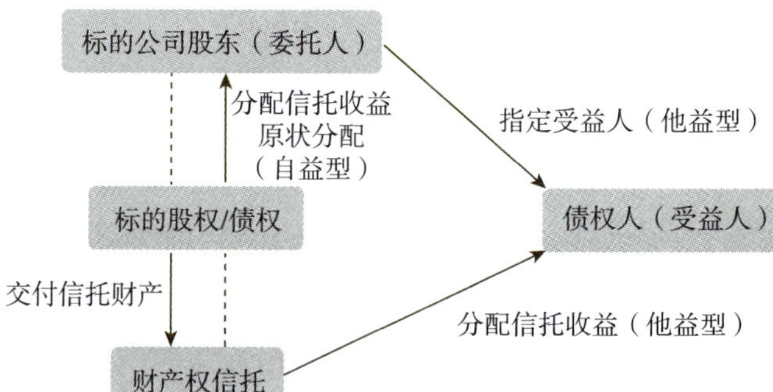

图1 财产信托类型

上述模式一方面意在借助财产权信托的隔离作用，避免债务人的资产被其他债权人抢先冻结、查封，保证企业的控制权及经营稳定；另一方面在他益财产权信托或自益、他益相结合的财产权信托中，债权人作为信托受益人可以将收取现金形式的信托利益部分或全部抵销债权人与委托人或其关联方之间在其他投融资等交易中的应收款项，从而实现债务清偿或重组之目的。但根据《信托法》第12条[①]及《企业破产法》第31条[②]、第32条[③]、第33条[④]之规定，上述模式在应用时应关注债权人撤销权、破产撤销权等风险。

（二）典型应用场景二：为非金融机构债权人补充增信

财产权信托的另一典型应用场景是借助信托公司的金融机构资质为非金融机构债权人持有的债权补充增信。

这一应用场景的常见交易结构为：债权人作为委托人，将其持有的债权作为信托财产委托信托公司设立自益型财产权信托，并以信托公司（代表财产权信托）作为抵押权人办理抵押登记。具体如图2所示：

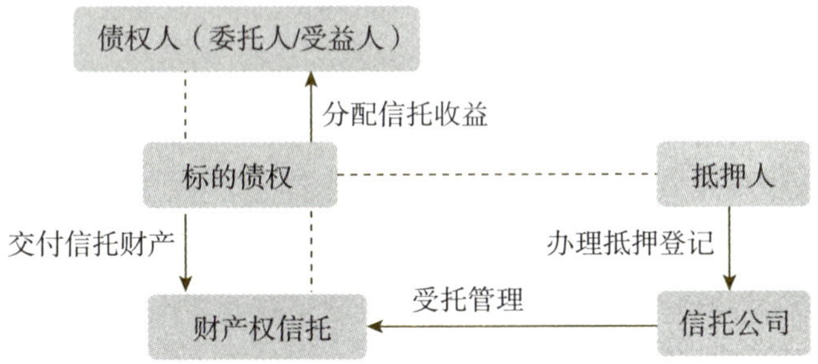

图2　常见交易结构

---

① 《信托法》第12条规定："委托人设立信托损害其债权人利益的，债权人有权申请人民法院撤销该信托。人民法院依照前款规定撤销信托的，不影响善意受益人已经取得的信托利益。本条第一款规定的申请权，自债权人知道或者应当知道撤销原因之日起一年内不行使的，归于消灭。"

② 《企业破产法》第31条规定："人民法院受理破产申请前一年内，涉及债务人财产的下列行为，管理人有权请求人民法院予以撤销：（一）无偿转让财产的；（二）以明显不合理的价格进行交易的；（三）对没有财产担保的债务提供财产担保的；（四）对未到期的债务提前清偿的；（五）放弃债权的。"

③ 《企业破产法》第32条规定："人民法院受理破产申请前六个月内，债务人有本法第二条第一款规定的情形，仍对个别债权人进行清偿的，管理人有权请求人民法院予以撤销。但是，个别清偿使债务人财产受益的除外。"

④ 《企业破产法》第33条规定："涉及债务人财产的下列行为无效：（一）为逃避债务而隐匿、转移财产的；（二）虚构债务或者承认不真实的债务的。"

在债务人出现经营困难、还款不力，或市场发生系统性风险的情况下，非金融机构往往希望为其债权补充具有实际价值的不动产抵押担保以保障债权的有效回收。尽管《不动产登记暂行条例》《不动产登记暂行条例实施细则》均无任何规定限制或禁止金融机构以外的其他主体成为国有土地使用权的抵押权人，且原国土资源部发布的《关于完善建设用地使用权转让、出租、抵押二级市场的试点方案》等文件明确规定应放宽对抵押权人的限制①，但在实务操作中，仍有部分国土登记部门不受理抵押权人为非金融机构的抵押登记申请。上述应用场景针对非金融机构难以作为抵押权人办理不动产抵押登记的困境提供了一种解决路径。

（三）典型应用场景三：破产重整中的非核心资产剥离

财产权信托同样可应用于在大型企业集团的破产重整中剥离非核心资产。

这一应用场景的常见交易结构为：作为重整方案的一部分，债权人将破产企业名下市场价值低、处置周期长、处置难度大的非核心资产作为信托财产委托信托公司设立财产权信托，从而将该等资产从核心资产中剥离。

例如，在某破产重整案中，部分未确权公司资产、处置难度较大的实体资产等即作为信托财产由信托公司受托管理，该部分资产后续的处置所得将向债权人进行补充分配。

上述模式作为大型企业破产重整中的一个环节，一方面，将投资价值较低的非核心资产从破产企业中剥离，有助于引入重整投资人、尽快通过重整方案；另一方面，以信托利益的形式向债权人清偿债权，便于有效进行资产归集，降低处置资产、削债偿债的时间。同时，引入第三方信托机构协助处置非核心资产，提供专属清收服务，避免仓促处置资产，也有助于提高债权清偿率。

二、财产权信托在特殊资产管理服务中应关注的问题

（一）信托目的的合法性及商业合理性

财产权信托在特殊资产管理服务中，能够灵活设计交易结构和方案，使财产权信托能够满足委托人、受益人的不同商业需求。但无论财产权信托应用于何种

---

① 《关于完善建设用地使用权转让、出租、抵押二级市场的试点方案》（国土资发〔2017〕12 号）放宽对抵押权人的限制。按照债权平等原则，明确自然人、企业均可作为抵押权人依法申请以建设用地使用权及其地上房屋等建筑物、构筑物所有权办理不动产抵押登记。

场景、服务于何种商业需求，确保信托目的的合法性及商业合理性都应成为财产权信托设立的前提。

信托目的合法性的判断依据主要为《信托法》第 11 条第 1 项和第 4 项[①]之规定，即信托目的不得存在违反法律、行政法规或损害社会公共利益的情形，且不得以诉讼或者讨债为目的设立信托。另外，对信托目的商业合理性的判断需要依据一般商业理性及交易惯例进行分析，财产权信托的设立及交易结构安排不应侵害其他债权人利益，成为债务人逃避废债、转移资产的手段。在此意义上，关注信托目的的商业合理性，亦是为了确保信托目的的合法性。例如，在典型应用场景一（企业债务重组）中，财产权信托是否可能被认定为以讨债为目的而设立、委托人指定债权人作为受益人是否具有商业合理性等问题，均需要律师在交易方案设计、信托文件起草以及出具法律意见时结合交易背景、各方基础交易的合法合规性、信托真实意图等因素予以关注。

（二）义务划分与责任承担

以特殊资产管理为目的设立的财产权信托通常为事务管理类服务信托，信托公司不承担积极主动管理的职责。在实务操作中，信托公司通常在信托文件中以“正面清单”的方式明确列举其作为财产权信托受托人应当履行的义务与责任（如信托账户管理、收益支付、清算分配等）。除明确列举的义务与责任外，与财产权信托相关的其他事宜均由委托人或受益人以书面指令的方式指示受托人完成（如信托财产管理、运用和处分方式等）。此外，信托文件通常还约定，信托公司在承担了额外责任的情况下，将有权向委托人/受益人进行追索，且委托人/受益人还应承担相应的违约责任。

对于委托人/受益人而言，其委托信托公司设立财产权信托的目的正是希望借助信托公司和财产权信托尽可能多地提供资产管理服务。

因此，信托文件中关于委托人/受益人与受托人之间的义务与责任的划分往往成为各方商业博弈的焦点。结合我们的项目经验，常见的争议焦点如下：

---

① 《信托法》第 11 条规定：“有下列情形之一的，信托无效：（一）信托目的违反法律、行政法规或者损害社会公共利益；（二）信托财产不能确定；（三）委托人以非法财产或者本法规定不得设立信托的财产设立信托；（四）专以诉讼或者讨债为目的设立信托；（五）受益人或者受益人范围不能确定；（六）法律、行政法规规定的其他情形。”

1. 信托公司作为名义股东的责任

在典型应用场景一（企业债务重组）中，委托人将其持有的公司股权交付给信托，受限于实践中信托财产交付登记和公示制度的缺失，其仅可通过市场监管部门办理股权转让登记完成交付。在此情形下，信托公司在外部效力上将成为标的股权的股东，如标的股权存在未按期出资或出资不实的情况，或者标的公司出现破产或财产不足以清偿债务等导致股东出资义务加速到期的情况[①]，信托公司可能面临被要求补缴出资、对标的公司债务承担补充赔偿责任等风险。

例如，在某股东损害公司债权人利益责任纠纷案[②]中，原股东将股权作为信托财产交付给信托公司，在信托公司因此登记为公司股东后，外部债权人要求信托公司承担股东瑕疵出资的责任。该案件经一审、二审、再审，法院主要基于商事外观主义原则最终判决信托公司以自身固有财产（而非以信托财产为限）向外部债权人承担补充赔偿责任。

基于上述风险，信托公司通常要求委托人交付已经实缴完毕、无权利负担的股权，并在信托文件中明确约定对委托人的追索权。

2. 债权人撤销权、破产撤销权风险

基于信托法律关系，委托人向信托交付信托财产，并非实质意义上的财产转让，故而通常以零对价或可忽略不计的低对价转让的方式完成。但在外部效力上（尤其在他益财产权信托的场景下），委托人对外处置了具有实质价值的资产，却没有取得相对公允的对价。例如，在典型应用场景一（企业债务重组）中，在财产

---

① 《最高人民法院关于民事执行中变更、追加当事人若干问题的规定》第 17 条规定："作为被执行人的营利法人，财产不足以清偿生效法律文书确定的债务，申请执行人申请变更、追加未缴纳或未足额缴纳出资的股东、出资人或依公司法规定对该出资承担连带责任的发起人为被执行人，在尚未缴纳出资的范围内依法承担责任的，人民法院应予支持。"《最高人民法院关于适用〈中华人民共和国公司法〉若干问题的规定（三）》第 13 条第 2 款规定："公司债权人请求未履行或者未全面履行出资义务的股东在未出资本息范围内对公司债务不能清偿的部分承担补充赔偿责任的，人民法院应予支持；未履行或者未全面履行出资义务的股东已经承担上述责任，其他债权人提出相同请求的，人民法院不予支持。"《全国法院民商事审判工作会议纪要》（法〔2019〕254 号）第 6 条规定："【股东出资应否加速到期】在注册资本认缴制下，股东依法享有期限利益。债权人以公司不能清偿到期债务为由，请求未届出资期限的股东在未出资范围内对公司不能清偿的债务承担补充赔偿责任的，人民法院不予支持。但是，下列情形除外：（1）公司作为被执行人的案件，人民法院穷尽执行措施无财产可供执行，已具备破产原因，但不申请破产的；（2）在公司债务产生后，公司股东（大）会决议或以其他方式延长股东出资期限的。"

② 参见北京市高级人民法院（2017）京民终 601 号。根据公司 2021 年 12 月 25 日发布的公告，该案经最高人民法院提审［（2020）最高法民再 77 号］，裁定维持原判，裁定书尚未正式公示。

权信托设立时委托人可能已经存在较为严重的流动性风险，同时存在对多个债权人的未清偿债权，但委托人可能应部分债权人的要求设立财产权信托并交付核心资产，以确保该部分债权人能够最大可能地获得清偿。对于不参与财产权信托的外部债权人而言，由于财产权信托的设立隔离了债务人最具价值的资产，可能使其债权不能公平地获得清偿。

在上述情形下，财产权信托设立时应重点关注设立信托是否损害债权人利益、是否构成无偿或以不合理低价对外处置资产，进而引发债权人撤销权风险、破产撤销权风险并对信托效力产生影响。因此，信托文件通常会就该等风险重点进行提示，强调由于信托财产的交易对价不公允，信托设立损害委托人债权人利益，委托人破产清算或其他任何原因导致信托不成立、未生效、被撤销/解除或被认定为无效的，均与受托人无关，受托人不承担任何经济、法律等责任。

3. 信托公司的声誉风险

在财产权信托应用于特殊资产管理的场景下，信托公司对于自身声誉风险的关注和控制也极为敏感。

例如，委托人将其持有的股权交付给信托公司后，信托公司登记成为名义股东并对外公示。如标的公司或其所在集团公司/实际控制人涉及负面新闻时，信托公司作为其外观上的名义股东可能会引起社会舆论甚至监管部门的关注。又如，在信托财产涉及重大纠纷或诉讼的情况下，信托公司通常也不希望过于深入地介入纠纷和诉讼，但在信托法律关系项下，信托财产在外观上已经过户给信托公司（代表财产权信托），委托人可能无法作为信托财产的实际所有人参与诉讼活动。

基于上述风险和问题，信托公司通常在信托文件中约定，在委托人/受益人、信托财产涉及重大纠纷、诉讼或其他可能给信托公司声誉带来不利影响的情形下，受托人有权终止信托，将信托财产原状分配给委托人/受益人，由委托人/受益人自主参与纠纷、诉讼或其他负面事件的解决。

（三）信托管理费的收取

与义务划分、责任承担密切相关的另一个问题即是信托管理费用，信托公司不同范围、程度的管理服务对应着不同的收费方式和管理费费率。

以信托公司参与特殊资产管理的范围、程度（例如，信托公司是否独立/半独立进行资产处置和清收等）进行划分，信托公司的服务模式可以分为全受托、半受托和顾问模式。当信托公司需要独立/半独立进行资产处置和清收时，信托管理费通常在固定费用的基础上，以实际处置回款为基数收取一定比例的浮动费用；当信托公司仅提供信托作为风险隔离工具，不提供自主资产处置等服务时，信托管理费通常仅为一定金额的固定费用。

此外，在信托管理费的收取时点上，如委托人/受益人已经存在一定程度的流动性风险且信托财产本身处置难度较大时，信托公司可能对信托管理费的正常收取存在一定担忧，故而可能要求委托人/受益人在财产权信托设立时预付部分费用。

（四）信托财产的交付成本

信托财产的交付成本主要为信托财产交付过程中涉及的税负。在信托法律关系项下，委托人基于对受托人的信任将其财产权委托给受托人，由受托人按照委托人的意愿以自己的名义，为受益人的利益或特定目的进行管理和处分，事实上并不涉及财产转让的交易事实，不应发生纳税义务，但目前税收法律制度对此并无明确规定。因此，委托人以转让、过户的方式向信托公司交付财产，实践中往往视同一般财产转让、过户行为，可能会产生各项税费，而这部分成本通常需要委托人自行承担。实务中也有个别委托人经过与税务机关的提前沟通实现信托财产过户时的税收豁免。

（五）信托受益权的禁止/限制转让

就财产权信托而言，委托人将股权、债权等非现金财产交付给信托公司，由受托人根据信托合同的约定、委托人/受益人的指令管理信托财产，不存在资金募集、交付行为，不需要适用资金信托的法律、法规和监管政策。但是，《信托公司集合资金信托计划管理办法》第 53 条规定，动产信托、不动产信托以及其他财产和财产权信托进行受益权拆分转让的，应当遵守该办法的相关规定。《中国银行保险监督管理委员会信托监督管理部关于加强规范资产管理业务过渡期内信托监管工作的通知》（信托函〔2018〕37 号）规定，要督促信托公司依法合规开展财产权信托业务,以财产权信托的名义开展资金信托业务①的,适用于《关于规范金融机构资产管理业务的指导意见》。

因此,如以非现金财产设立财产权信托并通过受益权转让等方式向投资者募集资金的,可能导致财产权信托被认定为资金信托,从而需要进一步适用资金信托的法律、法规和监管政策。尤其是在委托人拟交付的信托财产系对房地产开发企业的债权的情况下,如受益人后续通过将信托受益权转让等方式变相实现资金融通,可能导致财产权信托被认定为变相向房地产企业提供融资,将触及信托公司合规监管的红线。因此,在实务操作中,信托公司通常在信托文件中明确禁止或限制信托受益权转让。

三、结语

信托的独立性和风险隔离作用是财产权信托应用于特殊资产管理的基础,信托制度的灵活性、创新性是财产权信托应用于特殊资产管理的突出优势。借助信托工具帮助困境企业、金融机构和非金融机构管理特殊资产,也是信托业务探索、回归其本源功能、真正服务于实体经济的方式之一。另外,财产权信托的深入应用,也依赖于未来信托法律制度(如信托财产登记公示制度、信托相关税收制度等)的进一步完善。

---

① 原中国银保监会有关部门负责人就《信托公司资金信托管理暂行办法(征求意见稿)》答记者问时指出,对于以非现金财产设立财产权信托,若其通过受益权转让等方式向投资者募集资金,也属于资金信托。

我国基础设施公募REITs项目实务过程中的核心问题探讨

刘柏荣　许　苇　路竞祎
胡继东*　张志杰

* 作者简介：
刘柏荣，中伦律师事务所北京办公室私募基金与资管部合伙人，电邮为：liuborong@ zhonglun. com。
许苇，中伦律师事务所北京办公室私募基金与资管部合伙人，电邮为：weixu@ zhonglun. com。
路竞祎，中伦律师事务所北京办公室私募基金与资管部合伙人，电邮为：lujingyi@ zhonglun. com。
胡继东，中伦律师事务所北京办公室私募基金与资管部非权益合伙人，电邮为：hujidong @ zhonglun. com。

2020 年 4 月 30 日，中国证监会、国家发改委联合发布《关于推进基础设施领域不动产投资信托基金（REITs）试点相关工作的通知》，拉开了我国境内基础设施领域不动产投资信托基金（以下简称公募 REITs）试点的序幕。2021 年 6 月，首批试点的 9 单公募 REITs 产品落地，截至 2023 年 5 月 30 日，已共有 27 单公募 REITs 项目获证监会注册核准通过并实现"首发"上市，另有 4 单公募 REITs 产品的扩募获得证监会注册核准。笔者结合在公募 REITs 领域的经验以及已发行的 REITs 项目实践情况，对现阶段公募 REITs 的规则体系以及实操过程中需要关注的重点难点法律问题进行梳理总结，供读者参考。

一、我国基础设施公募 REITs 的监管与规则体系概览

（一）公募 REITs 的监管机构与职权划分

在公募 REITs 项目的申报、审核、发行、存续期管理、信息披露等方面，国家发展改革委、各地方发展改革委、中国证监会、证券交易所、证券业协会、基金业协会、中国证券登记结算有限责任公司（以下简称中国结算）等相关监管机构各司其职。各监管机构的职权与审核重点具体见表 1。

表 1　各监管机构的职权与审核重点

序号	监管机构	监管职权
1	地方发展改革委	· 负责试点项目的遴选、入库、申报工作 · 对本地区符合相关条件、拟推荐开展试点的项目，地方发展改革委向国家发展改革委上报项目申报请示文件和项目申报材料，或为有关中央企业出具意见 · 与相关部门进行协调，帮助解决项目推进过程中存在的问题
2	国家发展改革委	· 建立全国基础设施 REITs 试点项目库 · 根据项目申报材料对项目进行综合评估，将符合条件的项目推荐至中国证监会
3	中国证监会	· 制定公募 REITs 相关规则，对基金管理人等参与主体履职要求、产品注册、份额发售、投资运作、信息披露等进行规范 · 指导各派出机构、沪深证券交易所、证券业协会与基金业协会制定完善试点项目遴选相关配套措施，加强基础设施 REITs 的业务过程监管 · 对基础设施基金进行审核、注册

续表

序号	监管机构	监管职权
4	证券交易所	· 比照公开发行证券要求建立基础设施资产支持证券挂牌及基金上市审查制度 · 负责基础设施基金份额的发售、上市、交易、收购、信息披露、退市等工作 · 审核资产支持证券挂牌申请和基础设施基金上市申请，并出具无异议函
5	基金业协会	· 对基础设施基金人员管理、项目尽职调查、基金相关的信息披露等行为进行自律管理 · 负责专项计划设立后的备案工作
6	证券业协会	· 按照自律规则对网下投资者进行注册，并对网下投资者的行为、各参与机构的核查等进行自律管理
7	中国结算	· 负责基础设施基金的登记结算相关业务，具体包括账户管理，基金份额的认购、交易、要约收购及回购交易、权益分派等

（二）公募 REITs 的监管规则概览

国家发展改革委、中国证监会、证券交易所、证券业协会、基金业协会、中国结算等相关监管机构已出台的公募 REITs 相关监管规则之间的关系及各规则的主要内容如下。

1. 各监管规则之间的关系

由于我国公募 REITs 采用了"公募基金 + 资产支持证券"的总体交易架构，所以《证券投资基金法》《公开募集证券投资基金运作管理办法》等规范公募基金相关的上位法律法规，对于公募 REITs 原则上也同样适用。

2. 中国证监会的相关规定

《公开募集基础设施证券投资基金指引（试行）》（以下简称《公募 REITs 指引》）是在证券交易所、证券业协会、基金业协会、中国结算等机构的相关自律监管规则中处于核心地位的规则。证券交易所、证券业协会、基金业协会、中国结算等机构的相关自律监管规范是对《公募 REITs 指引》的承接。《公募 REITs 指引》的内容主要包括产品定义、参与主体资质与职责、产品注册、基金份额发售、投资运作、项目管理、信息披露、监督管理等。

3. 国家发展改革委的相关规定

国家发展改革委的相关规定，包括《国家发展改革委办公厅关于做好基础设施领域不动产投资信托基金(REITs)试点项目申报工作的通知》(以下简称“586号文”)、《国家发展改革委关于进一步做好基础设施领域不动产投资信托基金(REITs)试点工作的通知》(以下简称“958 号文”)、《国家发展改革委关于规范高效做好基础设施领域不动产投资信托基金(REITs)项目申报推荐工作的通知》(发改投资〔2023〕236 号)等,主要对试点项目的储备管理、入库项目条件、梳理和报送工作、政策支持和协调服务、产品方案、合规性情况等进行了规范,主要覆盖试点项目的筛选、入库前期培育、申报与推荐环节。

4. 证券交易所的自律规范

以上交所为例,《上海证券交易所公开募集基础设施证券投资基金(REITs)业务办法(试行)》是上交所层面所有自律规范的基本规则,统领上交所层面已经或将要制定的业务指南、业务指引等。

该办法基本上覆盖了公募 REITs 产品的全生命周期,在逻辑、结构上与《公募REITs 指引》完全对应。同时,上交所的各自律规范与证券业协会、基金业协会、中国结算等机构发布的自律规范也有对应关系。

5. 证券业协会的自律规范

《公开募集基础设施证券投资基金网下投资者管理细则》主要规范了网下投资者注册、行为规范、相关方核查责任、自律管理等。以上交所为例,该细则与《上海证券交易所公开募集基础设施证券投资基金(REITs)规则适用指引第 2 号——发售业务(试行)》中关于网下投资者的内容相辅相成,系配套规范。

6. 中国结算的自律规范

《中国证券登记结算有限责任公司公开募集基础设施证券投资基金登记结算业务实施细则(试行)》主要规范了公募 REITs 中的登记结算业务。同时,中国结算分别与上交所、深交所联合发布了《中国证券登记结算有限责任公司上海证券交易所公开募集基础设施证券投资基金登记结算业务指引(试行)》《中国证券登记结算有限责任公司深圳证券交易所公开募集基础设施证券投资基金登记结算业务指引(试行)》。以上交所为例,《中国证券登记结算有限责任公司公开募集基础设施证券投资基金登记结算业务实施细则(试行)》、《中国证券登记结算有限责任公司上海证券交易所公开募集基础设施证券投资基金登记结算业务指引(试行)》与《上海证券交易所公开募集基础设施证券投资基金(REITs)规则适用指引第 2 号——发售业务(试行)》中交易结算的内容相辅相成,系配套规范。

7. 基金业协会的自律规范

基金业协会的自律规范有两个,分别是《公开募集基础设施证券投资基金尽职调查工作指引(试行)》(以下简称《公募 REITs 尽调指引》)与《公开募集基础设施证券投资基金运营操作指引(试行)》。

以上交所为例,《公募 REITs 尽调指引》与《上海证券交易所公开募集基础设施证券投资基金(REITs)规则适用指引第 1 号——审核关注事项(试行)》(以下简称《上交所公募 REITs 指引 1 号》)是一体两面的关系。《上交所公募 REITs 指引 1 号》综合了中国证监会、国家发展改革委对于项目准入、参与机构、项目资质要求等全面的概括,决定了监管机构的审核事项、各机构的信息披露内容;《公募 REITs 尽调指引》规定了主要参与机构、基金管理人与 ABS 管理人的尽调要求。

《公开募集基础设施证券投资基金运营操作指引(试行)》主要解决两个问题:一是会计核算,二是权益分配。关于会计核算,在公募 REITs 之前,基金投资的股票是投资证券产品,从公募 REITs 中基金的投资穿透看来,投资一个项目公司时,需要把公司并表,其会计核算与公募 REITs 之前的基金会计核算差异较大。关于权益分配,公募 REITs 要求的分配比例不低于合并后基金年度可供分配金额的 90%,与普通公募基金差异较大,需要重点关注。

二、我国基础设施公募 REITs 的交易结构

(一)总体交易架构

我国基础设施公募 REITs 的交易结构见图 1。

公募 REITs 的交易结构与交易模式在美国、新加坡、印度、中国香港等不同国家和地区各有特色。按照《公募 REITs 指引》的规定,80% 以上的公募基金资产投资于基础设施资产支持证券(以下简称基础设施 ABS),并持有其全部份额。公募基金通过基础设施 ABS 持有基础设施项目公司全部股权,取得基础设施项目完全所有权/经营权利。由此可见,公募 REITs 涉及三个层面:公募基金、基础设施 ABS、项目公司,即我国的基础设施 REITs 试点采取了"证券投资基金 + 专项计划"的总体交易架构,也就是所谓的"公募基金 + ABS"结构。

公募基金层面,投资者及原始权益人认购公募基金份额,公募基金募集资金

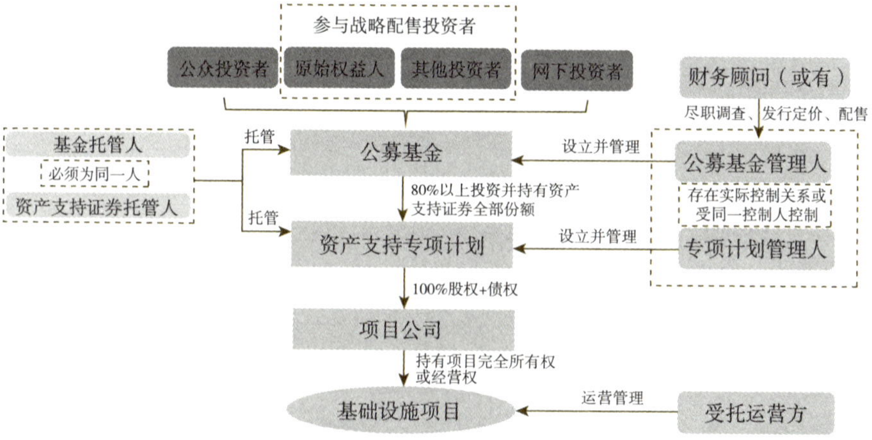

图 1　我国基础设施公募 REITs 示例图

的 80% 以上投资于基础设施 ABS，当投资于该基础设施 ABS 时应当持有其全部份额；公募基金的剩余资金根据《公募 REITs 指引》第 26 条①的规定，可依法投资于利率债，AAA 级信用债，或货币市场工具。

专项计划层面，基础资产为项目公司股权 + 债权。“股 + 债”结构的构建多为降低公募 REITs 的税收成本。截至目前，已有公募 REITs 项目由专项计划直接向目标项目公司或 SPV 公司进行放款，大大便利了负债结构的搭建。

项目公司层面，项目公司应享有基础设施项目完全的所有权及经营权，使公募基金能够通过投资于 ABS 间接取得基础设施项目完全所有权或经营权。

由上可以看出，中国版公募 REITs 的交易架构层级、交易流程、法律关系更为复杂，这充分体现了立足于现行法律制度框架推出公募 REITs 试点的监管创新：一方面，企业资产证券化产品尚无法突破投资者 200 人的限制而直接进行公募发行；另一方面，公募证券投资基金受限于《证券投资基金法》的规定而不得直接投资未上市公司的股权。中国版公募 REITs 的交易架构是一种立法突破最少、从而快速推出试点的现实路径选择。

因此，中国版公募 REITs 充分吸收和承继过去多年来类 REITs 的探索，采用了“公募基金 + ABS”的架构。当然，随着试点的推进和法律制度的完善，不排除

① 《公募 REITs 指引》第 26 条规定：基础设施基金除投资基础设施资产支持证券外，其余基金资产应当依法投资于利率债，AAA 级信用债，或货币市场工具。

中国版公募REITs在交易模式上有更多的创新选择。

（二）基础设施公募REITs的主要特征

对标国际公募REITs，本文主要从以下几个方面梳理我国公募REITs的特征，具体如下：

1. 组织结构要求

根据《公募REITs指引》第2条第2项的规定，基础设施基金通过基础设施ABS，间接持有项目公司全部股权和基础设施项目完全所有权/经营权利。公募REITs采用了“一体两翼”的组织结构，即中间主体为投资者、原始权益人，公募基金、专项计划、项目公司、基础设施项目；“两翼”中的左翼为基金托管人与资产支持证券托管人，且二者必须为同一人，右翼为基金管理人与专项计划管理人，且二者必须具有实际控制关系或同一控制关系。

2. 投资者结构要求

公募REITs的投资人应多于1000人①；扣除向战略投资者配售部分后，向网下投资者发售比例不得低于公开发售数量70%②。根据《证券投资基金法》第50条第2款的规定，公开募集基金，包括向不特定对象募集资金、向特定对象募集资金累计超过200人，以及法律、行政法规规定的其他情形。公募REITs特别规定了投资者应多于1000人，相较于普通公募基金的投资者人数更为严格。

3. 资产结构要求

根据《公募REITs指引》第25条第1款的规定，基础设施基金成立后，基金管理人应当将80%以上的基金资产投资于基础设施ABS，并持有其全部份额。即基础设施ABS的全部份额由基础设施基金全部持有，且该基础设施ABS系由基金管理人存在实际控制关系或受同一控制人控制的管理人设立发行的。

基础设施基金除投资基础设施资产支持证券外，其余基金资产应当依法投资于利率债，AAA级信用债，或货币市场工具。

① 《公募REITs指引》第24条规定：基金募集期限届满，出现下列情形之一的，基础设施基金募集失败：……（二）募集资金规模不足2亿元，或投资人少于1000人；……

② 《公募REITs指引》第19条第1款规定：扣除向战略投资者配售部分后，基础设施基金份额向网下投资者发售比例不得低于本次公开发售数量的70%。

4. 负债杠杆要求

根据《公募 REITs 指引》第 28 条[①]的规定，基金总资产不得超过基金净资产的 140%，且项目并购贷款金额不得超过基金净资产的 20%，且借款用途限于基础设施项目日常运营、维修改造、项目收购等。

5. 项目收入结构要求

根据《公募 REITs 指引》第 2 条第 3 项的规定，基金管理人主动运营管理基础设施项目，以获取基础设施项目租金、收费等稳定现金流为主要目的。同时，基础设施项目现金流主要由市场化运营产生，不依赖第三方补贴等非经常性收入[②]。“586 号文”对项目现金流提出了进一步明确要求，即现金流持续稳定且来源合理分散，投资回报良好，近 3 年内总体保持盈利或经营性净现金流为正。预计未来 3 年净现金流分派率（预计年度可分配现金流/目标不动产评估净值）原则上不低于 4%。

PPP 项目应依法依规履行政府和社会资本管理相关规定，收入来源以使用者付费为主，未出现重大问题和合同纠纷[③]。收入来源含地方政府补贴的，需在依法

---

① 《公募 REITs 指引》第 28 条规定：基础设施基金成立前，基础设施项目已存在对外借款的，应当在基础设施基金成立后以募集资金予以偿还，满足本条第二款规定且不存在他项权利设定的对外借款除外。基础设施基金直接或间接对外借入款项，应当遵循基金份额持有人利益优先原则，不得依赖外部增信，借款用途限于基础设施项目日常运营、维修改造、项目收购等，且基金总资产不得超过基金净资产的 140%。其中，用于基础设施项目收购的借款应当符合下列条件：（一）借款金额不得超过基金净资产的 20%；（二）基础设施基金运作稳健，未发生重大法律、财务、经营等风险；（三）基础设施基金已持基础设施和拟收购基础设施相关资产变现能力较强且可以分拆转让以满足偿还借款要求，偿付安排不影响基金持续稳定运作；（四）基础设施基金可支配现金流足以支付已借款和拟借款本息支出，并能保障基金分红稳定性；（五）基础设施基金具有完善的融资安排及风险应对预案；（六）中国证监会规定的其他要求。基础设施基金总资产被动超过基金净资产 140% 的，基础设施基金不得新增借款，基金管理人应当及时向中国证监会报告相关情况及拟采取的措施等。

② 《中国证监会、国家发展改革委关于推进基础设施领域不动产投资信托基金（REITs）试点相关工作的通知》规定，基础设施 REITs 试点项目应“具有成熟的经营模式及市场化运营能力，已产生持续、稳定的收益及现金流，投资回报良好，并具有持续经营能力、较好的增长潜力”。

③ 《中国证监会、国家发展改革委关于推进基础设施领域不动产投资信托基金（REITs）试点相关工作的通知》规定，基础设施 REITs 试点项目应“项目权属清晰，已按规定履行项目投资管理，以及规划、环评和用地等相关手续，已通过竣工验收。PPP 项目应依法依规履行政府和社会资本管理相关规定，收入来源以使用者付费为主，未出现重大问题和合同纠纷”。

依规签订的 PPP 合同或特许经营协议中有明确约定[①]。

6. 收益分配要求

收益分配比例不低于合并后基金年度可供分配金额的 90%[②],基础设施基金的收益分配在符合分配条件的情况下每年不得少于 1 次。

对于合并后基金年度可供分配金额的具体确定,根据《公募 REITs 指引》第 30 条第 2 款的规定,可供分配金额是在净利润基础上进行合理调整后的金额,相关计算调整项目至少包括基础设施项目资产的公允价值变动损益、折旧与摊销,同时应当综合考虑项目公司持续发展、偿债能力和经营现金流等因素,具体由中国证券投资基金业协会另行规定。《公开募集基础设施证券投资基金运营操作指引(试行)》第 16 条[③]对前述基金管理人在计算可供分配金额过程中考虑的具体因素进行了细化规定。

7. 期限要求

法规未明确说明公募 REITs 的期限要求,但根据《公募 REITs 指引》第 18 条的规定,原始权益人对其自留 20% 的基金份额的持有期不低于 60 个月,可以从公募 REITs 项目退出的期限至少为 5 年。

---

① "958 号文"附件《REITs 试点项目申报要求》规定:"收入来源以使用者付费(包括按照穿透原则实质为使用者支付费用)为主。收入来源含地方政府补贴的,需在依法依规签订的 PPP 合同或特许经营协议中有明确约定。"

② 《公募 REITs 指引》第 2 条规定:"本指引所称基础设施基金,是指同时符合下列特征的基金产品:……(四)采取封闭式运作,收益分配比例不低于合并后基金年度可供分配金额的 90%。"

③ 《公开募集基础设施证券投资基金运营操作指引(试行)》第 16 条规定:可供分配金额是在合并净利润基础上进行合理调整后的金额,可包括合并净利润和超出合并净利润的其他返还。基金管理人计算可供分配金额过程中,应当先将合并净利润调整为税息折旧及摊销前利润(EBITDA),并在此基础上综合考虑项目公司持续发展、项目公司偿债能力、经营现金流等因素后确定可供分配金额计算调整项。涉及的相关计算调整项一经确认,不可随意变更,相关计算调整项及变更程序应当在基金招募说明书等文件中进行明确。将净利润调整为税息折旧及摊销前利润(EBITDA)需加回以下调整项:(一)折旧和摊销;(二)利息支出;(三)所得税费用;将税息折旧及摊销前利润调整为可供分配金额可能涉及的调整项包括:(一)当期购买基础设施项目等资本性支出;(二)基础设施项目资产的公允价值变动损益(包括处置当年转回以前年度累计调整的公允价值变动损益);(三)基础设施项目资产减值准备的变动;(四)基础设施项目资产的处置利得或损失;(五)支付的利息及所得税费用;(六)应收和应付项目的变动;(七)未来合理相关支出预留,包括重大资本性支出(如固定资产正常更新、大修、改造等)、未来合理期间内的债务利息、运营费用等;涉及未来合理支出相关预留调整项的,基金管理人应当充分说明理由;基金管理人应当在定期报告中披露合理相关支出预留的使用情况;(八)其他可能的调整项,如基础设施基金发行份额募集的资金、处置基础设施项目资产取得的现金、金融资产相关调整、期初现金余额等。

8. 管理模式

公募 REITs 采用内部管理与外部管理相结合的管理模式。根据《公募 REITs 指引》第 39 条的规定，基金管理人可以设立专门的子公司承担基础设施项目运营管理职责，也可以委托外部管理机构负责部分运营管理职责，基金管理人依法应当承担的责任不因委托外部管理机构而免除。

9. 发起人自留要求

根据《公募 REITs 指引》第 18 条第 1 款的规定，基础设施项目原始权益人或其同一控制下的关联方参与基础设施基金份额战略配售的比例合计不得低于基金份额发售数量的 20%。原始权益人自留基金份额的 20%，持有期自上市之日起不少于 60 个月；原始权益人自留基金份额超过 20% 部分持有期自上市之日起不少于 36 个月；原始权益人自留基金份额持有期间不允许质押。

（三）关于交易结构中负债的构建问题

公募 REITs 一般仍然需要构建项目公司层面的负债从而形成对项目公司“股 + 债”的投资结构来实现部分税收筹划。此外，“股 + 债”的投资结构将项目公司的收益分配方式由股利调整为利息，可以在一定程度上规避提取盈余公积以及折旧摊销等对股利分配的限制。因此，负债方案的构建在交易结构中显得尤为重要。目前已发行的 27 单试点项目根据各自实际情况，共采取了 5 类负债构建方案。

1. 方案一：专项计划直接发放股东借款债权

已发行 27 单试点项目中，共有 20 单项目采用计划管理人向项目公司或 SPV 发放股东借款的方式构建负债，占比接近 3/4，为现阶段基础设施公募 REITs 项目负债构建的主流方案。该类负债构建方案的典型流程如下（见图 2，以普洛斯仓储项目为例）。

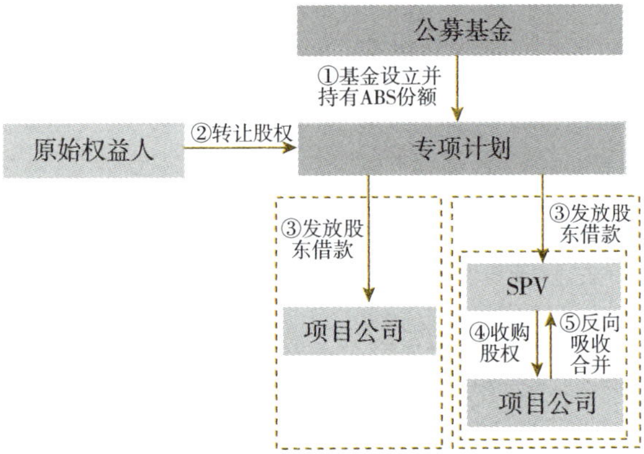

图2 计划管理人发放股东借款债权构建负债流程

(1)基础设施基金与专项计划设立。基础设施基金募集设立,基金管理人以募集资金认购基础设施资产支持证券,专项计划设立。

(2)专项计划受让项目公司股权。计划管理人(代表专项计划)向原始权益人受让项目公司100%的股权,成为项目公司唯一股东。

(3)专项计划向项目公司发放股东借款。计划管理人(代表专项计划)在成为项目公司股东后,向项目公司发放股东借款,用作偿还项目公司既有负债、支付向原股东应付股东分红款等。

关于专项计划直接发放借款的问题,一方面,根据《证券公司及基金管理公司子公司资产证券化业务管理规定》的资产形成要求,原始权益人应当事先合法拥有基础资产(存量债权),再由专项计划进行收购,专项计划以募集资金发放股东借款与资产证券化的资产形成要求相比存在突破;另一方面,担任专项计划管理人的证券公司和基金子公司属于金融机构,却并不具有贷款发放业务的特许经营资质,专项计划直接发放股东借款在法律法规层面尚无明确规定。显然在公募REITs中这一问题取得了实质突破,监管部门在事实上已认可该方案,大大便利和简化了公募REITs的交易环节。

2. 方案二:专项计划收购既有股东借款债权

已发行试点项目中,仅有盐田港仓储项目采用专项计划收购原始权益人持有的既有股东借款债权方式构建负债,该项目的负债构建流程见图3。

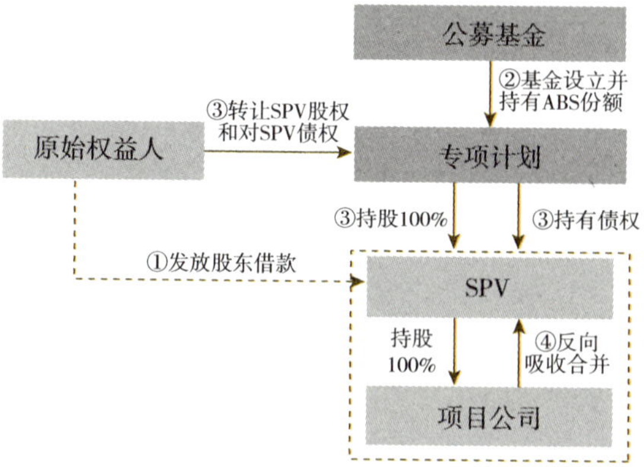

图 3 专项计划收购原始权益人借款债权构建负债流程

(1)原始权益人发放股东借款。原始权益人作为 SPV 股东,向 SPV 发放股东借款,形成股东借款债权。

(2)基础设施基金与专项计划设立。基础设施基金募集设立,基金管理人以募集资金认购基础设施资产支持证券,专项计划设立。

(3)专项计划同时受让 SPV 股权和对 SPV 的股东借款债权。计划管理人(代表专项计划)向原始权益人受让 SPV 100% 的股权,并受让对 SPV 的股东借款债权;计划管理人(代表专项计划)与 SPV 签署债权债务确认协议。

(4)反向吸收合并。SPV 与项目公司反向吸收合并后,专项计划直接持有项目公司 100% 股权和对项目公司债权。

在专项计划收购既有股东借款债权的方案中,基础资产在项目发行前均已形成,符合资产证券化的资产形成要求;但随着《最高人民法院关于审理民间借贷案件适用法律若干问题的规定》(以下简称《民间借贷司法解释》)对企业间拆借的合法性要求越发严格,该方案中原始权益人需以自有资金而非转贷资金发放借款。在 2015 年《民间借贷司法解释》中,最高人民法院仅要求出借人不得通过转贷“牟利”,并未禁止未牟利的转贷行为本身。但 2020 年修正的新《民间借贷司法解释》,明确禁止套取金融机构等第三方资金的转贷行为,并认定基于转贷形成的民间借贷合同均为无效合同。因此,如采用收购既有股东借款债权的方案,股东借款债权需以原始权益人全额自有资金发放形成,考虑到基础设施项目规模普遍较大,该方案对原始权益人自有资金规模要求较高。

3. 方案三:专项计划收购项目公司应付减资款债权

已发行试点项目中,沪杭甬高速项目和江苏交控高速项目根据项目公司无须剥离其他资产的特点,采取了专项计划收购原始权益人持有的对项目公司减资款债权的方式构建负债,该项目的负债构建流程见图4。

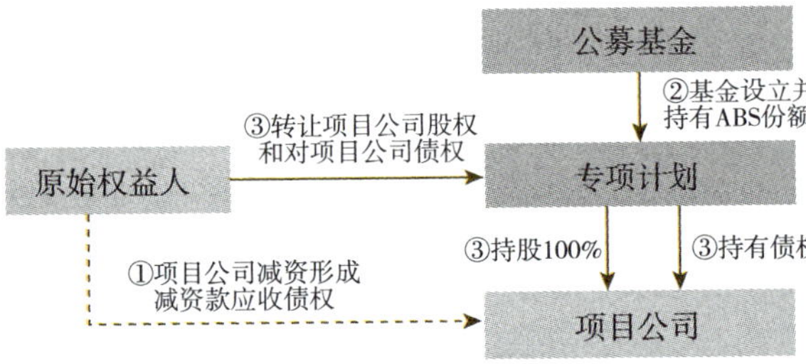

图4　专项计划收购项目公司应付减资款债权构建负债流程

(1)项目公司减资。项目公司召开股东会决议减资,编制资产负债表和财产清单,根据《公司法》规定及时通知债权人并登报公告;减资法定手续完成后,由于项目公司没有足够资金支付减资款,形成原始权益人对项目公司的减资款应收债权。

(2)基础设施基金与专项计划设立。基础设施基金募集设立,基金管理人以募集资金认购基础设施资产支持证券,专项计划设立。

(3)专项计划同时受让项目公司股权和对项目公司的股东减资款债权。计划管理人(代表专项计划)向原始权益人受让项目公司100%的股权,并受让对项目公司的股东减资款债权;计划管理人(代表专项计划)与项目公司签署债权债务确认协议。

专项计划收购股东减资款债权的方案,具有结构简单、无须占用大额资金成本等优势,但实操过程中需要关注项目公司需满足可供减资的实缴注册资本与拟构建负债规模相匹配等要求,注意结合项目实际情况加以适用。

4. 方案四:将因评估增值分红产生的应付股利确认为债权债务关系

已发行试点项目中,招商蛇口项目将项目公司投资性房地产由成本法计量调整为公允法计量,并将评估增值形成的未分配利润确认为对股东的债权债务关系。该项目的负债构建流程具体见图5。

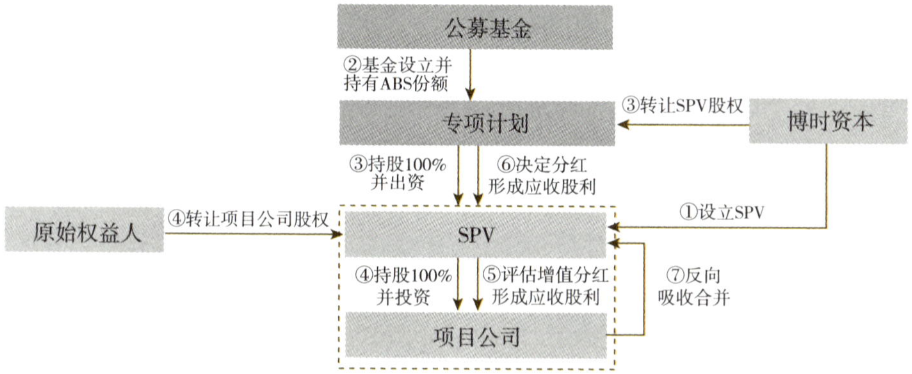

图 5　将因评估增值分红产生的应付股利确认为债权债务关系构建负债流程

(1)设立 SPV 公司。基础设施公募基金和专项计划设立前,博时资本设立 SPV。

(2)基础设施基金与专项计划设立。基础设施基金募集设立,基金管理人以募集资金认购基础设施资产支持证券,专项计划设立。

(3)专项计划收购 SPV 股权并对 SPV 出资、SPV 收购项目公司股权并对项目公司投资。

(4)项目公司评估增值分红。项目公司将投资性房地产由成本法计量调整为公允法计量,评估增值形成了部分未分配利润,并向股东 SPV 进行分红,但暂不实际支付股利,形成项目公司对 SPV 的应付股利;SPV 取得分红后,进而向股东专项计划进行利润分配,形成 SPV 对专项计划的应付股利。

(5)债权债务重组。计划管理人(代表专项计划)与 SPV 和项目公司签署《债权确认及重组协议》,对各方之间的债权债务关系进行确认及重组,最终形成:①专项计划对项目公司的债权,②SPV 对项目公司的债权。

(6)反向吸收合并。SPV 与项目公司反向吸收合并后,专项计划直接持有项目公司 100% 股权和对项目公司债权。

将因评估增值分红产生的应付股利确认为债权债务关系的负债构建方案,虽然具有一定节省资金成本的优势,但交易结构较为复杂,并且通过评估计量方式的变化实现项目公司增值的方案尚有可完善空间。

5. 方案五:将未支付的股权转让价款确认为债权债务关系

已发行试点项目中,首钢生物质项目和鹏华深圳能源项目采用了将未支付的股权转让价款确认为债权债务关系的方案，该方案具体负债构建流程见图6。

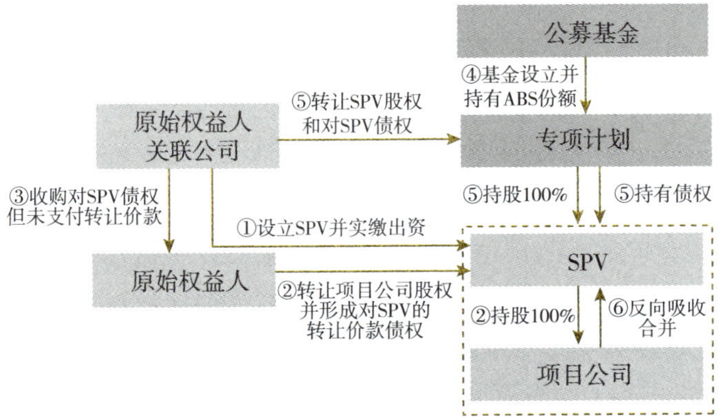

图6　未支付的股权转让价款确认为债权债务关系构建负债的流程

(1)设立SPV。原始权益人关联公司设立SPV，并实缴出资。

(2)SPV向原始权益人收购项目公司股权，并将未支付的股权转让价款确认为债权债务关系。SPV收购项目公司股权，仅支付第一笔小额的股权转让对价，剩余待支付部分，确认为原始权益人享有的对SPV的债权。

(3)原始权益人关联公司收购对SPV债权。原始权益人关联公司收购项目公司原股东对SPV的债权，暂不支付债权转让价款。

(4)基础设施基金与专项计划设立。基础设施基金募集设立，基金管理人以募集资金认购基础设施资产支持证券，专项计划设立。

(5)专项计划收购SPV股权和对SPV债权。

(6)反向吸收合并。SPV与项目公司反向吸收合并后，专项计划直接持有项目公司100%股权和对项目公司债权。

该方案事实上通过递延项目公司股权剩余转让价款时间的方式以期达成降低高额资金占用成本的优势，在法律逻辑上有待进一步论证；此外，实操中由于该方案涉及多次工商设立、变更、反向吸收合并操作，需提前与当地工商管理部门沟通操作可行性和操作流程。

三、试点范围和发展改革委审核阶段的法律重点关注事项

基础设施项目的基本要求需要符合发展改革委规定的关于区位和行业的试

点范围要求。

关于区位范围，根据“958 号文”附件《基础设施领域不动产投资信托基金 REITs 试点项目申报要求》（以下简称《REITs 试点项目申报要求》）的规定，目前国家发展改革委不再对 REITs 试点项目设置区域范围限制，即全国各地区符合条件的基础设施项目均可申报，并再次强调了重点支持的区位范围，其中，重点支持的区位范围在《中国证监会、国家发展改革委关于推进基础设施领域不动产投资信托基金（REITs）试点相关工作的通知》（以下简称“40 号文”）和“586 号文”的基础上，进一步拓宽增加了“黄河流域生态保护和高质量发展等国家重大战略区域，符合‘十四五’有关战略规划和实施方案要求的基础设施项目”。

关于行业范围，“958 号文”附件《REITs 试点项目申报要求》不再区分优先支持类和鼓励类行业，并在此前“40 号文”和“586 号文”的基础上进一步拓宽了试点项目的行业范围，新增了如下行业范围：能源基础设施，包括风电、光伏发电、水力发电、天然气发电、生物质发电、核电等清洁能源项目，特高压输电项目，增量配电网、微电网、充电基础设施项目，分布式冷热电项目；市政基础设施，包括停车场项目；保障性租赁住房。《REITs 试点项目申报要求》还提出探索在其他基础设施领域开展试点：具有供水、发电等功能的水利设施；自然文化遗产、国家 AAAAA 级旅游景区等具有较好收益的旅游基础设施。

一方面，REITs 试点入池项目的土地用途原则上应为非商业、非住宅用地，作为例外，“958 号文”附件《REITs 试点项目申报要求》第 1 条第 2 款明确了例外情况，即租赁住房用地以及为保障项目正常运转而无法分割的办公用房、员工宿舍等少数配套设施用地可不受前述原则约束；另一方面，根据《国家发展改革委关于规范高效做好基础设施领域不动产投资信托基金（REITs）项目申报推荐工作的通知》《中国证监会关于进一步推进基础设施领域不动产投资信托基金（REITs）常态化发行相关工作的通知》相关规定，将基础设施 REITs 试点范围扩大至消费基础设施领域，优先支持百货商场、购物中心、农贸市场等城乡商业网点项目，保障基本民生的社区商业项目发行基础设施 REITs。目前，酒店、写字楼等其他商业地产项目还尚未纳入基础设施 REITs 试点范围。

在符合项目试点区位和行业范围的基础上，根据发展改革委发布的相关规定以及多单公募 REITs 项目申报的答辩情况，以下重点介绍发展改革委在项目审核阶段重点关注的几个法律相关事项，包括项目权属与项目权利限制、权利负担情况、基础设施项目建设与运营的合法合规性、资产转让的限制与解除、纳税方案的合规性以及与税务部门的沟通、募集资金投向的合规性、项目现金流情况等。

（一）项目权属与项目权利限制、权利负担情况

对于公募 REITs 而言，需要以相关资产、项目公司 100% 股权或经营权利的权属均真实、合法合规、清晰、不涉及纠纷或权利受限等情况，作为拟入池项目的基本前置条件。对此，国家发展改革委、中国证监会、证券交易所、基金业协会等监管机构已发布的公募 REITs 相关监管规则均对项目权属情况作出了比较明确和具体的规定。

1. 项目权属

国家发展改革委、中国证监会、证券交易所、基金业协会等监管机构发布的相关监管规定，均明确要求基础设施项目权属清晰、资产范围明确，且原始权益人依法合规直接或间接拥有项目所有权、特许经营权或经营收益权。其中，中国证监会、证券交易所、基金业协会还要求基础设施项目不存在重大经济或法律纠纷。各监管机构的规定具体见表 2。

表 2　各监管机构对基础设施项目的相关规定

序号	权属要求	监管机构	具体监管要求
1	基础设施项目权属清晰、资产范围明确	国家发展改革委	“40 号文”： 三、基础设施 REITs 试点项目要求 …… （三）聚焦优质项目。基础设施 REITs 试点项目应符合以下条件： 1. 项目权属清晰……
			“586 号文”： 三、确保试点项目满足基本条件 （七）基础设施项目权属清晰……
			“958 号文”附件《REITs 试点项目申报要求》 二、项目基本条件 （三）项目应成熟稳定，满足以下条件： 1. 基础设施项目权属清晰、资产范围明确……

续表

<table>
<tr><th>序号</th><th>权属要求</th><th>监管机构</th><th>具体监管要求</th></tr>
<tr><td></td><td></td><td>证券交易所</td><td>《上交所公募 REITs 指引 1 号》及《深圳证券交易所公开募集基础设施证券投资基金业务指引第 1 号——审核关注事项(试行)》(以下简称《深交所公募 REITs 指引 1 号》)
第 11 条　基础设施项目应当符合下列条件:
(一)权属清晰,资产范围明确,原则上应当依照规定完成相应权属登记;
……</td></tr>
<tr><td rowspan="4">2</td><td rowspan="4">原始权益人依法合规直接或间接拥有项目所有权、特许经营权或经营收益权</td><td rowspan="2">国家发展改革委</td><td>"586 号文":
三、确保试点项目满足基本条件:
(七)……发起人(原始权益人)依法合规拥有项目所有权、特许经营权或运营收费权……</td></tr>
<tr><td>"958 号文"附件《REITs 试点项目申报要求》:
二、项目基本条件
(三)项目应成熟稳定,满足以下条件:
1. 基础设施项目权属清晰、资产范围明确,发起人(原始权益人)依法合规直接或间接拥有项目所有权、特许经营权或经营收益权。项目公司依法持有拟发行基础设施 REITs 的底层资产。
……</td></tr>
<tr><td>中国证监会</td><td>《公募 REITs 指引》:
第 8 条　基础设施基金拟持有的基础设施项目应当符合下列要求:
(一)原始权益人享有完全所有权或经营权利,不存在重大经济或法律纠纷……</td></tr>
<tr><td>证券交易所</td><td>《上交所公募 REITs 指引 1 号》及《深交所公募 REITs 指引 1 号》:
第 6 条　原始权益人应当符合下列条件:
……
(二)享有基础设施项目完全所有权或者经营权利,不存在重大权属纠纷或者争议;
……</td></tr>
</table>

续表

序号	权属要求	监管机构	具体监管要求
		基金业协会	《公募 REITs 尽调指引》: 第 22 条　调查原始权益人,包括但不限于以下内容: …… (二)是否对基础设施项目享有完全所有权或经营权利,且上述权利是否存在重大经济或法律纠纷;……基础设施基金是否可以合法取得基础设施项目的所有权或经营权利; ……

2. 权利限制与权利负担

根据《公募 REITs 指引》第 8 条第 1 款第 1 项①、《上交所公募 REITs 指引 1 号》第 11 条第 3 项/《深交所公募 REITs 指引 1 号》第 11 条第 3 项②、《公募 REITs 尽调指引》第 17 条第 1 项③等的规定,基础设施项目不得存在如抵押、质押等他项权利设定,但基础设施基金成立后能够解除他项权利的除外。

(二)关于基础设施项目建设与运营的合法合规性

基础设施项目本身在建设、运营环节的合法合规性是公募 REITs 项目审核的关注重点,也是最为基础性、前置性的要求。监管部门高度重视试点入选项目的合法合规性,国家发展改革委投资司也明确提出要“聚焦合规优质资产”“靓女先嫁,选择优质项目参加试点”的重要指导原则。

就前期建设阶段而言,基础设施项目需要符合国家关于固定资产投资项目的手续齐备性、合规性要求,主要包括项目立项的审批或核准或备案手续、环评、节能评估与审查、规划、用地、施工、竣工验收等各环节。

---

① 《公募 REITs 指引》规定:“基础设施基金拟持有的基础设施项目应当符合下列要求:(一)原始权益人享有完全所有权或经营权利,不存在重大经济或法律纠纷,且不存在他项权利设定,基础设施基金成立后能够解除他项权利的除外……”

② 《上交所公募 REITs 指引 1 号》及《深交所公募 REITs 指引 1 号》均规定,基础设施项目应当“不存在抵押、质押等他项权利设定,基础设施基金成立后能够解除他项权利的除外”。

③ 《公募 REITs 尽调指引》规定,调查基础设施资产安全性及投资价值时,应调查“基础设施资产账面价值和评估价值情况及账面价值与评估价值差异情况;法律权属及抵押、查封、扣押、冻结等他项权利限制和应付未付义务情况;已经担保的债务总余额以及抵押、质押顺序;担保物的评估、登记、保管情况,并了解担保物的抵押、权利质押登记的可操作性等情况”等内容。

项目运营阶段，国家发展改革委、证券交易所、基金业协会在相关监管规则中，对基础设施项目运营的相关必备经营资质、许可手续作出了明确规定。其中，“586 号文”专门强调了“涉及经营增值电信业务的数据中心项目应取得增值电信业务经营许可”；《上交所公募 REITs 指引 1 号》和《深交所公募 REITs 指引 1 号》第 11 条第 6 项进一步要求“基础设施资产涉及经营资质的，相关经营资质或者经营许可应当合法、有效”；《公募 REITs 尽调指引》第 17 条第 2 项强调需对“特许经营等经营许可或其他经营资质的期限情况”开展尽职调查。

（三）关于资产转让的限制与解除

项目资产存在任何关于转让或处置的限制性要求或其他附加条件的，需要取得相关主管部门或当事人关于解除或豁免该等限制的同意。发展改革委在审核阶段，对于试点项目可能涉及的土地使用权、建筑物、股权、特许经营权等资产，在相关的法律规定、各类项目手续文件、各类合同协议、政府主管部门要求方面是否存在转让限制进行了高度关注。国家发展改革委办公厅于 2020 年 11 月 27 日印发的《关于进一步做好基础设施领域不动产投资信托基金（REITs）试点有关工作的通知》（以下简称《进一步做好 REITs 试点的通知》）以及“958 号文”专门对此提出了要求，主要涉及以下几个要点：

1. 关注的资产范围。包括土地使用权、公司股权、建筑物及构筑物、特许经营权、经营收益权等。

2. 需要核查的限制性方面。包括任何相关的法律规定、各类项目手续文件、各类合同约定限制、政府主管部门实践中的限制性要求，尤其是对于划拨用地、协议出让土地使用权、产业园区用地、保税区项目等，即使仅转让项目公司股权而不直接进行土地使用权、建筑物等资产转让的，也要求按照穿透式原则沟通相应主管部门，并取得其关于同意支持公募 REITs 项目以 100% 股权转让方式发行 REITs，并转让项目的土地使用权和房屋所有权的无异议函。

（四）关于土地的相关要求

关于发行公募 REITs 所涉及的项目土地使用权的处理要求，国家发展改革委在试点阶段给予了高度关注，并在《进一步做好 REITs 试点的通知》、“958 号文”等规范性文件中作出了具体规定，且“958 号文”对《进一步做好 REITs 试点的通知》中关于土地使用权要求的规则作了进一步细化和明确。具体而言，“958 号文"将项目按照是否属于"PPP 类项目(含特许经营)"进行了分类,并就不同项目类型以及是否持有土地使用权等不同情形下的土地处理,分别作出了不同的要求:

1. 项目公司拥有土地使用权的非 PPP(含特许经营)类项目。如项目以划拨方式取得土地使用权,土地所在地的市(县)人民政府或自然资源行政主管部门应对项目以 100% 股权转让方式发行基础设施 REITs 无异议;如项目以协议出让方式取得土地使用权,原土地出让合同签署机构(或按现行规定承担相应职责的机构)应对项目以 100% 股权转让方式发行基础设施 REITs 无异议;如项目以招拍挂出让或二级市场交易方式取得土地使用权,应说明取得土地使用权的具体方式、出让(转让)方、取得时间及相关前置审批事项。

2. 项目公司拥有土地使用权的 PPP(含特许经营)类项目。发起人(原始权益人)和基金管理人需对以下三项作出承诺即可:(1)项目估值中不含项目使用土地的土地使用权市场价值;(2)基金存续期间不转移项目涉及土地的使用权(政府相关部门另有要求的除外);(3)基金清算时或特许经营权等相关权利到期时将按照特许经营权等协议约定以及政府相关部门的要求处理相关土地使用权。

3. 项目公司不拥有土地使用权的项目。应说明土地使用权拥有人取得土地使用权的具体方式、出让(转让)方和取得时间等相关情况,土地使用权拥有人与项目公司之间的关系,以及说明项目公司使用土地的具体方式、使用成本、使用期限和剩余使用年限,分析使用成本的合理性,并提供相关证明材料。

(五)关于纳税方案的合规性以及与税务部门的沟通

发展改革委在项目审核过程中,对于公募 REITs 项目纳税方案的合规性问题也高度关注,《进一步做好 REITs 试点的通知》也对此作出了专门要求,强调了由第三方中介机构对纳税方案出具专业意见、提交向税务部门的咨询和书面报告情况,具体而言,根据《进一步做好 REITs 试点的通知》第 1 条第 3 款①的规定,对于

① 《进一步做好 REITs 试点的通知》第 1 条第 3 款规定:以划拨、协议出让等方式取得土地使用权并经有关机构同意发行基础设施 REITs 的项目,以及以招拍挂出让、从第三方购买等方式取得土地使用权的项目,应履行以下程序:1. 制定完整的拟纳税方案,详细描述发行基础设施 REITs 过程中各纳税主体需缴纳的所有税种、税额区间以及测算过程;将拟纳税方案向有权管辖的税务部门进行咨询并书面报告。2. 聘请专业权威的税务师事务所或会计师事务所就拟纳税方案出具第三方意见。3. 国家发展改革委必要时将委托有关机构,组织成立税务专家评审小组,对拟纳税方案进行评审。4. 发起人(原始权益人)将

“以划拨、协议出让等方式取得土地使用权并经有关机构同意发行基础设施 REITs 的项目,以及以招拍挂出让、从第三方购买等方式取得土地使用权的项目”,应满足以下要求:(1)制定完整的拟纳税方案,并将拟纳税方案向有权管辖的税务部门进行咨询并书面报告;(2)聘请第三方对拟纳税方案出具意见;(3)通过国家发展改革委税务专家评审小组评审(或有);(4)发起人(原始权益人)出具补缴相应税金并承担所有相关经济和法律责任的兜底承诺函。

(六)关于募集资金投向的合规性

本次公募 REITs 试点过程中,发展改革委等主管部门高度重视和强调募集收回资金须用于新的基础设施补短板项目建设从而形成良好的投资循环。对此,根据“40 号文”[①]、《上交所公募 REITs 指引 1 号》/《深交所公募 REITs 指引 1 号》第 7 条[②]、“958 号文”[③]、“958 号文”附件《REITs 试点项目申报要求》[④]的规定,原始权益人取得的募集资金用途应当满足以下要求:

1. 引导回收资金用于新项目建设。引导原始权益人履行承诺,将回收资金以资本金注入等方式投入新项目建设,确保新项目符合国家重大战略、发展规划、产业政策等要求。加强跟踪服务,对回收资金拟投入的新项目,协调加快前期工作和开工建设进度,尽快形成实物工作量。对原始权益人未按承诺将回收资金投入到相关项目的,要及时督促落实。

上述拟纳税方案、向税务部门的咨询和书面报告情况、第三方意见,以及关于“基础设施 REITs 发行或存续期间,如税务部门要求补充缴纳发行基础设施 REITs 过程中可能涉及的土地增值税等相关税费,发起人(原始权益人)将按要求缴纳(或全额补偿其他相关缴税主体)相应税金并承担所有相关经济和法律责任”的兜底承诺函,提交国家发展改革委,并均须在 REITs 发行申购日之前向社会公开披露。

① “40 号文”规定:“加强融资用途管理。发起人(原始权益人)通过转让基础设施取得资金的用途应符合国家产业政策,鼓励将回收资金用于新的基础设施和公用事业建设,重点支持补短板项目,形成投资良性循环。”

② 《上交所公募 REITs 指引 1 号》第 7 条规定:……原始权益人通过转让基础设施项目取得的回收资金用途应当符合国家产业政策。

③ “958 号文”规定:“引导回收资金用于新项目建设。引导原始权益人履行承诺,将回收资金以资本金注入等方式投入新项目建设,确保新项目符合国家重大战略、发展规划、产业政策等要求。加强跟踪服务,对回收资金拟投入的新项目,协调加快前期工作和开工建设进度,尽快形成实物工作量。对原始权益人未按承诺将回收资金投入到相关项目的,要及时督促落实。”

④ “958 号文”附件《REITs 试点项目申报要求》规定:“鼓励将回收资金用于基础设施补短板项目建设,具体应满足以下要求:1. 回收资金应明确具体用途,包括具体项目、使用方式和预计使用规模等。在符合国家政策及企业主营业务要求的条件下,回收资金可跨区域、跨行业使用。2. 90%(含)以上的净回收资金(指扣除用于偿还相关债务、缴纳税费、按规则参与战略配售等的资金后的回收资金)应当用于在建项目或前期工作成熟的新项目。3. 鼓励以资本金注入方式将回收资金用于项目建设。”

2. 鼓励将回收资金用于基础设施补短板项目建设，具体应满足以下要求：(1)回收资金应明确具体用途，包括具体项目、使用方式和预计使用规模等。在符合国家政策及企业主营业务要求的条件下，回收资金可跨区域、跨行业使用；(2)90%(含)以上的净回收资金(指扣除用于偿还相关债务、缴纳税费、按规则参与战略配售等的资金后的回收资金)应当用于在建项目或前期工作成熟的新项目；(3)鼓励以资本金注入方式将回收资金用于项目建设。

因此，在项目申报与审核过程中，建议高度重视募集资金投向的清晰与合规，拟募投项目的成熟度也是审核的重点之一，即拟募投项目的前置性开发建设手续或前期收购手续越完善、越成熟，就越符合监管的导向。

(七)项目现金流情况

此外，发行基础设施 REITs 要求项目运营具备稳定性、持续经营能力、较好的增长潜力，因此对项目现金流的稳定性、分散性以及分派率以及现金流的市场化来源等均应予以十分关注。

四、公募 REITs 可能涉及的国有资产转让问题

(一)公募 REITs 中国有资产进场交易较难操作

在我国传统的基础设施领域，国有资产占有较大的比例。鉴于本轮基础设施 REITs 试点系在基础设施领域先行展开，而公募 REITs 项目所涉及的核心交易行为即项目公司股权及相关债权(如有)转让给公募基金项下的相关载体(如专项计划或 SPV 公司)，这就使国有资产转让的程序问题成为公募 REITs 实务过程中必须面对的问题。

在推进公募 REITs 项目过程中，涉及国有资产转让时，到底要不要进场交易？如果进场交易，基础设施资产可能被第三方摘牌，发起人就面临设立公募 REITs 失败的风险。而且，公募 RETIs 募集资金可能低于挂牌价，也可能导致公募 REITs 发行失败。

(二)公募 REITs 中国资转让采用协议转让方式的合理性

从基础设施公募 REITs 的整体交易目的来看，发起人将其持有的基础设施资产转让具有定向性；交易过程通过网下询价方式确定基础设施资产的公开市场价值，这与原有的国有企业产权转让具有明显的区别。

发起人将其持有的基础设施资产转让具有定向性。也就是说，参与公募 REITs 试点的发起人不是以单纯地出售资产为目的，出售资产与公募 REITs 首次公开发行成功紧密联系。如果不是为了把基础设施资产装入公募 REITs，发起人不会启动资产转让的程序。

发起人转让基础设施资产，其交易目的是在证券交易所设立发行公募 REITs，公募 REITs 涉及的资产转让环节，不论是交易结构中设立 SPV 公司，把项目公司装入 SPV 公司，还是原始权益人将基础资产转让给专项计划，这些转让行为都是为了把基础设施资产装入公募 REITs，均是为了达到该目的而进行的资产重组，基础设施资产转让价格需与公募 REITs 份额发行价格相匹配，并根据公募 REITs 份额最终发行价格来最终确定资产转让价格。

从专项计划、公募基金本身而言，它们仅为一个特殊目的载体。根据《证券公司及基金管理公司子公司资产证券化业务管理规定》的规定，专项计划属于特殊目的载体，也就是说，专项计划只是专项计划投资者与计划管理人通过协议安排形成的一个载体，它本身并不是法人主体，专项计划的资产和利益都由专项计划投资者享有；根据《证券投资基金法》《公募 REITs 指引》的规定，公募 REITs 的法律关系与上述专项计划的法律安排也是相似的，公募 REITs 并不是法人主体，公募 REITs 的资产和利益由公募 REITs 份额持有人享有。

由于专项计划、证券投资基金这两个载体都是特殊目的载体，是为了发行公募 REITs 这一金融产品而搭建的中间法律结构，发起人将基础设施资产装入公募 REITs，实质定价环节只有一次，就是公募 REITs 份额首次公开发行定价。因此，公募 REITs 项目通过公募 REITs 份额在证券交易所的公开发行定价实现基础设施资产的定价。

发起人装入公募 REITs 的基础设施资产的价值将通过网下询价方式进行确定，这类似于企业 IPO 的定价程序，体现了公开定价的原则。通过对比公募 REITs 份额的询价方式与 IPO 询价方式，二者流程具有高度相似性。

关于 IPO 定价方式，根据《证券发行与承销管理办法》、《中国证券监督管理委员会关于做好询价工作相关问题的通知》(发行监管函〔2006〕38 号)等的规定，首次公开发行股票，可以通过向网下投资者询价的方式确定股票发行价格，询价方式包含初步询价、协商确定发行价格区间、网下发行公告、组织推介活动、申购缴款等多个环节。

关于公募 REITs 份额定价方式，根据“40 号文”的规定，公募 REITs 应当在证券交易所公开发行交易，其发行审查、主体监督管理均参照公开发行证券相关要求；根据《公募 REITs 指引》的规定，基础设施基金份额认购价格应当通过向网下投资者询价的方式确定，先向询价对象初步询价，基于机构投资者报价和拟申购数量确定发行价格，后进行路演、与中小投资者进行交流，最终投资者根据发行价格进行申购缴款。

在合法合规开展询价的前提下，通过询价确定的公募 REITs 份额发行价格能够反映公开市场对公募 REITs 对应的基础设施资产的估值水平及认可度。由于基础设施资产转让价格将根据公募 REITs 份额发行价格确定，穿透来看，公募 REITs 资产即为基础设施资产，公募 REITs 份额的公开定价实际上实现了基础设施资产转让的公开定价。

因此，从凝聚市场共识角度考虑，以协议转让方式进行公募 REITs 中涉及的国有资产转让，更符合原始权益人的交易目的，也符合中国证监会发布的《公募 REITs 指引》规定的通过网下询价方式确定公募 REITs 份额价格（实际是底层基础设施资产价格）的公开、公平、公正定价原则。

（三）公募 REITs 国资转让采用协议转让方式的最新法规依据

在 2022 年 5 月国务院国资委出台《关于企业国有资产交易流转有关事项的通知》（国资发产权规〔2022〕39 号，以下简称“39 号文”）前，涉及国有资产转让实操最为重要的规范性文件，是国务院国资委、财政部于 2016 年 6 月 24 日发布实施的《企业国有资产交易监督管理办法》（国资委、财政部令第 32 号，以下简称“32 号令”）。就国有产权（股权）的转让而言，“32 号令”第 13 条①规定强调应当采用

① “32 号令”第 13 条规定：产权转让原则上通过产权市场公开进行。转让方可以根据企业实际情况和工作进度安排，采取信息预披露和正式披露相结合的方式，通过产权交易机构网站分阶段对外披露产权转让信息，公开征集受让方。其中正式披露信息时间不得少于 20 个工作日。因产权转让导致转让标的企业的实际控制权发生转移的，转让方应当在转让行为获批后 10 个工作日内，通过产权交易机构进行信息预披露，时间不得少于 20 个工作日。

进场交易方式的基本原则，第 31 条[①]规定可采取非公开协议转让方式的两种例外情形（一是涉及主业处于关系国家安全、国民经济命脉的重要行业和关键领域企业的重组整合且对受让方有特殊要求而在国有及国有控股企业之间转让的；二是同一国家出资企业及其各级控股企业或实际控制企业之间因实施内部重组整合进行产权转让的）。

显然，基础设施公募 REITs 中的基础设施资产转让并不满足符合前述“32 号令”规定的两种可采取非公开协议转让的例外情形。在“39 号文”出台前，已发行试点项目涉及国有资产转出的，部分项目的相关国资监管机构出具复函，同意在公募 REITs 项目中的国有资产转让，无须另行履行进场交易程序。

“39 号文”对国有资产的非公开交易流转及公开交易流转制度进行了细化规定。“39 号文”第 3 条[②]规定，国家出资企业及其子企业通过发行基础设施 REITs 盘活存量资产，涉及国有产权非公开协议转让按规定报同级国有资产监督管理机构批准。同时，“39 号文”还要求企业做好可行性分析、合理确定交易价格，并对后续运营管理责任和风险防范作出安排。根据国务院国有资产监督管理委员会产权管理局于 2022 年 8 月 3 日公布的《〈关于企业国有资产交易流转有关事项的通知〉的问题解答》，国资监管机构对申请办理发行基础设施 REITs 涉及的国有产权非公开协议转让的审核重点包括发行涉及底层资产的权属情况，国家出资企业对相关资产的评估备案情况，REITs 发行价格确定机制是否有利于维护国有权益，相关资产运营管理责任及风险防范措施情况等。至此，公募 REITs 项目中的国有资产转让采用非公开协议转让的方式，有了正式的法规依据、明确的审批程序和审核重点，对后续公募 REITs 市场的发展有着重要意义。

---

① “32 号令”第 31 条规定：以下情形的产权转让可以采取非公开协议转让方式：（一）涉及主业处于关系国家安全、国民经济命脉的重要行业和关键领域企业的重组整合，对受让方有特殊要求，企业产权需要在国有及国有控股企业之间转让的，经国资监管机构批准，可以采取非公开协议转让方式；（二）同一国家出资企业及其各级控股企业或实际控制企业之间因实施内部重组整合进行产权转让的，经该国家出资企业审议决策，可以采取非公开协议转让方式。

② “39 号文”第 3 条规定：国家出资企业及其子企业通过发行基础设施 REITs 盘活存量资产，应当做好可行性分析，合理确定交易价格，对后续运营管理责任和风险防范作出安排，涉及国有产权非公开协议转让按规定报同级国有资产监督管理机构批准。

五、公募 REITs 中的治理机制

治理机制是公募 REITs 的核心关注点之一，因为这涉及公募基金管理人与公募 REITs 发起人（产业方）对公募 REITs 基金的管理与控制。

（一）总体原则

根据《公募 REITs 指引》第 2 条和第 25 条等的规定，公募基金的角色定位为所有者、管理者、控制者，监管机构通过压实公募基金管理人的责任将主动管理职责完全赋予公募基金管理人（见表 3）。

表 3 《公募 REITs 指引》对公募基金的角色定位相关规定

角色定位	规定内容
所有者	80%以上基金资产投资于基础设施资产支持证券，并持有其全部份额；基金通过基础设施资产支持证券持有基础设施项目公司全部股权
管理者	基金管理人主动运营管理基础设施项目
控制者	基金通过资产支持证券和项目公司等载体取得基础设施项目完全所有权或经营权利，拥有特殊目的载体及基础设施项目完全的控制权和处置权

此外，《公募 REITs 指引》已明确规定需要由公募基金份额持有人大会决策的事项。如基础设施项目购入或出售、扩募、解聘外部管理机构等，该等事项属于公募基金份额持有人大会的法定决策事项；公募基金管理人对基础设施基金运作过程中的运营管理职责也有 16 项之多，涵盖账户管理、证照管理、现金流管理、日常运营管理、信息披露管理等方面，仅其中 6 项能够委托外部管理机构负责。

基于以上规定以及《公募 REITs 指引》的整体精神，在公募 REITs 项目的治理机制中，总体原则为与基础设施项目的运营、管理、处置相关的重要事项，应在公募基金层面由公募基金份额持有人大会或者公募基金管理人决定；落实公募基金管理人的主动管理职责，不得通过任何主体或方式来架空或虚化公募基金管理人的职权。

（二）治理机制设计

公募 REITs 项目的治理结构，自上而下一般分为三层，即公募基金、专项计划和项目公司。对于这三个层面的职权划分，应当基于上述总体原则进行具体的机制设计。

1. 公募基金层面

除在《证券投资基金法》《公募 REITs 指引》等规定中已明确的需要由公募基金份额持有人大会或者公募基金管理人决定的事项外，对于相关规定中没有明确的事项，应当根据试点项目的具体情况，基于重要性的原则，将其中重要的事项，通过交易文件约定的方式明确在公募基金层面进行决策。

在已发行试点项目中，公募基金份额持有人大会的召集事由基本来源于法律法规的规定，只有个别项目将部分非法定事项作为召集事由，如苏州工业园项目将“调整基金的核算及/或估值方式”作为召集事由，富国首创水务项目将“因基金管理人与运营管理机构关于年度预算报告（草案）的审批过程中出现争议，经友好协商仍无法达成一致意见的”“本基金可供分配金额计算调整项的变更”作为召集事由。对于公募基金管理人的权限，已发行试点项目均约定了法定事项以外的其他重要事项作为基金管理人的权限，并且绝大多数项目都在公募基金管理人内部设置投决会、运营管理委员会等内设机构负责相关事项的决策。

2. 专项计划层面

专项计划作为公募 REITs 的中间载体，就基础设施项目的相关事项，应仅负责上传下达，没有对该等事项的决策权。

就专项计划涉及的相关事项，对于其中相对重要的事项，如专项计划的扩募、专项计划期限的延长、专项计划法律文件的修改等，建议安排在公募基金层面决策，其中部分可考虑约定由公募基金份额持有人大会决策。

在已发行试点项目中，均未安排在专项计划层面进行实际决策。比如，虽然专项计划是项目公司的股东，但均约定由公募基金管理人直接行使项目公司的股东权利；另外，约定由公募基金管理人行使资产支持证券持有人享有的权利并决定专项计划的重大事项。

3. 项目公司层面

对于项目公司的内部治理结构，建议在满足《公司法》等规定的前提下，尽量简单化设计。在董事层面，建议不设董事会，只安排一名执行董事；在高管层面，建议通过市场化招聘选聘总经理，将其薪酬、人事关系等安排在项目公司。就项目公司涉及的相关事项，对于其中相对重要的事项，如决定项目公司的经营方针和投资计划、选举和更换董事和监事、审议批准项目公司的年度预算方案和决策方案等，建议安排在公募基金层面决策，其中部分可考虑约定由公募基金份额持有人大会决策。

在已发行试点项目中，均不设置股东会，直接约定由基金管理人行使项目公司股东享有的权利；均只在项目公司安排一名执行董事，且由基金管理人决定任免或委任；如设置项目公司财务负责人的，均约定由基金管理人委派。

需要特别注意的是，在对以上三个层面的治理机制设计中，首先，应当关注职权划分的完整性，即所约定的各个主体的决策事项加总起来是齐备的，不存在就某些事项没有明确约定决策主体的情况；其次，应当关注各个层级的衔接性，即在底层事项由上层主体决策的情形中，中间所涉及的层级的法律文件中均要对该等事项决策安排进行约定，保证上层主体决策权利可以真正向下穿透行使。

（三）产业方参与公募 REITs 治理的方式探讨

公募 REITs 为产业方提供了直接融资的新渠道，也有助于产业方降低债务风险、推动其融资市场化，产业方有动力参与公募 REITs 的试点。同时，产业方也希望积极参与公募 REITs 的治理，发挥自身在基础设施投资运营管理方面的优势，而不希望简单地将优质基础设施资产出售出去。为平衡公募基金管理人的管理责任与产业方的参与要求，法律界对公募 REITs 的治理机制有过多种探讨；当然，产业方在公募 REITs 治理结构下的参与方式、参与程度最终都取决于中国证监会等主管部门的最终监管意见。

从目前的操作经验来看，原始权益人除了担任外部管理机构仍然对基础设施项目进行日常管理外，还可通过如下方式参与基础设施基金的管理：

1. 作为公募基金份额持有人行使表决权

根据《公募 REITs 指引》的相关规定，原始权益人或其同一控制下的关联方参与基础设施基金份额战略配售的比例合计不得低于基金份额发售数量的 20%。据了解，在首批申报的试点项目中，产业方战略配售的基金份额有一些超过了 20%，甚至有部分达到了 50%。因此，产业方的利益和公募 REITs 是紧密绑定的，产业方首要参与公募 REITs 治理的方式即是作为公募基金份额持有人，就相关表决事项行使表决权。

2. 作为基金管理人内设机构的组成人员，参与基金管理人的投资决策程序

基金管理人可以就其管理的每单基础设施公募基金在其内部组织架构中设

置相应的投资决策和管理委员会，并适当任免原始权益人推荐的相关专业人士，作为基金管理人内设机构的组成人员，参与基金管理人的投资决策程序。但这些外部专业人士的构成比例及享有的投票权（如有）不应影响基金管理人绝对的决策权，同时要求基金管理人对于引入的外部专业人士，按照基金管理人内部投研人员从严进行管理。

在已发行试点项目中，部分基金管理人允许 1 到 2 名原始权益人或是运营管理机构推荐的人作为基金管理人内设机构的组成人员。例如，苏州工业园项目的投决会有 7 人，其中 2 名成员由各项目原始权益人推荐的专家担任；富国首创水务项目的运营管理委员会委员有 8 名，其中 2 名成员由运营管理机构推荐；广州交投广河高速公路项目的投资运营委员会有 7 人，其中 1 名可以是运营管理机构的人员。

3. 为公募基金提供咨询服务

参考境外公募 REITs 市场经验，可以考虑由产业方为公募基金提供咨询服务，就资产的收购、处置及项目运营策略等重大事项提供咨询和方案建议。需要明确的是，产业方只能提供咨询服务，提供方案建议，但不能享有决策权。决策的权限需完全由公募基金份额持有人大会与公募基金管理人掌握，否则便与公募 REITs 的治理机制要求相违背。

如张江光大园项目在基金层面设置了外部专家咨询委员会，普洛斯仓储物流项目、中关村产业园项目在基金层面设置了运营咨询委员会等咨询服务机构，原始权益人可以提名相应人士担任前述咨询服务机构的成员。

4. 由产业方推荐项目公司董事、高管

由于产业方人员对于基础设施项目一般有较为丰富的管理经验，可以有效提高基础设施项目的日常管理质量，且在部分项目中当地的主管机关可能会要求项目公司中有产业方派驻的人员，因此，可以考虑由产业方推荐项目公司的董事、高管。对此，需要特别关注两个方面：第一，项目公司的重要事项仍应安排在公募基金层面决策，如将该等事项交由产业方推荐的董事、高管决策，实际上会变相架空公募基金；第二，项目公司的董事、高管的选任属于项目公司的内部管理事务，产业方并没有资格直接进行委派，因此，产业方仅具有推荐权，需要在相关交易文件中对此予以明确约定。

（陈河源对本文亦有贡献）

非典型增信措施的法律性质识别实务探析

李崇文　金光辉*　吴　坤　刘梦馨

*作者简介：

李崇文，中伦律师事务所北京办公室争议解决部合伙人，电邮为：lichongwen@zhonglun.com。

金光辉，中伦律师事务所北京办公室争议解决部非权益合伙人，电邮为：jinguanghui@zhonglun.com。

一、问题的提出

在投融资领域，为增强债务人信用、保障投资人权益的实现并最终促成交易，除传统的典型担保之外，第三方提供其他增信措施的情况较为普遍（以下简称非典型增信措施）。非典型增信措施的形式多为第三方出具单方承诺或与权利人签订相关合同，明确第三方应“代为支付”，或在一定条件下负有“差额补足”“整体收购”“补仓责任”等约定义务。

依据《全国法院民商事审判工作会议纪要》第91条及《最高人民法院关于适用〈中华人民共和国民法典〉有关担保制度的解释》（以下简称《担保制度解释》）第36条等规定，非典型增信措施的法律性质可归纳为保证、债务加入及独立合同三种类型[①]。但司法实践中，对于如何认定某一具体增信措施的性质，法院仍未形成统一的裁判思路，如对于“差额补足”之约定，最高人民法院（以下简称最高院）曾在不同的案件中分别将其认定为独立合同[②]、保证[③]及债务加入[④]。因在现行法律框架下，某一非典型增信措施被认定为独立合同、保证或债务加入后，当事人所面临的权利义务不同，能够主张的抗辩亦存在较大区别，故准确识别和认定非典型增信措施的法律性质，对于当事人权利义务的确定及相关争议的正确处理至关重要[⑤]。鉴于此，笔者将以相关规定为基础，结合类案中法院的认定思路及裁判结果，尝试对非典型增信措施之法律性质的识别方法进行梳理和提炼，抛砖引玉，求教于业界，也希望能对相关争议的处理提供一定的参考。

---

① 参见最高人民法院民事审判第二庭编著：《〈全国法院民商事审判工作会议纪要〉理解与适用》，人民法院出版社2019年版，第478页；最高人民法院民事审判第二庭：《最高人民法院民法典担保制度司法解释理解与适用》，人民法院出版社2021年版，第337页。

② 参见最高人民法院（2018）最高法民终667号。

③ 参见最高人民法院（2019）最高法民终560号

④ 参见最高人民法院（2020）最高法民终295号。

⑤ 需要稍作说明的是，独立合同、保证及债务加入所适用的法律规则差异亦是实践中极具争议的问题。笔者注意到，司法实践中已有声音认为，独立合同在订立阶段亦需依据《公司法》第16条等规定履行决议等程序，否则将存在无效风险；此外，债务加入能在多大程度上类推适用保证的相关法律规则，不同法院亦存在不同观点。因篇幅所限，本文将暂不对独立合同、保证及债务加入在法律效果上的差异进行深入讨论，而仅聚焦于增信措施的性质识别。

二、非典型增信措施之法律性质的识别步骤

综观《担保制度解释》第 36 条的条文结构，虽该条在前 3 款规定了“依照”保证及债务加入规定处理的相关情形，在第 4 款才对独立合同进行规定，但在非典型增信措施法律性质的识别顺序上，并不需要遵循这一顺序。通过对相关规定背后隐含法理的探究，以及对法院类案裁判说理思路的分析和汇总，笔者认为，为更高效、便捷地识别非典型增信措施的法律性质，可通过以下步骤进行分析和判断：

第一步：识别该非典型增信措施是否存在主债权，如不存在主债权，则其被认定为独立合同的概率较大。

第二步：如果相关非典型增信措施存在对应的主债权，需遵循意思表示解释的一般规则，按照所使用的词句并结合相关条款、增信措施的性质及目的等，进一步识别其是否构成债务加入或保证。

三、独立合同的识别——以是否存在主债权为标准

由于相较保证及债务加入而言，不存在据以依附的“主债权”是独立合同具有的明显特征，且该特征经常被法院在类案裁判的说理中使用，故在对非典型增信措施进行定性时，可首先对其是否构成独立合同进行判断。

经我们对近 3 年最高院及北京、上海等投融资纠纷常见地区法院裁判案例的梳理，法院认定构成“独立合同”的非典型增信措施多见于信托及/或基金及/或资管计划及/或合伙企业等多层嵌套的投资交易（以下简称多层投资交易）。在此种交易模式中，提供非典型增信措施的第三方多为融资方及/或其关联方、合作伙伴等，而非典型增信措施的受益方则可能为投资者或嵌套产品中间环节的某一信托产品及/或资管计划及/或基金产品（以下简称金融产品），具体形式见图 1。

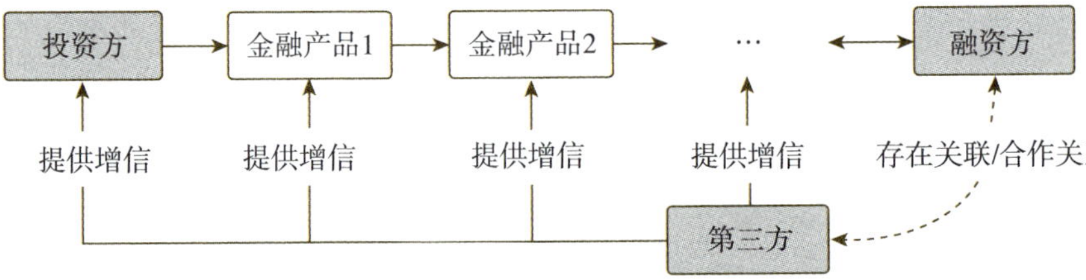

图 1 非典型增信措施多层嵌套

（一）多层投资交易中被认定为独立合同的非典型增信措施主要类型

在法院将非典型增信措施认定为“独立合同”的案件中，具体增信措施的形式主要包括以下三类：

1. 约定以特定价格受让受益权及/或投资标的：在该模式中，第三方承诺在满足一定条件或某一特定期限届满时收购底层投资标的或投资方及/或金融产品管理人持有的产品份额，而收购价格通常为投资本金与固定收益的总和。如（2020）沪民终567号、（2019）沪民终422号①、（2021）最高法民申2805号、（2019）最高法民终1524号等民事案件。

2. 约定在投资方未实现预期收益时补足差额：该种模式中，第三方承诺在产品收益率未达预期时，直接就本金及预期收益不足部分进行补足。如（2019）最高法民终1524号、（2021）最高法民申2922号、（2020）京民申3230号、（2020）京02民初347号等民事案件。

3. 约定在满足一定条件时承担补仓义务：该种模式中，第三方承诺在金融产品单位净值小于预警线、证券履约担保比例低于约定值等情形下承担补仓义务，充实金融产品项下的资产价值。如（2018）最高法民终667号、（2020）京民申3230号等民事案件。

（二）独立合同的识别标准——不存在主债权

虽实践中非典型增信措施体现为前述不同的形式，但综合梳理所涉案件中法院的说理，笔者发现在认定非典型增信措施是否构成独立合同时，法院对前述形式上的区别并不会过分关注。因保证须以存在被担保的主债权为前提，且债务加入在成立阶段亦有从属性②，故在实践中，“不存在主债权”往往成为法院认定非典型增信措施构成独立合同最重要的理由。

具体到多层投资交易模式，非典型增信措施多被认定为独立合同，这与禁止刚性兑付的规定有关。在此类交易中，投资方（含中间阶段金融产品）获得收益的方式多为金融产品清算后的财产返还（如投资于资管计划及信托产品）及产品存

---

① 需要注意的是，在该案中，最高院认为当事人承诺在信托到期日后进行“溢价回购”，但法院认定溢价回购的标的是信托产品的“投资本金”，而非信托产品份额。

② 参见刘保玉、梁远高：《民法典中债务加入与保证的区分及其规则适用》，载《山东大学学报》2021年第4期。

续期间的收益分配(如投资于合伙型基金)。依据《信托公司管理办法》第 34 条,《关于规范金融机构资产管理业务的指导意见》第 19 条、第 21 条及《关于加强私募投资基金监管的若干规定》第 6 条等的规定,由于金融产品的管理人不得对投资方作出保本保收益的刚性兑付承诺,且相关约定亦会被认定为无效,故在多层投资交易中,投资方与管理人之间并不存在具有“保本保收益”类固定给付内容的法律关系。在此前提下,无论第三方提供增信的方式是收购、差额补足抑或补仓,相关非典型增信措施均没有“担保”的对象,也并未依附于任何主债权而成立,故法院将其认定为区别于保证及债务加入的“独立合同”,具备合理性。[①] 正如上海金融法院在(2019)沪民终 422 号案中所述:“不存在一个债务人对‘信托产品投资本金’向委托人承担责任,信托到期后信托公司给付信托本金和信托收益也非承担保障投资本金的主债务……主债务不存在,担保也无法依附成立。《承诺函》上述表述虽有增信担保意义,但并非担保法意义上的保证担保。”

四、债务加入和保证的识别——遵从意思表示解释的基本规则

在适用前述方法进行识别后,若某项非典型增信措施存在据以依附的主债权,不符合独立合同的特征,则需进一步判断其是构成债务加入还是构成保证。

债务加入与保证如何区分一直是司法实践中的难点[②]。然而,由于二者适用的法律规则不同、对债权人的保护程度亦存在差异[③],故对其进行区分和识别存在巨大实益。基于此,本文将结合法律规定及司法实践中法院的裁判观点,对于保证和债务加入的区分标准进行简要梳理、总结。

---

① 笔者也注意到,最高院曾在一起高速公路特许经营合同纠纷案中,认定第三人为银行提供的《承诺函》构成保证合同。然而,结合该案判决所披露的事实,案涉《承诺函》所载明的回购义务并不存在法律意义上的主债权。对此判决思路,我们亦会持续关注。详见最高人民法院(2017)最高法民终 353 号、最高人民法院(2018)最高法民申 4585 号。

② 参见刘贵祥:《民法典关于担保的几个重大问题》,载《法律适用》2021 年第 1 期。

③ 债务加入与保证在法律效果上存在何种差别、债务加入能在多大程度上类推适用保证的相关规定,在司法实践中亦存在争议。不过整体而言,通常认为,债务加入不适用保证期间、不适用合同无效后承担不超过 1/2 赔偿责任之规定,债务加入人也并不当然享有对主债务人的追偿权。参见杨永清:《〈新担保司法解释〉中有关保证合同的几个问题》,载《法律适用》2021 年第 2 期;刘贵祥:《民法典关于担保的几个重大问题》,载《法律适用》2021 年第 1 期。对于二者在法律效果上的差异,本文暂不作为重点进行讨论。

（一）通过意思表示解释方法对债务加入和保证进行区分

依据《担保制度解释》第 36 条第 1 款、第 2 款之规定，某项非典型增信措施构成保证还是债务加入取决于当事人的意思表示，故债务加入与保证的识别在本质上系意思表示解释的问题。对此，《民法典》第 142 条提供了关于意思表示解释方法的指导规范。该条规定："有相对人的意思表示的解释，应当按照所使用的词句，结合相关条款、行为的性质和目的、习惯以及诚信原则，确定意思表示的含义。无相对人的意思表示的解释，不能完全拘泥于所使用的词句，而应当结合相关条款、行为的性质和目的、习惯以及诚信原则，确定行为人的真实意思。"

1. 按照相关约定所使用的词句确定意思表示含义

文义解释是意思表示解释的首要方法[①]。在对非典型增信措施的性质进行认定时，法院通常会首先依据增信措施的具体文本，按照对所使用语句的通常理解来进行解读。

（1）保证及债务加入协议的常见措辞

依据笔者对相关裁判文书及学理观点的梳理，如果增信文件明确使用了"保证""担保"等精准措辞，则法院通常会尊重当事人的明确约定，认定其性质为"保证"；如果增信文件中仅存在"连带责任/清偿/偿还""共同偿还"[②]等表述，或增信义务人将自己称为"债务加入人""共同借款/债务人""还款义务人/债务人"[③]，则一般按照债务加入处理。另有观点也认为，如果增信文件中使用了"代付责任""次要责任"等表述，则不应推定为债务加入[④]。

（2）增信文件使用的词句并非法院认定法律性质的唯一因素

不过，需要注意的是，增信文件所使用的词句并非法院认定其法律性质的唯一因素。在部分案件中，虽然增信文件有"保证"及/或"债务加入"等词语，但法

---

① 参见最高人民法院民法典贯彻实施工作领导小组主编：《中华人民共和国民法典总则编理解与适用》（下），人民法院出版社 2020 年版，第 714 页。

② 参见刘贵祥：《民法典关于担保的几个重大问题》，载《法律适用》2021 年第 1 期。另见最高人民法院（2020）最高法民终 295 号、最高人民法院（2020）最高法民申 2145 号、最高人民法院（2017）最高法民申 243 号、最高人民法院（2019）最高法民申 5503 号、最高人民法院（2016）最高法民再 322 号。

③ 例如，最高人民法院（2020）最高法民终 10 号、上海市第二中级人民法院（2014）沪二中民四（商）终字第 161 号。相关观点参见刘保玉、梁远高：《民法典中债务加入与保证的区分及其规则适用》，载《山东大学学报》2021 年第 4 期。

④ 参见王利明：《论"存疑推定为保证"》，载《华东政法大学学报》2021 年第 3 期。

院仍然基于其他约定等因素作出了不同于该词语的性质认定。例如，在(2019)最高法民再316号及(2015)厦海法商初字第963号案中，虽然增信文件均含有“保证”字眼，但法院均以该增信措施不符合保证责任“应在主债务履行期届满后才承担”等特征为由，认定该增信措施的性质实为债务加入。再如，在(2018)苏民申942号案中，虽然增信文件明确载明承诺人为“债务加入方”，但法院却因该文件的出具时间、目的等因素，认定该增信措施构成保证。

基于前述分析可知，虽然文义解释对于非典型增信措施性质的判断具有重要作用，但其并非据以判断的唯一方法。在司法实践中，法院仍会结合增信文件的整体约定、签订目的及履行情况综合认定非典型增信措施的法律性质。秉持这一裁判思路，即便增信文件中有“不构成担保及/或债务加入”等明确排除性约定，如果该增信措施实际符合担保及/或债务加入的特征，法院将仍有可能作出不同于协议文本内容的认定。

2. 结合相关条款、行为的性质确定意思表示含义

除增信文件中直接使用的词句外，法院亦会结合增信文件的整体约定、履行情况等探究各方当事人希望通过非典型增信措施实现的法律效果，并据此认定其法律性质。具体而言：

(1)关于补充性/履行顺位的约定

依据我们对现有判例的梳理，增信文件是否存在关于补充性/履行顺位的约定对法院有较为重要的影响。如果增信文件中明确约定了区别于主债务的债务履行期限和方式①，或增信义务人在主债务履行期届满前就履行了义务②，则法院会倾向于认为该增信措施构成债务加入。相反，如果增信文件将主债务人“不能”“无财产”履行债务作为增信义务人履行义务的前提，则法院通常会认定该增信措施构成保证。但仍需注意的是，若增信文件仅以主债务人“未/未能履行”“不予履行”债务作为增信义务人承担责任的前提，则法院的态度仍有摇摆③。在部分案件

---

① 参见最高人民法院(2019)最高法民再316号。

② 参见厦门海事法院(2015)厦海法商初字第963号、浙江省青田县人民法院(2017)浙1121民初2917号。

③ 参见夏昊晗:《债务加入与保证之识别——基于裁判分歧的分析和展开》，载《法学家》2019年第6期。

中，法院认为其构成债务加入[①]；在另一部分案件中，法院认为其构成保证[②]。若存在此种情况，非典型增信措施的性质仍需结合其他因素做进一步判断。

（2）关于“履行债务的确定性”

法院亦可能以“履行债务的确定性”作为债务加入及保证的判断依据[③]，即认为保证人是否需要履行保证债务具有或然性或不确定性，而债务加入人履行债务具有必然性或确定性。但司法实践中，这一规则的适用与否仍要结合其他因素进行判断。以最高院为例，在（2018）最高法民申4130号案中，最高院认为“并存的债务承担中，欠付债务的事实已经存在，新加入债务的第三人是对欠付的债务承担清偿责任，而连带责任保证中，是否欠付债务并不确定，保证人是对将来可能发生的债务人不能履行债务时的或有债务承担清偿责任”，并据此支持了这一标准；但在（2017）最高法民申2839号案中，最高院则作出了相反的认定。

（3）其他影响增信措施法律性质认定的常见约定

从学界观点来看，如果增信文件中有关于保证期间、反担保、追偿权等约定，则其将更有可能被认定为保证[④]；如增信义务人实际受领了债权人的履行（如债权人提供的借款资金实际流入增信义务人的账户或者被第三人控制甚至使用等），则有观点认为，该增信措施则更可能会被认定为债务加入[⑤]。

3. 结合行为目的确定意思表示含义

在目的解释层面，“增信义务人是否对债务的履行具有直接和实际的经济利益”（以下简称利益标准）曾是判断是否构成债务加入的重要标准，并被最高院多

---

① 参见最高人民法院（2020）最高法民终295号、最高人民法院（2018）最高法民终867号、最高人民法院（2016）最高法民终621号。

② 参见北京市第三中级人民法院（2018）京03民终2703号、山东省烟台市中级人民法院（2022）鲁06民终3427号。

③ 参见王利明：《论“存疑推定为保证”》，载《华东政法大学学报》2021年第3期。

④ 参见杨永清：《〈新担保司法解释〉中有关保证合同的几个问题》，载《法律适用》2021年第2期。

⑤ 参见王利明：《论“存疑推定为保证”》，载《华东政法大学学报》2021年第3期。

次使用①。然而，近期利益标准开始受到学界的广泛讨论②，最高院对此态度似乎亦有动摇。在（2020）最高法民终10号案中，最高院认为，“债务加入人与债务人或其控制人是否存在利益关系，也不是认定债务加入必须考察的要件”。因此，在处理案件时，利益标准可能仅能作为论证非典型增信措施构成/不构成债务加入的理由之一，而无法成为关键性的判定标准。

基于上述分析可知，在对债务加入及保证的性质进行判断时，增信文件所使用的词句、对于双方权利义务的整体约定、履行阶段各方当事人的具体履行情况及表现、增信义务人对债权人的履行是否享有实际利益等均属于法院的考虑范围，但与此同时，前述任一单一因素均难以起到决定性的作用。从现行司法实践来看，在当事人对非典型增信措施的性质存在较大争议时，法院通常仍会综合各类因素对其法律性质进行认定。究其原因，笔者认为，仍在于债务加入与保证（特别是连带责任保证）在制度目的上存在相似之处，且其二者在法律规则的适用上亦非泾渭分明。

（二）司法实践对于“无法区分”债务加入或是保证时的处理原则

《担保制度解释》第36条第3款规定：“前两款中第三人提供的承诺文件难以确定是保证还是债务加入的，人民法院应当将其认定为保证。”鉴于相较于保证，债务加入项下增信义务人负担更重且据以抗辩的理由相对有限，故通常认为，该规定体现出了减轻增信义务人责任的整体倾向③。

有学理观点认为，《担保制度解释》第36条第3款可解决债务加入与保证难

① 例如，在最高人民法院（2014）民二终字第138号案中，裁判文书的“本院认为”部分载明：“在双方约定不明的情况下，应结合合同目的、承担人与合同利益的关联程度综合考虑上述约定的性质。本案中，益安煤矿向中翔集团借款2000万元系用于煤矿改造事宜，李某作为益安煤矿的实际出资人和控制人，与益安煤矿的经营行为和实际收益存在利害关系，其亦直接参与了本案所涉益安煤矿股权转让和借款过程，并直接向中翔集团支付了200万元款项，故其在《借款合同》中承诺的对益安煤矿借款承担连带还款责任，不仅仅是为了益安煤矿的利益而承担责任，其对此亦有直接和实际的利益。因此，李某在《借款合同》中作出的还款承诺更符合债务加入的特征。”有观点认为，该案例确立了“利益标准”。参见夏昊晗：《债务加入与保证之识别——基于裁判分歧的分析和展开》，载《法学家》2019年第6期。其他采用利益标准的案例如最高人民法院（2018）最高法民终867号、最高人民法院（2019）最高法民申5314号。

② 例如：夏昊晗：《债务加入与保证之识别——基于裁判分歧的分析和展开》，载《法学家》2019年第6期；陈兆顺：《论债务加入与连带责任保证的区分——以〈民法典〉第552条为分析对象》，载《中国应用法学》2021年第6期。

③ 参见杨永清：《〈新担保司法解释〉中有关保证合同的几个问题》，载《法律适用》2021年第2期；刘贵祥：《民法典关于担保的几个重大问题》，载《法律适用》2021年第1期。

以区分的难题[①];亦有观点认为,司法实践应当适当放宽《担保制度解释》第36条第3款的适用标准,从而限制目的解释中利益标准等解释标准的适用,若对于解释后的意思表示结论仍有较大争议,则应尽可能将其法律性质推定为保证[②]。然而,笔者在对现有判例进行观察后发现,法院适用该规定进行裁判的案件数量相对有限,且法院层级越高,适用该规定就越谨慎。依据目前的判例情况,该规定多适用于增信文件的约定过于笼统简单[③]或法院希望加强论证非典型增信措施构成保证[④]的情形。法院适用《担保制度解释》第36条第3款的尺度,仍将有待实践的进一步总结,笔者也将持续关注。但笔者倾向于认为,在约定不明且法院无法区分非典型增信措施为债务加入还是保证的情况下,认定为保证有利于平衡各方当事人的利益,《担保制度解释》第36条第3款应当得到严格执行。

五、结语

综上所述,在对非典型增信措施的性质进行识别时,可首先从"是否存在主债权"出发判断该增信措施是否构成独立合同。如果存在主债权、需进一步识别其构成债务加入或保证,则应遵循意思表示解释的一般规则,按照所使用的词句并结合相关条款、非典型增信措施的性质及目的等确定意思表示的含义。由于债务加入与保证的识别确实存在困难,且法院在处理此问题时亦非常谨慎,较习惯于在穷尽意思表示解释方法后进行整体判断,故保证与债务加入的识别容易成为不确定性较强的争议焦点。基于此,建议在起草增信文件时务必依据相关法律法规,对当事人的权利义务作出明确约定,尽量避免因此产生争议及法律风险。在处理相关案件时,需对于非典型增信措施的法律性质认定保持谨慎态度,结合增信文件所使用的词句等,在尽可能充分考虑各类因素的基础上,争取说服法院采纳己方观点。

---

① 参见王利明:《论"存疑推定为保证"》,载《华东政法大学学报》2021年第3期。

② 参见陈兆顺:《论债务加入与连带责任保证的区分——以〈民法典〉第552条为分析对象》,载《中国应用法学》2021年第6期。

③ 如海南省第一中级人民法院(2021)琼96民终1919号、贵州省安顺市中级人民法院(2022)黔04民终16号。

④ 如江苏省常州市中级人民法院(2021)苏04民终3930号。

跨境担保适用法律和管辖选择的困境

阎天怀*

* 作者简介：
阎天怀，中伦律师事务所南京办公室公司业务部合伙人，电邮为：yantianhuai@ zhonglun. com。

近年来,跨境融资蓬勃发展,然而,债务人违约的情形也逐渐增多。在债务人违约频现的情势下,跨境融资担保的执行问题日益凸显。由于跨境因素导致跨境融资安全的更大不确定性,跨境担保能否提供预期的保障并得到有效的执行,对融资提供方来说至为重要,需要在确定融资结构、作出融资承诺之前进行审慎的分析和判断。跨境担保适用法律及争议管辖的选择,是决定跨境担保能否得到有效执行的关键。

相较于融资制度,担保制度更具国别特色,不同法域关于担保制度的法律规定往往差异很大。如果以处理国内担保的固有思维来对待跨境担保,常常会产生事与愿违的后果和难以预料的风险。笔者从事跨境融资法律业务多年,发现许多境内融资机构习惯于根据中国担保法律知识来评判跨境担保的风险,或者为了节约成本不愿聘请境外律师对跨境担保涉及的境外法律问题出具专业意见。同时,笔者也发现,许多境外融资机构也常常无视中国法律的规定,完全基于我国香港特别行政区法律、英国法律或其他境外法律来安排涉及中国内地的跨境担保,最终导致出现非常尴尬的局面。

毫无疑问,与境内担保相比,跨境担保更为复杂和更具挑战性,因而,如果处理不当,会产生更大的风险。笔者在跨境担保实务中曾遇到过许多非常棘手的问题,其中有些问题,令笔者深感困惑。《最高人民法院关于适用〈中华人民共和国民法典〉有关担保制度的解释》(以下简称《民法典担保制度司法解释》)的一些规定,进一步增加了跨境担保的复杂性。笔者期望借此文,对跨境担保实务中令笔者深感困惑的一些法律问题进行梳理,并试图提供解决方案,以与同仁分享和探讨。

一、跨境担保适用法律选择的审慎考量

根据国家外汇管理局《跨境担保外汇管理规定》,跨境担保可以分为内保外贷、外保内贷和其他形式跨境担保。内保外贷是指担保人注册地在境内、债务人和债权人注册地均在境外的跨境担保;外保内贷是指担保人注册地在境外、债务人和债权人注册地均在境内的跨境担保;其他形式跨境担保是指除内保外贷和外保内贷以外的其他形式跨境担保,如担保人和债务人在境内而债权人在境外的情形,或担保人、债权人和债务人均在境外而担保物权登记地在境内的情形等。

跨境担保具有涉外因素，因而其法律适用首先应遵循《涉外民事关系法律适用法》的规定。根据该法第3条的规定，[①]涉外民事关系的当事人可以选择所适用的法律，而且不受所选择法律与涉外民事关系是否存在实际联系的限制。[②] 在许多涉及中国境内当事人的跨境融资交易中，即使交易与英国或我国香港特别行政区没有任何联系，融资文件却大多选择适用英国法律或我国香港特别行政区法律，这似乎已经成为一个行业惯例。[③] 基于融资交易主合同的法律选择，跨境融资担保合同也往往理所当然地选择英国法律或我国香港特别行政区法律作为适用法律。这种法律选择，表面上似乎没有问题，实则存在很大的法律风险。

事实上，跨境担保适用法律的选择，绝非一个不动脑筋的简单选择题；如果考虑不周，可能会引起跨境担保无效的法律后果或者造成执行上的不便或无法执行，从而导致跨境担保的目的落空。笔者曾看到过某些跨境融资交易中签署的英文跨境担保合同，内容完全拷贝其他交易中基于英国法律或我国香港特别行政区法律起草的担保合同，只是其中的适用法律和管辖条款被修改为中国法和中国法院而已。如此轻率的做法，实在令人难以理解。笔者认为，跨境担保适用法律的选择，至少需考虑以下因素：

（一）适用法律选择的法律限制

允许涉外民事关系的当事人自由选择适用法律是合同意思自治原则的体现。然而，自由总有边界。《涉外民事关系法律适用法》第3条规定，当事人“依照法律规定”可以选择涉外民事关系适用的法律。因而，涉外民事关系适用法律的选择，首先必须考虑法律的限制性规定。《最高人民法院关于适用〈中华人民共和国涉外民事关系法律适用法〉若干问题的解释（一）》第4条规定：“中华人民共和国法律没有明确规定当事人可以选择涉外民事关系适用的法律，当事人选择适用法律的，人民法院应认定该选择无效。”具体到跨境担保，适用法律的选择受到下述

---

① 《涉外民事关系法律适用法》第3条规定：当事人依照法律规定可以明示选择涉外民事关系适用的法律。

② 《最高人民法院关于适用〈中华人民共和国涉外民事关系法律适用法〉若干问题的解释（一）》第5条规定：一方当事人以双方协议选择的法律与系争的涉外民事关系没有实际联系为由主张选择无效的，人民法院不予支持。

③ 例如，亚洲贷款市场协会（APLMA）发布的贷款协议文本只包括两种版本：适用英国法的版本和适用我国香港特别行政区法的版本。

限制：

1. 不动产担保物权，适用不动产所在地法律。根据《涉外民事关系法律适用法》第 36 条之规定，以不动产作为担保财产的跨境担保，担保物权只能适用不动产所在地法律。因此，即使不动产担保的当事人在担保合同中对适用法律作出其他选择，关于不动产担保物权的内容，如不动产担保物权的设立、担保的范围、担保的执行等，只能适用不动产所在地的法律。

2. 权利质权，适用质权设立地法律。《涉外民事关系法律适用法》第 40 条规定，“权利质权，适用质权设立地法律”。关于权利质权的设立，《民法典》规定了两种方式：有权利凭证的，权利质权自权利凭证交付质权人时设立；没有权利凭证的，权利质权自办理出质登记时设立。[①] 鉴于此，如果以中国公司的股权出质设立跨境质押担保，根据《民法典》之规定，只能适用办理股权质押登记地的法律，也就是中国法律。再如，对于近年来较为盛行的境外担保人以其在境内银行开立的非居民账户或自贸区账户内的外币存款的存款单出质提供质押担保的外保内贷，根据《民法典》之规定，质权应自作为权利凭证的存款单交付作为债权人的境内贷款银行时设立，质权设立地在中国境内，因而也应适用中国法律。

此外，根据《涉外民事关系法律适用法》第 4 条的规定，如果中国法律对跨境担保涉及的事项有强制性规定的，应当直接适用该强制性规定。也就是说，即使跨境担保合同选择适用境外法律，并不能排除中国法律的强制性规定的适用。根据中国法院关于跨境担保的判例，中国的外汇管理规定被认为是中国法律的强制性规定，直接适用于跨境担保。

（二）选择的适用法律对跨境担保有效性的影响

与境内担保一样，跨境担保的有效性是跨境担保的生死问题；只有根据适用的法律被认定为有效的跨境担保，才能得到法院的支持，也才可能获得执行。在中国法下，担保的有效性受到诸多因素的影响，《民法典担保制度司法解释》的施行，使担保的有效性问题变得非常突出。

1. 跨境担保合同的有效性。首先，跨境担保合同的有效性取决于担保人是否就所涉跨境担保取得其内部的授权和批准，签署担保合同的人是否有权代表担保

---

① 《民法典》第 441 条规定：以汇票、本票、支票、债券、存款单、仓单、提单出质的，质权自权利凭证交付质权人时设立；没有权利凭证的，质权自办理出质登记时设立……

人签署担保合同。其次，跨境担保合同的有效性取决于签订的担保合同是否存在适用法律所规定的无效情形。

在中国法下，担保人内部授权和批准对担保合同有效性的影响，体现在《民法典担保制度司法解释》基于《公司法》第 16 条关于公司对外担保之规定和《民法典》第 504 条关于法定代表人越权代表之规定。对法定代表人未经法律规定的决议程序，超越代表权限以公司名义提供担保的，根据债权人是否善意确定越权担保的效力：债权人善意的，构成表见代表，担保合同对公司发生效力；债权人非善意的，不构成表见代表，担保合同对公司不发生效力。① 对上市公司和上市公司已公开披露的控股子公司对外担保，《民法典担保制度司法解释》作出了特别规定：债权人根据上市公司公开披露的关于担保事项已经董事会或者股东大会决议通过的信息，与上市公司或上市公司已公开披露的控股子公司订立的担保合同有效；否则，无效。②

但是，在跨境担保中，担保人内部授权和批准对担保合同的有效性并不依据跨境担保合同选择适用的法律来决定，而应当适用担保人的属人法。《涉外民事关系法律适用法》第 14 条规定，法人的"民事权利能力、民事行为能力"适用法人的登记地法律或主营地法律，也就是法人的属人法。因此，如果跨境担保的担保人为依照中国法律在中国境内登记设立的公司，无论跨境担保合同选择适用的法律是否为中国法律，都应依照《民法典担保制度司法解释》的规定来确定担保人是否就该跨境担保取得内部授权和批准。③

另外，跨境担保合同是否存在导致其无效的其他情形，应依据担保合同所选择的适用法律来认定。如果跨境担保合同选择适用境外法律，则应当依据该境外法律来确定跨境担保合同是否满足有效性的要求，是否存在导致其无效的情形。此外，如果法院地法有强制性规定，则跨境担保违反该强制性规定，也可能导致该

① 参见《民法典担保制度司法解释》第 7 条。根据该条第 3 款，所谓"善意"，是指相对人在订立担保合同时不知道且不应当知道法定代表人超越权限。相对人有证据证明已对公司决议进行了合理审查，人民法院应当认定其构成善意，但是公司有证据证明相对人知道或者应当知道决议系伪造、变造的除外。

② 参见《民法典担保制度司法解释》第 9 条。

③ 《全国法院涉外商事海事审判工作座谈会会议纪要》第 27 条规定：在中华人民共和国领域外登记设立的公司作出的内部决议的效力，人民法院应当适用登记地国的法律并结合公司章程的相关规定予以审查认定。

跨境担保合同无效。

2. 跨境担保物权的有效设立。就物的担保，担保合同有效，并不必然意味着担保物权的有效设立。如果跨境担保物权依照设立地法律之规定未能有效设立，则债权人不能取得担保物权，只可能依据担保合同追究担保人的违约责任，而无权对担保物行使担保物权。如上文所述，以位于中国境内的不动产提供跨境担保，担保物权是否有效设立，只能依据中国法律进行判定，无论担保合同选择的适用法律是否是中国法律。再如，以开曼群岛设立的公司的股权提供跨境担保，则应依据开曼群岛的法律确定该股权担保是否设立，并且，如果该开曼群岛公司的股票在我国香港联交所或其他股票交易所上市交易，以该开曼群岛公司的股权提供担保尚需满足相关股票交易所的规定，而无论担保合同选择适用的法律是否是开曼群岛的法律。

（三）管辖的方便及执行的可行性

尽管合同争议的管辖与合同的适用法律是两个不同的问题，但管辖与法律适用不可避免地产生相互影响。笔者认为，如果跨境担保合同约定争议由中国法院管辖，则适用的法律也宜选择中国法律。由中国法院按照其他法域的法律对一个案件作出裁决，或由其他法域的法院依照中国法律对一个案件作出裁决，均不是非常明智的选择。很难想象一个外国法院的法官能够充分、正确地理解和适用中国日益复杂的担保制度，反之亦然。①

更为重要的是，跨境担保必须确保能够得到执行才有价值。跨境担保的执行，从通常意义上来理解，不仅包括跨境担保得到有管辖权法院的支持，而且包括法院的判决能够得到执行，从而实现债权人的担保权。因而，担保人在何处有财产、担保物位于何地、能否及时获得对担保人财产的保全，均是应当考虑的因素。例如，根据《涉外民事关系法律适用法》第 37 条的规定，“当事人可以协议选择动产物权适用的法律。当事人没有选择的，适用法律事实发生时动产所在地法律”。如果当事人选择的法律不是动产所在地法律，则很难想象动产担保物权能够得到有效执行。

---

① 笔者注意到，在广东省深圳前海合作区人民法院（2016）粤 0391 民初 1267 号案中，虽然案涉保证合同约定适用我国香港特别行政区法律，但深圳前海合作区人民法院几乎完全按照中国对于担保的规定对香港特别行政区法律进行了理解和适用。

关于管辖和执行对跨境担保适用法律选择的影响，某银行有限公司与某通信设备有限公司金融借款合同纠纷案[①]提供了一个非常有趣的例证。该案中，原告某银行向中国光纤集团有限公司(已根据我国香港特别行政区高等法院的清盘令清盘)提供银行授信，由被告某通信设备有限公司提供保证担保，案涉《银行授信函》和《担保书》均约定适用我国香港特别行政区法律，但是，审理该案的河北省高级人民法院基于下述理由认定该案应适用中国法律：(1)该案的担保具有对外担保性质，应遵守中国《外汇管理条例》和《跨境担保外汇管理规定》的有关规定，而这些规定属于中国法律的强制性规定。"尽管涉案《担保书》中约定受我国香港特别行政区法律管辖和解释，但在我国内地法律有强制性规定的情况下，人民法院应当直接适用该强制性规定，审理本案所涉担保问题时应当适用中华人民共和国内地的法律。"[②](2)"本案某银行作为原告向本院提起诉讼，并依照《中华人民共和国民事诉讼法》规定，向本院申请财产保全，本院依法出具了民事裁定书，所保全财产位于河北省石家庄市辖区内。"[③](3)"在本院庭审中，某银行表示同意本院对本案的法律适用，表明了对本院管辖权及本院审理本案所适用法律的认可。"[④]虽然河北省高级人民法院的上述裁判逻辑非常值得商榷，但其适用中国法律而非《担保书》所明确选择我国香港特别行政区法律解决该案所涉跨境担保争议，却是一个符合实际的选择。

二、跨境担保争议管辖选择的现实困境

根据《民事诉讼法》第35条和《最高人民法院关于适用〈中华人民共和国民事诉讼法〉的解释》第529条之规定，涉外合同或者其他财产权益纠纷的当事人，可以书面协议选择被告住所地、合同履行地、合同签订地、原告住所地、标的物所在地等与争议有实际联系地点的中国法院或外国法院管辖。因此，依照中国法律，

---

① 参见河北省高级人民法院(2017)冀民初17号。

② 河北省高级人民法院认定该案应适用中国法律的逻辑有待商榷，《涉外民事关系法律适用法》第4条规定，"中华人民共和国法律对涉外民事关系有强制性规定的，直接适用该强制性规定"。但是，中国法律强制性规定的适用，并不必然导致整个案件适用中国法律；况且，在该案中，《外汇管理条例》和《跨境担保外汇管理规定》并无任何条款可以直接适用于该案。

③ 原告依照中国民事诉讼法申请财产保全，并不必然导致该案必须适用中国的实体法。

④ 只有案涉双方当事人同意，才能变更《担保书》中约定的适用法律。

对涉及中国境内当事人或涉及中国境内担保财产的跨境担保，担保合同可以对争议管辖进行约定。[①] 不过，与适用法律的选择不同，管辖法院的选择受"实际联系"原则的限制。由于跨境担保的特殊性和复杂性，跨境担保管辖的选择与跨境担保适用法律的选择一样，需要综合考虑诸多因素，作出恰当的选择。

（一）主合同的管辖选择

笔者注意到，在涉及中国境内当事人的跨境融资交易中，融资主合同一般选择英国或我国香港特别行政区的法院作为管辖法院，主要是因为英国和我国香港特别行政区法院在处理跨境融资争议方面的经验和声誉。作为跨境融资合同的从合同，跨境担保合同也往往选择与融资主合同相同的管辖。这种选择考虑的因素之一是，当债权人依据融资主合同对债务人提起诉讼时，通常会同时对担保人提起诉讼；并且，法院在审理担保合同纠纷时，需要对融资主合同作出裁决。因此，跨境担保合同选择与融资主合同相同的管辖法院方便债权人行使权利。例如，在某信托有限公司与某集团股份公司合同纠纷案[②]中，北京市第四中级人民法院裁定驳回原告起诉的理由之一是，该案的《保证协议》系对作为主合同的《信托协议》项下的债务提供担保，因而该案审理过程中必然要在对《信托协议》项下的主债务数额作出认定的基础上才能对《保证协议》中保证人的责任作出判决，但《信托协议》约定我国香港特别行政区法院具有排他性的管辖权，北京市第四中级人民法院无法对案涉主债务数额进行审理和认定，此矛盾会导致本案诉讼无法进行。

在中国法下，担保合同的管辖选择是否应与主合同的管辖选择保持一致，首先需要考虑法律的规定。《民法典担保制度司法解释》第 21 条规定，债权人一并起诉债务人和担保人的，应当根据主合同确定管辖法院，并且，只有在法律允许债权人可以单独起诉担保人的情形下，债权人方可只起诉担保人，并根据担保合同

① 跨境担保也可以选择仲裁。

② 参见北京市第四中级人民法院（2019）京 04 民初 935 号。

确定管辖法院。[①] 因而,不论跨境担保合同选择的管辖是否与主合同一致,如果债权人向中国法院一并起诉债务人和担保人的,只能依主合同确定管辖。并且,根据《民法典担保制度司法解释》的规定,物的担保,债权人以诉讼方式行使担保物权的,必须以债务人和担保人作为共同被告;[②]人的担保,一般保证的债权人不能单独起诉保证人,连带责任保证的债权人可以单独起诉保证人。也就是说,根据中国法律,只有在跨境担保的担保方式为连带责任保证时,跨境担保合同选择的管辖与主合同不一致才有意义;在债权人单独起诉连带责任保证人时,应根据担保合同的选择确定管辖。

但是,在中国法下,当跨境担保的担保方式为连带责任保证并且债权人仅起诉担保人时,即使法院可以根据跨境担保合同的约定来确定管辖,如果主合同存在争议,法院可能无法就担保合同纠纷进行单独审理。如在上述某信托有限公司与某能源化工集团股份公司合同纠纷案中,北京市第四中级人民法院认为,如果不能对案涉主债务数额进行审理和认定,关于担保合同的诉讼就无法进行。此外,就物的担保,即使依照《民事诉讼法》关于"实现担保物权案件"的非诉程序申请实现担保物权,法院仍然需要对主合同进行审查;[③]如果主合同存在争议,法院将驳回申请,告知当事人通过诉讼程序解决。因此,无论跨境担保是人的担保还是物的担保,如果主合同选择境外法院管辖,担保合同选择中国法院管辖,债权人直接通过向中国法院提起诉讼执行担保或依照关于"实现担保物权案件"的非诉程序向中国的法院申请实现担保物权,均可能存在较难克服的法律障碍。

(二)管辖法院判决的执行

如同任何其他跨境交易一样,跨境担保管辖的选择必须考虑管辖法院作出的

---

① 值得注意的是,2021 年 12 月 31 日发布的《全国法院涉外商事海事审判工作座谈会会议纪要》第 4 条规定:"主合同和担保合同分别约定不同国家或者地区的法院管辖,且约定不违反民事诉讼法专属管辖规定的,应当依据管辖协议的约定分别确定管辖法院。当事人主张根据《最高人民法院关于〈中华人民共和国民法典〉有关担保制度的解释》第二十一条第二款的规定,根据主合同确定管辖法院的,人民法院不予支持。"

② 《民法典担保制度司法解释》第 45 条第 3 款规定:"债权人以诉讼方式行使担保物权的,应当以债务人和担保人作为共同被告。"

③ 《最高人民法院关于适用〈中华人民共和国民事诉讼法〉的解释》第 369 条第 1 款规定,对"实现担保物权案件","人民法院应当就主合同的效力、期限、履行情况,担保物权是否有效设立、担保财产的范围、被担保的债权范围、被担保的债权是否已届清偿期等担保物权实现的条件,以及是否损害他人合法权益等内容进行审查"。

判决的执行问题:具体而言,就人的担保,管辖法院针对担保人的判决能否在担保人所在地或担保人财产所在地得到承认和执行;就物的担保,管辖法院针对担保物的判决能否在担保物所在地得到承认和执行。

众所周知,一国法院的判决在另一国家得到承认和执行并非易事。就中国而言,截至 2019 年,中国仅与 39 个国家签订了涉及民商事的双边司法协助协定或条约,其中已经生效 37 项,而在这 37 项已经生效的双边协定或条约中,有 4 项没有规定外国法院判决承认和执行的制度。[①] 并且,该等双边协定或条约的缔约国大多与我国经贸往来并不是特别频繁,双边条约的作用非常有限。因此,中国法院基本上只能依据《民事诉讼法》规定的互惠原则来判定是否承认和执行外国法院的判决。

所幸的是,大多涉及内地当事人或财产的跨境融资担保合同选定我国香港特别行政区的法院作为管辖法院,而中国香港特别行政区法院的判决和中国内地法院的判决,根据 2008 年施行的《最高人民法院关于内地与香港特别行政区法院相互认可和执行当事人协议管辖的民商事案件判决的安排》(以下简称《2008 安排》)[②],可以相互得到认可和执行,但条件之一是当事人之间存在“以书面形式明确约定内地人民法院或者香港特别行政区法院具有唯一管辖权的协议”。[③]

我国香港特别行政区法院作出的判决欲根据《2008 安排》在中国内地获得认可和执行,申请人需按照我国香港特别行政区《内地判决(交互强制执行)条例》向我国香港特别行政区高等法院或区域法院申请出具一份经核证的判决文本以及证明该判决能够在我国香港特别行政区强制执行的判决书。[④] 在某银行(亚洲)有限公司诉某国际有限公司案[⑤]中,原告从我国香港特别行政区高等法院获得一份缺席判决后,依照《内地判决(交互强制执行)条例》向我国香港特别行政区高等法院申请所需文件,以便该判决能够根据《2008 安排》在中国内地得到认可

---

① 参见张勇健、杨蕾:《司法机关相互承认执行民商事判决的新探索》,载《人民司法》2019 年第 13 期。

② 《最高人民法院关于内地与香港特别行政区法院相互认可和执行当事人协议管辖的民商事案件判决的安排》于 2006 年 7 月 14 日签署,自 2008 年 8 月 1 日起生效,故又被称为《2006 安排》。

③ 参见《最高人民法院关于内地与香港特别行政区法院相互认可和执行当事人协议管辖的民商事案件判决的安排》第 3 条。

④ 参见《内地判决(交互强制执行)条例》第 21 条。

⑤ [2020] HKCFI 322.

和执行。我国香港特别行政区高等法院认为该案所涉的贷款协议约定的“不对称管辖权条款”未能满足《内地判决(交互强制执行)条例》有关唯一管辖权条款的要求,因而不能根据《2008 安排》在中国内地得到认可和执行。

“不对称管辖权条款”在国际融资文件中非常常见。其允许债权人在多个司法管辖区内提起诉讼,但只允许债务人或担保人在一个特定司法管辖区提起诉讼。“不对称管辖权条款”赋予债权人选择余地,可以在债务人违约情况下根据债务人或担保人的财产所在地选择有利于行使权利的一个或多个司法管辖区法院提起诉讼;同时,该条款限制债务人或担保人只可在一个特定司法管辖区法院提起诉讼,有助于债权人管理其诉讼风险。但是,根据我国香港特别行政区高等法院对某银行(亚洲)有限公司诉某国际有限公司案的裁决,如果跨境担保合同约定“不对称管辖权条款”,则我国香港特别行政区法院就该跨境担保合同作出的判决无法根据《2008 安排》在中国内地获得认可和执行。在此情形下,债权人只能在中国的法院重新起诉债务人或担保人。

如果跨境担保合同约定我国香港特别行政区法院为唯一具有管辖权的法院,我国香港特别行政区法院就该跨境担保合同作出的判决可以依据《2008 安排》在中国内地获得认可和执行,但是在这一选择下,债权人却失却灵活性,无法根据其需要在多个司法管辖区起诉债务人或担保人,而只能在我国香港特别行政区法院进行诉讼,最终可能导致债权人无法有效、及时地实现其债权。在上述提到的某信托有限公司与某能源化工集团股份公司合同纠纷案中,北京市第四中级人民法院认定案涉《保证协议》约定我国香港特别行政区法院拥有排他的管辖权,因而驳回了原告的起诉。

《2008 安排》为我国香港特别行政区法院的判决和中国内地法院的判决的相互认可和执行打开了一扇窗,但其关于“唯一管辖权”协议的要求使涉及中国内地的跨境担保的管辖选择面临两难困境:如果跨境担保合同选择我国香港特别行政区或中国内地法院作为唯一管辖法院,我国香港特别行政区或中国内地法院的判决可以根据《2008 安排》在中国内地或我国香港特别行政区获得认可和执行,但却限制了债权人在担保人拥有财产的其他司法管辖区执行跨境担保的权利;反之,如果跨境担保合同约定我国香港特别行政区或中国内地法院具有非排他性管辖权,如上述的“不对称管辖权条款”,虽赋予了债权人寻求在多个司法管辖区执行担保的灵活性,但却可能导致我国香港特别行政区或中国内地法院的判决无法根据《2008 安排》在中国内地或我国香港特别行政区获得认可和执行。最高人民法院和香港特别行政区政府律政司于 2019 年 1 月 18 日签署的《关于内地与香港特别行政区法院相互认可和执行民商事案件判决的安排》(以下简称《2019 安排》),取消了关于"唯一管辖权"协议的要求。《2019 安排》将在生效后取代《2008 安排》。2022 年 10 月 26 日,香港特别行政区立法会正式通过了《内地民商事判决(相互强制执行)条例》以在香港特别行政区实施《2019 安排》。虽然该条例已经于 2022 年 11 月 3 日在我国香港特别行政区刊宪,但仍然有待最高人民法院和香港特别行政区按照《2019 安排》第 29 条,由双方公布生效日期后正式生效。

三、结语

跨境融资交易中,融资交易主合同的管辖选择一般是基于对主合同执行的考量来确定,而跨境担保合同对管辖的选择则往往从便于执行担保的角度来进行安排。但是,在中国法下,主合同选择的管辖可能直接决定担保合同的管辖,因而,债权人应当对主合同的管辖选择对跨境担保合同管辖的影响预先进行分析和判断。更为重要的是,无论是跨境融资主合同还是跨境担保合同,管辖的选择首先必须考虑所选择的司法管辖区法院的判决能否在债务人或担保人财产所在地司法管辖区获得承认和执行。《2008 安排》虽然为香港特别行政区法院的判决和中国内地法院的判决的相互认可和执行提供了一个途径,但其关于"唯一管辖权"协议的要求却造成跨境担保管辖选择上的两难困境。结合《纽约公约》《最高人民法院关于内地与香港特别行政区相互执行仲裁裁决的安排》①《最高人民法院关于内地与香港特别行政区相互执行仲裁裁决的补充安排》②,笔者认为,跨境担保合同选择中国内地或我国香港特别行政区的仲裁机构进行仲裁不失为一个更好的解决方案。

---

① 法释〔2000〕3 号。
② 法释〔2020〕13 号。

金融争议解决视角下中国内地的第三方资助

——回归金融属性，维系金融创新

霍　伟*

*作者简介：

霍伟，中伦律师事务所北京办公室争议解决部合伙人，电邮为：huowei@zhonglun.com。

第三方对诉讼仲裁的资助(Third Party Funding,以下简称第三方资助或TPF)在概念上虽为“舶来品”,但究其本质,乃是诉讼仲裁的当事人将诉讼仲裁之结果所包含的具有一定不确定性的利益或风险让渡于第三方的金融安排。在中国内地,其实早已不乏符合第三方资助之金融本质的实践,它们以多种金融产品的形式存在,如不良资产信托、不良资产证券化、债权及债权相关的权益之转让、保险及担保等。虽然各种形式的TPF金融产品都获得了一定的发展,但其在发展中所面临的资金募集渠道有限、投资模式单一的问题尚未得到应有关注。本文旨在回归并立足于第三方资助的“金融属性”,既对第三方资助的资金来源予以关注,同时对其在中国内地发展过程中可以进一步丰富的投资方式展开讨论。笔者真诚地希望,植根华夏沃土,借鉴全球经验,既能避免TPF在中国内地陷入“淮南为橘,淮北为枳”的窘境,又能充分发挥中国智慧,弘扬“四个自信”,为包括各种模式TPF产品在内的金融交易安全和金融创新奠定坚实的基础,有效防范和全力解决金融争议以及其他各类争议。

一、概述

笔者注意到,众多关于TPF的讨论,更多的是基于西方的法律实践和语境,对TPF进行狭义地考察和剖析,认为TPF的模式是由第三方提供资金,当事人将资金用于诉讼和仲裁,①这种观点未能揭示TPF作为一种投融资安排的本质。

笔者认为,一方面,狭义的讨论未能对TPF的金融属性给予足够重视,即第三方资助本质上是一种金融交易,交易模式具有多样性,不应拘泥于对单一模式的探讨;另一方面,狭义的TPF在中国内地刚刚孕育于襁褓之中,尚处于对域外商业模式的模仿阶段,欠缺深入探讨的实践基础。与此不同的是,在中国内地,各种与TPF密切相关的投融资形式却积累了丰富的实践操作、监管经验和司法案例,构成深入研究TPF在中国内地的应然发展路径的本土资源和本土智慧。因此,本文选择基于TPF的金融本质,对TPF进行广义的定义,以期对TPF产品募资及投资的发展路径进行探讨。

---

① 如中国国际经济贸易仲裁委员会香港仲裁中心(以下简称贸仲香港)《第三方资助仲裁指引》第1.3条规定:下述行为不必然构成本指引所指的“资助”:(1)集团公司成员之间的资金支持;(2)仲裁当事人购买保险;及/或(3)仲裁当事人迟延支付、或通过风险代理模式支付法律服务费用。

本文认为,TPF 是指原本与争议没有利害关系的第三方(以下或称投资方),向争议当事人的一方提供融资或其他形式的支持,并对裁判的结果形成某种利害牵连的金融安排。TPF 之本质乃是一种金融交易,寻求资助的当事人(以下或称融资方)与投资方之间在时间维度上进行了利益或风险的交换;交易的结果是,融资方不再单独地承受裁判的后果(包括利益或风险),投资方对裁判后果产生利益牵连。[①] 本文将这种交易的结果总结为某种"权益分化":诉讼仲裁的当事人、程序权利的享有者、程序的参与者表现为一方,但是真正承担诉讼仲裁的利益或风险的主体却包括了与争议本无实体牵连的第三方。在本文的定义下,中国内地的多种金融交易都体现着 TPF 的金融本质,本文将对这些金融交易进行梳理和归纳,从 TPF 的资金募集渠道和投资方式两个维度展开论述,为 TPF 的进一步发展提供启示。

二、关于 TPF 的资金募集端

(一)TPF 的资金募集方式

关于 TPF 的资金募集方式,由于借贷对抵押物等的担保要求对 TPF 的管理机构不甚合适,借贷法律关系中固定的还本付息义务与 TPF 投资收益所呈现的波动性难以匹配,因此通过借贷进行募资可能难以普遍适用,因此本文不做讨论。

1. 资产管理产品

(1)以资产管理产品作为 TPF 资金募集方式的制度考量

近年来,在中国内地,银行理财计划、券商资管计划、基金子公司资管计划、保险资管计划乃至期货公司主导或管理的资管计划先后大量涌现,形成了"泛资管""大资管"的火热局面。由于各类资管产品的监管主管部门不同、监管标准有差异,火热局面的背后是各种资管产品相互嵌套、绕开监管规定套利的乱象。在此背景之下,2018 年 4 月 27 日,中国人民银行、中国银行保险监督管理委员会、中国证券监督管理委员会、国家外汇管理局《关于规范金融机构资产管理业务的指导

① 本文定义参考和借鉴了贸仲香港《第三方资助仲裁指引》第 1.2 条对第三方资助的界定。贸仲香港《第三方资助仲裁指引》第 1.2 条规定:本指引所指的资助源于自然人或法人("资方")。资方对一个仲裁案件享有的或将享有的、获法律认可的利益仅源于其与该仲裁案件一方的仲裁当事人("受资方")的有关安排。基于该安排,资方向受资方直接或间接提供资金或其他实质性的支持,以期获得仲裁裁决带来的直接经济利益。

意见》(银发〔2018〕106 号，以下简称《资管新规》)正式发布，其目的就在于规范资产管理业务。本文拟结合《资管新规》对资产管理产品作为 TPF 的募资来源进行分析。

首先，若资产管理产品募集的资金能够投资于 TPF，将可能为 TPF 市场引入巨量资金，有益于 TPF 市场的扩容。根据《资管新规》的规定，资产管理业务所涵盖的范围是广泛的，包括银行、信托、证券、基金、期货、保险资产管理机构、金融资产投资公司等金融机构接受投资者委托，对受托的投资者财产进行投资和管理的金融服务。由此可见，资产管理业务几乎覆盖了全部主流的金融机构，而这些从事资产管理的金融机构的资金募集能力远超一般商事主体。同时，根据前瞻产业研究院发布的《2017—2022 年中国资产管理行业市场前瞻与投资战略规划分析报告》，到 2016 年我国资产管理规模已达到 116 万亿元。由此可见，资产管理业务的市场是巨大的。因此，一旦资产管理产品资金进入 TPF 的市场，将意义非凡。

其次，TPF 的投资标的应属于一类非标准化债权类资产，目前尚不存在明确禁止资产管理产品资金进行 TPF 投资的规定。根据《资管新规》的规定，标准化债权类资产是兼具等分化、可交易、信息披露充分、集中登记、独立托管、公允定价、流动性机制完善等特点，且可以在银行间市场、证券交易场所等国务院同意设立的交易市场进行交易的债权性资产，不符合这些条件的其他债权类资产均为非标准化债权类资产。从上述定义可以看出，TPF 的投资标的应属于一类非标准化债权类资产。根据《资管新规》的约定，金融机构发行资产管理产品投资于非标准化债权类资产的，应当遵守金融监督管理部门制定的有关限额管理、风险准备金要求、流动性管理等监管标准。上述“限额管理、风险准备金要求、流动性管理”目前尚未完全落地，但是，从文义上看，预计不会对资产管理产品投资于 TPF 形成实质障碍。

在此，需要厘清的一个细节问题是，信托产品是最为重要的一类资产管理产品，通过设立信托计划募集的资金能否投资于 TPF，是否会造成信托无效？本文认为，《信托法》规定的专为诉讼或者以讨债为目的设立的信托无效并不限制信托资金投资于 TPF。以信托为资金募集方式，信托财产与诉争标的并不具有同一性，信托法律关系中的受托人不会成为诉讼或仲裁的当事人，以信托资金进行投资产生的投资法律关系与诉争法律关系为两个相互分离的法律关系。信托计划并非为解决信托财产所涉争议而设立，与拟投资的争议并无直接联系，仅作为解决拟投资争议所需资金的来源方式，不构成《信托法》所规制的无效信托。

(2)以资产管理产品作为 TPF 资金募集方式的实务考量

在实践层面，从事资产管理的金融机构可以与专门从事第三方资助的投资公司进行合作。第三方公司可以作为金融机构的顾问，负责汇总有融资需求的诉讼仲裁案件，并对需融资的诉讼仲裁案件进行尽职调查、风险评估。在以发行资产管理产品的形式募集资金的情况下，金融机构有义务向投资者披露信托资金将用于资助诉讼仲裁案件。那么，金融机构对应当披露的信息需要披露到何种程度？该等披露义务与诉讼仲裁案件的保密要求是否冲突？

关于信息披露的程度，根据《资管新规》的规定，从事资产管理业务的金融机构应当披露资金的投向、主要投资风险等信息，披露的程度也应当规范和详尽，达到能够明示投资标的的风险收益特征、充分揭示投资资管产品的风险及风险承担原则的程度。以"中信信托· 昆明俊奥商业债权收益权投资集合资金信托计划"为例，该信托计划向投资者披露了发行规模、预期收益率、资金运用等信息。中信信托对该信托计划的资金投向披露为"用于受让昆明俊奥商业有限公司持有的应收债权收益权"。因此，当资产管理产品作为 TPF 的一种资金募集方式时，金融机构对于资金投向的披露需要达到使当事人能够知悉资管资金将投资于诉讼仲裁领域，并能够通过专门从事 TPF 的公司的风险评估了解投资风险的程度。

关于信息披露与案件信息保密要求之间是否会出现冲突，以及如何解决该等冲突，笔者将在下文进行详细讨论。

2.(非金融机构设立的)私募基金

私募基金所涵盖的范围实际上与资产管理产品有重叠之处，比如，信托计划、资管计划等同时也属于信托型、契约型的私募基金。但是，私募基金的独有之处在于，很多私募基金本身并非持牌金融机构，大多以有限合伙、公司、契约型基金的形式组成。相较于资产管理产品，私募基金所受到的监管相对宽松。

在制度监管层面，近年来，中国内地对私募基金的监管逐渐清晰。对于基金募集而言，中国证券投资基金业协会(以下简称中基协)于 2016 年发布了《私募投资基金募集行为管理办法》，明确了有权开展基金募集行为的机构和基金募集应当履行的程序，其中包括基金风险提示、合格投资者确定等。同年，中国证券监督管理委员会(以下简称证监会)发布了《证券期货投资者适当性管理办法》(证监会令第130号,以下简称《适当性办法》),中基协随后发布了《基金募集机构投资者适当性管理实施指引(试行)》,与《适当性办法》一同从建立产品分级机制、统一投资者分类标准等方面作出规定。此外,在募集监管账户、信息披露等问题上,监管机构也陆续发布了相关规定和指引。总而言之,如以私募基金方式募集资金投资于TPF,需要遵守与私募相关的监管规范,适应当前金融强监管的态势。

私募基金同样面临向投资者进行信息披露的问题,私募基金的信息披露应当遵守中基协发布的《私募投资基金信息披露管理办法》《私募投资基金信息披露内容与格式指引2号——适用于私募股权(含创业)投资基金》等规定,并在私募基金信息披露备份平台进行备案。除按照监管要求进行信息披露之外,信息披露与诉讼仲裁案件的保密要求可能产生的冲突问题也需要正视。

(二)TPF资金募集端——信息披露与保密义务冲突

1. 关于资金募集端面临的信息披露要求与诉讼仲裁案件的保密要求的冲突问题

该等冲突确实客观存在。在不同的资金募集形式中,监管规定都要求资金募集者对投资者履行披露义务,而且该等披露义务不仅仅发生在资金募集时,在资金募集之后、资金运作过程中,资金募集者也有持续的披露义务。比如,《资管新规》规定,金融机构应当向投资者主动、真实、准确、完整、及时披露资产管理产品的募集信息、资金投向、杠杆水平、收益分配、托管安排、投资者账户信息和主要投资风险;资金运作过程中,如果产品投资于非标准化债权资产,则需要披露产品投资的每笔非标准化债权类资产的融资客户、项目名称、剩余融资期限、到期收益分配、交易结构、风险状况等。此类信息披露义务的范围和程度,确实足以与诉讼仲裁案件的保密要求形成冲突。

解决上述冲突的一个有效途径是将资金募集者(私募基金管理人或资产管理产品的发行人)与资金提供者(投资者)视为一个整体,看作TPF法律关系中的投资方,二者共同负有保密义务。在以私募基金为TPF资金募集方式时,我们将私募基金管理人和投资者共同视为“投资方”。同样地,以资管产品为TPF资金募集方式时,资管产品的投资者与受托机构共同成为“投资方”。

2. 投资方保密义务的规制途径

投资方保密义务的对象，不限于针对寻求资助的一方当事人，还及于对方当事人。投资方对寻求资助的一方当事人（融资方）负有保密义务。投资方为进行风险评估而获取案件相关信息不可谓不具有合理性；但是，一旦投资方将相关事项泄露，案件对方的当事人可能会采取财产转移等行动，融资方当事人的争议解决程序可能会面临更大风险。因此，有必要对投资方规定保密义务。

此外，投资方的保密义务不限于此，相对于对方当事人，投资方与寻求资助的当事人应当被视为一体，一旦投资方违反保密义务，侵害了对方当事人的利益，应当视为寻求资助的当事人违反了保密义务（应向对方当事人承担违约或侵权责任），并且该等投资方也同样可能需要向对方当事人承担侵权责任。

关于投资方保密义务的约束途径，从私法自治的角度，内部约束手段主要依赖于投资方的内控制度。另一类的自治形式是通过行业自治性组织公布的规则进行规范，如英国的《诉讼投资者行为准则》。①

作为外部约束手段，融资方可以与投资方签订保密协议，对保密义务和违反保密义务的后果予以明确约定，②这不仅仅是确保投资方的保密义务，也是为了进一步确保融资方自身不会违反对对方当事人的保密义务。

此外，还可以通过仲裁规则规定第三方保密义务。比如，《中国国际经济贸易仲裁委员会仲裁规则》（2015 版）第 38 条规定："不公开审理的案件，双方当事人及其仲裁代理人、仲裁员、证人、翻译、仲裁庭咨询的专家和指定的鉴定人，以及其他有关人员，均不得对外界透露案件实体和程序的有关情况。"从仲裁程序的保密性要求出发，知悉全部或部分案件内容的主体都应当负有保密义务。投资方在前期评估及仲裁程序的参与过程中会获悉仲裁案件的部分乃至全部内容，知情人员均应当被纳入负有保密义务的有关人员。仲裁机构可在规则中进一步明确对投

---

① 英国司法部民事司法委员会 2014 年 1 月公布的《诉讼投资者行为准则》（Code of Conduct for Litigation Funders）第 7 条明确规定：A Funder will observe the confidentiality of all information and documentation relating to the dispute to the extent that the law permits, and subject to the terms of any Confidentiality or Non – Disclosure Agreement agreed between the Funder and the Funded Party. For the avoidance of doubt, the Funder is responsible for the purposes of this Code for preserving confidentiality on behalf of any Funder's Subsidiary or Associated Entity.

② 如贸仲香港《第三方资助仲裁指引》第 2.6 条就对寻求资助的当事人提出建议：寻求资助的仲裁当事人应考虑与有资助意向的资方或资方的律师达成保密协议，以进一步保护其披露的资料的保密性。

资方的保密义务要求，以维护仲裁程序的保密性特征。不过，值得商榷的是，该等约束欠缺相应的惩戒措施，可能沦为宣示性条款，难以产生实际的约束效果。

上述私法角度的内、外部约束手段可能尚不充分，以外部的立法禁止和行政监管等方式使投资方负有法定的保密义务和行政责任，可能亦有必要。我国香港特别行政区立法在此方面领世界之先。《香港仲裁条例》第 98 条 S 款第 2 项特别规定，从当事人处获得相关保密信息的第三方，同样有法定的保密义务，不得作进一步的对外披露。目前，中国内地对 TPF 中投资方的监管是缺位的，将第三方投资机构及其背后参与交易的各个服务机构纳入监管并在监管规则中明确其法定保密义务确有必要。适当的监管不仅不会限制第三方投资机构的发展，相反，负有法定保密义务的第三方投资机构可能更加为争议各方所信赖和接纳，并获得更广阔的市场。

三、关于 TPF 的投资端

（一）TPF 的投资模式——投资方与融资方之间的法律关系构建

对于投资方直接为诉讼仲裁当事人提供资金，与诉讼仲裁当事人共担风险的最基础的 TPF 投资方式，本文不再讨论。以下将从信托、资产证券化、债权转让等金融投资方式的视角展开，提出较为创新的 TPF 投资方式。

1. 信托

立法层面，《信托法》的部分条款是设立信托型 TPF 的一大障碍。《信托法》第 11 条规定，专为诉讼或者以讨债为目的设立的信托无效。[①] 在此规定下，若以诉争财产设立信托，将构成《信托法》所禁止的无效信托。

实践中，尤其是在不良债权处置领域，信托公司基于作为信托财产的不良资产，对债务人提起诉讼，以实现不良资产价值变现。在信托公司提起的诉讼中，法院对于信托效力的认定较为开放。例如，某资产管理公司作为委托人曾以其收购取得的一批不良债权为信托财产设立了资产管理公司京津宁三地债权催收及财

---

① 《信托法》第 11 条规定：有下列情形之一的，信托无效：（一）信托目的违反法律、行政法规或者损害社会公共利益；（二）信托财产不能确定；（三）委托人以非法财产或者本法规定不得设立信托的财产设立信托；（四）专以诉讼或者讨债为目的设立信托；（五）受益人或者受益人范围不能确定；（六）法律、行政法规规定的其他情形。

产信托。该信托的受益权分为优先级受益权与次级受益权，全部受益权在信托设立的当时均由委托人享有，但委托人在信托存续期间有权向第三人转让信托受益权。在该等交易结构之下，投资方通过向委托人购买优先级受益权的方式投资不良资产，委托人继续持有次级受益权，而次级受益权劣后于优先级受益权获得信托收益分配；在对不良资产（信托财产）进行管理的过程中，由信托公司代为通过各种最有利于信托利益最大化的方式对不良债权进行变现，这些方式中不乏诉讼仲裁的方式。在前述信托计划下，资产管理公司曾就某银行对一汽车厂的7945万元债权提起诉讼。江苏省高级人民法院认为，该信托的目的是提高不良资产的处置效率，而非讨债，其本质上拓宽了我国金融不良资产处置的渠道，有助于提高不良资产的处置效率。

结合TPF的概念对上述资产管理公司京津宁三地债权催收及财产信托进行分析，不难看出其精巧的交易结构设计之中，蕴藏着TPF的本质。资产管理公司（作为融资方）通过向投资方转让优先级受益权获得资金，该等资金一方面满足了后续诉讼、仲裁的费用需求，另一方面也可以使融资方提前收回部分利益。与此同时，投资方获得了对诉讼仲裁的结果优先于融资方分配利益的权利。这种模式下，融资方获得了现时的资金，让渡了未来诉讼仲裁结果中的利益，诉讼仲裁的结果由融资方、投资方共享，符合TPF的本质。

综合分析，在信托实践中已经有TPF的雏形出现，但是，若以信托作为TPF的专门投资方式，仍可能构成《信托法》上的无效信托情形。但在剥离商业银行金融不良债权的金融改革政策之下，为提高不良资产的处置效率，将信托作为TPF的专门投资方式仍然是可能之选。

2. 债权转让

通过债权转让的方式实现权利在中国内地并不罕见。在实践中，债权转让有多种操作方式，以债权转让作为TPF的投资方式具有可行性，且已有充分的实践经验，下文将对不同类型的债权转让进行剖析，以期为以债权转让的方式发展TPF提供多种路径。

（1）债权的直接转让

债权转让时，债权人将可转让的权利全部或部分转让给投资方，投资方支付一定的资金，受让权利。在完成全部或部分的权利转让之后，债权人与债务人之间的法律关系全部或者部分消灭。受让权利的第三方替代或部分替代债权人的地位，得向债务人主张权利。不过债权的直接转让，更多的是当事人的变更，而非三方的共存。实际权利人和名义权利人始终保持一致，并没有出现“权益分化”的现象，不属于本文探讨的重点。

与债权直接转让不同的是，在债权清收过程之中，与债权相关的权益的转让，如附带回购条款的债权转让、债权收益权转让、信托受益权（资管计划的份额）转让的交易之中，诉讼仲裁的当事人（名义债权人）与实际承担诉讼仲裁结果的当事人（实际债权人）并不一致，即出现了“权益分化”，更加符合 TPF 之本质，以下详细论述。

（2）债权相关权益的转让——附带回购条款的债权转让、债权收益权转让、信托受益权（或资管计划的份额）转让

近年来，在资管业务经历发行量的大繁荣之后，伴随着经济新常态，各类资管计划的债务人出现违约的情况不断发生，资管计划的管理人面临投资者的兑付压力。资管计划的管理人（包括信托计划的受托人）竭尽想象力，设计了诸多种类的交易，引入第三方资金，先行解决投资者的兑付问题，同时获得了进一步推进法律程序、处置资产的时间和资金。

附带回购条款的债权转让是较为典型的一类交易。例如，笔者处理的一项金融争议中，由于信托计划到期，信托计划的债务人未能偿付债务，但信托公司出于“刚性兑付”的压力需要对信托计划的委托人进行兑付。在此情形下，信托公司与第三方签订附带回购条款的债权转让协议，第三方支付价款受让债权，但是约定在回购日由信托公司按约定回购债权。[1] 在这种模式中，若在触发回购条件之前，第三方以诉讼仲裁的方式实现债权，就诉讼仲裁程序而言，主体为第三方和债务人；就受益方而言，债务处置的最后受益方为信托公司，第三方按约定获得一定的利益。

附带回购条款的债权转让除了为融资方解决了成本与风险问题之外，还可以有效地解决一些诉讼限制的问题。例如，某些国有企业内部可能有“诉讼指标”的

---

① 参见《威胜案例｜金融争议发生后重构交易文件，运用个性化仲裁条款快速获得全胜裁决》，载微信公众号“威胜争议解决时讯”2018 年 2 月 9 日，https://mp.weixin.qq.com/s/hC4vUURhLvCW5h2zPBRv4g。

限制，某些企业正处于申请上市的关键时期而不便提起法律程序等。在诸如此类的限制下，企业若希望通过诉讼仲裁的方式对债权获得利益最大化的清收将面临困难。企业可以选择以附带回购的方式转让债权，通过第三方受让债权，以第三方的名义提起诉讼仲裁并获得胜诉结果，进而有效地处置资产。

另一种被广泛采取的类似交易模式是债权收益权转让。原债权人仅转让“债权的收益权”给第三方，第三方支付资金买受债权的收益权，仍由原债权人向债务人提起法律程序进行追索，债务处置收益由原债权人和第三方按照约定分配。值得一提的是，债权收益权的转让交易也经常会作出回购的安排。

此外，信托受益权或资管计划的份额的转让也有着广泛的实践。通常采用的交易安排是，资管计划或信托计划的债务人出现违约后，安排第三方（或者另行募集设立新的资管计划或信托计划）向投资者收购资管计划的份额或信托受益权，原投资者获得兑付而退出。该等交易下，虽然债权不发生任何流转，但是债权处置的最终受益者发生了变化。新的投资方不会作为当事人出现在债权催收的法律程序之中，但是享有债权处置的最终收益。

（3）基于债权转让或债权信托的具体运用——资产证券化

另一种可能的 TPF 投资方式为资产证券化。其中，以债权资产为基础资产的资产证券化同样体现着 TPF 的金融属性和活力。以债权资产为基础资产的资产证券化一般分为银行信贷不良资产证券化以及某些企业资产证券化（如融资租赁资产证券化）等。

资产证券化交易结构的搭建过程，实际是对债权转让或债权信托的具体运用。债权资产的资产证券化的一般过程为发起人（原债权人）将众多债权资产汇集成资产池转移给受托机构设立的 SPV（Special Purpose Vehicle），或信托给受托机构以设立 SPT（Special Purpose Trust），受托机构发行并通过承销商向投资者销售资产支持证券。在资产证券化中，发起人实际上处于融资方的地位，其向受托机构出售了实体权益，获得了融资款。投资方投资资产支持证券获得的收益均与债权清收之诉讼仲裁的结果挂钩。

不过，在不同的交易安排下，融资方对实体权利的转让会有所不同，对诉讼仲裁的结果是否承担风险、享受利益也会有所不同。某些情况下，融资方会进行卖断式的真实出售，如信贷资产证券化。作为发起人的银行或金融资产管理公司为实现风险资产的出表，会卖断基础资产，不再承担与基础资产相关的任何风险或收益。另外一些情况下，融资方也对基础资产承诺兜底安排，如融资租赁债权资产证券化，发起人没有会计出表的需求，故会承诺债权资产在一定期限内无法实现时或发生某些特定情况时，发起人进行投资收益的差额支付、进行债权回购或赎回等；某些交易中，发起人还可能会同时持有一定数量的次级证券，为优先级证券增信的同时，也会在债权清收的诉讼仲裁获得较好结果时享有一定的超额回报。在此模式下，担任诉讼仲裁当事人的主体也因交易结构的不同而时时不同：一般而言，若在债权清收过程中启动诉讼仲裁程序，因债权资产的权利主体为受托机构，一般应由受托机构提起诉讼或仲裁以实现债权；特殊情况下，也存在由服务商（一般由原债权人）作为“名义债权人”负责清收的交易，各方通过转让协议将债权资产转让至 SPV 名下后，暂不向债务人和担保人发送债权转让的通知，债权转让对债务人和担保人不发生效力，由服务商继续以债权人之名义对债务人、担保人主张权利，提起法律程序。

由上可见，在资产证券化的场合，存在持有不同类型证券的众多投资者，发起人可能同时是服务商、名义债权人，还可能同时是某类别的证券持有者，发起人在某些场合会对债权资产进行兜底，另一些交易中则不会兜底，受托机构作为实际债权人也可能直接作为诉讼仲裁的当事人。总而言之，在资产证券化之下，投融资的参与者众多，权益安排变化纷繁，所产生的“权益分化”现象更为复杂。

值得注意的是，以资产证券化的方式发展 TPF 的可行性有待进一步探讨。资产证券化以基础资产未来所产生的现金流为偿付支持，因此资产证券化的基础资产多为可以产生现金流的财产或财产性权利。争议解决案件中的诉争标的物一般难以满足资产证券化对基础资产的要求。因此，在当前对 TPF 的需求不充分的情况下，以资产证券化模式作为 TPF 的投资路径，尚存在一定困难。若未来诉讼仲裁当事人对 TPF 的需求激增，可以尝试以资产证券化的模式发展 TPF。

（二）TPF 投资端的信息披露及权利制衡问题

1. 向裁判者和对方当事人的信息披露

与 TPF 的资金募集端面向投资者所进行的信息披露不同的是，TPF 的投资端有向裁判者、对方当事人进行信息披露的要求。在存在 TPF 的仲裁程序中，如投资方未在仲裁程序中得到披露，仲裁庭与投资方是否存在利益冲突将无法在仲裁程序中得到公开，仲裁的公正性和独立性将受到质疑。该等问题实际上得到了世界范围内的法律从业者的关注，并且许多国际组织、仲裁机构均有针对性地提出了应对之策。① 通说认为，寻求资助的当事人具有主动披露投资方的义务；在此基础上，仲裁庭还有权要求当事人进一步提供与受资助事实相关的信息。② 值得特别强调的是，我国香港特别行政区引领潮流，对《香港仲裁条例》进行了修订，以立法形式认可了 TPF 的合法性，其中特别规定了受资助方向其他当事人和仲裁庭的披露义务。③

实践中，“当事人负有对存在第三方资助之事实进行披露的义务”业已形成共识（尽管还有待各仲裁机构在仲裁规则中予以明确）。但一个更为深入的问题是，当事人披露义务的边界应如何划定。根据现有的各类立法或指引，融资方与投资方达成投融资协议后，融资方有义务披露的信息范围主要是与其签署协议的投资方的名称、地址等信息。但是，纵观我国内地金融交易的操作现状，各种类型基金相互嵌套、FOF 或者 TOT 形式大行其道。显名的投资方本身往往并非资金的最终所有者，而仅仅是管理者或者甚至只是通道，其背后存在各种类型的基金形式，如公司、有限合伙、信托计划、资管计划等。在此种背景下，当事人是否有义务查明资金的真实来源，并将资金来源予以披露？设想仲裁员若是投资资金的最终来源方之一，或最终资金方的雇员，抑或与最终资金方存在其他利益上的关联，倘若此类利益冲突不能够被披露或被发现，无疑将对仲裁的公正性与独立性产生威胁。

---

① 例如，国际律师协会《IBA 国际仲裁利益冲突指引》（2014）明确将第三方投资者认定为“准当事人”，并要求当事人尽早地披露“仲裁员与任何对仲裁裁决有直接利益关系或者有义务承担赔偿责任的个人或实体的关系”，这其中就包括了“对裁决有直接利益关系”的第三方投资者。

② 如贸仲香港发布的《第三方资助仲裁指引》对第三方资助仲裁中的披露义务做出了较为完备、详尽的安排。该指引规定，受资助的当事人有义务主动披露受资助的事实以及第三方的主体信息。同时，赋予仲裁庭资助根据案件情况，要求当事人披露资助的权力。披露范围可包括受资方受资助的事实、资方的姓名或名称及地址，以及其他相关法律或规则所要求的、或仲裁庭认为必要的其他资料。该指引的另一个亮点在于要求当事人在资助协议终止时，对资助终止的事实进行披露。又如，中国国际经济贸易仲裁委员会 2017 年 9 月 12 日发布的《国际投资争端仲裁规则（试行）》规定，获得第三方资助的当事人应当毫不迟延地向对方当事人、仲裁庭及管理案件的仲裁机构披露第三方的信息，需要披露的信息包括第三方资助安排的事实、性质、第三方的名称与住址等，即由融资方当事人负担披露第三方信息的义务。同时，仲裁庭也有权命令获得第三方资助的当事人披露相关情况。

③ 参见《香港仲裁条例》第 98 条 T 款、第 98 条 U 款。

在中国内地的金融市场中，存在向下穿透核查底层资产、向上穿透核查最终投资者的“穿透式监管”机制。笔者认为，该种“穿透”的思路值得被借鉴。当事人在对投资方进行披露时，有义务“穿透”地披露资金的真实来源，即类似我国内地现行金融监管中“穿透”至“实际控制人”的程度，而不能仅限于披露与自身签署融资协议的投资方的主体信息。当然，在资产证券化等场合，不排除出现真实的资金方是众多证券持有人而无法准确进行披露的情况。此种情况下，当事人也有义务披露相应证券产品的名称或SPV的名称，以便裁判者进行进一步的利益冲突检索。

2. 投资方与融资方的权利制衡问题

在多个模式的TPF中，投资方都会要求融资方提供案件材料，进行评估和预判，这是投资的风险控制和趋利性所致。在诉讼仲裁的程序中，投资方基于追求利益最大化的目的对案件进行干预，可能会与融资方的争议解决思路相矛盾。例如，在一些案件中，融资方当事人认为与对方调解、和解将获得最大利益，而投资方认为由裁判者进行裁判才能获得最大利益。那么，在双方对诉讼程序的形势判断出现分歧时，投资方与融资方的权利冲突应当如何平衡？

最高人民法院的一则公报案例对此问题有所涉及。在该案中，律师与当事人之间的适用风险代理的法律服务合同对当事人接受调解、和解的权利做了限制。该案的争议焦点之一是，该等限制是否有效。最终法院认定，法律服务合同中律师限制当事人调解、和解的权利的约定无效。[①]

在律师风险代理领域，我国内地法院的上述裁判思路在短期内可能不会改变，但是该等裁判思路是否必然适用于TPF？当事人诉权项下的权利包罗万象，不仅限于调解、和解、撤诉（撤回仲裁请求）或放弃部分请求、上诉、申请再审、申请撤销和不予执行仲裁裁决等权利。约定限制当事人行使该等权利或约定要求当事人必须行使该等权利，是否一律违反社会公共利益？这两个问题都尚无明确答案，需要司法实践检验。

本文建议借鉴域外的独立的评估条款（QC Clause）：在融资方及其律师与投资方对案件存在分歧时，双方共同聘请一位独立的裁判员（如资深律师）来对案件

① 参见上海市弘正律师事务所诉中国船舶及海洋工程设计研究院服务合同纠纷案，载《中华人民共和国最高人民法院公报》2009年第12期。

的恰当争议解决方案作出决定，该决定对双方具有约束力①。该条款在投资方和融资方之间构建了解决争议的程序，如此一来，融资方本身的程序权利得到了足够的保障。在此过程中，并非以哪一方的判断为准，不存在一方否定另一方的问题，而是由双方共同授权的第三方对争议解决方案作出裁断。

四、结语

在中国内地金融市场中，TPF 已经有了初步的发展。但是，TPF 在投融资渠道上面临的或可能出现的“瓶颈问题”尚未得到应有的关注。我们需要着眼于 TPF 的金融本质，立足于本土资源、本土智慧，借鉴域外的经验，解决 TPF 在实际操作上待解决的融资、投资问题。从资金募集角度出发，探寻流动性更强、更契合 TPF 金融本质的资金募集方式。在拓展投资方式时，可立足于 TPF 的本土资源，充分发挥本土智慧，创新投资方式，使 TPF 在中国更具活力。

① 参见英国司法部民事司法委员会 2014 年 1 月公布的《诉讼投资者行为准则》第 13.2 条。

供应链行业票据违约与当事人破产叠加下，持票人如何行权

康　铧* 　时光远　孙梦真

* 作者简介：

康铧，中伦律师事务所北京办公室争议解决部合伙人，电邮为：kanghua@ zhonglun. com。

在当今国际国内供应链债务违约增多的背景下，作为供应链体系中重要支付手段的票据违约也集中爆发。当票据违约遭遇票据当事人破产，持票人追偿票据债权将更为困难和复杂。本文主要探讨不同破产情形下持票人行权的策略，以及破产重整计划对持票人行使追索权的可能影响，希望对供应链行业交易合规和纠纷解决有所启发。

一、承兑人或出票人破产情形下，持票人追偿票据债权的策略选择

以往银行汇票较少出现承兑人（或付款人）破产的情形，多为出票人破产，但近些年如包商银行破产以及大型企业集团破产带来的其集团财务公司破产，使银行汇票中承兑人破产也成为现实问题。就商业汇票而言，出票人与付款人/承兑人可能为同一主体，也可能为不同主体，均有可能陷入破产困境。在不同情形下持票人追偿债权的可能策略，值得探讨。

对于出票人破产裁定受理的情形，由于汇票下持票人向付款人/承兑人的付款请求权为主票据权利，是第一顺序请求权，持票人在票据到期日后可以直接向承兑人提示付款，除非存在法定的抗辩事由，否则承兑人必须无条件付款。承兑人足额付款后，根据《票据法》第 60 条的规定，全体汇票债务人的责任解除，持票人无须也无权对其前手背书人及出票人行使追索权。对于承兑人来说，其与出票人签有承兑协议，根据《最高人民法院关于审理票据纠纷案件若干问题的规定》（2020 年修正）第 16 条①及《企业破产法》第 55 条②、《最高人民法院关于审理企业破产案件若干问题的规定》第 55 条第 4 项规定③，票据出票人被宣告破产，付款人或者承兑人不知其事实而向持票人付款或者承兑所产生的债权，属于破产债权，承兑人可以向出票人申报破产债权。容易引起误解的是，上述司法解释所称“付款人或者承兑人不知其事实”中的“不知其事实”并非承兑人享有破产债权的

---

① 《最高人民法院关于审理票据纠纷案件若干问题的规定》（2020 修正）第 16 条规定：“票据出票人或者背书人被宣告破产的，而付款人或者承兑人不知其事实而付款或者承兑，因此所产生的追索权可以登记为破产债权，付款人或者承兑人为债权人。”

② 《企业破产法》第 55 条规定：“债务人是票据的出票人，被裁定适用本法规定的程序，该票据的付款人继续付款或者承兑的，付款人以由此产生的请求权申报债权。”

③ 《最高人民法院关于审理企业破产案件若干问题的规定》第 55 条规定：“下列债权属于破产债权：……（四）票据出票人被宣告破产，付款人或者承兑人不知其事实而向持票人付款或者承兑所产生的债权……”

条件,“不知其事实”仅为对承兑人付款时事实状态的描述,即付款人、承兑人在出票人破产时的付款状况通常是不知出票人破产的“事实”。[①] 因此,无论承兑人向持票人付款是否已知出票人破产之事实,均不影响承兑人的破产债权申报权(见图1)。

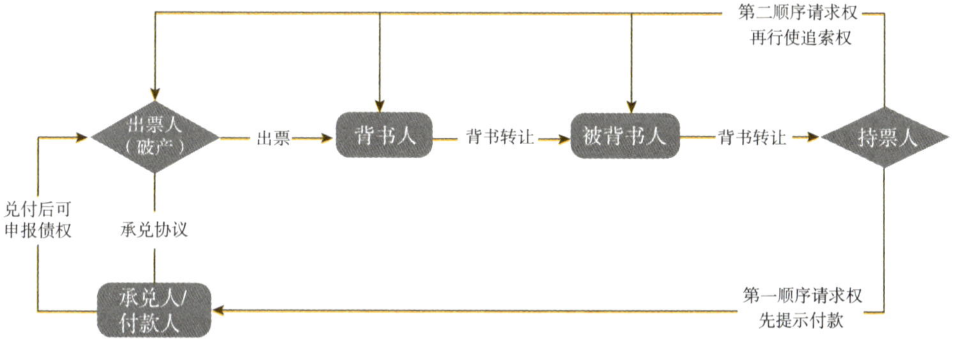

图1　出票人破产时,持票人的追偿策略

对于承兑人破产被裁定受理的情形,此时承兑人破产被裁定受理并非法定的非拒付追索事项,原因在于非拒付追索仅包括承兑人被依法宣告破产或承兑人因违法被责令终止业务活动[②],而受理破产到宣告破产之间还有相当长的时间。因此,持票人向承兑人行使第一顺序的付款请求权而无法顺利兑付的,持票人需要取得拒绝承兑的证明方能依法行使第二顺序的拒付追索权。在电子商业汇票系统下,理论上汇票到期后的提示付款,如承兑人拒绝兑付,无论承兑人是否主动驳回或不做应答,一定时间后持票人都能够取得如“提示付款已拒付”的明确拒付证据,持票人可依此向其所有前手进行拒付追索。[③]

同时,持票人常面临的问题是,持票人对承兑人进行破产债权申报及进一步参与破产重整计划与持票人行使追索权能否且是否应并行推进。根据《票据法》第68条的规定,承兑人、出票人、背书人及其他票据债务人,对持票人承担连带责

① 参见《司法解释理解与适用全集·企业破产卷》,人民法院出版社2019年版,第487页。

② 《电子商业汇票业务管理办法》第65条规定:“非拒付追索是指存在下列情形之一,持票人请求前手付款的行为:(一)承兑人被依法宣告破产的;(二)承兑人因违法被责令终止业务活动的。”

③ 但需注意的是,若持票人超过提示付款期限提示付款被拒付,且提示付款期内没有发出过提示付款,将得到一张“逾期提示付款已拒付”的汇票,持票人仅可以向出票人和承兑人进行拒付追索,无法向其他前手背书人进行追索。

任，而持票人为承兑人的法定债权人，债权申报和参与破产重整计划并不等于持票人已经获得全额清偿。根据《企业破产法》第92条[①]的规定，持票人对其他连带债务人的追索权应不受持票人申报债权或参与破产重整计划的影响。进一步而言，由于法定破产债权申报期限最长不超过人民法院发布受理破产申请公告之日起3个月，持票人对前手追索权的行使期限为自被拒绝承兑或被拒绝付款之日起6个月内，时间窗口都相对较短，同时主张能最大程度保护持票人的债权权利。

引申而言，持票人通过债权申报参与破产程序与行使追索权同步进行，也可以最大程度将整个追偿进程牢牢把控在自己手中。虽然《企业破产法》规定债务人的连带债务人可以其对债务人的将来求偿权申报债权，但例外是债权人已经向管理人申报全部债权。[②] 故持票人将汇票金额及利息费用等全额申报债权，可以阻断被追索的其他票据债务人同时参与破产程序，占据主动权。当然，被追索的背书人的实体权利并未灭失，被追索的背书人在清偿了持票人的债权后，其仍将取代持票人，代替持票人在破产程序中受偿（见图2）。

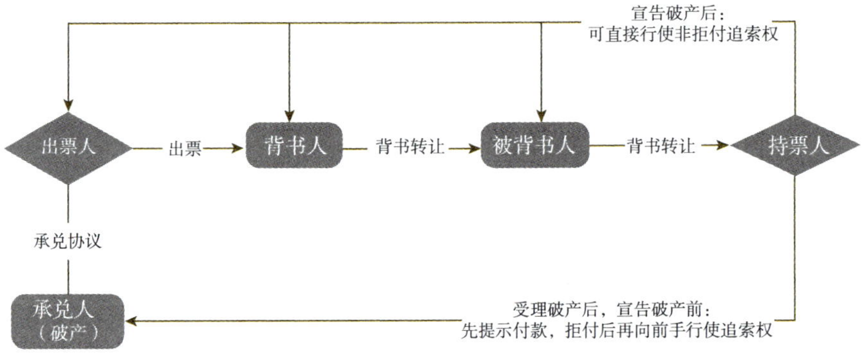

图2　承兑人破产时，持票人的追偿策略

二、破产重整计划对持票人的追索权的影响

对于承兑人破产重整计划经决议通过，持票人作为破产债权申报人同意了该

---

① 《企业破产法》第92条规定："债权人对债务人的保证人和其他连带债务人所享有的权利，不受重整计划的影响。"

② 《企业破产法》第51条规定："债务人的保证人或者其他连带债务人尚未代替债务人清偿债务的，以其对债务人的将来求偿权申报债权。但是，债权人已经向管理人申报全部债权的除外。"

计划，持票人能否继续向其他票据债务人行使追索权的问题，笔者认为，应当坚持两个判断标准：第一，持票人是否获得实质的足额清偿，破产重整计划执行完毕并非持票人足额清偿的判断标准；第二，依据《企业破产法》第92条第3款之规定，债权人对债务人的保证人和其他连带债务人所享有的权利，不受重整计划的影响。以下以常见破产重整计划方案为例。

（一）债务减免

对于重整计划中对债务人（承兑人）进行债务减免的，就减免部分持票人仍有权向前手追索。《票据法》下，承兑人、出票人、背书人及票据保证人等票据债务人，对持票人持有全部的汇票金额承担连带责任。破产重整计划中对承兑人的债务减免，并非持票人和破产承兑人在平等协商之下达成的公平协议，只是持票人不得已作出的单方让步，债务人已无让步可能。此种情况下，如直接剥夺持票人就减免部分的追索权，相当于变相减免汇票金额，使本应承担连带责任的其他票据债务人直接豁免了部分债务，显然违背了《票据法》本意。因此，若持票人未获汇票金额的足额清偿，其仍有权利向前手追索。

（二）留债展期

对于重整计划对债务人（承兑人）进行留债展期的，实践中存在争议。部分法院认为，留债展期是对债务履行期限的变更，在留债期满前债权能否实现尚处于不确定状态，此时要求连带债务人或保证人承担责任尚不具备事实依据①。另有部分法院认为，留债展期是关于债务偿还的一种具体履行方式，并非一般意义上的当事人对主合同履行期限的变更②，依据《企业破产法》第92条第3款之规定，重整计划对于债务的偿还安排不影响债权人对债务人的保证人和其他连带债务人所享有的权利。笔者认为，就票据纠纷而言，远期汇票中载明的汇票到期日是固定不可变动日期，在出现承兑人拒付等法定情形时，持票人对出票人、背书人的追索权即已经形成。破产承兑人重整计划的留债展期行为，仅对于持票人对承兑人的第一顺位付款请求权发生展期的效力，而不影响持票人的追索权期限。全国人大常委会法制工作委员会相关工作人员亦认为，在原规定债务履行期满后，连

---

① 参见安徽省淮南市八公山区人民法院（2015）八民二初字第00048号。

② 参见四川省高级人民法院（2018）川民初119号。

带债务人就须承担连带责任，不能享受重整计划规定的延期清偿利益[①]。

（三）债转股、以股/信托份额抵债

对于当前盛行的债转股、以股抵债、信托计划份额抵债等模式，如果抵债资源是以公允价值计量，理论上持票人的债权已通过抵债的方式得以足额清偿，其追索权应当消灭。但实践中恰恰对此有不少争议，当抵债资源的定价远超或不公平地超出其实际价值时，持票人的债权在抵债后的可得利益将被严重泡沫化，实际清偿率将远低于重整计划的名义清偿率。在此情形下，持票人能否继续行使追索权，司法裁判并不统一。

例如，某集团的重整计划规定，每家债权人 50 万元以下的债权以现金方式清偿，超过 50 万元的债权，由某集团以每 100 元普通债权分得约 16.722408 股公司资本公积转增股票方式予以清偿，股票的抵债价格按 5.98 元/股计算，该部分普通债权的清偿比例为 100%。就此引发持票人（或债权人）对破产程序外的第三人（如票据背书人）诉讼追偿问题，不同法院对此问题持不同观点。河北省高级人民法院在上海子好实业有限公司、上海阿赞贸易有限公司票据追索权纠纷案[②]中认为，因已将属于债权人子好公司份额的现金与转股股票提存至管理人账户，根据重整计划的规定应视为重整计划执行完毕，且法院已作出确认重整计划执行完毕的裁定。因此，债权人子好公司的债权因在公司破产重整程序中已得到足额清偿而消灭，无权再要求其他连带债务人即票据背书人阿赞公司承担连带清偿责任。[③] 在中国农业银行股份有限公司青岛李沧支行、青岛庞大投资有限公司等抵押合同纠纷案[④]中，青岛市中级人民法院便作出了与前一案件截然不同的判决。青岛市中级人民法院认为，作为上市公司股票，抵债股票在二级市场的收盘价是股票实际价值最客观、最权威的体现。青岛市中级人民法院选取了重整计划裁定通过时和本案立案时的收盘价作为价格衡量标准，重整计划被裁定批准时的收盘

---

① 参见本书编写者编著：《〈中华人民共和国企业破产法〉释义及实用指南》，中国民主法制出版社 2012 年版，第 226 页。

② 参见河北省高级人民法院（2020）冀民终 819 号。

③ 类似裁判观点的案例参见江苏政成物流股份有限公司与常州市武进顺达精密钢管有限公司、青岛炜煌精密机电有限公司等票据追索权纠纷案，江苏省常州市中级人民法院（2021）苏 04 民终 588 号；吉林长发小额贷款有限公司与刘某合同纠纷案，吉林省高级人民法院（2020）吉执复 26 号；浙江省高级人民法院（2021）浙执复 8 号。

④ 参见山东省青岛市中级人民法院（2020）鲁 02 民初 1505 号。

价为1.32元/股，本案立案时的收盘价为1.15元/股，均远低于重整计划确定的股票定价5.98元/股。因此，如果仍然认定清偿率为100%，则债权人实际受偿的数额将远低于其合法权益，同时剥夺了债权人继续向连带责任人追偿的权利，将造成明显不公的结果，故支持了债权人向连带责任人追偿的请求。

笔者认为，各种不同的抵债模式，从本质上讲，是通过债权资产形式的变换而给予债权人的与企业未来挂钩的一种方式，而破产重整计划仅是实现上述变换的重组方案，债权人是否得到足额清偿，仍应当按照其取得抵债资源的真实价值计算。例如，抵债股票定价5.98元/股，但股票的实际价值仅为1.2元/股，债权人（持票人）获得清偿的比例应当以股票实际价值结合抵债股数计算，对于不足部分仍有权行使追索权。但必须注意的是，在当前多数重整计划中明确列明"实现普通债权全额清偿"（如海南航空控股股份有限公司重整计划）、"债权清偿率100%"（如庞大集团重整计划）的现实情形下，笔者认为，河北省高级人民法院在上述案件中的裁判思路仍将是主流意见。

三、不同意破产重整计划的持票人，追索权不应受到影响

更值得探讨的问题在于，通过债权申报参与了破产程序的持票人不同意破产重整计划，投出反对票，但最终破产重整计划仍通过的，这一类持票人的追索权是否受到影响。

《企业破产法》第92条第1款规定，经人民法院裁定批准的重整计划，对债务人和全体债权人均有约束力。也就是说，即便投出反对票，债权人（持票人）作为债权人也要受到重整计划的约束。反对的债权人，即便重整计划通过，往往不去受领偿债资源。重整计划对此都设有专门的规定，管理人对于未受领的偿债资源，将提存/预留至管理人的相关账户，提存/预留完毕，即视为重整计划履行了清偿义务，同时将设定预留期限，预留期限到期后仍未受领的，视为债权人放弃受偿。

但是，笔者认为，此种规定下的"履行清偿义务"，主要目的在于防止破产重整程序因某些债权人的拒绝受领行为而久拖不决，是一种拟制的"清偿"，这并不等同于债权人（持票人）获得了票据法下的全额受偿，也不应当理解为民法一般意义上的提存导致债权消灭的情形。基于对《企业破产法》第92条第3款的正确理

解，应当是破产重整计划给予了债权人选择权，对于因反对重整计划的债权人（持票人），如果其在预留期限到期前未受领偿债资源，则可以选择是否受偿，或继续向前手行使追索权。如果持票人追索无果，持票人在预留期限到期前仍可以向管理人请求受领偿债资源；如被追索人清偿了持票人的债权，其将代替持票人享有对预留偿债资源的受偿权利，但预留期限不会调整。因此，实践中的确可能出现经过漫长的诉讼程序、被追索人清偿持票人票据款项后，因超过了预留期限也无法受领破产偿债资源的情况。

实践中，多数重整计划并未就债权人（持票人）的上述权利进行明确，导致出现很多争议。但也有重整计划对此进行了明确，如海航破产重整计划中，明确载明了债权人的选择受偿权，即"债权人就其对十一家公司的债权可同时向十一家公司外的其他主体主张清偿的，债权人享有选择权，可先不受领本重整计划中明确的偿债资源，先行向其他主体主张清偿。若其他主体可追偿的，其将替代原债权人对十一家公司预留偿债资源享有受偿权利，但预留期不调整"，但需要遵循重整计划中"偿债资源的预留、提存和处理"中预留期限的规定。如在破产重整计划中加入上述规定，将为统一裁判尺度和减少纷争提供更坚实的基础。

凝共识删繁就简，解疑难定分止争

——评析审理银行卡纠纷司法解释

刘小丽* 张志杰

*作者简介：

刘小丽，中伦律师事务所北京办公室私募基金与资管部合伙人，电邮为：liuxiaoli@ zhonglun. com。

2021 年 5 月 25 日，最高人民法院公布《关于审理银行卡民事纠纷案件若干问题的规定》（法释〔2021〕10 号，以下简称《审理银行卡纠纷规定》）。作为首部围绕银行卡民事纠纷的司法解释，该规定集中回应了银行卡当事人之间因银行卡合同条款、盗刷侵权行为等产生的民事纠纷中的常见疑难问题。

2018 年 6 月发布的该规定的征求意见稿有 27 条，正式施行的《审理银行卡纠纷规定》仅有 16 条。其中，民刑交叉案件证据认定和程序问题、电信运营商的责任、电子证据的草案条文被舍弃后，相应问题仍可适用民事诉讼法和网络电信法规的一般规定，可谓删繁就简；但有的条款，如用户偿还最低还款额后可否以全部透支额计算利息、发卡行具体应如何通知异常交易变动、发卡行对持卡人亲属或关联账户的追索是否中断时效，在实践中争议较大。《审理银行卡纠纷规定》对前两者做了整体删除，对中断诉讼时效的规则做了偏保守的处理，删除了对持卡人账户之外的关联账户扣款或同住家属签收催收文件作为诉讼时效中断情形的规定，此等删减则体现了以宜粗不宜细凝聚共识的精神。

以下为笔者对《审理银行卡纠纷规定》格式条款、利率上限、盗刷纠纷、诉讼时效中断四方面重点内容的解读。

一、呼应《民法典》，强化了对格式条款的提示和说明义务

格式条款是一方未经充分协商预先拟定并在签约时重复施用的条款。《民法典》第 496 条第 2 款规定，“提供格式条款的一方应当遵循公平原则确定当事人之间的权利和义务，并采取合理的方式提示对方注意免除或者减轻其责任等与对方有重大利害关系的条款，按照对方的要求，对该条款予以说明。提供格式条款的一方未履行提示或者说明义务，致使对方没有注意或者理解与其有重大利害关系的条款的，对方可以主张该条款不成为合同的内容”。该条规定加重了格式条款提供方的提示和说明义务，从原《合同法》第 39 条规定的“免除或者减轻其责任的条款”扩充到“与对方有重大利害关系的条款”，还规定违反的后果为“对方可以主张该条款不成为合同的内容”，让对方来决定相关条款是否有效。在各大类信贷业务中，信用卡业务是格式条款运用最多的类型，《审理银行卡纠纷规定》第 2 条根据《民法典》上述规定，对银行制定的包含息费、违约金等要素的格式条款进行了规制。该条第 1 款规定：“发卡行在与持卡人订立银行卡合同时，对收取利

息、复利、费用、违约金等格式条款未履行提示或者说明义务，致使持卡人没有注意或者理解该条款，持卡人主张该条款不成为合同的内容、对其不具有约束力的，人民法院应予支持。”

值得留意的是，以上规定并不意味着只要尽到提示或者说明义务格式条款就有效。《民法典》除了设置第 496 条对重大利害关系条款未尽提示说明义务则“对方可以主张不成为合同内容”的机制外，还以第 497 条对格式条款无效的三类情形进行了规定，除将民事合同通用的无效情形作为一类外，还规定“提供格式条款一方不合理地免除或者减轻其责任、加重对方责任、限制对方主要权利”“提供格式条款一方排除对方主要权利”的条款绝对无效，这意味着过分免除或减轻自身责任，或者过度限制对方权利或加重对方责任，逾越了合理限度的，或者在格式条款中排除对方主要权利的条款，即便经过提示和说明，也是无效的。

《审理银行卡纠纷规定》第 2 条基本上是重申《民法典》第 496 条的文义，相对《民法典》的法律规定没有新增其他要求。更有针对性的是 2021 年 3 月中国人民银行响应《民法典》精神而出台的〔2021〕第 3 号公告，拟终结各类格式条款提供方以日息/月息、名义利率或算法不同造成客户“利率错觉”的营销乱象，要求各类贷款机构统一对客户披露实际年化利率，甚至提供了算法示例。这一规定如充分落实到信用卡领域，将意味着过去发卡行侧重宣传日息和名义利率的营销方式受到冲击。

原银保监会、中国人民银行 2022 年 6 月 20 日发布的《关于进一步促进信用卡业务规范健康发展的通知》(银保监规〔2022〕13 号)在信用卡分期领域进一步落实格式条款的提示和说明义务，该通知规定：“银行业金融机构应当在分期业务合同(协议)首页和业务办理页面以明显方式展示分期业务可能产生的所有息费项目、年化利率水平和息费计算方式。向客户展示分期业务收取的资金使用成本时，应当统一采用利息形式，并明确相应的计息规则，不得采用手续费等形式，法律法规另有规定的除外。”

二、避免“一刀切”，赋予法院约束信用卡过高利率更大裁量权

随着民间借贷司法保护利率上限的变动，金融贷款利率上限是否参照适用一度成为热议话题，源头之一正是最高人民法院的几次表态。

最高人民法院2017年8月出台的《关于进一步加强金融审判工作的若干意见》第2条中规定："金融借款合同的借款人以贷款人同时主张的利息、复利、罚息、违约金和其他费用过高，显著背离实际损失为由，请求对总计超过年利率24%的部分予以调减的，应予支持，以有效降低实体经济的融资成本。"

彼时施行的2015年版《最高人民法院关于审理民间借贷案件适用法律若干问题的规定》规定的民间借贷司法保护的利率基础上限也是24%（自然债务保护上限36%），因此金融机构往往以24%或36%作为利率设计的上限，民间借贷和金融借贷的利率上限一度是基本一致的。

就此，最高人民法院在（2017）最高法民终927号判决书中作了论证："按照金融借贷与民间借贷的市场定位和风险与利益一致的市场法则，金融借贷利率不应高于民间借贷的利率，故金融机构的融资费用上限亦应参照适用《最高人民法院关于审理民间借贷案件适用法律若干问题的规定》的民间借贷利率上限即年利率24%，这也符合2017年8月9日印发的《最高人民法院关于进一步加强金融审判工作的若干意见》第2条的司法指导意见精神。"

随着中国人民银行决定将贷款利率定价锚从基准利率迁移到LPR，2019年《全国法院民商事审判工作会议纪要》则公开表示要同步调整法院裁判贷款利息的基本标准："要注意到，为深化利率市场化改革，推动降低实体利率水平，自2019年8月20日起，中国人民银行已经授权全国银行间同业拆借中心于每月20日（遇节假日顺延）9时30分公布贷款市场报价利率（LPR），中国人民银行贷款基准利率这一标准已经取消。因此，自此之后人民法院裁判贷款利息的基本标准应改为全国银行间同业拆借中心公布的贷款市场报价利率。"

2020年版《最高人民法院关于审理民间借贷案件适用法律若干问题的规定》（以下简称新《民间借贷司法解释》）果真将民间借贷司法保护上限调低到了同期LPR的四倍（时为15.4%）。这引起了从事消费金融的贷款机构对继续参照适用同一上限的忧虑。

经过司法机关和业界的磨合确认，2020年年底，最高人民法院就新民间借贷司法解释适用范围问题批复广东省高级人民法院时称，包括小额贷款公司、商业保理公司、融资租赁公司在内的七类地方金融组织属于经金融监管部门批准设立的金融机构，"其因从事相关金融业务引发的纠纷，不适用新民间借贷司法解释"，从侧面确认了同期 LPR 四倍的上限不会被各类的金融借贷案件直接参照。

《最高人民法院关于对部分规范性文件予以修改或废止的通知》(法发〔2021〕12 号)曾在 2021 年 3 月对《最高人民法院关于进一步加强金融审判工作的若干意见》的部分条文进行修改，但保留了对金融借贷利率以 24% 作为上限的规定。那么，上述金融借贷的利率上限对年化利率偏高的信用卡是否适用？司法机关一直未统一尺度。之前，《中国人民银行关于信用卡业务有关事项的通知》(银发〔2016〕111 号)规定“透支利率上限为日利率万分之五”，但这一上限已被《中国人民银行关于推进信用卡透支利率市场化改革的通知》(银发〔2020〕327 号)取消：“自 2021 年 1 月 1 日起，信用卡透支利率由发卡机构与持卡人自主协商确定。”

《审理银行卡纠纷规定》第 2 条专门规定法院对过高的利率(含利息、复利、违约金)的调整，但没有划定统一的利率上限，而是约定“持卡人以发卡行主张的总额过高为由请求予以适当减少的，人民法院应当综合考虑国家有关金融监管规定、未还款的数额及期限、当事人过错程度、发卡行的实际损失等因素，根据公平原则和诚信原则予以衡量，并作出裁决”，即仅规定调整原则和调整应考虑的因素，赋予了司法机关衡量信用卡利率是否过高的更大裁量空间。

从目前各级人民法院审判实践来看，该条规定对于法院在审判中调减信用卡利率水平发挥了一定的引导效果，但是调减的标准不一而同。从公开的判例来看，调减后的年化利率裁量标准大致可以分为以下类型：(1)以同期 LPR 的四倍作为酌定标准[①]；(2)以 24% 作为上限[②]；(3)未明确具体标准，直接依据该条规定及公平原则，不支持违约金或酌情减免部分利息或费用[③]。其中参考 24% 作为年化利率上限的判决占较大部分。

三、梳理各方权责，为审理各类银行卡盗刷纠纷提供基本准则

随着网络时代商业模式更新和不法分子手段翻新，银行卡被盗刷后如何界定

---

① 参考案例包括(2023)吉 02 民终 187 号、(2022)皖 04 民终 2665 号、(2022)甘 02 民终 715 号。

② 参考案例包括(2022)京 74 民终 63 号、(2022)云 01 民终 11338 号、(2022)陕 07 民终 1722 号、(2022)粤 1971 民初 29447 号、(2022)沪 0115 民初 66718 号、(2022)沪 0115 民初 68259 号等。

③ 参考案例包括(2023)豫 03 民终 479 号、(2022)陕民申 566 号。

各当事人的权利义务成为焦点话题。这类纠纷的特点如下:一是多与各类信用卡诈骗犯罪有关,纠纷涉及的金额分散,通过刑事手段追偿困难。根据最高人民法院2017年发布的统计数据,2015年至2016年审结的信用卡诈骗罪案件中,涉案金额1万元以上不满5万元的占比为47.7%,因此消费者要求建立金融机构先行赔付制度的呼声高涨。二是情形复杂多样,信用卡盗刷是一大类案件,客户方面的被盗情形多样、过失程度不等,金融机构一侧的防控手段、交易规则设定乃至涉及的角色、分工复杂,因此很考验规则制定的技术。

根据最高人民法院上述统计,冒用他人信用卡的诈骗(在信用卡诈骗中占比16.8%)已经是伪造信用卡诈骗(1.2%)案件量的十几倍,这反映出网络时代银行卡有关不法犯罪的手段已不再拘泥于通过卡片载体。在这样的背景下,《审理银行卡纠纷规定》首先对银行卡盗刷做了类型化界定,把不法第三人通过传统手法伪造实体银行卡后刷卡界定为“伪卡盗刷交易”,把不法第三人通过线上盗取交易身份识别信息和验证信息导致持卡人资金减少或透支额增加界定为“网络盗刷交易”,这种界定是为了将不涉及“卡”但类似于“刷卡”窃取的行为纳入广义的“盗刷”范畴;刑法上辨析的是信用卡诈骗和盗窃的差别,更多的是犯罪方式方法上的区分,未被采纳为盗刷民事纠纷的分类基准。至于持卡人与他人通谋通过刷卡或其他方式侵害银行财物的行为,属于持卡人恶意利用授权的行为,不属于盗刷的范畴,《审理银行卡纠纷规定》对此未作规定。

《审理银行卡纠纷规定》舍弃了2018年6月公开征求意见稿中以两节分别规定伪卡盗刷交易、网络盗刷交易的体例,而是采用了先一般规定、后特别规定的方式,其要点如下:

(一)《审理银行卡纠纷规定》第4条至第7条奠定了伪卡盗刷交易或者网络盗刷交易共同适用的当事人举证责任分配规则、法院证据认定规则和盗刷赔偿的基本规则。

其中,在实务中争议较大的举证责任问题上,《审理银行卡纠纷规定》第4条遵从民事诉讼法和证据法的一般原理,将“主张争议交易为伪卡盗刷交易或者网络盗刷交易”的举证责任配置给了持卡人,将“主张争议交易为持卡人本人交易或者其授权交易”的举证责任配置给了发卡行、非银行支付机构。该条同时列举了报警记录、监控录像等典型的证据材料名目,该列举旨在引导当事人留意保存相关证据材料。《审理银行卡纠纷规定》第 5 条则属于举证责任配置上较为特别的规定，该条的立足点是持卡人告知发卡行异常交易后发卡行负有及时提供或保存交易单据、监控录像等证据材料的义务，未尽到保全证据义务而导致错漏的证据材料，发卡行一方要承担举证不能的后果。这体现了举证责任分配上对金融消费者利益的倾斜保护，发卡机构应留意该要求。

在盗刷赔偿的基本规则中，同样是出于对相对弱势的持卡人的保护，《审理银行卡纠纷规定》第 7 条对作为专业机构的发卡行适用无过错归责原则，规定在盗刷的情况下一般应由发卡行承担损失；但同时也作了两点平衡利益的规定：一是依《民法典》第 592 条第 2 款“与有过错，各负损失”的条文精神，规定对持卡人未妥善保管身份识别或验证信息的过错情形要相应减少发卡行的赔偿额；二是依《民法典》第 591 条未违约方也应防止损失扩大的条文精神，规定发卡行对持卡人未及时挂失导致的扩大损失不予赔偿。

（二）在前述基本规则之上，《审理银行卡纠纷规定》第 8 条至第 10 条针对网络支付功能、先行赔付责任两个网络时代的突出问题作出规定。

针对网络支付功能，《审理银行卡纠纷规定》第 8 条、第 9 条将网络支付机构和发卡行都作为规制主体，要求其明确告知网络支付功能的开通及身份识别方式、交易验证方式、交易规则等，让用户能够全面准确地理解网络支付功能，否则持卡人可主张没有达成合意条款、不承担网络盗刷责任。这样的规定可以视为格式条款规则在网络支付领域的延伸，即《审理银行卡纠纷规定》对网络支付功能有关格式条款的说明义务予以了强调。

针对先行赔付责任，《审理银行卡纠纷规定》第 10 条规定了两类先行赔付责任：如果发卡行或非银行金融机构明确允诺了在查明盗刷原因和责任前先行赔付，则应遵守；但即便没有允诺，如果“非银行支付机构相关网络支付业务系统、设施和技术不符合安全要求导致网络盗刷”，人民法院仍应支持用户先行赔付的要求。该款未将银行纳入表述主语，但如银行未建立合格的支付业务软硬件，从举轻以明重的角度看，也难逃相应的赔付责任。

（三）在前述基本规则和针对性规定基础上，《审理银行卡纠纷规定》第 11 条至第 14 条对银行卡关系当事人责任分担和追偿机制作出安排。

银行卡盗刷事件的发生，除了涉及发卡行（或非银行支付机构）和持卡人这一对银行卡合同(或支付协议)的当事人,还可能涉及合同关系外的收单行、特约商户,同时必然存在盗刷的不法行为人。这些主体之间有的是合同法律关系、有的是侵权法律关系,其责任追究问题需要明确。

《审理银行卡纠纷规定》第 11 条规定,收单行未尽保障持卡人用卡安全义务导致伪卡盗刷交易以及特约商户未尽真伪审核义务的,持卡人可以诉请收单行或特约商户承担侵权责任;但依据《民法典》第 1173 条的精神,被侵权的持卡人对损害的发生或扩大有过错也应承担相应责任。如果持卡人只起诉与其成立银行卡合同法律关系的发卡行并要求其承担违约责任呢?在该情形下,发卡行可以申请追加收单行或者特约商户作为第三人参加诉讼,也可以在承担责任后再向收单行或特约商户追究相应责任。《审理银行卡纠纷规定》第 12 条规定,发卡行(或非银行支付机构)、收单行、特约商户对持卡人承担了责任之后都可以向盗刷者追究侵权责任。《审理银行卡纠纷规定》为什么设置这样复杂的责任追究机制?这是为了避免推诿,保障持卡人的权利得到救济。持卡人可以依据其与发卡行、非银行支付机构、收单行、特约商户、盗刷者等之间的不同法律关系分别主张权利;但为了避免权利滥用,《审理银行卡纠纷规定》第 13 条也规定了持卡人获赔数额不应超过其盗刷损失总额的不得重复受偿原则。

四、响应金融业诉求,列举可以认定为使诉讼时效中断的情形

与以上三方面凸显保护金融消费者利益不同,在银行卡领域何种追索行为可以认定为使诉讼时效中断问题上,《审理银行卡纠纷规定》第 3 条采用了列举式与概括式相结合的表述方式,在举例中对发卡行多种常见的追偿手段做了认可,列明了以下三项使诉讼时效中断的事由:(1)发卡行按约定在持卡人账户中扣划透支款本息、违约金等;(2)发卡行以向持卡人预留的电话号码、通讯地址、电子邮箱发送手机短信、书面信件、电子邮件等方式催收债权;(3)发卡行以持卡人恶意透支存在犯罪嫌疑为由向公安机关报案。这主要是顺应金融机构银行卡业务的特点,银行卡尤其是信用卡业务往往在全国开展,但总行集中管理、服务以远程为主且高度依赖客户预留联系信息,其追索容易被客户以未收到、不知情为由逃避。所以,《审理银行卡纠纷规定》详细列举了《民法典》第 195 条规定的“权利人向义务人提出履行请求”在银行卡领域的展现形式,并在第 3 条第 2 项向预留联系方

式发送催收信息方式上采用了到达主义，不以持卡人签收为要件。第 3 项事由主要适用于民刑交叉案件，发卡行发现违约的持卡人存在犯罪嫌疑后会向公安机关报案。《民法典》第 195 条规定的诉讼时效中断事由，除“权利人提起诉讼或者申请仲裁”外，还有“与提起诉讼或者申请仲裁具有同等效力的其他情形”。向公安机关报案与民事起诉同为寻求公权力救济，也符合《最高人民法院关于审理民事案件适用诉讼时效制度若干问题的规定》第 13 条第 1 款“权利人向公安机关、人民检察院、人民法院报案或者控告，请求保护其民事权利的，诉讼时效从其报案或者控告之日起中断”的规定。

五、结语

综上分析，《审理银行卡纠纷规定》以《民法典》等既有法律法规为本，虽然规定的是裁判尺度，但集中回应了实践中突出的疑难问题，凝聚了近年司法和业务人士达成的银行卡业务规范发展的共识，厘清了基本的概念和法律关系，梳理了以上四大方面的基本规则，必将对持卡人与发卡行、非银行支付机构、收单行、特约商户等交易主体行为发挥规范和指导意义，值得业内机构及金融消费者关注。

试论金融债委会成员一致行动原则

闵 敏* 王 旭

*作者简介：

闵敏，中伦律师事务所北京办公室公司业务部合伙人，电邮为：minmin@ zhonglun. com。

近年来,金融机构债权人委员会(以下简称金融债委会或债委会)越来越多地参与到大型、知名企业的金融债务重组案例中。实践中,多数金融债委会会以协议或决定的方式确立一致行动原则。这一原则对金融机构债权人的影响如何?金融机构债权人又当如何应对?本文中,笔者将对这一原则进行解读和分析,并基于笔者的执业经验提出相应建议。

一、金融债委会成员确立一致行动原则的动机

根据原银保监会等四部门联合发布的《关于印发金融机构债权人委员会工作规程的通知》(银保监发〔2020〕57号,以下简称《工作规程》),金融债委会系庭外金融债务重组过程中设立的协商性、自律性、临时性组织,其成员主要为金融机构。与破产阶段的债权人委员会的职权由《企业破产法》直接作出规定不同,金融债委会的组织架构、议事规则和工作流程,以及各成员机构权利义务、成员机构退出机制、解散程序等事项均约定于当事人自愿签署的债权人协议中。

设立金融债委会的目的是为金融机构债权人搭建集体协商、共同决策、一致行动的工作平台,避免在企业债务危机爆发后个别金融机构单独“出逃”引起“踩踏”,为企业债务危机的化解争取时间和空间。因此,金融债委会成员有动力明确并遵守一致行动原则。

二、金融债委会成员一致行动原则的主要内容

实践中,金融债委会成员一致行动原则可能在债权人协议、债权人会议决议、主席团会议决议或债务重组协议中体现,不同金融债委会一致行动原则的主要内容基本一致,但在具体条款方面有一些差异。

例如,康美药业的金融债权人于2021年成立金融债委会,其债权人协议约定:

本协议生效后,债委会成员应保持一致行动。未经债委会同意,债委会成员不得以债权人身份或授权代理人等身份单独或联合其他方采取对化解债务风险不利的举措,包括不得采取提起诉讼、仲裁,申请执行、司法保全等强制性措施。在不损害其他债权人利益的前提下,债权人可对其单独享有的原债权抵质押财产自主处置,在采取处置措施前应提前五个工作日报备债委会工作组。

又如，凯迪集团的金融债权人于2018年6月成立金融债委会，其债权人协议约定：

本协议生效后，各债权人应保持一致行动，协议任何一方不得单方面或联合其他方以及本协议以外的其他方与债务人就其债权有关事宜达成除本协议以外的不利于资产和债务处置的任何协议。除经债委会同意外不得单独或联合其他方以及本协议以外的其他方对债务人提起诉讼或申请保全、执行等法律措施、处置债务人资产（包括但不限于变卖、拍卖、扣划以及向人民法院提出对债务人进行破产重整或破产清算的申请等）。

此外，S公司（江苏省某大型民营零售企业）金融债权人于2018年成立金融债委会，其未在债权人协议中约定一致行动原则，而是以债权人会议决议的方式确定了一致行动原则，决议具体内容如下：

债委会各成员单位要在债委会的统一框架下，共同协商，一致行动，遵循债委会的工作部署、工作节奏和工作要求，不得在债委会统一框架之外采取独立或局部联合的行动。未经债委会同意，各成员单位不得采取提起新的诉讼，查封冻结账户、资产和股权，强行处置资产，平仓质押股票，限制消费等不利于风险化解的措施。

从上述协议或决议的内容来看，债委会成员一致行动原则并非一种空泛的“宣言”，而是对其成员单独采取诉讼、仲裁、保全、执行、申请破产清算、实现抵押权、限制消费等措施的明确限制，这类条款显然将对金融机构债权人的债权追偿工作造成实质障碍。

三、债委会成员违反一致行动原则可能面临的责任

（一）金融债委会可对违约方采取自律措施，监管部门可对违约方采取问责措施

根据原中国银监会办公厅《关于进一步做好银行业金融机构债权人委员会有关工作的通知》（银监办便函〔2017〕802号）及《工作规程》，债委会成员机构存在不履行其在债委会中相关职责、不遵守债委会按照约定的议事规则所作出的决议、擅自退出债委会或者其他影响债委会工作的情形的，债委会或者自律组织可以采取内部通报等自律性惩戒措施。因上述情形造成严重后果的，金融管理部门

可以采取约谈、向债委会成员机构总部通报等方式督促债委会成员机构规范行为。

在上述文件的指导下,大部分金融债委会都通过各种形式明确了债委会成员的问责机制。例如,康美药业金融债委会的债权人协议约定:

5.1 债委会成员存在不履行其在债委会中相关职责、不遵守或不执行债委会按照约定的议事规则所作出的决议、擅自退出债委会或者其他影响债委会工作的情形,或有其他违反本协议约定的情形的,债委会有权要求其限期纠正,并在债委会内部进行通报或采取其他自律性惩戒措施,并视情况向债委会成员机构总部和金融管理部门报告。

再如,凯迪集团金融债委会的债权人协议约定:

8.1 债委会成员有下列行为之一的,经债权人会议审议同意,可以提请行业协会依据《协会章程》和有关公约,采取业内通报、取消加入债委会资格、限制参加其他项目合作机会、取消会员资格等自律性惩戒措施。

8.1.1 拒不履行债委会决定的;

8.1.2 擅自退出债委会的;

8.1.3 擅自对债务人单独采取措施,损害债委会其他成员利益的。

8.2 对债委会成员拒不履行资产和债务处置方案或实施其他严重影响债务重组或处置顺利进行行为的,由相关监管部门采取约谈主要负责人、通报批评、加大检查力度等监管措施。

客观而言,自律措施(限期纠正、内部通报)和监管问责措施(约谈、通报批评、加大检查力度)都不算是强有力的问责机制,对债委会成员的实际威慑效果非常有限。在笔者参与的某企业金融债委会案例中,债委会成员拒绝执行债委会决议或违反一致行动原则单独行动的情形时有发生,但债委会主席团表现出较高的容忍度。例如,该债委会前几次债权人会议决议均要求其成员限期撤回对债务人的全部诉讼、保全措施,但因彼时债务人重组前景不明,大部分成员对决议并未遵照执行,债委会主席团也并未采取自律措施或向监管部门报告。毕竟,受制于监管要求,在债务人陷入危困状态时,金融机构追偿债权的压力非常大,在债务重组前景不明的情况下,要求各金融债权人步调完全一致,的确过于苛刻。

（二）债委会成员可能约定违约方的民事责任，但由债委会代表其成员起诉违约方存在制度障碍

除自律措施和监管问责措施外，债委会成员通常还会约定违约方的民事责任，例如，康美药业金融债委会的债权人协议约定：

5.2 违约方因违约行为获得利益的，债委会主席团有权代表债委会其他成员要求违约方返还所取得的利益，并将该利益在债委会范围内重新进行分配；如违约方因违约行为给其他债委会成员造成损失的，或影响债务风险化解工作进度的，债委会主席团有权代表债委会根据造成实际损失的情况要求违约方赔偿，或对违约方采取其他自律性惩戒措施。

从笔者参与的案例来看，大部分金融债委会文件中的违约责任条款都与上述第5.2条类似，甚至更为简单。那么，实践中如确实有成员出现违约行为，债委会真能够代表债委会成员提起诉讼吗？根据笔者的了解与检索，即使有些金融债委会成员严重违约，也从未出现债委会起诉该违约方的案例。

结合金融债委会运行的具体情况及现行法律规定，金融债委会对违约成员提起诉讼面临不少障碍。《民事诉讼法》第51条规定，公民、法人和其他组织可以作为民事诉讼的当事人。《最高人民法院关于适用〈中华人民共和国民事诉讼法〉的解释》第52条规定，《民事诉讼法》第51条规定的其他组织是指合法成立、有一定的组织机构和财产，但又不具备法人资格的组织。“其他组织的法律特征包括：第一，要求合法成立，必须是依照法律规定的程序和条件成立，法律上予以认可的组织。如果未经依法成立，则不具有其他组织的资格，应由直接责任人承担民事责任。第二，必须具有一定的组织机构，即有能够保证该组织正常活动的机构，比如，有自己的名称、场所，有自己的负责人和一定的职能部门和工作人员。第三，应当有一定的财产。必须具有能够单独支配的、与其经营规模和业务活动的内容和范围相适应的财产。第四，不具有法人资格，即不具备法人的条件，法律上没有取得法人资格。”[①]金融债委会虽为自律性组织，但其组织非常松散，通常没有固定办公场所，主席团、工作组等也与一般意义上的职能部门有明显差异，其工作人员也多为兼职。更重要的是，实践中，债委会并不具有能够单独支配的、与其经营规

① 最高人民法院修改后民事诉讼法贯彻实施工作领导小组编著：《最高人民法院民事诉讼法司法解释理解与适用》（上），人民法院出版社2015年版，第225－226页。

模和业务活动的内容和范围相适应的财产。因此,依照现行法律制度,金融债委会不太可能被认定为其他组织。另外,根据《民事诉讼法》第122条的规定,起诉必须符合的条件之一是原告是与本案有直接利害关系的公民、法人和其他组织。所谓"与本案有直接利害关系",是指当事人自己的民事权益受到侵害或与他人发生争议。只有为自己的民事权益而提起诉讼的人,才是本案的合格原告。[①] 金融债委会成员违反一致行动原则(通常就是单独起诉、推进执行或单独与债务人达成协议),即便能够被认定为发生侵害,其侵害的也是债委会成员的权益而非债委会的权益。如此,很难认定债委会与其成员的违约行为存在"直接利害关系"。

就学理而言,金融债委会作为非实体法上的权利主体,为其成员的利益以自己的名义提起诉讼,可以运用任意诉讼担当理论解决。按照学界的通常理解,所谓任意诉讼担当,是指实体法上的权利主体或者法律关系以外的第三人,为了自己的利益或者代表他人的利益,以正当当事人的地位提起诉讼,主张一项他人享有的权利,或基于他人法律关系所引发的争议,法院判决的效力及于原来的权利主体。[②] 任意诉讼担当可进一步分为法律规定的任意诉讼担当和扩大适用的任意诉讼担当,前者指法律明确允许一定类型案件中可以由他人进行诉讼担当,后者指解决多数人诉讼以外的其他形式的诉讼担当。[③] 在现行民事诉讼制度框架下,法律规定的任意诉讼担当可行,扩大适用的任意诉讼担当原则上不可行。典型的法定任意诉讼担当人如债券受托管理人,2019年修订的《证券法》第92条第3款规定:"债券发行人未能按期兑付债券本息的,债券受托管理人可以接受全部或者部分债券持有人的委托,以自己名义代表债券持有人提起、参加民事诉讼或者清算程序。"随后,《全国法院审理债券纠纷案件座谈会纪要》(法〔2020〕185号)明确:"债券发行人不能如约偿付债券本息或者出现债券募集文件约定的违约情形时,受托管理人根据债券募集文件、债券受托管理协议的约定或者债券持有人会议决议的授权,以自己的名义代表债券持有人提起、参加民事诉讼,或者申请发行人破产重整、破产清算的,人民法院应当依法予以受理。"至此,债券受托管理人的

---

① 参见全国人民代表大会常务委员会法制工作委员会编:《中华人民共和国民事诉讼法释义》,法律出版社2012年版,第292页。

② 参见纪格非:《功能视角下任意诉讼担当的类型研究》,载《东方法学》2020年第2期。

③ 参见肖建华:《诉权与实体权利主体相分离的类型化分析》,载《法学评论》2002年第1期。

诉讼地位方才正式明确。

未来随着金融债委会制度不断成熟，相关诉讼案件预计将会增加，为方便诉讼、提高效率，有关机构有可能会发布相关规定或司法政策，适当允许金融债委会作为诉讼担当人，为其自己或债委会成员的利益向违反一致行动原则的成员提起诉讼。

四、债委会成员可以违反一致行动原则单独起诉债务人，但其诉讼请求可能会被驳回

《最高人民法院公报》2022 年第 5 期刊登了（2021）最高法民申 2707 号金融借款合同纠纷案，该案的基本案情为：金融债委会参与债务人的债务重组，济南招行系债委会成员，重组过程中，济南招行与各方签署系列债务重组协议。债务重组协议约定延长债务人还款期限 8 年，债务到期前，各债权银行应采取借新还旧等方式确保贷款到期续作，并约定：任何一方不得单方面或联合其他方与债务人就其债权达成除债务重组协议以外的任何协议，除经债委会同意外不得单独或联合其他方处置（包括但不限于起诉、查封、变卖、拍卖、扣划等）债务人的资产；债委会各成员不履行债务重组协议，抽回资金或违约单独采取保全行动的，应在债委会指定的日期内予以纠正，对不及时纠正违约行为的债权人，应赔偿其他债权人的损失。前述债务重组协议签署后，金融债委会又召开债权人会议并形成《会议纪要》，再次明确债权人应按照债务重组协议要求，及时通过借新还旧、展期等方式办理到期贷款的续作。济南招行派员参加了前述债权人会议。在债务重组协议约定的债务重组到期日前，济南招行单独起诉要求债务人还款。该案历经济南市中级人民法院一审、山东省高级人民法院二审以及最高人民法院再审，最高人民法院最终驳回了济南招行的全部诉讼请求。

本案中，最高人民法院对债委会成员违反一致行动原则单独起诉债务人的相关法律问题作出了回应，有如下观点值得关注。

第一，关于债务重组协议的效力。最高人民法院肯定了系列债务重组协议的效力，并认定济南招行作为债务重组协议的签署人，应受系列债务重组协议的约束。

第二，关于《会议纪要》的效力。最高人民法院关注到如下事实：（1）债委会

在系列债务重组协议框架下开展工作,《会议纪要》的主要内容符合系列债务重组协议的约定,是系列债务重组协议的延续;(2)债务重组协议是债委会共同协商后作出的共同意思表示,债务重组协议约定债委会成员应当一致行动,济南招行作为债务重组协议的签署人,承诺与其他债权银行一致行动,其应当执行债委会的决定;(3)济南招行派员参与了本次债权人会议;(4)《会议纪要》符合监管规定中债委会决定重大事项的表决条件;[①](5)其他债权银行都没有提出异议。基于前述内容,最高人民法院认定济南招行单方不履行《会议纪要》,单独提起诉讼,缺乏事实和法律依据。

第三,本案应当驳回诉讼请求还是驳回起诉。最高人民法院认为,驳回起诉是为解决诉讼程序上的问题,驳回诉讼请求处理的是实体上的权利义务关系。济南招行起诉符合《民事诉讼法》规定的起诉条件,不应予以驳回。同时认为"本案债委会各成员约定,除经债委会同意外不得单独或联合其他方通过起诉、查封、变卖、拍卖、扣划等方式处置债务人的资产,该约定是债委会集体意志的体现,是债委会各成员单位真实意思表示,不违反法律法规的规定。济南招行作为债委会成员,承诺与其他债权银行一致行动,在未征得债委会同意,且未到债务重组协议约定的履行期限的情况下,其主张的本案债权尚不符合实现条件"。因此,应当驳回济南招行的诉讼请求。

除上述案例外,在(2021)京74民初224号金融借款合同纠纷案中,北京金融法院也采用了类似的审理思路。根据该案判决书,资管公司系金融债委会成员,债务重组过程中,金融债委会通过决议并形成会议纪要,对债务人的债务予以展期,资管公司的内部批复显示该公司原则同意会议纪要的内容。后资管公司在展期后的债务期限届满前提起诉讼,法院最终驳回了资管公司的诉讼请求。

由此可见,债委会成员的诉权不因其一致行动的承诺而被剥夺,但其诉讼请求有较大概率被驳回。

---

① 当时对金融债委会的主要监管文件为原中国银监会办公厅《关于做好银行业金融机构债权人委员会有关工作的通知》,该通知第9条第2款规定:"债委会重大事项的确定,原则上应当同时符合以下条件:一是经占金融债权总金额的三分之二以上比例债委会成员同意;二是经全体债委会成员过半数同意。"

五、对于金融机构债权人的建议

综上所述，债委会成员签署包含一致行动原则的协议，或者债权人会议经合法程序决定各成员应遵守一致行动原则，则债委会成员应予以遵守。如债委会成员违约单独对债务人采取行动，除可能被采取自律措施或承担监管责任外，其对债务人的诉讼请求可能会被法院驳回。因此，金融机构债权人在参与金融债务重组时，应仔细审阅包含债委会成员一致行动原则的文件，审慎作出决策或采取行动。具体而言，笔者提出以下建议。

首先，综合考量决定是否加入金融债委会。实践中，不同债权的追偿难度不同，有的债权有充分担保，有的则是纯信用债权。金融机构应综合考量加入金融债委会的利弊得失，如金融机构的债权有充分的担保措施，追偿难度不大，可以选择不加入金融债委会，以免受一致行动原则的掣肘。例如，在H公司的债务重组过程中，信托公司在2021年2月就曾以H公司拉长还款期限、要求信托公司对应收账款质押进行解押等条件过于苛刻为由，一度拒绝加入H公司债委会，并准备启动司法程序。①

其次，加入金融债委会后，在参与金融债委会工作过程中，金融机构应仔细审核债权人协议、债委会议事规则、债权人会议表决议案及债务重组协议等文本，尽可能地通过协商、谈判等方式限缩一致行动原则的适用范围。例如，康美药业债委会债权人协议即约定“在不损害其他债权人利益的前提下，债权人可对其单独享有的原债权抵质押财产自主处置，在采取处置措施前应提前五个工作日报备债委会工作组”，有力保障了享有优先权的债委会成员的合法权益，这一条款应该就是各方博弈后的结果。实践中，单一债权人争取这类条款的难度较大，建议联合其他成员共同提出要求，以增加成功的机会。

再次，如金融机构认为债权人会议决议的内容或程序违法，应及时向债委会主席团或工作组提出异议，并明确表示反对意见。必要时，可联合其他成员共同提出异议。

最后，并非所有金融债委会成员违反一致行动原则单独起诉债务人的诉讼请

---

① 参见杨卓卿：《定了！华夏幸福与中融信托签约，60亿延期项目5年内还清》，载证券时报网2023年1月20日，http://www.stcn.com/article/detail/780621.html。

求都不会被支持。(2021)最高法民申2707号案和(2021)京74民初224号案有其特殊性:两案的债权人均在同意债务展期后又在展期后的债务到期前起诉,诉讼请求缺乏合同依据。但实践中,一些金融债委会在其成立伊始或债务重组早期债务人的债务尚未获得展期的情况下,就要求其成员不得单独采取诉讼、执行等行动。这种情况下,债委会成员单独起诉债务人,并不缺乏实体合同依据。另外,如债委会决议存在内容违法(与其他文件有明显冲突、引发很多成员抗议等)或程序瑕疵(通知、表决程序不符合约定或规定)情形,金融机构可以在诉讼中主张决议无效或对自己不产生拘束力。因此,笔者认为,必要时金融机构仍可对债务人单独采取诉讼、仲裁或执行等措施。

解析跨境融资交易中的非对称管辖条款

陆 菁* 叶欣怡

* 作者简介：

陆菁，中伦律师事务所上海办公室公司业务部合伙人，电邮为：shirleylu@ zhonglun. com。

我们在跨境融资交易中时常会见到非对称管辖条款的身影,该条款对融资交易双方选择管辖法院的权利进行了不对称约定,常用于保护贷款人一方的利益。《全国法院涉外商事海事审判工作座谈会会议纪要》明确认可了非对称管辖条款的效力,但由于不同司法管辖区的民事诉讼法律的差异,使该条款在不同司法管辖区的具体适用中存在不尽相同的效果。本文将结合跨境融资交易实务介绍非对称管辖条款在不同法域的效力、对跨境认可和执行判决的影响,并提供有关该条款的实操分析及建议。

一、非对称管辖条款的含义

非对称管辖条款(asymmetric jurisdiction clauses)常见于跨境贷款文件中,该条款限制借款人一方在提起诉讼时仅可选择某一特定司法管辖区的法院,但同时赋予贷款人可在多个司法管辖区起诉的权利,具体约定举例如下①:

(a) The courts of [England] have exclusive jurisdiction to settle any dispute arising out of or in connection with this Agreement (including any dispute regarding the existence, validity or termination of this Agreement) or any non-contractual obligation arising out of or in connection with this Agreement; (a "Dispute")

[英国]法院对由于本协议产生或与之有关的任何争议(包括关于本协议的存在、效力或终止的争议)或因本协议而产生的或与本协议有关的任何非合同义务(下称"争议")的解决,具有排他管辖权;

(b) Notwithstanding paragraph (a) above, no Lender shall be prevented from taking proceedings relating to a Dispute in any other courts with jurisdiction. To the extent allowed by law, the Lender may take concurrent proceedings in any number of jurisdictions.

尽管有上述(a)段规定,不应阻止贷款人在任何其他具有管辖权的法院提出与争议有关的法律程序。在法律许可的范围内,贷款人可在任何数目的司法管辖区内同时提起法律程序。

从上述内容可以看出,非对称管辖条款旨在赋予贷款人在争议解决方面更加

① See Asia Pacific Loan Market Association (APLMA): Single Borrower Single Guarantor Single Currency Term Facility Agreement.

多元的选择权,这既是跨境融资交易长期以来形成的惯例,也有交易各方当事人利益博弈的因素。在融资交易中,贷款人通常处于较为强势的地位,该条款能够更好地保护贷款人的利益,也便于贷款人更加灵活地管理跨境诉讼的整体风险。

二、不同法域中非对称管辖条款的效力

在跨境融资交易中,非对称管辖条款被广泛适用,考虑到借款人和其他担保提供方的主要资产常分布于不同国家和地区,该条款的效力能否得到当地法院的认可就显得至关重要。

(一)中国内地

中国内地法院对非对称管辖条款的效力持肯定态度。最高人民法院于2021年12月发布了《全国法院涉外商事海事审判工作座谈会会议纪要》,肯定了涉外商事领域中非对称管辖条款的法律效力,明确规定除属于《民事诉讼法》已规定专属管辖的特定事项以外,若当事人以显失公平为由主张非对称管辖条款无效,人民法院不予支持。①

事实上,在该纪要发布之前,非对称管辖条款的效力就已得到了各地人民法院的认可。

一方面,法院认可贷款人/债权人拥有在合同约定以外的其他有管辖权的司法管辖区提起诉讼的权利。例如,由福建省高级人民法院二审维持原裁定的(2020)闽72民初239号案中,《个人保证书》第9条有如下约定:

9.1 为了船东的利益,并根据下文第9.4条,每一个担保人特此不可撤销地同意香港法院拥有排他管辖权。

……

9.4 第9条中的任何内容均未限制船东就本担保书在任何其他法院和/或同时在多个司法管辖区内向任何个人担保人提起诉讼(包括第三方诉讼)的权利或申请临时救济方法的权利。船东在一个司法管辖区内取得判决,不妨碍船东在

---

① 《全国法院涉外商事海事审判工作座谈会会议纪要》第2条规定:"涉外合同或者其他财产权益纠纷的当事人签订的管辖协议明确约定一方当事人可以从一个以上国家的法院中选择某国法院提起诉讼,而另一方当事人仅能向一个特定国家的法院提起诉讼,当事人以显失公平为由主张该管辖协议无效的,人民法院不予支持;但管辖协议涉及消费者、劳动者权益或者违反民事诉讼法专属管辖规定的除外。"

任何其他司法管辖区内提起或继续进行诉讼,不论此类诉讼是否以同一诉因为依据。

一审法院在该案的裁定书中指出,"《个人担保书》第9.1条、第9.4条亦为非对称排他管辖条款,即仅在债权人选择香港法院起诉时,香港法院享有排他管辖权,但不排除债权人选择香港以外的其他法院起诉的权利。本案原告未选择香港法院起诉,而是选择厦门海事法院起诉,符合合同约定及内地法律规定"。该案例被最高人民法院选为2020年全国海事审判典型案例之一,并指出"本案认定非对称管辖权条款有效,体现了对当事人意思自治的充分尊重,符合国际商事海事交往的发展趋势和实践需求"。

另一方面,法院也认为借款人/担保方应当受到非对称管辖条款的约束和限制,仅能向合同约定的特定司法管辖区的法院提起诉讼。

例如,在(2020)京民终321号案中,A信托公司和B公司(作为保证人)签订了一份《保证协议》,该协议第7.2条约定了非对称管辖条款,具体约定如下:

保证人同意(i)为了受托人和债券持有人的利益对因本保证协议所产生的或与之相关的争议,香港特别行政区法院拥有排他的司法管辖权……及(iii)相应地,其不会主张任何其他法院更适当或更方便代表其接受任何传票的送达。

北京市高级人民法院认为,上述约定属于B公司通过《保证协议》对己方起诉的管辖法院进行了选择,同意其只能向香港特别行政区法院提起与合同有关的诉讼,系B公司依法行使和处分其诉讼权利,在不违反级别管辖及专属管辖的情况下,该管辖条款合法有效。

(二)我国香港特别行政区

香港法院对于非对称管辖条款也持明确的支持态度。[2020] HKCFI 322号案是香港法院确认非对称管辖条款有效性的典型案例。在该案中,C银行向D公司提供贷款授信额度,D公司以其名下位于广州市天河区的多处房产向C银行提供抵押担保。C银行按约提供了贷款,但D公司未履行还款义务,C银行在香港法院起诉D公司偿还贷款本息。案涉授信函第34.1条为非对称管辖条款:

(a) Subject to paragraph (c) below, the courts of Hong Kong have exclusive jurisdiction to settle any dispute arising out of or in connection with this Agreement (including a dispute regarding the existence, validity or termination of this Agreement) (a "Dispute").

…

(c) This Clause 34.1 is for the benefit of the Lender only. As a result, the Lender shall not be prevented from taking proceedings relating to a Dispute in any other courts with jurisdiction. To the extent allowed by law, the Lender may take concurrent proceedings in any number of jurisdictions.

香港法院认可了该条款的有效性,并在C银行申请将香港生效判决拿到内地执行的相关裁定中指出:若D公司起诉C银行,则其必须在香港起诉,香港法院具有专属管辖权;若C银行起诉D公司,那么其不仅可以选择在香港起诉,而且可以选择在香港以外其他有管辖权的法院起诉。

(三)其他司法管辖区

英国长期以来一直认可非对称管辖条款的效力。例如,在A4/2019/3128号案中,《贷款协议》第33.1条约定了非对称管辖,各方同意英国法院对贷款所涉争议具有管辖权,但贷款人仍可以在其他有管辖权的法院提起诉讼。英国上诉法院认可了案涉《贷款协议》第33.1条的效力,并指出非对称管辖条款在英国被广泛用于实现各方合法的商业目的,且至少已有25年历史。①

但包括法国在内的某些欧盟成员国法院并不认可该条款的效力。例如,法国最高法院在2012年的11-26.022号案中认定非对称管辖条款无效,理由是该条款违反《法国民法典》第1170条和第1174条以及欧盟《布鲁塞尔一号规约》(Brussels I Regulation, Regulation No. 44/2001,该规约是欧盟国家签署的、仅在欧盟内部通行的民事诉讼法律文件)的规定。② 2015年,法国最高法院在一家法国公司与一家瑞士银行之间的诉讼案件(案号:13-27.264)中再次否定了非对称管辖条款的效力。③

---

① [2020] EWCA Civ 1707, Case No. A4/2019/3128. See https://www.bailii.org/ew/cases/EWCA/Civ/2020/1707.html.

② First Civil Chamber of the Cour de Cassation, 26 September 2012, Case No. 11-26.022. See https://www.legifrance.gouv.fr/juri/id/JURITEXT000026431679?init=true&page=1&query=11-26.022&searchField=ALL&tab_selection=all.

③ First Civil Chamber of the Cour de Cassation, 25 March 2015, Case No. 13-27.264. See https://www.legifrance.gouv.fr/juri/id/JURITEXT000030409294?init=true&page=1&query=25+mars+2015%2C+13-27.264&searchField=ALL&tab_selection=all.

三、非对称管辖条款的跨境认可与执行——以内地与我国香港特别行政区之间判决的认可与执行为例

尽管非对称管辖条款本身的效力在多数司法管辖区得到认可,但由于非对称管辖条款赋予贷款人在不止一个司法管辖区的法院起诉的权利,因此对于贷款人而言,还需要考虑依据非对称管辖条款在某一司法管辖区获得的生效判决是否能够在另一司法管辖区得到认可和执行。

就相互认可和执行判决而言,目前中国与其他国家或地区订立的条约数量极少,故本文以内地和香港特别行政区之间相互认可和执行判决的安排为例展开讨论。虽然前文提及的非对称管辖条款本身的效力在内地和香港特别行政区均得到认可,但该条款赋予贷款人可在多个司法管辖区的法院起诉的权利却与内地和香港特别行政区之间现行有效的相互认可和执行民商事判决的制度要求不符,因此依据非对称管辖条款起诉而获得的生效判决很难通过现有的司法协助安排在内地与香港特别行政区之间得到相互认可和执行。

(一)法律规定

内地与香港特别行政区之间在相互认可和执行判决方面,现行有效的规定是最高人民法院与香港特别行政区政府于 2006 年达成的相互认可和执行民商事案件判决的司法协助安排。就该安排的具体落实,两地所颁布的法规如下。

最高人民法院于 2008 年 7 月发布了《关于内地与香港特别行政区法院相互认可和执行当事人协议管辖的民商事案件判决的安排》(法释〔2008〕9 号,以下简称法释 9 号文)。法释 9 号文于 2008 年 8 月 1 日起生效实施,其第 3 条第 1 款规定:“本安排所称‘书面管辖协议’,是指当事人为解决与特定法律关系有关的已经发生或者可能发生的争议,自本安排生效之日起,以书面形式明确约定内地人民法院或者香港特别行政区法院具有唯一管辖权的协议。”换言之,如果当事人希望依据法释 9 号文向内地法院申请认可并执行某项香港法院作出的生效判决,需要满足案涉书面管辖协议具有唯一管辖权的条件,即香港特别行政区法院对案件具有唯一管辖权。

香港高等法院于 2008 年发布了《内地判决(交互强制执行)条例》(香港法例第 597 章,以下简称强执条例,经 2019 年修订),强执条例与法释 9 号文同日生效。

强执条例第 3 条(选用香港法院协议和选用内地法院协议的涵义)第 1 款、第 2 款也同样规定了管辖协议必须选择香港法院或者内地法院处理争议,并且其他司法管辖区的法院无权处理该等争议。①

(二)司法实践

总体而言,强执条例和法释 9 号文均明确规定管辖条款所约定的法院须符合具有唯一管辖权的要求,而非对称管辖条款的本质违背了唯一管辖权的要求,因此难以通过强执条例或法释 9 号文在对方司法管辖区得到认可和执行。

在前文提到的[2020] HKCFI 322 号案中,案涉授信函约定了非对称管辖的内容,虽然香港法院认定非对称管辖条款有效,且 C 银行已在香港法院获得了胜诉判决,但是在 C 银行申请在内地执行该香港判决时,香港高等法院却明确拒绝发出用于在内地强制执行香港判决的相关证明文书,理由是授信函中的非对称管辖条款未排除其他司法管辖区的法院处理该等争议的权力,管辖权具有不确定性,与强执条例第 3 条"选用香港法院协议"中限制唯一管辖权的立法目的不符。

在笔者检索到的内地法院有关认可和执行香港判决的案例中,尚未见到包含非对称管辖条款的民商事判决在内地法院得到认可并执行的情形,得以被内地法院认可并执行的案件中所涉管辖协议大多约定了唯一性的排他管辖,或者虽未明确约定唯一性管辖但也不含非对称管辖的内容。例如,在(2018)沪认复 1 号案中,E 银行与李某签订《担保书》,《担保书》第 29 条明确约定"担保人兹不可撤销地接受香港法院的专属司法管辖权",故上海市高级人民法院认定双方在签订协议时已经以书面形式明确约定香港法院对涉诉争议具有唯一管辖权,符合法释 9 号文所述的"书面管辖协议"的要求。又如,在(2019)京 04 认港 4 号案中,交易各方签订了一份《框架协议》,《框架协议》第 10.2 条约定"各方不可撤销的同意香港特别行政区法院拥有唯一的司法管辖权",法院也认为符合法释 9 号文的规定。

---

① 《内地判决(交互强制执行)条例》(香港法例第 597 章)第 3 条(选用香港法院协议和选用内地法院协议的涵义)规定:"(1)在本条例中……选用香港法院协议(choice of Hong Kong court agreement)指由指明合约的各方订立的协议,该协议指明由香港法院或某香港法院裁定在或可能在与该指明合约有关连的情况下产生的争议,而其他司法管辖区的法院则无权处理该等争议;(2)在本条例中……选用内地法院协议(choice of Mainland court agreement)指由指明合约的各方订立的协议,该协议指明由内地法院或某内地法院裁定在或可能在与该指明合约有关连的情况下产生的争议,而其他司法管辖区的法院则无权处理该等争议……"

由此可见，内地法院与香港法院的态度总体保持一致，要求协议所约定的管辖权具有唯一性。

（三）内地和香港相关司法协助的最新发展

值得关注的是，从目前内地和香港相互认可和执行民商事案件判决的立法趋势来看，管辖权唯一性的限制将会被突破。2019 年，最高人民法院与香港特别行政区政府作出了《关于内地与香港特别行政区法院相互认可和执行民商事案件判决的安排》（以下简称 2019 年安排）。2019 年安排删去了法释 9 号文和强执条例中对于司法管辖权需具有唯一性的要求，这意味着非对称管辖条款将不再成为两地之间相互认可和执行民商事判决的阻碍。截至 2023 年 5 月，2019 年安排暂未在内地和香港生效实施，待 2019 年安排正式生效实施后，非对称管辖条款在内地和香港相互认可与执行判决领域将会得到认可。

四、非对称管辖条款在跨境融资交易中的实操分析与建议

在跨境融资交易中，非对称管辖条款为贷款人在争议解决方面带来了较高的灵活性，且该条款的效力在大部分司法管辖区得到认可，但不可否认的是，非对称管辖条款也可能会给跨境认可与执行判决带来一定程度的障碍。鉴于此，在确定相关融资文件的管辖条款时，贷款人应结合借款人和担保方的营业地、主要资产所在地以及诉讼便利性和效率性等一系列因素综合考虑是否设置非对称管辖条款。

笔者拟通过以下案例，讨论在现行法律框架下是否设置非对称管辖条款对于贷款人在诉讼和执行阶段的不同影响。

假设贷款人甲为一家香港银行，借款人乙为一家香港公司，甲银行向乙公司提供一笔贷款，贷款合同约定选择香港法院对争议进行管辖。保证人丙为一家内地公司，主要资产位于内地，其就乙公司对甲银行的还款义务提供保证（如图 1 所示）。

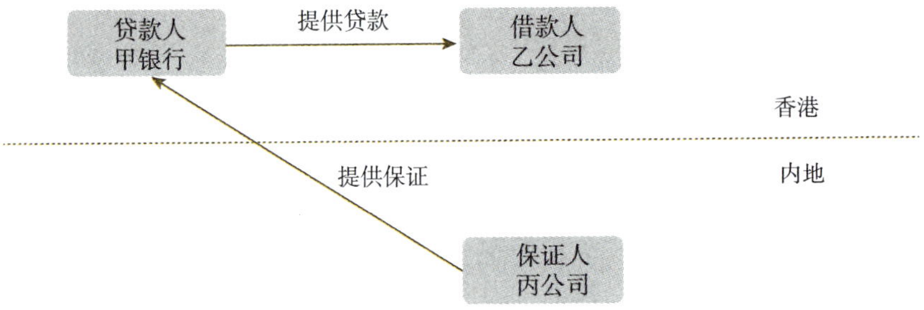

图 1　假设案例的法律关系

假设甲银行提供贷款后乙公司未能按时还款，甲银行拟将丙公司诉至法院以实现其在保证合同项下的权利时，保证合同的管辖条款有以下几种情形（见表 1）。

表 1　保证合同的管辖条款情形

<table>
<tr><td></td><td>①约定内地法院具有唯一管辖权
②约定非对称管辖条款并选择在内地法院起诉</td><td>③约定香港法院具有唯一管辖权</td><td>④约定非对称管辖条款并选择在香港法院起诉</td></tr>
<tr><td rowspan="2">利</td><td rowspan="2">➢ 实现担保便利：在内地法院起诉后可以直接在内地执行判决</td><td colspan="2">➢ 诉讼效率提升：可与贷款合同一并在香港法院起诉</td></tr>
<tr><td colspan="2">➢ 司法程序便利：司法程序较为便捷</td></tr>
<tr><td rowspan="2">弊</td><td>➢ 诉讼效率降低：贷款合同项下欠款需要单独向香港法院起诉予以确认</td><td rowspan="2">➢ 实现担保不便：香港法院的生效判决需要向内地法院申请认可和执行</td><td rowspan="2">➢ 实现担保不便：香港法院的生效判决无法在内地获得认可和执行，需要就保证合同在内地法院提起平行诉讼</td></tr>
<tr><td>➢ 司法程序不便：起诉时对于域外形成的证据需办理公证认证手续，且涉外诉讼程序时间长</td></tr>
</table>

最高人民法院《关于适用〈中华人民共和国民事诉讼法〉的解释》第 531 条规定："中华人民共和国法院和外国法院都有管辖权的案件，一方当事人向外国法院起诉，而另一方当事人向中华人民共和国法院起诉的，人民法院可予受理。判决后，外国法院申请或者当事人请求人民法院承认和执行外国法院对本案作出的判决、裁定的，不予准许；但双方共同缔结或者参加的国际条约另有规定的除外。外国法院判决、裁定已经被人民法院承认，当事人就同一争议向人民法院起诉的，人民法院不予受理。"

从上述比对可以看出，在不同情形之下，诉讼程序的高效性和担保实现的便利性二者难以兼得。当保证合同包含非对称管辖条款时，贷款人无论是如情形②选择在内地法院起诉，还是如情形④选择在香港法院起诉并在内地法院提起平行诉讼，其效果与保证合同不包含非对称管辖条款且约定内地法院具有唯一管辖权（情形①）基本相同。因而，通常情况下贷款人会倾向于在保证合同中约定非对称管辖条款从而将选择权保留至采取诉讼行动时，而不是在合同订立阶段就约定某一地法院具有唯一管辖权。

五、结语

综上所述，在跨境融资交易中，是否在融资文件中设置非对称管辖条款需要考虑多方面因素，如贷款交易和担保安排的整体架构、担保资产的特性和所在地、交易结构中所涉不同地区的司法环境、跨境认可与执行判决等。根据笔者的实务经验，基于非对称管辖条款赋予贷款人在诉讼地点选择上的灵活性、便利性，以及该条款本身广泛的接受度，选择设置非对称管辖条款仍然是目前跨境融资交易中的主流安排。

（李耿君对本文亦有贡献）

关于在英进行跨境绿色融资主要路径的常见问答

李诚容* 高 曦

* 作者简介：
李诚容，中伦律师事务所伦敦办公室公司业务部非权益合伙人，电邮为：PaulLi@ zhonglun. com。

一、绿色债券

绿色债券作为绿色金融的重要组成部分，对于中资企业在英开展跨境绿色金融交易具有关键价值。绿色债券具有发行成本较低、收益相对稳定、可预见性强、监管限制较少、可享受专项政策支持等多重优势。近年来，国际绿色债券市场的相关标准和政策不断趋于完善，绿色债券在中英两国均已步入蓬勃发展的阶段。中国是绿色债券的主要发行国家，2020 年其绿色债券的市场参与主体较以往更为丰富，发行期限也日益灵活。同时，中国还相继出台了一系列重点政策支持绿色金融，进一步统一国内绿色债券标准，优化发行制度，并与国际市场接轨。在亚欧大陆的另一边，伦敦证券交易所（以下简称伦交所）作为全球第一家为绿色债券设立专门板块的交易所，也在不断搭建与完善绿色金融交易平台与交易机制，并于近期向发行方提供了一系列有效的工具，以期进一步提高绿色债券市场的透明度，给予发行方更大的灵活性。除了绿色债券之外，可持续发展的理念催生了多样的债券品种，包括社会责任债券、可持续发展债券以及可持续发展挂钩债券等，不断吸引着各种各样的发行主体进入债券市场。基于英国在全球金融市场的领先地位，结合中国支持绿色金融发展的积极政策举措，中英两国在跨境绿色融资领域无疑拥有广阔的合作前景。

笔者曾于 2021 年 7 月发表文章《关于中资企业在英开展跨境绿色金融交易的常见问答》[①]，旨在整体介绍英国绿色金融交易模式的基本背景与绿色贷款方面的注意事项。本文的第一部分将主要关注债券这一在伦敦证券交易市场上颇受欢迎的融资工具，并以问答的形式整理出了绿色债券、可持续发展债券以及可持续发展挂钩债券主题下值得关注的几大问题，以期为中资企业在英国开展绿色金融相关业务提供有益的参考。

问题一：发行绿色债券需要遵守哪些规范和标准？

答：在全球范围内，最广为接受的绿色债券发行标准是国际资本市场协会

---

① 李诚容、高曦：《关于中资企业在英开展跨境绿色金融交易的常见问答》，载微信公众号“中伦视界”2021 年 7 月 21 日，https://mp. weixin. qq. com/s/l72Vj7u1nSvCtGzZM3sSng。

(International Capital Market Association, ICMA)发布的《绿色债券原则》①[Green Bond Principles (June 2021), GBP] 和国际非营利组织气候债券倡议组织(The Climate Bond Initiative, CBI)发布的《气候债券标准》②(Climate Bonds Standard, CBS)。

首先,《绿色债券原则》并非强制性要求,而是一套行业自愿遵守的流程性指引和指导方针,旨在为发行人提供清晰的债券发行流程和信息披露框架。它强调发行人需遵循包含"四大核心要素"和"两大重点建议"的信息披露框架向利益相关方进行报告,且需保证所披露的信息透明、准确及真实。③ 该要求同样适用于社会责任债券和可持续发展债券的认定和发行。

具体而言,《绿色债券原则》提出了四大核心要素:募集资金用途(Use of Proceeds)、项目评估与遴选流程(Process for Project Evaluation and Selection)、募集资金管理(Management of Proceeds)以及报告(Reporting)。还提出了两大重点建议:绿色债券框架(Green Bond Frameworks)以及外部评审(External Reviews)。

需要注意的是,绿色债券不可随意与不符合上述四大核心要素的债券转换或合并,只有严格遵循四大核心要素的债券才属于绿色债券。另外,遵循以往版本《绿色债券发行人指引》(Green Bond Guidance)所发行的债券视同符合《绿色债券原则》的相关要求。④

其次,《气候债券标准》虽然在性质上和《绿色债券原则》一样,也属于自愿性准则,但两者在具体内容上有所区别。

第一,《气候债券标准》在内容上更为广泛,且更具可操作性。

《气候债券标准》是气候债券倡议组织在《绿色债券原则》的基础上开发的。

---

① International Capital Market Association, Green Bond Principles, ICMA (Jun. 1, 2021), https://www.icmagroup.org/assets/documents/Sustainable-finance/2021-updates/Green-Bond-Principles-June-2021-140621.pdf.

② Climate Bonds Initiative, , Climate Bonds Standard V4.0, CBI (Apr., 2023), https://www.climatebonds.net/climate-bonds-standard-v4.

③ International Capital Market Association, Green Bond Principles, ICMA (Jun. 1, 2021), https://www.icmagroup.org/assets/documents/Sustainable-finance/2021-updates/Green-Bond-Principles-June-2021-140621.pdf.

④ International Capital Market Association, Green Bond Principles, ICMA (Jun. 1, 2021), https://www.icmagroup.org/assets/documents/Sustainable-finance/2021-updates/Green-Bond-Principles-June-2021-140621.pdf.

作为一个旨在帮助投资者和中介机构更容易地评估债券绿色属性及其真实性的工具,《气候债券标准》的重点在于为不同的市场参与者提供具体可实施的指导方针和认证监督程序。相较于《绿色债券原则》,《气候债券标准》围绕募集资金用途、收益管理、信息披露等方面向发行人提出了更细致、更清晰的要求,①为审核者提供了工作细节上的指导,为投资者阐释了债券认证如何保证绿色债券的真实性等内容。

第二,《气候债券标准》提供了更为详细的行业标准和投资机会指引。

《气候债券标准》明确了哪些特定的绿色资产和项目有助于实现绿色经济转型以符合《巴黎协定》(Paris Agreement)的要求,并介绍了气候债券倡议组织审查贴标债券以及将其纳入绿色债券名单时所依据的气候债券分类法(Climate Bonds Taxonomy),概述了全球主要经济部门的投资机会。此外,《气候债券标准》还专门提供了一套绿色资格标准(Sector Eligibility Criteria)供参考和遵循,与主要揭示绿色债券项目的广泛类别的《绿色债券原则》相比可操作性更强。

第三,《气候债券标准》规定了强制性的内容,《绿色债券原则》则主要为建议性质。

例如,两份文件都提到了在债券发行前和存续期,由发行人任命一个第三方审核者。《气候债券标准》强制要求该审核者必须被气候债券标准委员会所认证,即成为授权核查机构(approved verifiers)②后才有权就债券是否满足《气候债券标准》的环境和财务要求提供正式保证报告(assurance report)。《绿色债券原则》则仅"强烈建议"发行人在债券存续期间聘请外部审计师或其他第三方机构对发行人募集资金管理进行复核。在英国,发行方提供用来证明其所发行债券的绿色特性的相关第三方文件,是伦交所指定绿色债券平台的准入条件之一。发行方可以自主选择出具前述证明文件的第三方机构,但需要书面确认该机构满足伦交所的相关资格要求。③

---

① 参见《绿色债券的国际实践和经验借鉴》,载新浪财经网,https://finance. sina. com. cn/money/bond/2021 - 06 - 09/doc - ikqcfnca0127662. shtml。

② London Stock Exchange, *Green Bonds Factsheet*, LSEG(Oct. 2015), https://www. lseg. com/sites/default/files/content/documents/Green%20bonds%20factsheet%20Chinese. pdf.

③ Climate Bonds Initiative, Climate Bonds Standard V4.0, CBI(Apr. 2023), https://www. climate-bonds. net/climate - bonds - standard - v4.

又如,《气候债券标准》不仅对绿色债券框架文件作出了明确定义,还将其纳入了强制披露的范围,规定在发行前或发行时,该文件必须向公众公开披露。在发行后,更新报告(ongoing reporting)在存续期内亦需要遵循年度公开披露要求,特别是涉及资金分配(allocation)和合格性(eligibility)的信息披露对于所有认证债务工具都是强制性的。① 对比之下,《绿色债券原则》仅"强烈建议"发行人在发行前委任外部评审机构确认其绿色债券框架遵循四个核心要素。

问题二:绿色债券有哪几种类型?

答:《绿色债券原则》中提出了四类绿色债券②,这些债券的类别及其特点分别为:

· 标准绿色债券(Standard Green Use of Proceeds Bond)。符合《绿色债券原则》要求,对发行人有追索权的债务工具。

· 绿色收益债券(Green Revenue Bond)。符合《绿色债券原则》要求,对发行人无追索权的债务工具。债券的信用风险敞口涉及收入、收费、税收等质押现金流,债券募集资金用于与现金流来源相关或不相关的绿色项目。

· 绿色项目债券(Green Project Bond)。符合《绿色债券原则》要求,对应一个或多个绿色项目的债务工具。投资者直接承担项目风险敞口,可能对发行人有追索权。

· 绿色资产支持证券(Green Securitised Bond)。符合《绿色债券原则》要求,由某一个或多个具体绿色项目作为抵押的债务工具,包括但不限于资产担保债券、资产支持证券、住宅抵押贷款支持证券和其他结构。此类绿色债券的偿债资金的首要来源一般是资产的现金流。

问题三:发行人在可持续债券市场(Sustainable Bond Market, SBM)的准入条

---

① International Capital Market Association, Green Bond Principles, ICMA (Jun. 1,2021), https://www.icmagroup.org/assets/documents/Sustainable – finance/2021 – updates/Green – Bond – Principles – June – 2021 – 140621.pdf.

② London Stock Exchange, Sustainable Bond Market (SBM) Factsheet, LSEG (Feb. 19,2021), https://docs.londonstockexchange.com/sites/default/files/documents/sbm_factsheet_feb_2021.pdf; London Stock Exchange, London: The Global Centre for Sustainable Investment, UNEPFI (Apr. ,2021), https://www.unepfi.org/wordpress/wp – content/uploads/2021/03/Chile – event.pdf.

件有哪些?①

答:1. 综合监管规则、证券结构以及投资者要求先选择适合自身债券情况的伦交所某一准入市场;

2. 向伦交所提交完整的可持续债券市场声明和申请表格(SBM Declaration and Application Form),具体内容包括:

(1)发行人需选定债券所属的类型:

· 具有特定募集资金用途的债券(use of proceeds certified bonds)(又可以分为绿色债券、社会责任债券和可持续发展债券)。

· 发行人层级债券(issuer - level certified bonds)。从发行人层面考虑,适合那些业务结构单一(pure - play)的发行人,即发行人经营的核心业务就是与绿色经济相关的业务。该子市场下又有两个子集供发行人选择:一是发行人证明绿色产品收入(green revenues)占比 90% 以上且拥有经官方认可的"绿色经济标志"(Green Economy mark),二是属于可持续发展挂钩债券且其发行必须遵守《可持续发展挂钩债券原则》。

· 转型债券(Transition certified bond)。发行人在债券市场筹集资金,用于气候和/或仅与绿色转型相关的目的。转型债券可细分为募集资金用途类型债券和可持续发展挂钩债券两类。为此发行人必须向伦交所提供一份和《巴黎协定》一致的转型框架或规划,同时出具针对该文件的外部独立评审证明。发行人还须遵守相关的披露标准(如 Task Force on Climate - Related Financial Disclosures, TCFD),并就其转型绩效履行年度报告义务。

(2)披露强制性可持续相关文件。为了确定债券的可持续属性,发行人被要求向伦交所提供相关的支撑材料,包括独立的第三方审核证明、可持续或转型框架等。

(3)确认并保证在债券存续期将继续履行披露更新报告的义务。伦交所要求所有的发行人必须满足关于年度报告的规定,以证明其在存续期内持续具备可持续债券市场的准入资格。

---

① International Capital Market Association, Sustainability - Linked Bond Principles (SLBP), ICMA Website(Jun., 2020), https://www.icmagroup.org/assets/documents/Regulatory/Green - Bonds/Translations/2020/Chinese - SLBP2020 - June - 280920.pdf.

问题四:可持续发展挂钩债券的发行有哪些值得关注的监管要求?

答:可持续发展挂钩债券是一种前瞻性的、基于绩效指标的债券工具。发行人须明确承诺在预定时间内改善其在可持续发展方面的绩效表现。不同于前文提及的三种有特定募集资金用途的债券,可持续发展挂钩债券募集资金用于一般用途,故募集资金用途不是其分类的决定因素。但是,根据《可持续发展挂钩债券原则》(Sustainability - Linked Bond Principles,SLBP),在某些情况下,发行人也可以参照适用《绿色债券原则》或者《社会债券原则》。[①]

伦交所强调了 SLBP 中的信息披露要求,除此之外并无其他特殊规定。笔者认为,可持续发展挂钩债券信息披露清单是发行人需要重点关注的对象。SLBP 建议发行人公开披露的内容包括选择关键绩效指标的依据(如指标相关性、重要性)、可持续发展绩效目标的动机[在可持续发展方面的规划决心、与其总体战略计划及基准标杆(benchmarking approach)的一致性]、债券在财务和/或结构特征上可能的变化、导致该变化的触发事件(trigger event)、预期的债券存续期报告和独立验证,以及发行人是否遵照 SLBP 的整体声明。

SLBP 将这些建议或要求必须披露的要素划分为发行前和存续期两个阶段进行列举:

发行前:

· 总体层面的披露。包括发行债券的理由、符合 SLBP 的五大核心要素、外部评审的有关信息。

· 关键绩效指标的遴选(Selection of KPIs)。要求可量化、可进行外部验证等。

· 可持续发展绩效目标的校验(Calibration of Sustainability Performance Targets,SPTs)。需要在债券发行之前(或同时)预设,体现每个关键绩效指标的实质性改进以及发行人在可持续发展方面的宏大规划。

· 债券特性(Bond Characteristics)。债券的结构设计需反映其在财务、结构特征上的变化。发行人在必要时还应考虑导致该变化发生的特殊事件,如并购重组、重大监管环境变化等。

---

① International Capital Market Association, Sustainability - Linked Bond Principles (SLBP), ICMA Website(Jun., 2020), https://www.icmagroup.org/assets/documents/Regulatory/Green - Bonds/Translations/2020/Chinese - SLBP2020 - June - 280920.pdf.

· 在报告方面作出承诺(Reporting Commitments)。承诺会获取债券存续期外部评审报告(如验证报告、保证报告等)并进行披露。

· 外部评审报告(External Review)。属建议性质。SLBP 建议发行人取得第二方意见(Second Party Opinion)。

以上第二项至第四项被纳入 SLBP 的五大核心要素。

存续期内:

· 总体层面的披露。

· 报告(Reporting)。SLBP 的五大核心要素之一,报告应定期发布并易于查询,至少每年一次。

· 验证(Verification)。SLBP 的五大核心要素之一,内容主要包括公开绩效结果、可持续发展效益以及对此债券的财务/结构特征所产生的影响。

2021 年 11 月 12 日,中国银行 22 亿美元可持续发展类债券在伦交所上市。到 2025 年,英国将成为世界上第一个在整体经济中实施气候相关财务披露工作(TCFD)的国家。在中英两国积极参与应对气候变化、深度开展绿色金融合作这一大背景之下,伦交所将持续提供不断完善的交易规则和工具,中资企业和金融机构同时面临着机遇与挑战。

除了债券类工具,还有另外几种当下较为热门的绿色金融产品值得在英国的金融机构、有融资需求的中资企业与投资者关注,典型产品如绿色基金(Green Fund)、投资信托(Investment Trust)、Yieldco(Yield Corporation)和 SPAC(Special Purpose Acquisition Company)等,笔者将在第二部分详细展开。

二、绿色基金与其他

2021 年 11 月,《联合国气候变化框架公约》第二十六次缔约方会议(COP 26)在英国召开,各国在为期两周的峰会上就《巴黎协定》中提出的减碳目标展开了进一步探讨,最终诞生了一项由 197 个国家通过的《格拉斯哥气候公约》(Glasgow Climate Pact)①,世界正在向低碳的未来迈进。毫无疑问,应对气候变化的挑战是

① United Nations Framework Convention on Climate Change, *Conference of the Parties serving as the meeting of the Parties to the Paris Agreement*, UNFCCC Website (Nov. 13, 2021), https://unfccc.int/sites/default/files/resource/cma2021_L16_adv.pdf.

全体人类的当务之急,而在推动经济活动向更加绿色、可持续的路径转型的过程中,金融市场发挥着关键的作用。作为世界上最大的资本市场之一,伦交所也在近期推出了多种绿色金融产品与绿色融资路径,助力全球企业进行绿色转型。

在第二部分的问答中,我们将目光转向了除绿色债券以外可供中资企业探索的在英进行绿色融资的工具或途径,如绿色基金(Green Fund)、投资信托(Investment Trust)、收益型公司 Yieldco(Yield Corporation)或特殊目的收购公司 SPAC(Special Purpose Acquisition Companies)等。值得注意的是,与绿色贷款、绿色债券不同,本文将要讨论的部分融资模式在准入门槛上对于融资主体所持的资产并无硬性要求,能更灵活地满足企业的融资需求。这一部分将继续以问答形式梳理出笔者在实践中经常被咨询到的问题,并结合近期笔者同伦交所专家的交流讨论给出答复,供金融机构和企业在未来开展相关业务时参考。

问题一:除绿色贷款与绿色债券外,英国还有哪些常见的绿色金融产品或融资路径值得有意开展跨境绿色金融交易的中资企业关注?

答:除绿色贷款与绿色债券外,伦交所还从绿色股权市场(Green Equity Markets)、投资信托、Yieldco 三大板块对其绿色金融产品进行了介绍。在绿色股权市场这一板块中,又可细分为公司与基金两种融资主体;已上市或准备上市的公司与基金可以通过申获"绿色经济标志"来提升其资产形象与知名度,精准对接关注绿色经济领域的投资者。笔者将对这三大板块的特点及价值展开进一步探讨。

问题二:什么是"绿色经济标志"? 获得此标志将为企业带来什么好处?

答:"绿色经济标志"可以在股权市场中用于标记满足一定条件的伦交所上市公司和基金,表示这些公司和基金 50% 以上的收入来自有助于实现环境目标、减缓气候变化、减少废物和污染、促进循环经济的绿色产品和服务。随着越来越多的投资者开始在绿色与可持续领域进行资本部署,该标志为投资者创造了一个获得伦交所认证的绿色经济股权的投资池,使其能在此投资池中有针对性地对接多种绿色股权投资项目。

获得"绿色经济标志"意味着企业除可获得上市本身带来的所有利处外,亦将从此标志的附加价值中受益,即在关注绿色经济的投资者中提升曝光度与企业声誉,以吸引更多投资者的青睐。获取这一附加价值的费用也已被囊括在目前伦交所的上市费用中,不会对目前的上市规则和成本产生额外影响。企业也可借此机会获得富时罗素股票指数(FTSE Russell Equity Index)、气候和绿色收入加权指数等几大通用计算标准下的评估、定位,便于潜在投资者了解其价值。获得“绿色经济标志”后,企业将被视为伦交所绿色经济公司群体的一部分,可以此身份受邀参加专门的活动,并在定期交流和年度可持续金融活动中与其他绿色经济公司集体亮相。此外,作为绿色经济公司,企业还可以在伦交所网站的发行机构简介页面与伦交所其他的市场营销材料、平台上使用具有高辨识度的推广素材,对公司知名度、企业形象进行实质提升。

问题三:评判企业是否可以获得“绿色经济标志”的标准是什么?企业该如何申请并获得此标志?

答:如上文所述,只有公司收入的一半以上为绿色收入的企业才能获得“绿色经济标志”。伦交所将依据《富时绿色收入分类系统 2.0》①(FTSE Green Revenues Classification System 2.0)对企业绿色收入的占比进行评估。该分类系统包括 10 大主板块、64 个子板块和 133 个微观板块,可以就公司的绿色业务及其对收入的实质性影响提供全面和细化的指引。一位伦交所专家向笔者介绍,实践中,伦交所现有的绿色经济企业的绿色收入占其全部收入的比例通常能达到接近 100%,并且目前在伦交所上市的绿色基金在投资战略上通常会选择将资金全部用于可持续主题的投资。

企业在上市前或上市后都可向伦交所提交“绿色经济标志”的申请表格;但是,即使企业在上市前成功通过申请,标志也只能在公司或基金上市后正式生效。申请提交后,伦交所将对企业开展相应的审查与问讯,并在申请提交后的 28 个工作日内作出颁发或不颁发“绿色经济标志”的决定。企业获得“绿色经济标志”之后,伦交所将提供有关如何使用此标志的宣传指引。另外,伦交所亦将对获得此标志的机构进行年度审查,评估其是否具有继续持有标志的资格。②

问题四:获得“绿色经济标志”后,公司如何发行绿色基金?

答:如上文所述,申请“绿色经济标志”并不会对现行上市规则产生额外影响。

---

① FTSE, *Green Revenues Classification System*, FTSE Russell Website(September, 2020), https://research.ftserussell.com/products/downloads/FTSE_Green_Revenues_Classification_System.pdf.

② LSEG, *Applying for a Green Economy Mark*, LSEG Website (March, 2021), https://docs.londonstockexchange.com/sites/default/files/documents/LSE_GEM_APPLICATION_MAR_2021.pdf.

也就是说,除需满足上述“50%以上的收入是绿色收入”的要求外,企业便可按一般的基金上市的流程来推进绿色基金的上市。不过,相较于获得“绿色经济标志”,基金上市所依赖的规则和路径则更为综合和复杂。具体而言,伦交所提供了三种基金上市路径,分别为高级市场(Premium Segment)、专家基金市场(Specialist Fund Segment,SFS)与另类投资市场(Alternative Investment Market,AIM),不同路径对应不同的准入门槛与持续义务。例如,高级市场要求基金有25%或以上的自由流通量,但在SFS与AIM板块下则没有对于自由流通量的要求。此外,高级市场下的风险分散要求(investment diversification requirement)也未在SFS与AIM中被提出。又如,在SFS路径下,基金只能面向专业投资者进行融资,而其他板块则同时面向专业投资者与散户。但同时,此三种路径下都要求上市基金为封闭式基金(Closed - End Fund)。[①] 关于这三种路径下基金上市规则的介绍与对比详见伦交所的相关网站与最新材料。

值得一提的是,伦交所专家在与笔者进行有关绿色基金的谈话时特地指出,不同于公司的上市,绿色基金的上市并不要求发行人提供企业的近三年历史财务记录。另外,对于绿色基金,发行人既可在IPO前先获得资产,亦可先募资、再投资,将募集资金用于IPO,并在IPO后再获取资产。

问题五:什么是绿色投资信托?如何利用投资信托进行绿色融资?

答:投资信托是封闭式基金,构成为公共有限公司(public limited companies),可以在伦交所的主板市场或AIM上市,本质上与绿色基金是不同上市板块下的同一类工具。投资信托可以根据其特定的投资目标和风险状况,持有全球性的各类别资产。投资信托的寿命是无限的,可以通过持续发行新股或借贷来为其活动提供资金。投资信托的这些属性使其成为在绿色经济领域进行投资的重要工具。[②]

理论上,绿色投资信托可以在同一载体中持有任何类别的资产——无论是清洁技术初创企业、私人开发的可再生能源资产还是绿色债券。在实践中,绿色投资信托的融资策略将根据其专业领域与目标投资者的偏好进行调整,如有些投资

---

① LSEG, *Leading Investment Fund Market*, p. 26 - 27, LSEG (Oct., 2021).

② LSEG, *Green Finance Guide*, p. 49, LSEG Website (Jan., 2021), https://www2.lseg.com/sustainablefinance/Guide - to - green - finance/download.

信托专注于可再生能源项目并采用 Yieldco 的模式，有些则专注于绿色经济公司的上市或私募股权融资。投资信托关注多种不同的技术与多地市场，未来可能专注于特定行业的“绿化”(greening)，如绿化房地产或运输行业。

在确定新技术的投资潜力方面，绿色投资信托提供了风险分散机制与日常流动性，并辅以明确的退出策略。发行人可通过与专业的基金经理以及其他有意向的市场参与者合作来汇集资金，并因此也可利用资金池中其他投资者的资金，而非仅依赖单一的技术或管理团队。同时，投资信托也为发行人提供了一个可以集中资产并将其对接给青睐成熟、低风险资产的其他投资者的途径，在释放资本的同时仍可保留较低的投资水平。根据伦交所方面提供的信息，在其市场中上市的每一只绿色基金都在 18 个月内重返市场以筹集更多的资金，并通常伴有强劲需求，这表明投资者认为基金经理出色地执行了其投资策略。

问题六：企业可以通过 SPAC 模式在英进行绿色融资吗？伦交所与其他地区的证券交易所相比在 SPAC 融资方面有哪些优势？

答：区别于传统的“IPO 上市”和“借壳上市”，SPAC 的特点是先完成壳公司的 IPO(造壳、募资)，再由壳公司收购目标公司，最终使目标公司与壳公司合并，从而成功实现目标公司的上市。其“先融资、再投产”的特点能为企业与投资者带来更加灵活的投资与资产布局战略，故而颇受青睐。作为近年来资本市场中备受欢迎的融资工具，SPAC 自然也可以在绿色融资方面发挥其优势与作用。

值得注意的是，2021 年 8 月 10 日，英国金融行为监管局(Financial Conduct Authority, FCA)进一步完善了 SPAC 在伦交所上市的规则，在放宽上市要求、提高规则灵活性的同时加强了对投资者的保护，释放出意图吸引更多 SPAC 赴英上市的强烈信号。[①] 其中一大变化就是放宽了伦交所的“停牌推定”(Presumption of Suspension)惯例。此前，在此惯例下，当 SPAC 公布收购目标或相关收购信息被泄露后，伦交所便会将其停牌直至收购结束。但在 FCA 新规下，若 SPAC 能满足一定的要求，则可避免因披露收购目标而被停牌。同时，新规下 SPAC 完成收购的时限也有所延长。另外，本次规则修订也使英国在 SPAC 投资者保护方面与美

① LSEG, *UK SPAC Rules Come Into Force*, LSEG(Aug. 10,2021), https://www.lsegissuerservices.com/spark/uk-spac-rule-changes-come-into-force?utm_campaign=5f8d5a5fd5b28f0001554c67&utm_content=6113e24b8cb29e00012622e0&utm_medium=smarpshare&utm_source=linkedin.

国、欧陆资本市场看齐，如新规中的增加赎回权(redemption option)、完善股东对企业合并批准的要求、增加将发行所得存入封闭账户的要求、增加合并将部分通过私募融资的预期等。

同时，对于潜在的SPAC上市公司而言，国际化程度高、股市表现稳健的英国资本市场与欧洲他地相比更具竞争优势，而在一些具体规则上也是伦交所更优。例如，在欧洲的SPAC规则下，筹集的圈定收益需被存入负利率账户，且此中亏损需由投资者或SPAC赞助人承担。因此，可用于投资的金额以及股东可赎回的金额便可能相应减少。与在2022年1月1日开始实施特殊目的公司收购机制新规[①]的香港联交所相比，伦交所在SPAC投资人与SPAC发起人及董事的资质要求上门槛设置更为灵活。若读者想对香港与其他地区SPAC上市规则的对比进行更详细的了解，也可参考《香港SPAC上市咨询文件解读》[②]一文，或向专业顾问和律师团队咨询。

绿色经济中的投资机会正在吸引着越来越多的投资者，而伦交所通过推出多种绿色金融产品为这些投资者与有绿色融资需求的企业提供了灵活的对接平台，为企业与投资者在助力全球减碳，全球经济向绿色、可持续经济转型的同时获得资本回报提供了多种路径。作为推动绿色金融的重要资本市场之一，伦交所表示其在未来将继续创新并完善绿色金融和碳交易机制，笔者也将持续关注相关议题，为企业和金融机构带来更多相关信息与解读。

（丁畅、陈莜悦对本文亦有贡献）

---

① 新规详见香港联交所《咨询总结》附录四：《主板上市规则》修订的部分，香港联交所(2021年12月)，https://sc.hkex.com.hk/TuniS/www.hkex.com.hk/Listing/Rules－and－Guidance/Listing－Rules－Contingency/Main－Board－Listing－Rules/Appendices? sc_lang＝zh－CN。

② 王勇、陈炜楠：《香港SPAC上市咨询文件解读》，微信公众号“中伦视界”2021年9月18日，https://mp.weixin.qq.com/s/cAU4xP－VQyToPmQh2s_LCA。

CHAPTER 02

保险业

迈进后疫情时代，拥抱互联网保险

刘新宇*

*作者简介：

刘新宇，中伦律师事务所上海办公室知识产权部合伙人，电邮为：jeffreyliu@ zhonglun. com。

2020年,突如其来的新冠疫情牵动着全国人民的心,为了做好疫情防控工作,各行各业均采取了相应的应对措施,保险行业自然也不例外。疫情持续期间,诸多保险机构采取了扩展保险责任范围、简化理赔流程、开通绿色理赔通道等措施助力疫情防控,也有不少保险公司为在一线奋战的医护人员推出了专属的保险产品。

如今我国疫情已基本结束,随着经济的不断回暖,人们将会有更多的资金购买保险理财产品,可以预见,我国互联网保险业务将在后疫情时代得到进一步的发展。2020年12月,原银保监会正式发布《互联网保险业务监管办法》(以下简称《监管办法》),引发了社会对互联网保险业务的广泛关注。笔者拟结合《监管办法》的规定,对比分析2015年《互联网保险业务监管暂行办法》(以下简称《暂行办法》)(现已失效)以及相关征求意见稿的主要内容,探讨互联网保险业务的相关要点。

一、互联网保险的概念界定与"网销"资质

互联网保险业务指持牌保险机构通过互联网渠道开展的保险经营活动。早期的互联网保险业务更多的是保险机构借助互联网工具进行线上的保险销售,《暂行办法》将互联网保险业务定义为"保险机构依托互联网和移动通信等技术,通过自营网络平台、第三方网络平台等订立保险合同、提供保险服务的业务"。从事互联网保险业务的主体被明确限定为"保险机构",包括保险公司和保险专业中介机构,互联网渠道包括"自营网络平台"和"第三方网络平台"。

2020年12月颁布的《监管办法》对互联网保险业务进行了更细致的规定。与2015年颁布的《暂行办法》相比,《监管办法》在定义部分仍强调互联网保险业务是指"保险机构依托互联网订立保险合同、提供保险服务的保险经营活动"。同时《监管办法》在政策适用部分,对线上线下融合销售的相关情形是否适用互联网保险业务作出了明确规定:"涉及线上线下融合开展保险销售或保险经纪业务的,其线上和线下经营活动分别适用线上和线下监管规则;无法分开适用监管规则的,同时适用线上和线下监管规则,规则不一致的,坚持合规经营和有利于消费者的原则。"

二、哪些保险机构可以开展互联网保险业务？

市面上对于保险机构一直有“网销资质”的说法，实际上除了专门的互联网保险公司外，我国当前并没有单独的互联网保险业务牌照或许可、批复文件。所谓“网销资质”其实指向的是《暂行办法》关于信息披露的规定：“中国保险行业协会应在官方网站建立互联网保险信息披露专栏，对开展互联网保险业务的保险机构及其合作的第三方网络平台等信息进行披露，便于社会公众查询和监督。”即开展互联网保险业务的机构应当向中国保险行业协会申请信息披露。《监管办法》则提出了“自营网络平台备案”的要求：服务接入地应在中华人民共和国境内。自营网络平台是网站或移动应用程序（App）的，应依法向互联网行业管理部门履行互联网信息服务备案手续、取得备案编号。

虽然不需要专门的许可批复文件，但《监管办法》对于开展互联网保险业务的主体仍然有一定的经营条件要求，包括具备互联网保险的服务能力、网络平台满足网络安全管理要求等。《监管办法》也进一步提出了开展互联网保险业务的保险专业中介机构应当是全国性机构的要求。

三、互联网保险主要规定及监管历程一览

保监会早在 2011 年 9 月 20 日就发布了《保险代理、经纪公司互联网保险业务监管办法（试行）》（现已失效），规定保险代理、经纪公司通过互联网站开展保险业务的，应当向保监会报告。

2015 年 7 月 22 日，保监会正式发布了《暂行办法》（现已失效），这也是互联网保险领域指导性的监管规定。《暂行办法》生效后，《保险代理、经纪公司互联网保险业务监管办法（试行）》同时废止。《暂行办法》原定自 2015 年 10 月 1 日开始施行，施行期限为 3 年。根据此前消息，原银保监会曾向保险机构下发通知称在加快修订互联网保险的监管规定，原定有效期 3 年的《暂行办法》在新规定出台前继续有效。

在新规定的制定过程中，原银保监会曾经于 2018 年 10 月下发对《互联网保险业务监管办法（草稿）》征求意见的函。接下来直到 2019 年 12 月，公开渠道开始流传出《互联网保险业务监管办法（征求意见稿）》[以下简称 2019 年《监管办

法》(征求意见稿)],2019 年《监管办法》(征求意见稿)对《暂行办法》进行了大幅度的修改。2020 年 9 月 28 日原银保监会发布的《互联网保险业务监管办法(征求意见稿)》则进一步对《暂行办法》进行了修改并确定了整体框架,此后原银保监会正式发布了《监管办法》,并于 2021 年 2 月 1 日起正式实施,对整个互联网保险行业产生了重大影响。

除上述主要规定外,互联网保险监管的相关重要规定还包括中保协《关于保险行业加强互联网保险业务信息披露的通知》、《互联网保险风险专项整治工作实施方案》(保监发〔2016〕31 号)、《中国保监会关于规范人身保险公司产品开发设计行为的通知》(保监人身险〔2017〕134 号)、《北京银保监局关于规范银行与金融科技公司合作类业务及互联网保险业务的通知》(京银保监发〔2019〕310 号)、《2019 年保险中介市场乱象整治工作方案》(银保监办发〔2019〕90 号)等。

四、互联网保险发展模式

从主体上划分,互联网保险相关行业主体可划分为持牌机构与非持牌机构。持牌机构包括传统保险公司、专业互联网保险公司以及保险中介机构。传统保险公司通过互联网直接面向用户销售保险产品。专业互联网保险公司通常指不设立分支机构,在全国范围内专门开展互联网保险业务的保险公司,包括众安在线、泰康在线、安心保险、易安财险等。保险中介机构一般包括保险代理公司和保险经纪公司,不少保险中介机构的业务模式类似于"保险超市"或"保险电商平台",它们对接多家保险公司的产品,通过线上渠道联结用户与保险公司,同时,也向用户提供保险方案定制等服务。

非持牌机构主要为互联网平台,《暂行办法》(现已失效)将其界定为"第三方网络平台"。其参与互联网保险的业务模式主要有两种:一种是基础的导流模式,第三方网络平台宣传推广保险产品,向保险机构导流用户,主要是借助第三方网络平台的流量优势;另一种是保险机构与互联网平台合作,基于特定场景开发保险业务,如电商场景下的运费险,交通出行场景下的延误险、意外险等。

在上述业务模式下,对于可跨区域销售的互联网保险险种范围,2019 年《监管办法》(征求意见稿)相较于《暂行办法》(现已失效)的规定有一定的扩张,具体见表 1。

表 1 《暂行办法》和 2019 年《监管办法》（征求意见稿）
可跨区域销售的互联网保险险种范围

《暂行办法》	2019 年《监管办法》（征求意见稿）
（1）人身意外伤害保险、定期寿险和普通型终身寿险； （2）投保人或被保险人为个人的家庭财产保险、责任保险、信用保险和保证保险； （3）能够独立、完整地通过互联网实现销售、承保和理赔全流程服务的财产保险业务； （4）中国保监会规定的其他险种	（1）意外险、疾病保险、医疗保险、普通寿险； （2）普通型、万能型和投资连结型养老年金保险； （3）投保人或被保险人为个人的家庭财产保险、责任保险、信用保险和保证保险； （4）能够独立、完整地通过互联网实现销售、承保和理赔全流程服务的财产保险； （5）中国银保监会规定的其他险种

《监管办法》并未明确对此作出规定，而是规定国家金融监督管理总局可根据互联网保险业务发展阶段、不同保险产品的服务保障需要，规定保险机构通过互联网销售或提供保险经纪服务的险种范围和相关条件。

五、第三方网络平台的业务界限

保险机构与第三方网络平台的合作是水到渠成的事情，一方面，保险机构可以利用互联网平台的流量和场景，开发、销售保险产品；另一方面，对于互联网平台而言，与保险机构合作也不失为一种流量变现的好渠道。

《暂行办法》（现已失效）将第三方网络平台界定为除保险机构自营的网络平台外，在互联网保险业务活动中，为保险消费者和保险机构提供网络技术支持辅助服务的网络平台。2019 年《监管办法》（征求意见稿）中则取消了“第三方网络平台”的说法，而是采用了“营销宣传合作机构”的表述。同时，在其业务范围限定上也有所变化。

表 2 《暂行办法》与 2019 年《监管办法》（征求意见稿）关于业务的有关规定

类别	第三方网络平台（《暂行办法》）	营销宣传合作机构［2019 年《监管办法》（征求意见稿）］
定义	第三方网络平台，是指除自营网络平台外，在互联网保险业务活动中，为保险消费者和保险机构提供网络技术支持辅助服务的网络平台	保险公司和保险专业中介就可委托相关合作机构开展营销宣传

续表

类别	第三方网络平台(《暂行办法》)	营销宣传合作机构[2019 年《监管办法》(征求意见稿)]
业务	互联网保险业务的销售、承保、理赔、退保、投诉处理及客户服务等保险经营行为,应由保险机构管理和负责。 第三方网络平台经营开展上述保险业务的,应取得保险业务经营资格	保险机构授权营销宣传合作机构的营销宣传活动仅限于保险产品展示和说明、与保险机构自营网络平台网页链接等。 营销宣传合作机构及其工作人员不得开展保险销售,不得开展保险产品咨询,不得开展保费试算,不得片面比较价格和简单排名,不得为投保人设计投保方案,不得代办投保手续,不得代收保费,不得限制保险机构获取客户投保信息
要求	第三方网络平台应于收到投保申请后 24 小时内向保险机构完整、准确地提供承保所需的资料信息,包括投保人(被保险人、受益人)的姓名、证件类型、证件号码、联系方式、账户等资料	保险公司应通过自营网络平台或其他保险机构的自营网络平台销售互联网保险产品,互联网保险业务中的客户投保界面须属于保险机构自营网络平台

通过上述对比可以看出,2019 年《监管办法》(征求意见稿)对于第三方网络平台的业务范围进行了解析重构,将其限制在“营销宣传”范围内(提供技术支持、客户服务的机构暂不展开讨论)。在《监管办法》出台之后,其明确了“互联网保险营销宣传”是指“保险机构通过网站、网页、互联网应用程序等互联网媒介,以文字、图片、音频、视频或其他形式,就保险产品或保险服务进行商业宣传推广的活动”。同时《监管办法》删除了与“营销宣传合作机构”相关的内容,因此互联网保险公司委托第三方网络平台开展互联网保险宣传活动是否合规存在一定争议。

2021 年中国人民银行、原银保监会、证监会等七部委联合发布了《金融产品网络营销管理办法(征求意见稿)》,其第 17 条明确规定,“未经金融管理部门批准,第三方互联网平台经营者不得介入或变相介入金融产品的销售业务环节,包括但不限于就金融产品与消费者进行互动咨询、金融消费者适当性测评、销售合同签订、资金划转等,不得通过设置各种与贷款规模、利息规模挂钩的收费机制等方式变相参与金融业务收入分成”。因此,如该征求意见稿正式生效,笔者建议,互联网保险公司在委托第三方网络平台开展互联网保险营销活动前,事先报属地银保监局[1]批准，以减小违规委托第三方开展保险营销活动的风险。

六、结语

在后疫情时代，互联网保险平台更应当充分发挥互联网渠道的优势为社会公众提供更加合规、便捷、安全的保险服务，为人民的幸福生活“保”驾护航。

（陈嘉伟对本文亦有贡献）

① 根据《关于国务院机构改革方案的说明（2023）》，属地银保监局会调整为金融监督管理局。

债权投资计划保证担保的法律合规要点

张曙光　徐　婕*　张　鑫

*作者简介：

张曙光，中伦律师事务所武汉办公室争议解决部合伙人，电邮为：zhangshuguang@zhonglun.com。

徐婕，中伦律师事务所武汉办公室争议解决部非权益合伙人，电邮为：xujie@zhonglun.com。

债权投资计划[①]自2006年试点探索以来，一直持续稳健发展。特别是2020年以来，在“1+3”保险资管产品制度[②]的规范下日益成熟，在丰富金融产品供给、优化保险资金配置、服务国家发展战略等方面发挥着重要的作用。[③] 债权投资计划具有投资期限较长、投资风险相对较小的特点，与保险资金运用须遵循的稳健审慎和安全性的法定原则高度匹配，已成为保险资金对接实体经济的主流保险资管产品。[④] 目前，债权投资计划的免增信条件[⑤]及增信要求高于信托等同类产品，在抵/质押登记存在客观障碍、质押物变现处置难度较大的现实背景下，保证担保正是债权投资计划的首选外部增信措施，也是其区别于其他金融产品的特征之一。[⑥]

保险资产管理机构等专业金融机构投资者对担保是否合规负有更严格的“审慎义务”[⑦]，其须特别关注保证担保作为增信措施的有效性。本文结合法律合规审查实践，对债权投资计划保证担保的法律合规要点进行解析，以期为保险资金运用保驾护航。

---

① 按照《中国银保监会办公厅关于印发组合类保险资产管理产品实施细则等三个文件的通知》中《债权投资计划实施细则》的规定，债权投资计划特指保险资产管理机构作为受托人面向委托人发行受益凭证，募集资金以债权方式主要投资基础设施、非基础设施类不动产等符合国家政策的项目，并按照约定条件和实际投资收益情况向投资者支付收益、不保证本金支付和收益水平的保险资产管理产品。

② 原银保监会全面衔接《关于规范金融机构资产管理业务的指导意见》（以下简称“资管新规”），发布《保险资产管理产品管理暂行办法》（以下简称《产品管理办法》），以提纲挈领的方式对保险资管产品进行了原则性规范。结合债权投资计划、股权投资计划及组合类资管产品在产品形态、交易结构、资金投向等方面的差异，有序推进配套业务规则的制定与发布，初步形成了“1+3”的保险资管产品制度规则，为债权投资计划等保险资管产品的规范化发展奠定了良好的制度基础。

③ 参见曹德云：《我国保险资产管理产品的改革与发展》，载《银行家》2020年第6期。

④ 截至2022年12月末，保险资管产品存量规模为3.2万亿元，占保险资金运用余额的13.75%。结合中国保险资产管理业协会2020—2021年的调研数据，目前保险金融产品以集合资金信托计划和债权投资计划为主，两者合计占比高达95%。2021年，信托计划规模明显下降，债权投资计划规模则明显增加。参见《2020－2021年保险资产管理业综合调研数据（保险资金运用专题）》，载中国保险资产管理业协会网2021年6月1日，https://iamac.org.cn/xhgz/202106/t20210601_7184.html。

⑤ 《债权投资计划实施细则》规定，融资主体信用等级为AAA级，且符合下列条件之一的债权投资计划，可免于信用增级：融资主体上年年末净资产不低于150亿元，或者融资主体最近三年连续盈利，或者投资项目为经国务院或国务院投资主管部门核准的重大工程。

⑥ 参见吴晓蕾、操仲春、崔少帆：《基础设施债权投资计划的交易结构与风险管理》，载《保险研究》2011年第4期。

⑦ 参见最高人民法院（2020）最高法民终4号；浙江省高级人民法院（2019）浙民终1145号。专业金融机构应当清楚《公司法》等监管规范对公司担保的要求，具备相关专业知识，具有较高的认知能力，且熟悉公司内部相关治理机制，相比一般民事主体应尽到严格的审慎注意义务，有更高的注意义务。

一、厘清基础法律关系：主动管理信托+保证担保债权

厘清基础法律关系，是审定保证担保是否构成相应债权投资计划有效增信措施的前提和基础。债权投资计划的基础法律关系可分为两大阶段，即资金认购阶段的信托法律关系和资金运作阶段的债权投资法律关系。

（一）信托法律关系——主动管理信托

2009年，保监会规定债权投资计划是根据信托原理设立的。[①] 从常见的交易安排来看，债权投资计划呈现出典型的“受人之托、代人理财”的特点：产品发行人（保险资产管理机构）作为受托人与委托人（合格投资者）签署《受托合同》，约定委托人将其资金委托给受托人，由受托人以自己的名义处理信托事务（对所募资金进行投资、运作和管理），受托人收取信托报酬（管理费）并根据债权投资计划实际收益情况向受益人支付投资收益（产品份额持有人享有信托受益权）。在该等法律关系中，产品财产具有独立性，受托人独立对受托资产进行专业化投资运作并审慎尽职管理，体现出信托制度特有的风险隔离、独立管理等特性。结合监管态度和审判实践，[②]笔者认为，债权投资计划发行人与合格投资者之间系信托法律关系。

债权投资计划系主动管理型信托，[③]委托人投资于特定的债权投资计划在很大程度上是基于对管理人产品管理能力的信赖。在产品发行前，对融资主体的财务状况和还款能力等进行尽职调查，在必要时要求其提供保证担保等增信措施，并对增信措施是否独立、有效、充分进行核查；在产品运行阶段，对担保主体的财务、信用状况等持续监控，是管理人主动履行管理职责的重要体现，是其忠实勤勉

---

① 参见《基础设施债权投资计划产品设立指引》（现已失效）（保监发〔2009〕41号）第2条的规定，符合管理办法和管理指引规定的保险资产管理公司、信托公司等专业管理机构，可以作为发起人和管理人，依据信托原理，发起设立债权投资计划，募集资金投资基础设施项目。

② 《证监会相关部门负责人就〈证券期货经营机构私募资产管理业务管理办法〉及其配套规则答记者问》提到“各类私募资管产品均依据信托法律关系设立”；《全国法院民商事审判工作会议纪要》（以下简称《九民纪要》）第88条规定，信托公司根据法律法规以及金融监督管理部门的监管规定，以取得信托报酬为目的接受委托人的委托，以受托人身份处理信托事务的经营行为，属于营业信托。由此产生的信托当事人之间的纠纷，为营业信托纠纷。根据“资管新规”的规定，其他金融机构开展的资产管理业务构成信托关系的，当事人之间的纠纷适用信托法及其他有关规定处理。

③ “资管新规”和《产品管理办法》均明确要求，管理人“应当切实履行主动管理责任，不得让渡管理职责，不得为其他金融机构的资产管理产品提供规避投资范围、杠杆约束等监管要求的通道服务”。

履行受托义务的重要体现,也是对保险资金进行谨慎、安全管理的关键环节。

(二)债权投资法律关系——连带保证担保

在资金运作层面,通常是受托人代表委托人与融资主体签署债权投资合同,约定将其所募集和管理的委托资金用于合同约定的投资项目(主要是基础设施、非基础设施类不动产等),融资主体按约定负担归还投资计划本金、支付投资收益等给付义务。

结合现有监管文件,保证担保作为债权投资计划的增信措施,与其他债权的担保相比,主要呈现以下特点。

1. 关于担保方式

金融监督管理局要求保证担保必须是本息全额无条件不可撤销的连带责任保证担保,以更好地契合债权投资计划的交易结构和保障投资者权益。在连带责任保证下,当事人可约定债权人有权要求保证人履行债务或者承担责任的情形(通常约定为"风险事件"),一旦发生合同约定的此类事件,债权人即有权采取宣布债权提前到期、行使担保权、追加增信等救济措施,以保障债权人和投资者的利益。由于《民法典》改变了原《担保法》的保证方式推定规则,即保证合同对保证方式约定不明时,推定为一般保证,故建议在核查时应特别关注担保合同或担保函中是否已对连带责任保证进行了明确约定。

2. 关于所担保债权

除最高额担保外,其他类型的担保所担保的是数额确定的、有固定期限的特定化债权。作为债权投资计划增信措施的担保,其所担保的债权受到金融产品不得"刚性兑付"的监管要求,[①]该债权以本金加投资收益等"预期收益"的形式呈现,加之可能存在"利率跳升"机制等安排,数额具有一定的不确定性;对"永续债"[②]或可续期债而言,债权期限也具有不确定性。建议在拟定、审查担保合同时,注意核查债权的种类和确定方式、担保责任的触发情形等。

① 产品增信不同于刚性兑付。以贷款类集合资金信托计划为例,受托人与融资人签订贷款合同,融资人或第三人以贷款合同中"到期还本付息"的义务为主债权,与作为债权人的受托人签订保证、质押、抵押等合同进行担保。这种交易增信法律关系清晰,与刚性兑付区别较大,法律效力问题一般较少。

② 参见上海市浦东新区人民法院(2017)沪0115民初33817号,永续债是指不规定到期期限,债权人不能要求发行人清偿本金,但可按期取得利息的一种有价证券。与普通债券相比,其最大的特点是无固定到期日、发行人可递延支付利息并有权决定是否行使赎回权。

3. 关于独立性条款要求

保监会于2014年3月28日颁布实施的《债权投资计划信用增级监管口径》要求“担保合同应当约定,担保合同效力独立于投资合同”。《民法典》改变了原《担保法》允许当事人对担保合同独立性作特别约定的立法例,将从属性的例外限定为“法律另有规定”的情形。[①] 笔者认为,前述监管文件有悖于现行法律关于担保从属性的规定,建议受托人代表债权人对主合同效力进行审慎核查,以避免主合同无效导致担保行为无效;如因监管要求需要在担保合同中设置独立性条款,建议在风险揭示书等产品法律文件中揭示此类条款无效的法律风险。

二、担保主体的合规审查

(一)排除不具备担保人资格的主体

担保人的资格,系指担保法律关系中提供担保之人所应具备的主体资格,基于担保活动的特殊性,我国实体法对担保人资格作出了相应限制。[②] 概括而言,不具备担保人资格的主体主要包括表1所列主体。[③]

表1 不具备担保人资格的主体

序号	不具备担保人资格的主体类型	例外情形
1	机关法人	经国务院批准为使用外国政府或者国际经济组织贷款进行转贷的
2	村民委员会	依法代行村集体经济组织职能,依法定程序对外提供担保的

① 原《担保法》第5条第1款规定:“担保合同是主合同的从合同,主合同无效,担保合同无效。担保合同另有约定的,按照约定。”《民法典》第682条第1款规定:“保证合同是主债权债务合同的从合同。主债权债务合同无效的,保证合同无效,但是法律另有规定的除外。”参见杜晶:《论资管产品刚性兑付和增信措施在概念上的区分》,载《上海金融》2019年第12期。

② 参见高圣平:《民法典担保人资格的解释论》,载《荆楚法学》2022年第1期。

③ 《民法典》关于自然人民事行为能力的规定也构成对自然人担保人资格的限制,基于金融产品交易结构特点,本文的讨论以法人担保为限。

续表

序号	不具备担保人资格的主体类型	例外情形
3	以公益为目的的非营利性法人	(1)为新增公益设施,可以融资租赁合同或所有权保留买卖合同形式从事担保交易;(2)以公益设施以外的财产权设立担保物权
4	居民委员会	无
5	期货公司①	
6	证券评级机构②	

在审核债权投资计划的担保措施时,应首先排除不具备担保人资格的主体,以免被认定为无效担保。

(二)防范涉嫌违规为地方政府举债的行为

目前监管部门对地方政府隐性债务实行“穿透式监管”,加之保险债权投资计划的保证人通常是融资人的控股股东或实际控制人,为避免涉嫌违规新增地方政府(隐性)债务,建议对担保人相关事项进行必要的核查和风险控制。

1. 关于担保人是否属于地方政府融资平台公司的核查

地方政府融资平台公司的融资受到严格限制,金融机构应落实企业举债准入条件,审慎评估举债人的财务能力和还款资金来源,不得要求或接受地方政府及其所属部门以任何形式提供的担保,不得直接或通过地方国有企事业单位等间接渠道为地方政府及其部门提供任何形式的融资,不得违规新增地方政府融资平台公司贷款。③

---

① 根据《期货交易管理条例》第 17 条第 4 款的规定,期货公司不得为其股东、实际控制人或者其他关联人提供融资,不得对外担保。参见山东省烟台市中级人民法院(2020)鲁 06 民终 7381 号,期货公司不得对外提供担保系行政法规的效力性强制规定,其担保行为无效。

② 根据《证券市场资信评级业务管理办法》第 37 条第 1 款的规定,证券评级机构不得为他人提供融资或者担保。

③ 详见《国务院关于加强地方政府融资平台公司管理有关问题的通知》(国发〔2010〕19 号)、《国务院关于加强地方政府性债务管理的意见》(国发〔2014〕43 号)、《关于地方政府融资平台贷款监管有关问题的说明》(银监办发〔2011〕191 号)、《关于进一步规范地方政府举债融资行为的通知》(财预〔2017〕50 号)、《财政部关于规范金融企业对地方政府和国有企业投融资行为有关问题的通知》(财金〔2018〕23 号)、《关于加强保险资金运用管理 支持防范化解地方政府债务风险的指导意见》(保监发〔2018〕6 号)等规定。

结合前述规定，如担保人在原银监会编制的《地方政府融资平台全口径融资统计表》中，特别是被列为“仍按平台管理类”融资平台进行监管的，建议补充安排有效增信措施，且应审慎评估所担保债权的还款资金来源以及融资人、担保人的财务能力，以免被认定为违规向地方政府融资。应予提示的是，《地方政府融资平台全口径融资统计表》2019 年第一季度后已不再更新，建议综合担保人主营业务、股权结构、审计报告等资料审慎核查其是否属于地方政府融资平台。

2. 关于担保人是否涉及地方政府隐性债务的核查

根据《中共中央、国务院关于防范化解地方政府隐性债务风险的意见》(中发〔2018〕27 号)以及《银行保险机构进一步做好地方政府隐性债务风险防范化解工作的指导意见》(银保监发〔2021〕15 号，以下简称 15 号文)的规定，各级监管机构已不再受理原银监会融资平台名单查询和调整事宜。对融资平台公司新增融资的监管，通过财政部融资平台公司债务及中长期支出事项监测平台进行。

根据 15 号文的规定，对承担地方政府隐性债务的客户，银行保险机构应遵循如下要求：(1)依法合规审慎授信，防止新增地方政府隐性债务；(2)不得新提供流动资金贷款或流动资金贷款性质的融资；(3)不得为其参与地方政府专项债券项目提供配套融资。除此以外，对确有经营需要且符合项目融资要求的客户，必须由客户报本级人民政府书面审核确认。

根据 15 号文中体现的“穿透审查”的监管思路，如担保人存在地方政府隐性债务余额，可能涉嫌违法违规实际依靠财政资金提供担保，目前已有机构对于担保人涉及地方政府隐性债务的项目或融资主体暂停提供融资。① 但也有部分机构允许向融资人不涉及隐性债务、保证人涉及隐性债务的项目提供融资。

笔者认为，15 号文的着眼点在于相关行为是否涉嫌新增地方政府隐性债务，不是完全禁止向保证人涉及隐性债务的项目提供融资，而是提出更多的监管要求，主要包括：(1)融资人不存在地方政府隐性债务余额；(2)已明确约定融资资金具体用途，且已设置充分有效的措施防止融资资金流向保证人；(3)不属于提供流动资金贷款或流动资金贷款性质的融资或为参与地方政府专项债券项目提供配套融资；(4)保证人财务能力较好，还款资金来源不涉及财政资金。如满足前述

---

① 参见方妮：《地方政府隐性债务监管升级 已有机构暂停放款》，载《证券时报》2021 年 7 月 26 日，第 1 版。

要求，担保人"涉隐"则不必然导致融资违规。

（三）持续关注担保主体的担保能力

担保主体不仅要合法合规，还要具备良好的信用状况和财务状况，如此，其提供的保证担保方能成为"合法、有效、充分"的增信措施。

1. 核查担保主体的信用状况

基于《债权投资计划实施细则》"担保人信用等级不低于被担保人信用等级"之规定，笔者认为，现行监管规则关于融资主体信用状况的要求，也可参照适用于担保人，即担保主体信用状况应为良好、最近两年无违约等不良信用记录。

建议对担保人的信用报告、信用评级报告和审计报告进行核查，以确认担保人是否符合上述要求，也可通过调查担保人银行授信、过往债务履约情况等了解担保人的信用状况，还可根据表2所列的内容进行网络检索，排查担保人是否存在不良信用记录。

表2　担保主体信用状况的网络核查要点

序号	网　　站	核查内容
1	国家企业信用信息公示系统（gsxt. gov. cn）	是否存在严重违法失信信息
2	信用中国（creditchina. gov. cn）	是否存在失信惩戒或行政处罚等严重失信记录
3	重大税收违法失信案件信息公布栏（chinatax. gov. cn）	是否存在重大税收违法失信行为
4	中国裁判文书网（wenshu. court. gov. cn）	是否存在重大诉讼或被执行案件
5	中国执行信息公开网（court. gov. cn）	是否存在被执行、失信被执行情况

2. 核查担保主体的财务状况

按照《债权投资计划实施细则》的规定，除中债信用增进投资股份有限公司外，同一担保人全部对外担保金额占其净资产的比例不得超过50%。针对融资主体母公司或实际控制人为其提供担保的情形，担保人净资产不得低于融资主体净资产的1.5倍。结合《债权投资计划信用增级监管口径》的规定，净资产采用归属于母公司股东权益口径，合并报表范围仅包括其实质控制的子公司。

笔者认为，考虑到担保作为增信措施之目的，结合现行监管规则关于融资人财务状况的要求，相关规定可参照适用于担保人，即担保人需具备持续经营能力和良好发展前景、具有或预计能够产生稳定可靠的收入和现金流。建议对担保人的如下事项(见表3)进行核查。

表3 担保主体财务状况的核查要点

序号	核查事项	核查内容
1	资产负债情况	担保人净资产规模是否满足监管要求，重要资产是否存在权利限制、权属纠纷等权利瑕疵
2	盈利情况和现金流量	分析担保人是否具备持续经营能力和稳定现金流
3	履约情况	重大合同是否合法有效，是否存在潜在风险；是否存在未履行完毕的大额债务或担保，是否存在重大偿债风险或其他影响持续经营的事项
4	涉诉情况	担保人及其关联方是否存在尚未了结或可预见的重大诉讼、仲裁及行政处罚案件
5	担保情况	全部对外担保金额占其净资产的比例是否未超过50%；对外担保及关联担保是否规范；是否存在可能影响持续经营的担保

3. 关注担保主体的担保能力

如前文所述，对担保人的担保能力进行尽职调查和持续监控，是管理人履行主动管理职责和受托义务的重要环节。在产品调研阶段，应对担保人的担保能力进行审慎核查，确保信用增级方式独立(与融资主体还款资金来源相互独立)、充分、有效。在产品登记后至产品成功设立前，如担保主体发生变更或存在其他可能导致产品结构实质性改变的事项，应重新履行产品登记申报相关程序。在产品运作阶段，如管理人发现担保人不能继续提供有效担保等重大情况，应及时采取相应风险救济措施。

三、担保决策的合规审查

(一)审查基础：合理审查公司担保决议

对外担保系无偿行为，为防止法定代表人擅自代表公司为他人提供担保，进而给公司、中小股东、债权人利益造成损害，《公司法》第16条要求公司对外担保应按公司章程规定，由董事会或股东(大)会决议，特别要求公司为其股东或实际控制人提供担保应经股东(大)会决议，以确保对外担保符合公司整体利益，并体现公司真实意思。目前通说认为，《公司法》第16条系对法定代表人代表权的法定限制。基于商事交易外观主义原则，"法定代表人的身份"+"公司担保决议"方能成为相对人的信赖基础。[①] 法定代表人未经授权擅自对外担保的，构成越权代表，应根据《民法典》第504条的规定，区分订立合同时相对人是否为善意，认定担保合同的效力：(1)相对人为善意的，担保合同对公司发生效力；(2)相对人为非善意的，在公司未予追认的情形下，担保合同对公司不发生效力。

结合《九民纪要》以及最高人民法院《关于适用〈中华人民共和国民法典〉有关担保制度的解释》(以下简称《担保制度解释》)的规定，善意是指"相对人在订立担保合同时不知道且不应当知道法定代表人超越权限"。认定相对人构成善意的主要依据是相对人有证据证明已对公司决议进行了合理审查，但公司有证据证明相对人知道或者应当知道公司决议系伪造或者变造的除外。

《担保制度解释》提高了《九民纪要》关于"善意"的审查标准，主要表现在：(1)将"形式审查"修改为"合理审查"，即除对公司决议形式要件是否齐备进行审查外，还应对章程内容进行必要审查，包括但不限于对决议是否符合公司章程规定的决策程序、担保额度等进行判断。但"合理审查"仍是"形式"审查而非"实质"审查，不要求相对人对公司决议的真实性等进行实质性核查。[②] (2)删除了不予支持"公司以机关决议系法定代表人伪造或者变造、决议程序违法、签章(名)不实、担保金额超过法定限额等事由抗辩债权人非善意"的规定，即可能由于担保决议存在上述情形而认定相对人"非善意"。

作为前述规定的例外，《担保制度解释》规定了三种无须审查决议的情形：(1)金融机构开立保函或者担保公司提供担保；(2)非上市公司为其全资子公司开展经营活动提供担保；(3)担保合同系由单独或者共同持有公司2/3以上对担保事项有表决权的股东签字同意(上市公司除外)。笔者认为，第3项例外情形与《公司法》第37条第2款的规定相悖，只有全体股东一致书面同意的情况下才能免除股东会决议，该例外情形也有违《公司法》担保决议制度的立法目的，可能对

---

① 参见高圣平：《再论公司法定代表人越权担保的法律效力》，载《现代法学》2021年第6期。

② 参见最高人民法院民事审判第二庭：《最高人民法院〈民法典担保制度司法解释〉理解与适用》，人民法院出版社2021年版，第188页。

小股东的权益保障造成不利影响。基于法律优位主义原则，建议在第3项例外情形发生时，按照《公司法》的规定，对公司决议是否符合公司章程规定的决策程序等进行必要的核查，以防范可能存在的合法性风险。

（二）担保决策审查的常规内容

结合前述规定并参考司法实践，相对人须对公司决议决策进行如下核查，方可证明已就法定代表人是否具备代表权限进行了“合理审查”。

1. 核查担保决议是否由适格公司机构作出

（1）如系关联担保，即为其股东或实际控制人提供担保，应经股东会决议。

（2）如非关联担保，须核查公司章程[①]：①公司章程规定须由股东会作出决议的，应经股东会决议。[②] ②公司章程规定须由董事会作出决议的，应经董事会决议；如实际由股东会作出同意决议，可视为公司同意或追认担保。[③] ③如公司章程未明确规定对外担保决议机构，可对股东会决议或董事会决议择一审查。[④] 谨慎起见，建议要求担保人提供股东会决议，无法提供的，建议要求担保人就担保决议系公司真实意思进行承诺。

2. 核查签章（名）人员及表决权比例是否合规

（1）在股东会作出决议的情形下，建议：①结合公司章程规定和国家企业信用信息公示系统公示的股权信息，核查签章（名）人在作出股东会决议时是否具备股东身份。②结合股东会决议结果，核查出席股东会的股东人数以及同意担保的股东所持表决权数是否超过《公司法》或公司章程规定的比例要求。如系关联担保，还须核查关联股东是否回避表决。

（2）在董事会作出决议的情形下，建议：①核查签章（名）人在作出董事会决

---

① 如无法确定章程的时效性和真实性，可要求担保人配合调取最新的工商档案（需加盖工商登记部门查询章）或对公司章程真实性进行承诺。

② 参见最高人民法院（2019）最高法民终1465号、（2019）最高法民终1603号，公司章程规定担保决定权由公司股东会行使，相对人应当合理审慎地审查担保人的章程及有关决议或者决定文件，以确定担保人是否按照章程规定的权限行事；未审查股东会决议，担保合同无效。

③ 参见最高人民法院民事审判第二庭：《公司对外担保合同的效力认定和效果归属》，载《最高人民法院民二庭第7次法官会议纪要》。

④ “公司章程没有规定公司为他人提供担保决议机构的，相对人以担保行为经董事会同意或者追认为由要求公司承担担保责任的，应予支持，但违反《公司法》第16条第2款规定的除外。”参见最高人民法院民事审判第二庭：《公司对外担保合同的效力认定和效果归属》，载《最高人民法院民二庭第7次法官会议纪要》。

议时是否具备董事身份；如董事备案信息与公司时任董事不一致，建议要求担保人提供已备案董事的免职文件以及时任董事的任职文件，以便确认担保人作出担保决议时的董事会组成人员。②核查出席董事会的董事人数以及同意担保的董事人数是否超过《公司法》和公司章程规定的最低人数。股份有限公司董事会会议应有过半数的董事出席，且须经全体董事的过半数通过方可作出决议。谨慎起见，应认为前文的“全体董事”指代的是公司的全部董事，而非出席董事会的董事。[①]

3. 对担保决议内容进行必要核查

（1）核查担保数额是否超过法律规定或公司章程规定的限额。基于《公司法》的规定，公司章程对担保总额或者单项担保数额有限额规定的，不得超过规定的限额。建议相对人对担保决议中的担保数额是否超过公司章程限制进行必要核查。[②] 无法确认的，建议要求公司就担保金额和相关事项符合《公司法》和公司章程的规定进行声明，以减轻举证责任。[③]

（2）核查担保合同内容是否在担保决议范围内。担保决议可能对担保权人、债务人、担保数额、担保方式等进行具体规定，建议相对人核查担保合同内容是否在担保决议的范围内。

（三）特殊担保主体的担保决策审查

1. 上市公司的担保决策审查

上市公司作为公众公司，对外担保会影响到股民利益及证券市场秩序，根据《担保制度解释》的规定，相对人在签署担保合同前，须对“上市公司公开披露的关

① 参见天津市第一中级人民法院（2019）津01民终7869号，法院认为，全体董事指代的是公司的全部董事，而非出席董事会的董事。案涉公司董事会决议的表决结果并未达到该公司章程规定的通过比例，故决议不成立。

② 参见最高人民法院（2020）最高法民终4号，法院认为，公司章程已规定“单笔担保额超过最近一期经审计净资产10%的担保”须经股东大会以特别决议通过。《保证合同》签署时，担保人最近一期经审计净资产报告显示其资产为负数，故其对外担保应由股东大会以特别决议通过。相对人在交易过程中未尽到谨慎注意义务，担保人不应承担保证责任。

③ 参见最高人民法院（2021）最高法民申1267号，法院认为，尽管案涉担保数额超过公司最近一期经审计净资产10%，按公司章程规定须经股东大会决议。但债权人在订立《保证合同》时，对担保人董事会决议进行了形式审查，且董事会决议不仅同意为案涉债务提供担保，并声明担保金额和相关事项完全符合《公司法》和公司章程的规定。要求债权人在签订担保合同时对公司担保数额和公司资产的关系比例进行实质审查，或者对担保人董事会相关声明的真伪予以确认，增加了债权人的举证责任和交易成本。

于担保事项已经董事会或者股东大会决议通过的信息”进行核查。

(1)担保事项内容完备

担保事项至少应包括被担保人名称、债权人名称、担保方式、担保金额、担保期限、协议签署日期。另外,本次担保事项履行的内部决策程序、累计对外担保金额、上市公司与被担保人的关联关系,也是上市公司对外担保应予披露的内容。

(2)担保事项已经董事会或者股东大会决议通过

尽管有观点认为,《担保制度解释》的规定可理解为通过担保公告本身已足以推定决议真实、合法有效,无须再对上市公司决议进行审查。① 但笔者认为,仍有必要对担保决议进行审查:第一,《公司法》第16条作为规范公司对外担保的原则性规定,并未根据公司类型进行区分,相对人须对公司决议进行合理审查的要求亦适用于上市公司;第二,《担保制度解释》不具有“立法”功能,且《担保制度解释》也未明文规定相对人不需对上市公司决议进行审查;②第三,证券交易所对上市公司所披露的信息仅进行形式审查,担保公告作为上市公司完成信息披露义务的体现,客观上不足以证明决议真实存在,上市公司可能虚假陈述,决议也可能存在瑕疵,该公告不足以单独证明相对人已尽“合理审查”义务;第四,结合证监会、公安部、国资委、原银保监会联合发布的《上市公司监管指引第8号——上市公司资金往来、对外担保的监管要求》,银行业金融机构有必要对上市公司对外担保履行董事会或者股东大会审批程序的情况进行“认真审核”。

结合前述分析和上市公司监管规则,建议对上市公司担保决议程序是否合规进行如下核查(见表4)。

---

① 参见最高人民法院民事审判第二庭:《最高人民法院民法典担保制度司法解释理解与适用》,人民法院出版社2021年版。

② 参见浙江省杭州市中级人民法院(2020)浙01民初2204号,按照《民法典》以及《担保制度解释》的规定,相对人作为经营典当业务的专业机构,应当明知公司对外担保需提供相关机关决议的法律规定,亦理应对该上市公司是否公开披露案涉担保事项以及该事项是否已经董事会或者股东大会决议通过的信息进行审查,此为相对人基本审查义务。

表 4 上市公司担保决议的核查要点

序号	审核事项	适用情形	审核内容
1	决议机构适格	(1)监管要求股东会作决议① (2)公司章程规定股东会作决议	(1)公司章程 (2)担保人股东会决议原件 (3)股东会通知公告 (4)股东会决议公告 (5)董事会决议原件及公告
		无须作出股东会决议的其他情形	(1)公司章程 (2)董事会决议原件 (3)董事会决议公告
2	签章(名)人及表决权比例合规	股东会作出决议的情形	(1)法律意见书对股东会合法合规性发表明确意见 (2)表决权比例符合监管要求和公司章程规定(关联股东已回避表决)
		董事会作出决议的情形	(1)签字董事在作出决议时具备董事身份 (2)经出席董事会的2/3以上董事同意,公司章程有更严格规定的,从其规定(关联董事已回避表决)

2. 国有企业的担保决策审查

国有企业对外担保关涉国有股东/出资人权益,结合《企业国有资产法》等国资监管规则,核查要点如下。

(1)国有独资公司(企业)的担保决策审查

①为关联方提供担保

按照《企业国有资产法》的规定,未经履行出资人职责的机构同意,国有独资企业(公司)不得为关联方提供担保。如相对人未对出资人同意担保的决定进行

① 须经股东大会审批的对外担保,包括但不限于下列情形:(1)上市公司及其控股子公司的对外担保总额,超过最近一期经审计净资产50%以后提供的任何担保;(2)为资产负债率超过70%的担保对象提供的担保;(3)单笔担保额超过最近一期经审计净资产10%的担保;(4)对股东、实际控制人及其关联方提供的担保。

审查,则担保对公司不生效力。[①] 笔者认为,《企业国有资产法》所述“关联方”的范畴大于《公司法》第16条关于关联担保的规定,即不局限于公司“股东或实际控制人”,还包括公司董事、监事、高级管理人员等可能导致公司利益转移的其他主体。

②其他担保

除法律、行政法规或公司章程规定由履行出资人职责的机构决定外,国有独资企业由企业负责人集体讨论决定,国有独资公司由董事会决定。

(2)其他国有企业的担保决策审查

《企业国有资产法》原则性规定,国家出资企业为他人提供大额担保的,应当遵守法律、行政法规以及企业章程的规定,不得损害出资人和债权人的权益。目前,对“大额担保”的界定以及国企担保的限制性规定主要集中于各级国资监管机构的规范性文件中,不属于民事裁判需要直接引用的文书范畴。[②] 笔者认为,此类规范性文件可能构成对公司决议的限制,建议相对人对公开的国资监管规范和国企公司章程等内部制度进行必要的核查,以防范因国企违规担保造成的担保合同履行风险。

①关于国有资产审批程序

各级国资监管机构一般会以监管权力/责任清单或授权放权清单的形式,对国资监管机构依法履行出资人职责和企业经营自主权之间的限度进行明确,建议相对人对担保是否需要国资监管机构审批、核准、审核或决定进行核查。

②关于集体决策程序

除《公司法》规定的“三会一层”外,国有企业的治理结构还强调党组织的法定地位,结合中共中央办公厅、国务院办公厅《关于进一步推进国有企业贯彻落实“三重一大”决策制度的意见》(中办发〔2010〕17号)的要求,国企担保项目构成

---

① 参见贵州省毕节市中级人民法院(2019)黔05民终4339号,国有独资公司提供信用担保,但无其监督管理机构同意提供担保的意思表示,相对人未对监管机构同意担保的书面意见进行核查的,不属于善意相对人,案涉《保证合同》对公司不具有法律效力。

② 根据《最高人民法院关于裁判文书引用法律、法规等规范性法律文件的规定》的规定,民事裁判文书应当引用法律、法律解释或者司法解释。对于应当适用的行政法规、地方性法规或者自治条例和单行条例,可以直接引用。其他规范性文件,根据审理案件的需要,经审查认定为合法有效的,可以作为裁判说理的依据。

“重大项目安排事项”的，属于需要进行集体决策的“三重一大”事项。据此，如担保人公司章程或内部制度规定特定担保事项需经党委（党组）会前置决策，建议对党委会会议纪要等文件进行核查，以确定公司作出的担保决策符合国企集体决策流程。

③关于国企担保对象的特殊限制

为防止利益输送和国有资产流失，国有企业向无直接股权关系的企业提供担保以及为参股企业提供超股比担保受到严格限制，[①]如属前述情形，建议对担保决策是否符合国资监管规定进行必要核查。

四、结语

截至 2022 年 3 月，保险资金运用余额增至 23.62 万亿元，[②]已成为继公募基金之后的第二大机构投资者，债权投资计划是保险资金运用的重要金融产品之一。保证担保作为债权投资计划的主流增信措施，相对人对其合法有效性进行审慎核查，是民法典时代证明己方足够“善意”的必然要求，也是确保保险资金稳健安全的重要保障。排查担保主体和担保决策可能存在的法律风险，构建相对规范化、标准化的审查流程，有助于债权投资计划更加“保险”地运作。

---

① 例如，根据国务院《国资委关于加强中央企业融资担保管理工作的通知》（国资发财评规〔2021〕75 号）的规定，中央企业严禁对集团外无股权关系的企业提供任何形式担保；集团内无直接股权关系的子企业之间不得互保，确因客观情况需要提供担保且风险可控的，需经集团董事会审批。中央企业应当严格按照持股比例对子企业和参股企业提供担保。严禁对参股企业超股比担保。对子企业确需超股比担保的，需报集团董事会审批，且对超股比担保额应由小股东或第三方提供足额且有变现价值的反担保。

② 参见《2022 年 4 月保险业经营情况表》，载国家金融监督管理总局网 2022 年 6 月 17 日，https://www.cbirc.gov.cn/cn/view/pages/ItemDetail.html?docId=1056576&itemId=954。

互联网保险业务外部合规审计要点分析

刘新宇* 葛 舒 张培培

*作者简介：

刘新宇，中伦律师事务所上海办公室知识产权部合伙人，电邮为：jeffreyliu@zhonglun.com。

2020年12月7日，原银保监会发布《互联网保险业务监管办法》（以下简称《监管办法》），对互联网保险业务的开展主体、业务规则和监督管理等作出明确规定，并首次要求在报送互联网保险经营情况时引入外部机构进行合规审计。2021年10月12日，原银保监会办公厅发布《关于进一步规范保险机构互联网人身保险业务有关事项的通知》（以下简称《通知》），进一步细化了互联网人身保险业务的监管要求。本文将根据《监管办法》《通知》等规定对保险机构开展互联网保险业务的要求，结合近期原银保监会对于互联网保险业务的处罚案例，对互联网保险业务外部合规审计进行简要探讨。

一、什么是互联网保险业务外部合规审计

《监管办法》第74条规定，保险机构应于每年4月30日前向互联网保险监管相关信息系统报送上一年度互联网保险业务经营情况报告。报告内容包括但不限于业务基本情况、营销模式、相关机构（含技术支持、客户服务机构）合作情况、网络安全建设、消费者权益保护和投诉处理、信息系统运行和故障情况、合规经营和外部合规审计情况等。笔者认为，前述"外部合规审计情况"系指由外部审计机构通过一定的核查方法对保险机构开展互联网保险业务的各个方面是否遵循相关法律法规、部门规章等的核查结果。在合规领域，随着强监管的全面推行，合规审计逐渐成为相关市场主体的一项重要义务，如《个人信息保护法》第54条要求个人信息处理者定期对其处理个人信息遵守法律、行政法规的情况进行合规审计，《征信业务管理办法》第43条要求个人征信机构应当每年对自身个人征信业务遵守《个人信息保护法》《征信业管理条例》的情况进行合规审计，《网络数据安全管理条例（征求意见稿）》亦提出由数据安全审计专业机构定期对数据处理者处理个人信息遵守法律、行政法规的情况进行合规审计的要求。

就适用主体的范围，结合《监管办法》第2条的规定，需要向监管机构报送互联网保险业务经营情况并进行外部合规审计的主体如图1所示。

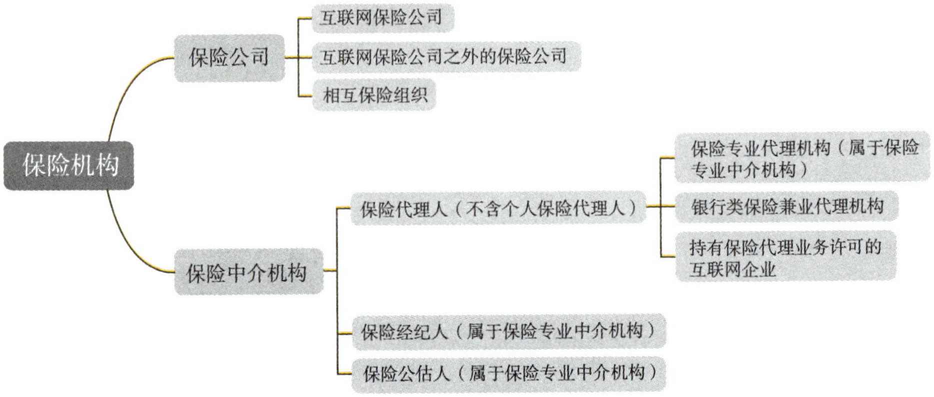

图 1　报送与合规审计义务主体

二、外部合规审计的内容

根据《监管办法》等相关规定，社会审计事务机构在开展互联网保险业务的外部合规审计工作时，主要需要关注表 1 显示的内容。

表 1　合规审计关注要点归纳

类别	具体内容
经营条件	1. 主体：依法设立的保险机构，包括保险公司和保险中介机构。 2. 网络安全防护与分级保护：具有保险销售或投保功能的，安全保护等级不低于三级；不具有保险销售和投保功能的，安全保护等级不低于二级。 3. 业务管理：互联网保险业务与其他业务隔离。 4. 风险控制：健全风险监测预警和早期干预机制
业务运营	1. 营销宣传：不得进行不实陈述或误导性描述，从严管理从业人员的营销宣传活动。 2. 销售地域范围：符合规定时，可在全国范围内经营财产保险和人身保险业务。 3. 建立全流程服务体系：实现在线核保、批改、保全、退保、理赔和投诉处理等。 4. 设立统一集中的客户服务业务办理入口。 5. 互联网、电话回访：验证客户身份，保险客户知情权。 6. 保证数据信息的来源及使用方式合法，建立客户信息保护制度。 7. 建立健全反洗钱内控制度、反欺诈制度，开展舆情监测

续表

类别	具体内容
消费者权益保护	1. 保障消费者的知情权和自主选择权：提供售前在线咨询服务，提供新型人身保险产品或相关保险经纪服务时做好风险提示，有效提示消费者，履行如实告知义务，保障消费者实现真实的购买意愿等。 2. 售后服务批准化、规范化、透明化建设：明示业务办理流程和客户权利义务，提供两种以上服务方式，提供客户自助查询服务，及时告知处理进程等。 3. 建立包括查勘理赔、争议处理等环节在内的系统化工作流程。 4. 健全争议处理机制，建立客户投诉处理机制
信息披露	1. 官方网站：披露营业执照和许可证、自营网络平台信息、合作机构信息、产品备案信息等。 2. 自营网络平台：披露客户服务及投诉方式、投保咨询方式、保单查询方式、消费者信息保护措施等。 3. 产品销售或详情展示页：披露保险产品名称、保险条款和保费、保费支付方式、投保人的如实告知义务和违反义务的后果等。 4. 向监管机构报送相关信息：自营网络平台、互联网保险产品、合作销售渠道等信息以及相关变更情况，年度业务经营情况

三、外部合规审计重点问题分析

2021 年 8 月，原银保监会在全国范围内开展互联网保险专项整治工作，重点整治销售误导、强制搭售、费用虚高、违规经营和用户信息泄露等突出问题。下文将结合 2012 年以来原银保监会对于互联网保险业务的相关监管规定，重点探讨互联网保险营销宣传合规、数据处理与个人信息保护合规问题，并针对互联网人身保险的特别规定进行简要分析。

（一）互联网保险营销宣传合规

互联网保险的营销宣传活动是监管机构重点关注的问题，实践中因违规进行营销宣传活动而被处罚的保险机构不在少数，例如，某家在线财产保险股份有限公司因自营网络平台、第三方平台中保险产品的宣传销售用语与条款或事实不符而被处罚，另一家在线财产保险股份有限公司因在互联网保险宣传中存在“误导性描述”内容而被处罚。

从监管角度来看，2012 年发布的《人身保险销售误导行为认定指引》（保监发〔2012〕87 号）采用“定义 + 列举”的方式对人身保险销售误导行为作出规定。

2018年，原银保监会发布《关于防范银行保险渠道产品销售误导的风险提示》，从消费者角度提示了营销误导风险；《关于加强自媒体保险营销宣传行为管理的通知》（银保监发〔2018〕27号）进一步加强了对保险营销宣传行为的管理。2021年4月，原银保监会办公厅发布《关于深入开展人身保险市场乱象治理专项工作的通知》（银保监办便函〔2021〕477号），对人身保险销售行为、从业人员管理等开展专项治理。2021年12月31日，为规范金融产品网络营销，保障金融消费者合法权益，中国人民银行等七部门联合发布《金融产品网络营销管理办法（征求意见稿）》，聚焦非法金融产品营销、虚假和误导宣传、违背社会公序良俗、适当性管理缺失、不正当竞争五方面突出问题，金融产品的网络营销监管进一步趋严。因此，互联网保险的营销宣传活动将是外部合规审计重点核查的部分。

1. 消费者保护与营销宣传限制

《监管办法》第15条从保护消费者权益角度出发，对互联网保险营销宣传作出了详细规定。在人员管理方面，保险机构应对从业人员发布的互联网保险营销宣传内容进行监测检查，并在显著位置标明所属保险机构全称及个人姓名、执业证编号等信息；在内容管理方面，从业人员发布的内容应由所属保险机构统一制作，不得进行不实陈述或误导性描述，不得片面比较保险产品价格和简单排名，不得与其他非保险产品和服务混淆，不得片面或夸大宣传，不得违规承诺收益或承诺承担损失；在信息发送管理方面，保险机构及其从业人员应慎重向消费者发送互联网保险产品信息，消费者明确表示拒绝接收的，不得向其发送互联网保险产品信息。

北京银保监局于2021年8月24日发布《关于专项整治北京地区互联网保险营销宣传有关问题的通知》，全面叫停保险公司、保险专业中介机构在京发布存在过度营销、诱导消费问题的营销宣传广告，包括但不限于存在“首月1元”“1元升级”“免费赠险”“实物抽奖”“限时停售”等内容，以及存在广告标识不清晰、关闭按钮不显著、整屏诱导点击等问题的广告。

2. 销售活动与自营网络平台

根据《监管办法》第16条的规定，保险机构应当通过其自营网络平台或其他保险机构的自营网络平台销售互联网保险产品或提供保险经纪、保险公估服务，特别是，投保页面须属于保险机构自营网络平台，即保险机构为经营互联网保险业务，依法设立的独立运营、享有完整数据权限的网络平台。

为加强对互联网保险销售的监管，切实保障消费者知情权、自主选择权、公平交易权，在《监管办法》发布以前，原银保监会就已经发布了《关于规范互联网保险销售行为可回溯管理的通知》(银保监发〔2020〕26 号，以下简称《可回溯管理通知》)。该通知将保险行业的可回溯管理经验应用至互联网保险销售行为，并在第 4 条中明确规定，保险机构应当在自营网络平台通过设置销售页面实现互联网保险销售，不得在非自营网络平台设置销售页面。对于非自营网络平台，保险机构可以设置投保申请链接，但不得设置保险产品销售页面。前述规定为保险机构与第三方网络平台间的合作提供了路径，但如何界定合规合作的边界，仍是实务中探讨较多的问题。

(二)数据处理与个人信息保护合规

保险机构在提供保险服务时，需要处理大量投保人、被保险人、受益人的个人信息，不仅数量多，而且涉及保险运营的投保、核保、理赔等全流程。《监管办法》第 38 条规定了保险机构应承担客户信息保护的主体责任，收集、处理及使用个人信息应遵循合法、正当、必要的原则，具体要求包括：建立客户信息保护制度，收集、处理及使用个人信息时应征得客户同意，获得客户授权，履行告知义务等。《监管办法》颁布后，《数据安全法》《个人信息保护法》陆续施行，保险机构的个人信息保护要求被进一步细化。从数据合规的实操角度出发，保险机构在开展互联网保险业务时应重点关注以下几个方面。

1. 如何向客户履行告知义务

结合《个人信息保护法》的规定，保险机构向其他个人信息处理者提供其处理的个人信息的，应当向客户告知接收方的名称或姓名、联系方式等信息。然而，保险业务中涉及的合作主体繁多，穷尽列举在实践中可能存在一定难度，如保险机构将客户的个人信息提供给未列举的主体，则可能存在被监管部门认定为违规处理个人信息的风险。

2. 如何取得客户的单独同意

结合《个人信息保护法》的规定，保险机构向其他个人信息处理者提供其处理的个人信息的，应当取得客户的单独同意。为满足该项合规要求，保险机构在实践中往往需要以弹窗、勾选等方式取得客户的单独同意，该模式可能影响客户的消费体验，因而在履行该项合规义务时应当注意获取单独同意的方式方法，降低因履行合规义务而影响互联网保险业务开展效率的风险。

3. 如何降低因与其他机构合作导致的合规风险

保险机构在开展互联网保险业务的过程中，可能因为与其他机构合作的原因出现合规风险。其一，在部分场景下，保险机构需要通过合作机构查询、收集客户的财产、医疗等信息，如相关合作机构获取客户财产、医疗等信息的行为本身存在合规瑕疵，则可能给通过合作机构获取客户信息的保险机构带来风险。其二，部分保险机构可能不直接接触客户，而是通过合作机构获得客户关于处理个人信息的授权，如何确保前述合作机构已经取得客户的充分授权，且授权内容与处理行为匹配是对保险机构的一项挑战。因此，对合作机构进行监督管理，降低因与其他机构合作导致的合规风险亦属于保险机构开展业务时应当重点关注的问题。

4. 如何确保集团内部的数据共享行为合规

出于业务拓展的考虑，部分保险机构可能需要将客户信息在关联公司之间进行融合、共享，如主营财险和主营寿险的关联公司之间可能存在共享信息以开发潜在客户的需求。按照《个人信息保护法》的规定，此种行为也属于“向其他个人信息处理者提供”个人信息，因此应当告知相关客户并取得其单独同意。然而，落实该规定可能对保险机构开展互联网保险业务存在一定影响，例如，在协议或授权书中载明将向其他公司“提供客户信息用于营销活动”可能对客户的消费体验产生负面影响；对于因历史业务而积累的客户信息，重新告知并取得相关客户的同意在实践中可能较为困难。因此，如何在合规的前提下实现关联公司之间的客户信息交互，释放其商业价值，需要保险机构思考有针对性的解决方案。

（三）互联网人身保险的特别规定

《通知》作为《监管办法》的配套文件，进一步对互联网人身保险业务的业务条件、运营能力、产品范围、回溯机制等进行了细化和完善，强化了对互联网人身保险消费者的保护。

1. 业务条件及经营区域

《通知》在《监管办法》的基础上对保险机构开展人身保险业务提出了更高的要求，满足《通知》对偿付能力、风险综合评级、责任准备金覆盖率、公司治理评级等方面条件的保险公司方可依规开展互联网人身保险业务。实践中，因超出经营区域从事业务活动而遭受处罚的保险机构也不在少数。

2. 线上线下融合人身保险业务与一般互联网保险业务的区分

《通知》明确规定:“保险公司委托保险中介机构开展互联网人身保险业务,保险中介机构应为全国性机构。涉及线上线下融合开展人身保险业务的,不得使用互联网人身保险产品,不得将经营区域扩展至未设立分支机构的地区。”如何区分线上线下融合人身保险业务与一般互联网保险业务?根据《通知》答记者问,通过保险公司线下渠道(包括个人代理渠道、银邮代理渠道和专业中介渠道等)应用移动设备和信息技术开展人身保险业务的,即应属于线上线下融合开展人身保险业务,销售行为应遵循《监管办法》第5条的有关规定。

结合《通知》和《监管办法》的规定,笔者认为:涉及线上线下融合开展保险销售或保险经纪业务的,其线上和线下经营活动分别适用线上和线下监管规则;通过线下个人代理等渠道开展人身保险业务的,不得使用互联网人身保险产品,不得将经营区域扩展至未设立分支机构的地区;无法分开适用监管规则的,同时适用线上和线下监管规则,规则不一致的,应坚持合规经营和有利于消费者的原则。另外,保险机构及其从业人员借助互联网保险业务名义进行线下销售的,包括从业人员借助移动展业工具进行面对面销售、从业人员收集投保信息后进行线上录入等情形,应满足其所属渠道相关监管规定,不适用《监管办法》。因此,在实践中进行业务认定时,需要考虑具体的销售行为(包括信息收集行为、录入行为等)等因素进行综合判断,可能存在一定的难度。

3. 可回溯管理机制

《可回溯管理通知》规定,保险机构在自营网络平台上销售投保人为自然人的商业保险产品时,应当实施互联网保险销售行为可回溯管理。在《监管办法》第33条规定的销售和服务等主要行为信息全流程可回溯管理制度的基础上,《通知》进一步对互联网人身保险业务进行可回溯管理作出了细化规定。

根据《通知》第16条的规定,保险公司应定期按要求开展互联网人身保险业务回溯,重点关注赔付率、发生率、费用率、退保率、投资收益率等关键指标,回溯实际经营情况与精算假设之间的偏差,并主动采取关注、调整改进、主动报告及信息披露等措施。第19条规定,原银保监会将根据保险公司互联网人身保险业务回溯情况,启动质询、调查、检查等监管程序,依法查处违法违规事项。保险公司存在未按照通知要求定期回溯、回溯数据不真实、定价风险长期未改善等情况，监管机构可视情况采取监管谈话、风险提示和依法在一定期限内禁止申报互联网人身保险新产品等监管措施，并依据相关法律法规予以行政处罚。除此之外，银保监会还将向董事会提示相关风险，同时依法追究公司主要负责人及相关管理人员责任。

四、结语

《监管办法》《通知》为规范互联网保险市场秩序、保护消费者合法权益带来了深远影响，不断完善的互联网保险监管制度体系对保险机构提出了更高的合规要求。在《监管办法》实施后，保险机构迎来了首个业务经营情况报送日(2022 年 4 月 30 日)。外部合规审计只是监管手段，保证互联网保险业务合规运营才是根本目的，如何在合规的基础上把握互联网保险业务的发展机遇、加速保险行业的转型升级将成为保险机构面临的一项新的考验。

(刘姗姗对本文亦有贡献)

我国香港特别行政区保险业的法律监管

——立法及监管框架概览

徐建辉*

*作者简介：

徐建辉，中伦律师事务所香港办公室私募基金与资管部合伙人，电邮为：alanxu@ zhonglun. com。

我国香港特别行政区作为全球性金融中心，其保险业自19世纪40年代诞生至今已有180多年的历史。发展初期，囿于香港经济规模，保险业发展缓慢。20世纪70年代末，随着内地的改革开放和经济崛起，香港保险业进入黄金发展阶段。随着业务持续快速增长，保险业成为香港经济发展的支柱之一，香港也因此成为全球主要的国际保险中心。

香港保险业的繁荣亦得益于其完善的保险法律制度和良好的法律环境。特别是近年来，香港保险业监管框架经历了较大的变革，旨在进一步与国际行业惯例接轨，增强监管灵活性以迅速应对金融市场的急剧变化。

本文将对香港保险业的主要立法及监管框架进行简要介绍，以期对包括有意在香港开展相关业务的内地企业在内的读者所有裨益。

一、香港保险业监管立法的发展变迁

香港保险业监管立法经历了三个阶段：第一阶段是《保险公司条例》颁布之前，香港尚未形成健全的保险监管制度；第二阶段是《保险公司条例》时期，香港推行一套政府监管和行业自律相结合的监管体系；第三阶段开始的标志是《2015年保险公司（修订）条例》（以下简称《保险（修订）条例》）的出台，该条例对香港保险业监管框架进行了调整，使《保险公司条例》被修订及更名为《保险业条例》，成为香港保险业监管的法律基础。

（一）《保险公司条例》时期

20世纪50年代之前，香港没有专门的保险监管立法。虽然1951年后香港陆续出台了一些针对特定保险领域的监管条例，如《第三者〈向保险人索赔权利〉条例》《汽车保险〈第三者风险〉条例》《海上保险条例》，但监管整体比较松散，设立保险公司的门槛低，没有形成健全的市场监管制度。

1983年6月，香港正式颁布了《保险公司条例》，制定了一套对香港保险业进行审慎监管的法则，目标是保障投资人的利益，确保保险公司有健全的管理制度及良好的财务状况，并为保险投资人士提供一个公平及自由的竞争市场。1984年1月1日起正式生效的《保险公司条例》共有61条，内容涵盖保险公司的最低资本额、董事或行政首脑的资质要求、保险公司自有资金数额要求、账册与报表要求等。

1990 年 6 月,香港保险业监理处(以下简称保监处)成立。保监处的主管官员为保险业监理专员,同时获委任为保险业监督(Insurance Authority),负责执行《保险公司条例》的相关规定,规管及监察香港的保险业。

在《保险公司条例》时期,香港保险业监管的最大特点是"自律为主、辅以他律",施行一套政府监管和保险业自律的保险行业规则及监管制度。具体来说,监管主要由行业自律机构(包括香港保险代理登记委员会、香港保险顾问联会和香港专业保险经纪协会)负责,而代表政府的保监处则只对保险机构准入、偿付能力等最核心的事项进行监管,且在监管过程中奉行"尽力支持、避免干预"的原则,市场自由度很大。

然而,保监处是香港财经事务及库务局下辖的政府部门,该处的成员均属公务员。这一安排与香港其他金融监管机构以及其他国际金融中心的金融监管机构有所不同,与金融监管机构在财政及运作上独立于政府的国际做法不一致,亦不符合国际保险监督联会订立的基本监管原则(该基本原则要求保险业监管机构在财政及运作上独立于政府及保险业界)。此外,由于保监处是政府部门,须受政府规则及程序的限制,因此,其在灵活调配资源及吸引专才以迅速应付金融市场的急剧变化和新挑战方面亦受到一定限制。

国际货币基金组织在 2003 年发布的报告中表示,前述情况是香港金融监管基础设施的主要弱点之一。为回应国际货币基金组织报告所提的意见,香港财政司司长在 2003—2004 年度政府财政预算案中提及,考虑使保监处独立于政府架构以外。

(二)《保险(修订)条例》的制定和实施安排

香港特区政府于 2007 年委聘顾问,就成立独立的保险业监管局(以下简称保监局或香港保监局)拟订建议。基于研究成果,香港立法会财经事务委员会在 2010—2013 年先后发布了《成立独立保险业监管局的建议》、《建议成立独立保险业监管局咨询总结及详细建议》及《成立独立保险业监管局主要立法建议咨询总结》。其间,香港特区政府在 2012 年 10 月 26 日至 2013 年 1 月 26 日就成立保监局的主要立法建议进行了为期三个月的公众咨询,并于 2013 年 7 月向香港立法会财经事务委员会汇报咨询结果及修订建议。

2014 年 4 月,香港行政会议建议,香港特区行政长官指令向立法会提交《2014

年保险公司(修订)条例草案》,就建立独立保监局及保险中介人的发牌制度以取代之前的自律规管制度作出规定。该条例草案于 2014 年 4 月 25 日在《宪报》刊登,并于 2014 年 4 月 30 日提交香港立法会首读。

2015 年 7 月 10 日,香港立法会正式通过《保险(修订)条例》。根据《保险(修订)条例》的要求,该条例将分为以下三个阶段实施。

第一阶段:2015 年 12 月临时保监局成立,标志第一阶段的开始。临时保监局被赋予部分行政权力,以执行保监局必要的筹备工作,但它不享有任何规管权力。在 2017 年 6 月 26 日之前,香港保险公司仍受保监处规管,保险中介人继续受三个自律规管机构的自律规管。

第二阶段:自 2017 年 6 月 26 日起,临时保监局正式更名为香港保监局,接管保监处的工作。第二阶段中,保险中介人的自律规管制度维持不变,以保证新设立的香港保监局有充足的时间在实施法定发牌制度前咨询业界和公众,进行必要的准备。此外,根据《保险(修订)条例》第 4 条的规定,《保险公司条例》在 2017 年 6 月 26 日后正式更名为《保险业条例》。

第三阶段:自 2019 年 9 月 23 日起,《保险(修订)条例》中尚未实施的条文将正式实施。亦在当日,香港保监局从三个自律规管机构处接手监管保险中介人的工作,开始实施法定发牌制度。在发牌制度实施前已经在自律规管机构有效注册的保险中介人,将会一律被当作是新制度下的持牌人,为期 3 年。

二、香港保险业监管框架概述

(一)香港保险业的监管法例

香港法例第 14 章《保险业条例》(连同其附属法律)是香港保险业主要的监管法律。该条例制定了一套适用于香港保险公司及保险中介人的综合管理制度,涉及授权/发牌、持续遵规、保险公司及保险中介人的呈报责任等规定,为保险业的监管提供了法律依据。

1.《保险业条例》

《保险业条例》的宗旨为规管保险业务的经营,通过设立保监局,以规管保险业,从而保障保单持有人及潜在的保单持有人的利益,促进保险业的稳定发展。

《保险业条例》共 139 条，分为 13 个部分，包括导言、保险中介人、关于持牌保险中介人及某些人员的纪律行动及操守规定、保险事务上诉审裁处、杂项条文等。

正文之外，该条例亦有 11 个附表，涉及保险业务的类别、获授权保险人经理的权力、审裁处的成员委任及研讯程序等。具体而言，该条例引进和设立了保监局以替代保监处，规定所有从事该条例定义的受规管活动的人均须获发牌，还规定了适用于持牌保险中介人的法定行为规定以及适用于保险代理及保险经纪的法定行为规定。

2. 附属法例（规例及规则）

根据《保险业条例》第 128 条的规定，我国香港特别行政区行政长官会同行政会议可订立规例，以规定向保监局缴付费用的事宜及该等收费，包括根据《保险业条例》向保监局提出的申请、保监局或业界咨询委员会就执行《保险业条例》作出的任何事项、或根据《保险业条例》所作规定所关乎或与根据该条例所作出的规定所关乎的任何其他事宜。行政长官会同行政会议亦可订立规例，订明就逾期缴付任何费用，缴付附加费或罚款。

此外，《保险业条例》第 129 条赋予了保监局订立规则的权力。保监局可以根据市场环境及监管的需要，通过制定规则对特定事宜作出规定（例如，申请牌照、发出牌照、获授权保险人及持牌保险中介人在指明时间向保监局呈交报表的规定，持牌中介人在资历、考试及培训方面的规定，保监局登记册的备存），以及在咨询财政司司长后，订立对其执行任何职能所必要的规则。

前述规例及规则均属于《保险业条例》的附属法例。

3. 守则及指引

《保险业条例》第 133 条授权保监局就涉及其任何职能的事项或《保险业条例》任何条文的实施公布守则及指引。守则及指引不是法律，其目的是向业界提供实务指引，以便利业界遵规。

截至 2019 年 12 月 31 日，保监局已颁布了 31 份指引，涵盖了保险公司设立批准、业务开展、持续监管、风险控制、产品出台等方面。

尽管守则及指引并非法律，即任何人未遵从守则或指引的行为本身不会导致该人士在任何司法或其他法律程序中被起诉。然而，在法院审理涉及《保险业条例》的案件时，有关守则及指引可获接纳为证据。保监局在行使其权力时亦会考虑守则及指引，包括在适用时采取纪律行动。

4. 关于征费的命令

自2018年1月1日起，如保险合约涉及某一特定类别保险业务或某一特定类型保险合约，则该合约的保单持有人须就该合约向保监局缴付特定征费。根据《保险业条例》第134条的规定，行政长官会同行政会议可以以命令形式指明任何征费的费率或款额。

（二）香港保险业的监管机构

香港保监局是独立于香港特区政府的保险业监管机构，其目标是：确保保险业的规管架构与时并进，促进保险业的稳健发展；为保单持有人提供更佳保障；以及遵行国际保险监督联会的规定，即保险监管机构应在财政和运作上独立于政府及业界。

根据《保险业条例》的规定，保监局具有以下法定职能：负责就获授权保险人及持牌保险中介人遵守《保险业条例》条文，作出监管；考虑与建议对与保险业有关的法律的改革；促进和鼓励获授权保险人，采用适当操守标准及良好和稳妥的业务常规；促进和鼓励持牌保险中介人，采用适当操守标准；对获授权保险人及持牌保险中介人的规管制度进行检讨，并在有需要时，提出制度改革建议；通过发牌制度，规管保险中介人的操守；提高保单持有人及潜在的保单持有人对保险产品及保险业的了解；制定规管保险业的有效策略，促进保险业市场的可持续发展，并提升保险业界在环球保险业市场的竞争力；对影响保险业的事宜进行研究；就保险业采取适当措施，以协助财政司司长维持香港金融稳定；适当时，在《保险业条例》准许的范围内，与香港或香港以外任何地方的金融服务监管机构合作并对其给予协助；以及执行《保险业条例》或任何其他条例向其施加或授予的职能。

根据《保险业条例》第4C条的规定，保监局须分别为长期业务及一般业务设立两个业界咨询委员会，就关乎业界的议题和政策向保监局提供意见。业界咨询委员会的组成及处事程序载于《保险业条例》附表1C。业界咨询委员会的成员包括保监局主席、保监局行政总监、不超过2名保监局的执行董事，以及8—12名具备保险业、处理受规管活动及消费者事务方面知识或经验的人士，由财政司司长咨询保监局后委任。

（吴悠然对本文亦有贡献）

《保险公司偿付能力管理规定》修订亮点解读

李杰利*

*作者简介：

李杰利，中伦律师事务所北京办公室资本市场部合伙人，电邮为：lijieli@ zhonglun. com。

2021 年 1 月 15 日,原银保监会发布了新修订的《保险公司偿付能力管理规定》(以下简称《管理规定》),自 2021 年 3 月 1 日起正式施行。本文通过梳理境内外偿付能力监管体系及规则,对《管理规定》的修订亮点进行解读。

一、我国偿付能力监管规则的演变

(一)偿付能力监管规则的演变

我国偿付能力监管规则经历了两个阶段:第一阶段(2000 年至 2013 年,以下简称"偿一代");第二阶段(2013 年至 2017 年,以下简称"偿二代")。

1."偿一代"时期:2001 年 1 月 23 日,原保监会发布《保险公司最低偿付能力及监管指标管理规定(试行)》(保监发〔2001〕53 号),"偿一代"监管体系开始试行;2003 年 3 月 24 日,原保监会发布《保险公司偿付能力额度及监管指标管理规定》(保监会令 2003 年第 1 号),"偿一代"监管体系正式施行。

2."偿二代"时期:分为"偿二代一期"和"偿二代二期"。2013 年 5 月 3 日,原保监会发布《中国第二代偿付能力监管制度体系整体框架》(保监发〔2013〕42 号),"偿二代一期"的监管框架及体系形成,并于 2016 年正式施行;2017 年 9 月 18 日,原保监会发布《关于印发〈偿二代二期工程建设方案〉的通知》(保监发〔2017〕67 号),提出"偿二代二期"三大任务。本次《管理规定》的修订系"偿二代二期"的重要工作内容之一,主要目标是完善监管框架和强化监管的刚性约束。上述不同阶段的主要监管规则见表 1、表 2。

表 1 "偿一代"主要监管规则

序号	规范名称	生效日期	时效性	内容简介
1	《保险公司管理规定》(保监发〔2000〕2 号)	2000 年 3 月 1 日	已失效	· 对财产险、短期人身险、长期人身险保险公司分别规定最低偿付能力额度 · 对于实际偿付能力低于最低偿付能力额度的 50% 或 30% 的,监管机构可对其采取不同的监管措施

续表

序号	规范名称	生效日期	时效性	内容简介
2	《保险公司最低偿付能力及监管指标管理规定(试行)》(保监发〔2001〕53号)	2001年3月1日	已失效	· "偿一代"监管体系试行 · 明确人寿保险公司、财产保险公司偿付能力监管指标计算方法
3	《保险公司偿付能力额度及监管指标管理规定》(保监会令2003年第1号)	2003年3月24日	已失效	· "偿一代"监管体系正式实施 · 对人寿保险公司、财产保险公司偿付能力监管指标进行调整
4	《保险公司管理规定》(保监会令2004年第3号)	2004年6月15日	已失效	· 相较于2000年版本,不再规定最低偿付能力额度,具体额度由原保监会规定和调整 · 对于偿付能力充足率在70%—100%、30%—70%以及小于30%的保险公司,可根据具体情况采取不同的监管措施
5	《保险公司偿付能力报告编报规则》及问题解答	自2003年陆续发布	部分已失效	· 就偿付能力报告所涉及的各类项目(包括额度计算、认可资产统计、认可负债统计、偿付能力测试等)明确编制要求和报送要求
6	《保险公司偿付能力管理规定》(保监会令2008年第1号)	2008年9月1日	已失效	· 首次系统规定偿付能力监管,包括偿付能力评估、报告制定与报送、保险公司内部对偿付能力的管理、监管措施等 · 明确保险公司应确保偿付能力充足率不低于100%
7	《关于实施〈保险公司偿付能力管理规定〉有关事项的通知》(保监发〔2008〕89号)	2008年10月21日	现行有效	· 明确财产保险公司、人寿保险公司最低资本评估标准
8	《关于实施保险公司分类监管有关事项的通知》(保监发〔2008〕120号)	2008年12月30日	已失效	· 根据公司治理、资金运用、市场行为等监测指标,将保险公司分为A、B、C、D四类,分别采取不同的监管措施

表 2 “偿二代”主要监管规则

序号	规范名称	生效日期	时效性	内容简介
1	《中国第二代偿付能力监管制度体系整体框架》(保监发〔2013〕42号)	2013年5月3日	现行有效	· “偿二代”的整体框架由制度特征、监管基础和监管要素三部分组成 · 确立了定量资本要求、定性监管要求和市场约束机制的“三支柱”监管体系 · 明确偿付能力评价指标包括核心偿付能力充足率、综合偿付能力充足率和风险综合评级
2	《保险公司偿付能力监管规则(1—17号)》(保监发〔2015〕22号)	2015年2月13日	已失效	· 就偿付能力报告所涉及的各类项目(包括资本统计、负债评估、最低资本、市场风险、信用风险、风险综合评级、压力测试、保险集团、信息公开披露等)明确编制、报送、披露要求
3	《关于中国风险导向偿付能力体系实施过渡期有关事项的通知》(保监财会〔2015〕15号)	2015年2月13日	已失效	· “偿二代”监管体系试运行 · 试运行阶段保险公司按照“偿一代”和“偿二代”两套编制标准报送两套报告
4	《关于正式实施中国风险导向的偿付能力体系有关事项的通知》(保监发〔2016〕10号)	2016年1月1日	已失效	· 试运行结束,“偿二代”监管体系正式实施
5	《关于印发〈偿二代二期工程建设方案〉的通知》(保监发〔2017〕67号)	2017年9月18日	现行有效	· “偿二代二期”有三大任务(完善监管规则、健全执行机制和加强监管合作),共计26项工作,主要包括完善《保险公司偿付能力管理规定》、完善实施细则和监管规则、建立中介机构考评机制、优化监管信息系统等

续表

序号	规范名称	生效日期	时效性	内容简介
6	《保险公司偿付能力管理规定》(保监会令2021年第1号)	2021年3月1日	现行有效	· 将偿付能力达标条件扩展为核心偿付能力充足率、综合偿付能力充足率和风险综合评级三项,压实保险公司主体责任,提升偿付能力信息披露要求,详见本文第三部分"《管理规定》之修订亮点"
7	《关于印发保险公司偿付能力监管规则(Ⅱ)的通知》(银保监发〔2021〕51号)	2021年12月30日	现行有效	· 以引导保险业回归保障本源、专注主业,增强服务实体经济能力,有力有效防范保险业风险,加大加快金融业全面对外开放为目标,对"偿二代"监管规则进行了全面优化升级
8	《关于实施保险公司偿付能力监管规则(Ⅱ)有关事项的通知》(银保监发〔2021〕52号)	2021年12月30日	现行有效	· 对部分监管规定予以细化,明确偿付能力报告报送要求,并设置过渡期政策

(二)小结

1."偿一代"采取定量监管指标,即保险公司偿付能力充足率达到监管标准视为达标。

2."偿二代"采取定量监管、定性监管及市场约束相结合的监管体系,提出核心偿付能力充足率、综合偿付能力充足率、风险综合评级系评价偿付能力状况的三个指标。

3.相较于"偿一代","偿二代"强调以风险为导向,并结合保险公司的业务规模、投资规模、负债情况、业务运行、合规管理等多重因素对其偿付能力进行综合评价。

二、域外监管规则对我国偿付能力监管体系的影响

（一）欧盟关于偿付能力的监管规则

表 3　欧盟关于偿付能力的监管规则

监管体系	时间	监管要求
欧盟第一代偿付能力监管体系（Solvency Ⅰ）	1964 年	· 欧共体《统一再保险法》颁布，对保险公司承保风险进行了概述，为 Solvency I 的萌芽
	20 世纪 70 年代	· 第一代非寿险指令和寿险指令颁布 · 规定偿付准备金标准，保险公司应保持充足的准备金 · 保险公司原则上由母国监管，但每年需向东道国递交偿付能力报告
	20 世纪 80 年代	· 第二代非寿险指令和寿险指令颁布 · 明确母国和东道国标准的适用问题
	20 世纪 90 年代	· 第三代非寿险指令和寿险指令颁布 · 单一执照制度，由母国事先核准并接受母国监管 · 协调成员国关于准备金的定义和计算标准①
	2002 年	· 寿险综合指令颁布 · 对偿付能力监管的重点进行规定
欧盟第二代偿付能力监管体系（Solvency Ⅱ）	2003 年	· 欧盟启动 Solvency Ⅱ工程 · 探索建立以风险评估为基础的监管体系，并借鉴巴塞尔协议关于银行风险评估的“三支柱”方法
	2011 年	· 综合二号指令提交欧盟议会审议 · 指令规定了多项风险评估细则
	2016 年	· Solvency Ⅱ正式生效 · 从量化要求、动态风险监管和信息披露三个方面进行监管

① 参见郑云瑞：《欧盟统一人寿保险法》，载《保险研究》2005 年第 4 期。

综上，欧盟关于偿付能力的监管体系历经 Solvency Ⅰ、Solvency Ⅱ阶段。

1. Solvency Ⅰ以法定最低偿付能力额度作为监管指标，若低于监管指标，则保险公司需对其经营业务进行调整，从事与其能力相适应的业务。该监管体系过于强调定量指标，缺少对保险公司定性风险指标的评估，无法及时反映风险变化。

2. Solvency Ⅱ借鉴了巴塞尔协议对银行业"三支柱"的监管模式，强调以风险作为监管导向。"三支柱"对应三个层次：第一层次为数量性要求，包括资产负债评估、技术准备金、资本最低额度等；第二层次为质量性要求，包括监管审查程序、治理结构、风险评估等；第三层次为信息披露要求，包括监管报告、公开披露等。

（二）美国关于偿付能力的监管规则

表 4　美国关于偿付能力的监管规则

监管体系	时间	监管要求
第一代监管体系：全国保险监督官协会（NAIC）财务监管指标	20 世纪 90 年代	· 美国发生保险责任危机，各州开始采用统一的财务指标 · NAIC 建立预警信息系统，根据资本金、总保费比例等财务因素，筛选"紧急监视公司"和"目标监督公司"分别管理①
第二代监管体系：风险资本（Risk－Based Capital，RBC）制度	2003 年	· 借鉴巴塞尔协议对银行业的资本监管要求对 NAIC 指标进行调整，充分吸收影响财务指标的各项风险因素 · 各项风险因素均对应不同的计算公式，保险监管部门进行量化管理
第三代监管体系：偿付能力现代化变革（Solvency Modernization Initiative，SMI）	2008 年	· 国际金融危机后，对原有 RBC 制度进行完善，增强风险覆盖能力，对资本标准、风险管理、集团监管、会计与财务报告、再保险等进行规定

相较于欧盟 Solvency Ⅱ多层次的监管，美国的 RBC 制度更为单一，更加注重量化管理。州保险主管机关根据各保险公司偿付能力情况采取不同的监管措施。

（三）小结

我国"偿二代"监管体系充分吸收了欧盟及美国偿付能力监管制度的经验，借

① 参见曾文革、温融：《后金融危机时代保险偿付能力监管模式的创新与发展》，载《保险研究》2010 年第 2 期。

鉴了欧盟 Solvency Ⅱ、美国 RBC 制度的监管理念，以及 Solvency Ⅱ 的监管体系，在保险集团及再保险的监管、压力测试等方面则借鉴了美国的 SMI。[①]

三、《管理规定》之修订亮点

（一）偿付能力监管指标扩展为三项

《管理规定》采取定量资本、定性监管、风险评级的方式评估保险公司的偿付能力，监管指标扩展为核心偿付能力充足率、综合偿付能力充足率和风险综合评级三项，见表 5。

表 5　原《管理规定》与现行《管理规定》对偿付能力监管指标的规定对照

原《管理规定》	现行《管理规定》
· 一项偿付能力监管指标，即偿付能力充足率（保险公司的实际资本与最低资本的比率）不低于 100%	· 三项偿付能力监管指标： （1）核心偿付能力充足率（核心资本与最低资本的比值，衡量保险公司高质量资本的充足状况） （2）综合偿付能力充足率（实际资本与最低资本的比值，衡量保险公司资本的总体充足状况） （3）风险综合评级（国家金融监督管理总局及其派出机构评估保险公司操作风险、战略风险、声誉风险和流动性风险，结合其核心偿付能力充足率和综合偿付能力充足率，对保险公司总体风险进行评价，确定其风险综合评级，分为 A 类、B 类、C 类和 D 类，并采取差别化监管措施） · 偿付能力达标需同时满足以下要求： （1）核心偿付能力充足率不低于 50% （2）综合偿付能力充足率不低于 100% （3）风险综合评级在 B 类及以上 · 重点核查范围：核心偿付能力充足率低于 60% 或综合偿付能力充足率低于 120% 的保险公司

需要提示的是，保险公司的核心偿付能力充足率和综合偿付能力充足率达标并不代表其不会被重点核查。监管机构亦可以通过评估保险公司操作风险、战略风险、声誉风险和流动性风险，确定保险公司的风险综合评级，如被评为 C 类和 D 类，监管机构将根据风险成因和风险程度采取针对性的监管措施。

① 参见朱南军、汪欣怡：《偿付能力监管的国际经验》，载《中国金融》2017 年第 3 期。

（二）提升信息披露要求，强化市场约束

《管理规定》进一步提升偿付能力的披露要求，保险公司应按照监管规定披露季度报告，由市场对其风险情况进行评价，见表6。

表6 原《管理规定》与现行《管理规定》披露义务的要求对照

原《管理规定》	现行《管理规定》
· 报告报送：保险公司应当编制和报送偿付能力报告（包括年度报告、季度报告和临时报告）	· 报告报送：保险公司应按规定报送偿付能力报告。根据《保险公司偿付能力监管规则第18号：偿付能力报告》的要求，保险公司应报送的报告包括： （1）季度报告［包括公司信息、董事会和管理层声明、基本情况、主要指标、风险管理能力、风险综合评级（分类监管）、重大事项、管理层分析与讨论、外部机构意见、实际资本、最低资本、压力测试等12部分］； （2）季度快报（包括基本信息和主要指标）； （3）临时报告（保险公司在任何时点出现偿付能力不足的情况，应当在发现之日起5个工作日内向银保监会报告）。 · 公开披露：保险公司应当编制偿付能力季度报告摘要并对外公开披露，并在日常经营的有关环节，向保险消费者、股东、潜在投资者、债权人等利益相关方披露和说明其偿付能力信息。根据《保险公司偿付能力监管规则第15号：偿付能力信息公开披露》的规定，非上市保险公司应当在每季度结束后30日内，披露偿付能力季度报告摘要。上市保险公司及其子公司应当在第1季度和第3季度结束后30日内，披露偿付能力季度报告摘要；在披露半年度财务报告和年度财务报告的同时，披露第2季度和第4季度的偿付能力季度报告摘要。 · 规划报送：保险公司应按年度滚动编制公司3年资本规划

（三）完善监管措施，提高有效性及针对性

《管理规定》将监管措施分为应当采取的措施和可采取的措施，其中应当采取的措施新增薪酬追回制度，对于造成公司偿付能力风险和损失的董事和高级管理人员，保险公司有权追回已发的薪酬，具体规定见表7。

表 7　原《管理规定》与现行《管理规定》对监管措施的规定对照

原《管理规定》	现行《管理规定》
· 充足率不达标时的监管措施： 对于偿付能力充足率低于100%的保险公司，区分不同情形，采取下列一项或者多项监管措施： (1)要求提交和实施预防偿付能力不足的计划； (2)责令增加资本金或者限制向股东分红； (3)限制董事、高级管理人员的薪酬水平和在职消费水平； (4)限制商业性广告； (5)限制增设分支机构、限制业务范围、责令停止开展新业务、责令转让保险业务或者责令办理分出业务； (6)责令拍卖资产或者限制固定资产购置； (7)限制资金运用渠道； (8)调整负责人及有关管理人员； (9)接管； (10)原保监会认为必要的其他监管措施。 · 充足率达标但存在重大偿付能力风险的：可以要求其进行整改或者采取必要的监管措施	充足率不达标时的监管措施： · 应当采取的措施：对于核心偿付能力充足率低于50%或综合偿付能力充足率低于100%的保险公司，必须采取以下全部四种措施：(1)监管谈话；(2)要求保险公司提交预防偿付能力充足率恶化或完善风险管理的计划；(3)限制董事、监事、高级管理人员的薪酬水平；(4)限制向股东分红。 · 可采取的措施：对于核心偿付能力充足率低于50%或综合偿付能力充足率低于100%的保险公司，可根据偿付能力充足率下降的具体原因，采取以下措施：(1)责令增加资本金；(2)责令停止部分或全部新业务；(3)责令调整业务结构，限制增设分支机构，限制商业性广告；(4)限制业务范围、责令转让保险业务或责令办理分出业务；(5)责令调整资产结构，限制投资形式或比例；(6)对风险和损失负有责任的董事和高级管理人员，责令保险公司根据聘用协议、书面承诺等追回其薪酬；(7)依法责令调整公司负责人及有关管理人员；(8)依法根据保险公司的风险成因和风险程度认为必要的其他监管措施；(9)对于采取上述措施后偿付能力未明显改善或进一步恶化的，由国家金融监督管理总局依法采取接管、申请破产等监管措施。 充足率达标但存在重大偿付能力风险的： · 对于风险较大或严重的C类和D类保险公司，应根据风险成因和风险程度，采取针对性的监管措施

（四）压实中介机构责任

《管理规定》新增并重点强调中介机构责任，对于存在重大疏漏或意见、报告存在严重质量问题的，监管机构可采取包括责令更换机构、不接受报告、移交相关部门处理等措施，具体规定见表8。

表 8　原《管理规定》与现行《管理规定》有关中介机构责任的规定对照

原《管理规定》	现行《管理规定》
· 委托审查:原保监会可以委托中介机构对保险公司报送的偿付能力报告及相关信息实施审查	· 中介机构责任:精算咨询机构、信用评级机构、资产评估机构、律师事务所等中介机构在保险业开展业务时,存在重大疏漏或出具的意见、报告存在严重质量问题的,国家金融监督管理总局及其派出机构视具体情况采取责令保险公司更换中介机构、不接受报告、移交相关部门处理等措施。 · 审计责任:保险公司聘请的会计师事务所的审计质量存在问题的,国家金融监督管理总局及其派出机构视具体情况采取责令保险公司更换会计师事务所、行业通报、向社会公众公布、不接受审计报告等措施,并移交注册会计师行业行政主管部门处理

四、结语

偿付能力是衡量保险公司偿还债务能力的重要指标,系国家金融监督管理总局评估保险公司安全性的核心指标。《管理规定》吸收了我国近年来“偿二代”监管体系的运行经验,符合国际偿付能力监管制度的发展趋势。未来保险公司在经营管理过程中,应充分适应新的监管体系,防控偿付能力风险,实现稳健发展。

(张雪、任重哲对本文亦有贡献)

困境保险公司之风险监测与处置

曾赞新[*]　叶　君

[*] 作者简介：
曾赞新，中伦律师事务所北京办公室公司业务部合伙人，电邮为：richardzeng@zhonglun.com。

自2017年7月第五次全国金融工作会议召开以来,党中央、国务院进一步强调金融应当“脱虚向实”,服务于实体经济本源,并要求加强金融监管、推进金融监管体制改革。[①] 自此,监管之手正式拉开了金融“乱象”整治的大幕。

近年来,中国人民银行、原银保监会[②]开展了一系列专项治理工作,激浊扬清,重点查处保险行业违规问题,不断加大监督检查力度,遏制资金脱实向虚势头,促进风险有序释放。

在金融体系重塑过程中,随着监管态势不断趋严,再加上经济增速降低,保险业受到了较大的冲击。一方面,国家金融监督管理总局屡次修改相关规定后,保险行业的准入门槛不断升高,国家金融监督管理总局对于新设保险机构的批准几近停滞,行业内保险公司的股权也频繁变更,导致资本市场上保险牌照已不再紧俏;另一方面,一些发展模式激进、内控合规不完善、盲目跨界扩张的中小保险机构纷纷暴雷,部分正常经营的保险公司也存在经营风险,导致投资人对于保险行业望而却步。

但是,保险行业监管的规范也带来了新的投资机会。近年来,一些存在系统性风险的保险机构被国家金融监督管理总局接管或以其他方式“贴身监管”后,若有恢复正常经营的潜力,监管机构通常会通过市场化方式引入有实力的投资者成为保险公司的股东,并会给予相应的政策支持。因此,对于有志于在保险行业进行战略布局的投资者而言,这些已经“挤完泡沫、拔除毒瘤”且估值几乎降至谷底的困境保险公司,是非常难得的投资机会。

鉴于金融行业的专业性及特殊性,相较于其他行业的企业而言,投资保险公司有较高的尽职调查及知识储备要求;又鉴于本文所述的保险公司为某些方面出现风险且处于经营困境的保险公司,因此该类投资交易对法律工作者提出了更高的要求。本文拟着眼于我国近年来保险业的风险处置现状,结合笔者多年来从事保险投资、保险业相关法律服务的实务经验,对拟投资一家处于困境中的保险公司的法律实务要点进行总结。

---

① 《全国金融工作会议在京召开》,载中华人民共和国中央人民政府网,http://www.gov.cn/xinwen/2017-07/15/content_5210774.htm。

② 2023年3月,中共中央、国务院印发了《党和国家机构改革方案》。中国银行保险监督管理委员会已改为国家金融监督管理总局。

一、保险业中的风险监测

保险业是金融业的三大支柱之一。由于保险公司负债经营的特点，以及其自身作为经营风险的机构，相较于其他金融行业企业而言，保险机构承担着更多的来自外部市场及公司内部的风险。保险行业的风险有极强的涉众性、外溢性及复杂性，一旦发生便会对保险消费者及社会稳定造成较大的不利影响。

风起于青萍之末，任何颠覆性风险的发生总有其端倪。为了从源头上监测到风险的产生，我国建立了以偿付能力监管为核心的保险业风险识别、监测及防控体系。

（一）偿付能力监管指标

偿付能力，是保险公司对保单持有人履行赔付义务的能力。[①] 国家金融监督管理总局通过偿付能力风险管理能力评估、风险综合评级等监管工具，分析和评估保险公司的风险状况，并制定有针对性的风险管控措施。

我国的偿付能力监管体系建设经历了比“十年磨一剑”更加漫长的磨砺和修改沿革。2001 年 1 月 23 日，保监会发布《保险公司最低偿付能力及监管指标管理规定（试行）》（现已失效），正式推出了我国的保险公司偿付能力监管制度，即“偿一代”。此后保监会陆续发布了《保险公司偿付能力额度及监管指标管理规定》（现已失效）、《保险公司偿付能力管理规定》（已被修订）等规定，进一步完善各项监管要求。自 2013 年保监会颁布《中国第二代偿付能力监管制度体系整体框架》起，监管机构开启并正式实施了“偿二代”工程建设的宏伟蓝图，直至 2021 年新修订的《保险公司偿付能力管理规定》的出台及施行，历经十余载春秋，终于建成以风险为导向，以定量资本要求、定性监管要求、市场约束机制相结合的偿付能力监管规则体系。

根据 2021 年《保险公司偿付能力管理规定》的规定，我国保险公司的偿付能力监管指标由以下三方面组成：(1) 核心偿付能力充足率，即核心资本与最低资本的比值，衡量保险公司高质量资本的充足状况；(2) 综合偿付能力充足率，即实际资本与最低资本的比值，衡量保险公司资本的总体充足状况；(3) 风险综合评级，

---

① 参见《保险公司偿付能力管理规定》第 3 条。

即对保险公司偿付能力综合风险的评价,衡量保险公司总体偿付能力风险的大小。

若保险公司核心偿付能力充足率不低于 50%、综合偿付能力充足率不低于 100% 并且风险综合评级在 B 类及以上,即为偿付能力达标公司。不符合前述任意一项要求的,为偿付能力不达标公司。国家金融监督管理总局定期对保险公司偿付能力数据的真实性、完整性及合规性进行核查,并按需开展现场检查。对于偿付能力不达标的保险公司,国家金融监督管理总局有权根据偿付能力充足率下降的具体原因,采取监管谈话、限制分红、限薪、责令增加资本金、责令调整业务结构等有针对性的监管措施。

(二)风险综合评级及 SARMRA 评估

尽管风险综合评级是偿付能力监管指标的一个组成部分,但该指标亦有一定的独立性。相较于核心偿付能力充足率及综合偿付能力充足率这样可量化的指标,风险综合评级更侧重于定性方面的监管要求。根据《保险公司偿付能力监管规则第 11 号:风险综合评级(分类监管)》的规定,保险公司的偿付能力风险原则上分为固有风险和控制风险两大类。但是,从该等风险能否通过量化转化为最低资本进行计量(是否可资本化)的角度,偿付能力风险又可分为可资本化的风险和难以资本化的风险两类,具体如图 1 所示。

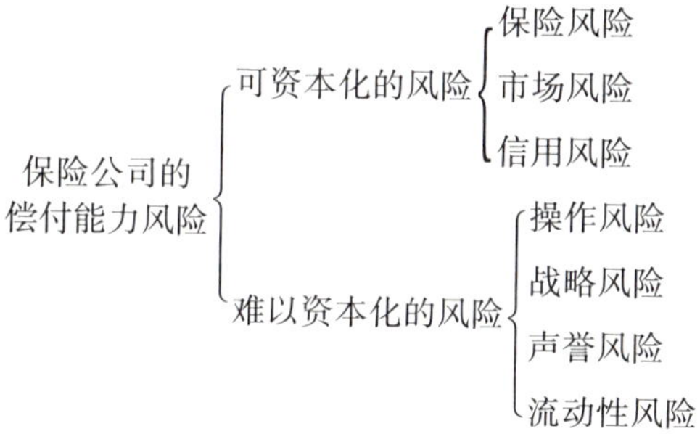

图 1　偿付能力分类

国家金融监督管理总局根据保险公司偿付能力充足率的水平、变化特征以及其他偿付能力相关指标对保险公司的可资本化风险进行评分,并根据风险的外部环境、分布特征、预期损失、历史经验数据、日常监管信息等多种因素对操作风险、战略风险、声誉风险和流动性风险四类难以资本化的风险设定分类监管指标进行评分并加权平均计算难以资本化的风险的综合得分。综合上述分类监管评价的结果，就能够反映保险公司偿付能力风险的整体状况。

根据上述评价结果，国家金融监督管理总局按照偿付能力从大到小将保险公司分为A、B、C、D四个监管类别。其中，A类和B类公司属于偿付能力充足率达标、风险较小的公司，C类及D类公司为偿付能力充足率不达标且某一类或某几类风险较大的公司。

与此同时，国家金融监督管理总局及其派出机构会对保险公司开展偿付能力风险管理能力监管评估（以下简称SARMRA评估），对其风险水平进行打分管理。

（三）公司治理监管评估

根据保险机构在党的领导、股东治理、关联交易治理、董事会治理、监事会和高管层治理、风险内控、市场约束、利益相关者治理等方面的执行情况，国家金融监督管理总局及其派出机构对保险公司进行公司治理监管评估。公司治理监管评估总分为100分，评估等级分为五级：90分以上为A级（优秀），80分至90分为B级（较好），70分至80分为C级（合格），60分至70分为D级（较弱），60分以下为E级（差）。

国家金融监督管理总局根据公司治理监管评估结果，对保险机构依法采取不同监管措施，如窗口指导、监管谈话、出具风险提示函/监管意见书/监管通报、责令暂停部分业务、停止批准开办新业务、停止批准增设分支机构、限制分配红利、实施行政处罚等。

当然，除了上述三个主要指标外，监管机构还在不同维度对保险公司实施全方位的监管、考核及评估，这些考核及评估的结果对于衡量一家保险公司的价值、业务前景及风险程度等均有重要意义。但限于篇幅，本文不再一一展开介绍。

二、保险业立法中关于风险处置的主要规定

（一）以《保险法》为代表的保险业法律监管体系中关于风险处置的规定

《保险法》要求建立健全保险公司偿付能力监管体系，对于偿付能力出现问题的保险公司，《保险法》规定了一系列循序渐进的处理措施。

1. 采取监管措施，并限期保险公司改正违规行为

根据《保险法》第138条的规定，对偿付能力不足的保险公司，国务院保险监

督管理机构应当将其列为重点监管对象，并可以根据具体情况采取责令增加资本金、办理再保险、限制业务范围、限制向股东分红等措施。若保险公司未落实上述监管措施，国家金融监督管理总局有权责令其限期改正。该等措施一方面能够降低保险公司的经营成本，另一方面也能够通过压缩保险业务的规模来防范保险公司进一步野蛮生长。

2. 整顿

若保险公司未限期改正，国家金融监督管理总局有权决定选派保险专业人员和指定该保险公司的有关人员组成整顿组，对公司进行整顿。整顿期间，原则上原有业务继续进行，但是国家金融监督管理总局有权视具体情况责令被整顿公司停止部分原有业务、停止接受新业务，并调整资金运用。保险公司整顿后恢复正常经营状况的，经国家金融监督管理总局批准可以结束整顿。但是，迄今为止市场上鲜见以整顿方式处置保险公司的公开案例。

3. 行政接管

保险公司偿付能力严重不足，或者违反法律规定损害社会公共利益严重危及偿付能力的，国家金融监督管理总局可以对该保险公司实行为期不超过 2 年的接管。除了适用《保险法》的规定外，国务院保险监督管理机构通常会制定针对被接管机构的接管实施办法，对接管组的构成、职权、工作机制、接管期限以及接管结束后的处理措施等进行相应规定。

以原保监会于 2018 年颁布的《安邦保险集团股份有限公司接管实施办法》为例，该办法规定，接管期满，如果公司经营基本稳定、相关资产处置基本完成、主要战略股东完成注资，则可结束接管；但若接管工作未达预期效果，安邦集团没有完成股权重组，尚未恢复正常经营，且延长接管期后经营仍未改善或无法达成接管目的，可依法采取其他监管措施。

4. 重整、破产清算以及撤销

被整顿、接管的保险公司存在《企业破产法》所规定的情形的，国家金融监督管理总局可以依法向人民法院申请对该保险公司进行重整或者破产清算。此外，《保险法》第 149 条规定国务院保险监督管理机构有权撤销保险公司，但是未进一步规定撤销后的措施或安排。

参考证券公司的风险处置，证券公司被撤销后，将进入行政清理阶段。《证券公司风险处置条例》规定，国务院证券监督管理机构做出撤销证券公司的决定后，需选择律师事务所、会计师事务所等专业机构成立行政清理组，对证券公司进行行政清理。行政清理组主要的职责包括管理证券公司的财产及证照文件，清理账户、核实资产负债，协助甄别确认、收购符合国家规定的债权，安置客户等。行政清理工作完成后，国务院证券监督管理机构或者其委托的行政清理组有权依照《企业破产法》的规定，向人民法院申请对被撤销、关闭的证券公司进行破产清算。尽管《保险法》或相关接管办法未明确规定破产清算前的行政清理工作，但是根据笔者所了解的信息，对拟破产清算的保险公司而言，在进入破产清算阶段之前，实际上也会通过大量类似的清理工作完成清产核资，为其最终的破产清算打下基础。

（二）《保险保障基金管理办法》关于救助的规定

作为“保险业最后一道风险防线”，保险保障基金在推动保险行业健康发展、维护保险消费者合法权益等方面发挥着不可替代的作用。根据原保监会、财政部、中国人民银行于2008年9月11日联合发布的《保险保障基金管理办法》，中国保险保障基金有限责任公司（以下简称保险保障基金公司）正式成立，并承担了管理保险保障基金的重任。我国保险保障基金是根据《保险法》和《保险保障基金管理办法》的规定形成的行业风险救助基金，保险保障基金集中管理，统筹使用，用于救助保单持有人、保单受让公司或者处置保险业风险。

2022年10月26日，新修订的《保险保障基金管理办法》颁布，对保险保障基金的筹集、使用等事项做了进一步修订和优化。其中，就风险救助事项，新的管理办法进一步丰富了保险保障基金的使用情形，增加“国务院批准的其他情形”[①]；赋予了保险保障基金公司“参与风险处置方案和使用办法的拟定”[②]的权利，使保险保障基金公司不仅作为救助资金的提供方，更是作为处置方案的主要参与者，能够更大限度地发挥保险保障基金公司的专业水平及主动性；明确了被处置保险公司及其股东、实际控制人、董监高人员对保险保障基金公司的报告、说明及配合

---

① 《保险保障基金管理办法》第16条规定：“有下列情形之一的，可以动用保险保障基金：（一）保险公司被依法撤销或者依法实施破产，其清算财产不足以偿付保单利益的；（二）国务院保险监督管理机构经商有关部门认定，保险公司存在重大风险，可能严重危害社会公共利益和金融稳定的；（三）国务院批准的其他情形。”

② 《保险保障基金管理办法》第17条。

义务，为保险保障基金公司的风险处置工作进一步提供了便利条件。[①]

(三)《金融稳定法(草案)》中关于风险处置的规定

为贯彻落实党中央、国务院关于防范化解金融风险、健全金融法治的决策部署，中国人民银行会同发展改革委、司法部、财政部、原银保监会、证监会、外汇局，起草并于2022年4月6日发布了《中华人民共和国金融稳定法(草案征求意见稿)》(以下简称《金融稳定法(草案)》或草案)[②]。根据草案的起草说明，《金融稳定法(草案)》旨在总结重大风险攻坚战的有益经验和行之有效的做法，并将之上升为法律层面的长效制度，以加强金融稳定法律制度的顶层设计和统筹协调，并最终建立权威高效的金融风险防范、化解和处置机制。

《金融稳定法(草案)》共6章48条，重点着墨于金融风险防范、化解及处置的规范及顶层的制度设计。对保险机构而言，草案最大的亮点是关于风险处置方式的经验总结及创新性规定。

1. 根据保险机构风险程度的大小，采取多样化的处置方式。草案允许处置部门依法实施促成重组、接管、托管、撤销或者申请破产，并明确风险处置中市场主体及行政主体的角色和作用。其中市场主体包括被处置金融机构及其主要股东、实际控制人，行政主体包括存款保险基金、行业保障基金、省级人民政府、国务院金融管理部门等机构。

2. 建立金融稳定保障基金，规定多层级的金融风险处置资金来源，明确各类处置救助资金适用顺序。首先，由被处置金融机构的主要股东、实际控制人对机构补充资本实施救助；其次，调动市场化资金参与被处置金融机构并购重组；再次，存款保险基金、行业保障基金依法出资；复次，省级政府部门动用公共资源救助；最后，对于危及金融稳定的重大金融风险，可使用新成立的金融稳定保障基金。

3. 健全监管与司法的衔接机制。首先，处置部门可以向人民法院申请对以被处置金融机构为当事人的民事诉讼案件进行集中管辖；其次，处置部门可申请“三

---

① 参见《保险保障基金管理办法》第34条。

② 参见《中国人民银行关于〈中华人民共和国金融稳定法(草案征求意见稿)〉公开征求意见的通知》，载中国人民银行官网2022年4月6日，http://www.pbc.gov.cn/tiaofasi/144941/144979/3941920/4525751/index.html。

中止”，即向有关部门申请中止与被处置金融机构及其股权、资产、人员等密切相关的民事诉讼程序、执行程序以及商事仲裁程序。

尽管《金融稳定法》尚未正式颁布，但是通过对草案的解析以及对近期风险处置案例的观察，在监管实践中，其实已经悄然开始使用《金融稳定法（草案）》所明确规定的处置措施。这些措施包括但不限于要求被处置机构首先采取自救纾困措施，调动市场化资金参与投资或并购重组，依法动用地方行政及司法力量参与追赃挽损，债权减记、责任股东股权清零，必要时注入行业保障基金的资金参与处置，以最大限度地降低对于公共资金的依赖。

三、关于保险公司风险处置的实践

金融风险处置犹如“精准拆弹”，一方面，需要找准痛点、一举击破风险源头；另一方面，还需控制影响范围，并力争以最小的成本完成风险化解。由于出现风险的保险公司情况各有差异，因此，目前对保险公司的处置仍采取一事一议的解决思路。近十余年的处置实践概要如下。

（一）责令增加资本金后恢复正常经营：长安责任保险

2018 年 12 月 17 日，原银保监会向长安责任保险股份有限公司（以下简称长安责任保险）下发《中国银保监会监管函》（监管函〔2018〕74 号），由于长安责任保险核心偿付能力充足率和综合偿付能力充足率均为 -41.50%，偿付能力不达标，风险综合评级为 D 类。原银保监会决定依法责令长安责任保险：（1）增加资本金，完成增资扩股工作；（2）总公司及分支机构停止接受除车险和责任险以外的新业务（包括直接保险业务和再保险分入业务）；（3）停止增设分支机构。

2019 年，根据相关公开披露的信息，长安责任保险引进新投资人对公司进行增资扩股。因此，2019 年 10 月 31 日，原银保监会出具《行政监管措施决定书》（〔2019〕2 号），决定解除对长安责任保险的监管措施。至此，长安责任保险通过增加资本金的方式提高了自身的偿付能力，化解了潜在风险，最终免于被接管。

（二）行政接管后，保险公司存续经营：新华人寿、中华联合

2006 年，原保监会调查发现，新华人寿保险股份有限公司（以下简称新华人寿）原董事长在职期间挪用公司资金 130 亿元。2007 年，原保监会首次动用保险

保障基金收购新华人寿 38.815% 的股权。① 2008 年,保险保障基金公司成立后即接手管理保险保障基金持有的新华人寿股份,并于 2009 年将其所持新华人寿的 38.815% 的股权一次性整体转让给中央汇金投资有限责任公司,实现了保险保障基金的顺利退出,完成了新华人寿风险处置任务。②

2007 年,中华联合保险集团股份有限公司(曾用名:中华联合保险控股股份有限公司,以下简称中华联合)出现 64 亿元的巨额亏损。③ 2010 年,保险保障基金受新疆生产建设兵团国有资产监督管理委员会及相关股东单位委托,管理其持有的中华联合 75.13% 的股份,代行相应的股东权利。2012 年,保险保障基金公司向中华联合注资 60 亿元,推动其市场化重组,并引进战略投资者中国东方资产管理股份有限公司注资 78.1 亿元以解决偿付能力不足的问题。一系列整顿重组后,保险保障基金公司于 2015 年年底至 2018 年,陆续通过转让中华联合的股份实现溢价退出。④

（三）行政接管后,原实体清算,成立新实体:安邦保险/大家保险、华夏人寿

2018 年 2 月 23 日,原保监会发布《中国保监会关于对安邦保险集团股份有限公司依法实施接管的公告》(保监公告〔2018〕5 号),因安邦保险集团股份有限公司(以下简称安邦集团)存在违反《保险法》规定的经营行为,可能严重危及公司偿付能力,原保监会决定对安邦集团实施接管,由原保监会会同有关机构组成安邦集团接管工作组。银保监会在决定接管时间延长一年后,⑤于 2020 年年初发布《中国银行保险监督管理委员会关于对安邦保险集团股份有限公司依法终止接管的公告》,决定终止接管安邦集团。此后,银保监会剥离安邦集团非涉案涉诉资产,批准设立大家保险集团有限责任公司,依法受让安邦财产保险股份有限公司

① 参见崔启斌、张弛:《畅谈保险公司被接管　与保监会接管安邦有何不同?》,载网易财经 2018 年 2 月 28 日,https://www.163.com/money/article/DBMLDRR9002580S6.html。

② 参见《参与对新华人寿保险公司的风险处置》,载中国保险保障基金有限公司官网,http://www.cisf.cn/fxcz/czzq/czal/1456.jsp。

③ 参见崔启斌、张弛:《畅谈保险公司被接管　与保监会接管安邦有何不同?》,载网易财经 2018 年 2 月 28 日,https://www.163.com/money/article/DBMLDRR9002580S6.html。

④ 参见《参与对中华联合保险公司的风险处置》,载中国保险保障基金有限公司官网,http://www.cisf.cn/fxcz/czzq/czal/1781.jsp。

⑤ 2020 年 2 月 22 日,原银保监会发布《中国银行保险监督管理委员会关于对安邦保险集团股份有限公司依法终止接管的公告》,决定将安邦集团接管期限延长 1 年,自 2019 年 2 月 23 日起至 2020 年 2 月 22 日止。

（以下简称安邦财险）、安邦养老保险股份有限公司和安邦资产管理有限责任公司股权，新设大家财产保险有限责任公司，承接安邦财险的合规保险业务，安邦集团和安邦财险将依法予以清算注销。①

无独有偶，监管机构对华夏人寿保险股份有限公司（以下简称华夏人寿）也采用了类似的方式。2020 年 7 月 17 日，原银保监会发布《中国银保监会依法对天安财产保险股份有限公司等六家机构实施接管的公告》，对华夏人寿、天安财产保险股份有限公司（以下简称天安财险）、易安财产保险股份有限公司（以下简称易安财险）等 4 家保险公司及 2 家信托公司依法实施接管。原银保监会牵头成立接管组，并委托其他经营稳健的同业机构进行接管，接管期限自 2020 年 7 月 17 日起至 2021 年 7 月 16 日止，后延长了一年接管期限。

2023 年年初，据《中国银行保险报》报道，原银保监会有关部门负责人接受该刊记者采访时表示，华夏人寿目前经营稳定，原银保监会已批准保险保障基金公司和其他投资人共同筹建瑞众人寿保险公司，以依法受让华夏人寿资产负债，承接机构网点及人员，全面履行保险合同义务，切实保护保险消费者及各有关方面合法权益。②

（四）行政接管后，业务或股权转让：天安财险、和谐健康

如上文提到的原银保监会于 2020 年 7 月 17 日发布的公告，原银保监会委托的同业机构对天安财险进行了接管。2022 年 6 月 9 日，天安财险保险业务资产包在上海联合产权交易所挂牌转让，资产包中包括天安财险的资产、负债及保险业务。该交易首次挂牌无人摘牌，当年 7 月 8 日，该资产包打九折二度挂牌出售。截至本文完成之时，尚无天安财险的处置信息。

天安财险的处置方式类似于包商银行股份有限公司（以下简称包商银行）的风险处置方式。就包商银行所爆发的风险，2019 年 5 月 24 日，中国人民银行会同原银保监会对包商银行进行接管，并提出了“新设一家银行收购承接业务 + 包商银行破产清算”的方案，即（1）由存款保险基金管理有限责任公司会同中国建设银

---

① 参见李延霞：《银保监会依法结束对安邦集团的接管》，载中华人民共和国中央人民政府网，http://www.gov.cn/xinwen/2020-02/23/content_5482219.htm。

② 参见朱艳霞：《银保监会：华夏人寿风险处置有序推进》，载中国银行保险报网，http://www.cbimc.cn/content/2023-02/24/content_477707.html。

行股份有限公司全资子公司建信金融资产投资有限公司、徽商银行股份有限公司(以下简称徽商银行)以及内蒙古自治区财政厅等内蒙古自治区内的8家发起人在内蒙古自治区共同发起设立蒙商银行股份有限公司,承接包商银行内蒙古自治区内的资产负债及相关业务。(2)将包商银行内蒙古自治区外4家分行的资产负债及相关业务打包评估,出售给徽商银行。未受保障债权及包商银行股东权益留存于包商银行,待进入司法阶段后通过破产清算实现分担部分经营损失的法律效果。2020年11月23日,北京市第一中级人民法院裁定受理包商银行的破产清算,并指定包商银行清算组担任包商银行管理人。2021年2月7日,北京市第一中级人民法院裁定宣告包商银行破产,包商银行风险处置工作基本完成。

与天安财险、包商银行不同,监管机构对和谐健康保险股份有限公司(以下简称和谐健康)的处置方式为市场化转让公司股权。和谐健康原为安邦集团旗下从事健康险的保险类子公司,如上文提到的安邦集团的行政接管情况,在安邦集团的处置过程中,接管工作组通过转让和谐健康股权的方式对该等相对优质的资产进行了市场化处置。2019年7月4日,和谐健康在中国保险行业协会网站发布《关于变更股东有关情况的信息披露公告》,其股东安邦集团和安邦财险拟向新投资人转让其持有和谐健康的全部股权。至此,和谐健康基本完成风险处置工作。

(五)行政接管后,破产重整:易安财险

如上文提到的原银保监会于2020年7月17日发布的公告,原银保监会委托同业机构接管了易安财险。2022年6月29日,原银保监会批复原则同意易安财险破产重整。① 2022年7月15日,北京金融法院作出(2022)京74破申1号民事裁定书,易安财险以其不能清偿到期债务且明显缺乏清偿能力为由,向北京金融法院申请破产重整。2023年5月,原银保监会连续发布《关于易安财产保险股份有限公司变更股东的批复》②及《关于易安财产保险股份有限公司重整后续事项的批复》③,

---

① 参见谭乐之:《易安财险重整计划正式获批》,载微信公众号“中国银行保险报”2023年2月27日,https://mp.weixin.qq.com/s/771Vu3p0jvG8aaM9wvwVVA。

② 《中国银保监会关于易安财产保险股份有限公司变更股东的批复》(银保监复〔2023〕273号),发文日期:2023年5月6日,载http://www.cbirc.gov.cn/cn/view/pages/governmentDetail.html? docId=1107500&itemId=871&generaltype=1。

③ 《中国银保监会关于易安财产保险股份有限公司重整后续事项的批复》(银保监复〔2023〕285号),发文日期:2023年5月12日,载http://www.cbirc.gov.cn/cn/view/pages/governmentDetail.html? docId=1109893&itemId=871&generaltype=1。

同意比亚迪汽车工业有限公司受让易安财险老股并成为易安财险唯一股东，并批准易安财险更名为“深圳比亚迪财产保险有限公司”。2023 年 5 月 24 日，北京金融法院发布公告，裁定确认易安财险重整计划执行完毕，终结易安财险重整程序①。

至此，易安财险在经历行政接管和破产重整程序后，通过引入重整投资人实现“浴火重生”。其风险处置工作基本顺利完成。

（六）小结

上述是原银保监会及新闻媒体已经公开披露的风险处置案例，据此可知，监管机构通常会根据各保险公司的风险原因、资产负债状况以及未来是否有恢复运营的可能采取不同的处置措施。

但是，除了上述案例之外，在目前严监管的形势下，仍存在一些高风险运营的保险机构，这些机构要么已经初步暴露风险，且已经被监管机构重点关注，要么监管机构已经开始介入处置程序。对于潜在投资人而言，了解主管部门的监管逻辑，有助于投资人选择合适的投资标的以及恰当的投资时机，也有助于其在未来投资过程中与监管机构的沟通。

四、关于投资困境保险公司的法律实务要点

（一）交易架构设计

在投资收购一家处于风险处置阶段的保险公司时，交易架构的设计至少需考虑以下三个方面。

首先，根据拟收购的保险公司的不同阶段，选择不同交易方式。如果目标保险公司在资金运用或其他方面出现重大风险或者出现流动性问题，导致其已经引起监管机构的高度重视甚至已经被采取相关监管措施，但是公司的保险业务仍有序开展且自身的综合偿付能力仍高于 100%，那么比较常见的投资方式是增资入股或购买问题股东的老股。然而，如果保险公司已经被行政接管，那么需要根据接管组的整体安排，在接管组的主导下通过其要求的方式，如增资入股、购买老股或者受让资产等参与处置并取得股权或资产。若接管期间，困境保险公司能够恢复正常经营并维持偿付能力，那么可以结束接管状态、恢复其市场化经营。但是，

---

① 载全国企业破产重整案件信息网，https://pccz.court.gov.cn/pcajxxw/pcws/wsxq?id=C58E0CA8C56F29BE4754E7080A3FD25F。

如果接管后保险公司状况仍然持续恶化，甚至已经进入破产重整阶段，那么投资人可以作为重整投资人进行投资。

需要注意的是，由于保险公司的风险事件导致监管机构介入，那么投资者的参与过程不可避免会带上些许行政干预的色彩，导致无论在交易方式的选择，或者尽职调查的开展、交易对价及交易条件的确定等方面，社会投资者可能都没有太多选择空间。但是，从另一个方面来讲，监管机构的保驾护航也将在很大程度上降低交易风险、保障交易安全，并降低与交易相关的审批的难度。

其次，根据投资者对保险公司的战略目标，决定其持股比例及持股方式。在《保险公司股权管理办法》（以下简称《股权管理办法》）下，单一股东及其关联方、一致行动人在保险公司的合计持股比例不得超过保险公司注册资本的1/3，但参与保险公司风险处置的，经国家金融监督管理总局批准可以突破前述1/3的持股比例上限。但是随之而来的问题是，更高的持股比例，意味着更大的资金需求。由于《股权管理办法》要求保险公司仅可使用"来源合法的自有资金"，且该等自有资金需"以净资产为限"，这就对投资者提出了非常高的财务要求，也极大地限制了投资者的融资渠道。

最后，通过尽职调查了解到的偿付能力现状、公司的业务发展趋势，预测未来一段时间内保险公司的资金需求，并未雨绸缪。尤其是，如果在投资前银保监部门已经对保险公司提出了压降业务规模的要求，那么未来一段时间内，可能难以依赖保险公司的业务收入提升偿付能力，若有突发资金需求，仍需寄希望于投资人的进一步注资。

（二）法律尽职调查

对于投资一家已经出现重大风险、处于被接管边缘甚至已经被接管的保险公司而言，聘请专业机构深入了解该保险公司的情况至关重要。通常情况下，若现实情况允许，投资人会进行法律尽职调查、商业尽职调查、精算尽职调查、财务审计以及资产评估等。对于法律尽职调查而言，除了惯常关注的历史沿革、股权结构、资产、业务资质等事项，根据笔者多年来投资收购保险公司的经验，需要重点关注以下事项。

1. 股权是否存在法律瑕疵

股权监管贯穿保险公司监管的各个方面及各个环节。一直以来，原银保监会

（现已改为国家金融监督管理总局）对于保险公司的股东资质有非常详细且严格的监管要求。因此，法律尽职调查中首先需要关注保险公司的股权设置、股东资质、股权质押等情况是否符合《股权管理办法》等监管规定的要求。

2. 股权的真实性及合法性

那些风险事件频发的保险公司，往往伴随着股权方面的瑕疵，包括但不限于代持保险公司股权、违规关联持股、变相转移股权等情况。但是实践中，因前述情况多为抽屉协议而具有极高的隐蔽性，即便律师、会计师在尽职调查中发现了一些可疑的线索，但由于尽职调查方式乃至监管手段的有限性，若无当事方的明确认可，也无法认定存在前述违规代持等事实。就此而言，在交易文件中设置完备且全面的陈述与保证、违约赔偿责任等条款，对于保护投资人的权利极为必要。

3. 股权质押情况

如果保险公司的股东将其所持保险公司的股权质押给其债权人，那么在该股东因无力偿债导致债权人通过拍卖、变卖等方式行使质权的情况下，可能导致保险公司的股权被不符合《股权管理办法》所要求的股东条件的主体取得。但是由于该等主体不具备相应资质，那么该等股权变更将无法取得银保监部门的批准或备案，导致其无法成为保险公司的股东并享有其股东权利，从而对保险公司的股权稳定性造成极大破坏，甚至会导致公司治理机制的失灵，并影响保险公司的正常经营。

4. 是否存在违规的资金运用类关联交易

股东行为失去约束是近年来保险市场乱象丛生的重要原因之一。由于保险公司的产品结构特点，保险公司具有极强的吸纳社会闲散资金的能力，因此大股东常将保险公司视为“造血机器”及资本套利的工具。比较常见的做法是，大股东通过关联交易侵占、套取保险资金，规避监管输送利益、隐匿风险等，包括但不限于通过隐瞒或者掩盖关联关系、股权代持、抽屉协议、拆分交易、互投大股东等隐蔽方式规避关联交易审查或监管要求，或者借助不动产项目、过桥公司、非标产品通道、多层嵌套变相突破监管限制为关联方或关联方指定方违规融资，又或者通过各种方式拉长融资链条、模糊业务实质、隐匿资金最终流向为关联方或关联方指定方违规融资等。

据此，违规关联交易尤其是违规的关联方资金运用是保险公司的风险“重灾区”。在法律尽职调查中，一方面，需依据保险资金运用的相关规定，穿透核查资金运用的交易对手、资金所投向的底层资产是否合规，投资比例是否超过监管上限，以及投后管理是否存在严重违反监管规定的情况。该等规定包括但不限于《保险资金投资股权暂行办法》《保险资金投资不动产暂行办法》《中国银保监会关于保险资金投资有关金融产品的通知》《中国银保监会办公厅关于保险资金投资集合资金信托有关事项的通知》等。另一方面，应当依据《银行保险机构关联交易管理办法》《中国保险监督管理委员会关于加强和改进保险资金运用比例监管的通知》等规定，核查其资金运用，特别是涉及关联方的资金运用是否超过监管红线。

5. 关注保险公司的偿付能力充足率现状及未来趋势

如前文所述，保险公司的偿付能力充足率（包括其风险评级水平）是保险公司合规经营的晴雨表，直接反映了保险公司的风险等级，并决定其未来的业务发展趋势。

第一，在目前严格的监管环境下，对于偿付能力下滑及/或某些方面出现操作风险、声誉风险等的保险公司，国家金融监督管理总局及其地方监管局很有可能依法采取有针对性的监管措施，如压降保费规模、限制开展新业务、要求风险评级降至 C 类及以下的保险公司停止互联网保险业务等。

第二，偿付能力下滑会直接影响保险公司未来的融资渠道。根据现行监管规定，若保险公司拟通过发行资本补充债补充资本，其偿付能力充足率需达到一定水平。此外，尽管保险公司的增资扩股原则上对偿付能力无严格要求，但较低的偿付能力体现了该公司在产品构成、资产负债结构、公司治理水平中的部分方面可能存在较大风险，这也会让大多数的财务投资者望而却步。上述情况将进一步导致保险公司无法取得充足的资金发展业务，转而会更依赖于风险较高且盈利水平更低的业务模式，并进一步陷入恶性循环。

第三，保险公司为了短期内快速增大实际资本、提升偿付能力水平，有可能会采取一些商业上比较激进的方式，如财务再保险。但是保险公司通常会因采取该等方式付出较高的资金成本，或者面临其他的政策风险或监管风险。

6. 保险业务的运营是否合规

法律尽职调查中，也需关注保险公司的业务资质是否合法有效，是否超范围、超比例开展业务，保险产品（尤其是人身险产品）是否存在监管机构近期重点核查整治的乱象，保险公司的下属分支机构、所控股的保险经纪公司是否存在挂靠经营、承包经营等违规情况。

7. 法律争议

与保险公司相关的法律争议、司法案件主要体现为以下几类。

（1）消费者投诉

一般与保险业务的开展有关，包括保险产品条款争议，保险产品销售、理赔争议，与内部员工及/或代理人的纠纷等。前述事项中，部分会进入司法程序，演变为诉讼仲裁案件。

（2）保险业务纠纷

保险业务纠纷主要是保险消费者与保险公司之间的纠纷，以及保险公司与销售渠道之间的纠纷，包括但不限于与内部销售人员的劳动合同纠纷（包括因个人代理人要求确认其与保险公司之间存在劳动合同关系而产生的纠纷），与保险代理人的代理合同纠纷，以及与其他渠道商（如银行等兼业代理机构、保险经纪机构、保险代理机构、保险公估机构）的争议等。

（3）资金运用纠纷

主要涉及保险公司在投资过程中与被投企业及其实际控制人、担保方之间的纠纷等。

（4）其他类型的纠纷

包括但不限于与股东的纠纷、公司治理争议等。

（三）厘清风险资产，制定切实有效的风险化解方案

对于已经出现风险的保险公司而言，厘清风险资产是投前工作的重中之重。只有清晰地界定出风险资产的范围并正确定性、精确定量，才能最终做好交易定价工作。风险资产的处理主要分为两个阶段：第一阶段在投前，主要是划定风险资产的范围、对其估值并预判处置方式；第二阶段在投后，主要是协助保险公司对出险的项目进行逐笔处置及清收。

通常情况下，风险资产的厘定是一项综合性极强的工作，需要法律、审计、评估等中介机构通力协作，律师主要根据项目的具体情况对风险资产/交易定性，如判断原始投资文件的合法有效性、资产权属的真实性、融资方所提供担保的有效

性、增信方所提供的差额补足承诺的性质、保险公司持有的债权是否会被第三方行使撤销权等;审计评估机构等主要参考律师的定性意见对风险资产的可回收性进行定量分析,从而辅助完成最终的交易定价。

(四)关于投资人是否满足保险公司股东资格的核查

相关机构通过制定《外资保险公司管理条例》《股权管理办法》《银行保险机构大股东行为监管办法(试行)》等行政法规、部门规章对保险公司的股东资格、入股条件、资金要求等进行明确规定。一方面,严格股东准入,提高准入门槛,加强资本真实性监管,规范投资入股行为,强化股权结构管理;另一方面,进一步强调穿透式监管,要求在股权结构、资金来源以及实际控制人等方面对保险公司实施穿透式监管,对股东、实际控制人及其关联方要一穿到底、查深查透,并强调对大股东的监管及问责力度。

因此,对投资人而言,其在交易之初就需要自查其是否满足保险公司相应类别股东的资格。尤其是对于风险处置阶段的保险公司而言,此时有意愿且有能力接盘的投资者通常都不甘于仅成为财务投资者,而拟进一步谋求更多的话语权。此时,成为战略类股东或控制类股东将是该类投资者的较优选择。因此,投资者需对照监管办法的规定确认其是否满足相关条件,包括但不限于连续三个会计年度盈利要求、净资产/总资产的要求、权益性投资余额的上限要求等。

此外,需要注意的是,在参与保险公司风险处置的情况下,即便投资者的部分条件不满足监管要求,但经国家金融监督管理总局批准,也可成为保险公司的股东,[①]且也可不受“一战一控”或“两战”的限制。[②] 前述规定也有利于社会资本更积极地参与保险机构的风险处置。

---

① 《保险公司股权管理办法》第88条规定:“经中国保监会批准,参与保险公司风险处置的,或者由指定机构承接股权的,不受本办法关于股东资质、持股比例、入股资金等规定的限制。”

② 《保险公司股权管理办法》第30条规定:“投资人及其关联方、一致行动人只能成为一家经营同类业务的保险公司的控制类股东。投资人为保险公司的,不得投资设立经营同类业务的保险公司。投资人及其关联方、一致行动人,成为保险公司控制类和战略类股东的家数合计不得超过两家。保险公司因为业务创新或者专业化经营投资设立保险公司的,不受本条第一款、第二款限制,但不得转让其设立保险公司的控制权。成为两家以上保险公司控制类股东的,不得成为其他保险公司的战略类股东。根据国务院授权持有保险公司股权的投资主体,以及经中国保监会批准参与保险公司风险处置的公司和机构不受本条第一款和第二款限制。”

(五)充分借助政府机构及保险保障基金的力量处置风险

根据上文分析,保险保障基金主要是从维护保险消费者的利益、保障金融安全的角度,向保险公司提供阶段性、过渡性的风险救助,其本身并不谋求保险公司的经营主导权。待保险公司寻找到合适的战略投资者,且产生自主发展的内源性力量后,保险保障基金即可功成身退,完成处置使命。

此外,地方政府的力量也不可忽视。《金融稳定法(草案)》强调各省级政府应当按照职责分工或者国家金融稳定发展统筹协调机制的要求,履行本行政区域内金融风险防范化解处置职责,①并进一步强调地方政府的主导地位及能动性,要求地方政府应当采取多种手段、主动化解管辖区域内的金融风险。② 由于金融业务具有涉众性,一旦出现与包商银行事件类似的金融事件,将对人民群众的合法权益及社会稳定造成不利影响。如果金融机构的风险事件涉及大股东的违法犯罪行为,则调动地方的司法及行政力量、形成监管合力,将提高追赃效率、推进风险处置进程。

因此,对于社会投资者而言,首先,需要重视并借助保险保障基金及地方政府的力量,将其作为与国家金融监督管理总局及其派出机构沟通的桥梁,尽快完成风险处置;其次,需与保险保障基金、其他投资人就公司治理安排协商一致,尽量争取在保险公司股东大会、董事会等治理机构的话语权;最后,投资人要认识到保险保障基金最终仍会退出保险公司,其未来退出时,保险公司的股权结构、公司治理结构都会受到重大影响,因此投资者在实施投资时就需适当考虑届时的应对方案。

五、结论

由于保险行业自身具有很多特殊性,加之处于风险处置阶段的困境保险公司已经存在股权有瑕疵、业务经营粗放、治理不规范、违规投资等情况,投资于该等类型的企业需面对的情况十分纷繁复杂。

因此,在投资该类困境保险公司时,首先,需通过该公司的各项风险监测指标来了解公司的整体状况;其次,应进行全面、细致且深入的尽职调查,全方位了解

---

① 参见《金融稳定法(草案)》第 6 条。

② 参见《金融稳定法(草案)》第 20 条。

该保险公司的运作情况、风险成因及未来的应对措施，并据此设计切实可行的交易方案及投资路径，选择符合监管要求的主体实施投资；最后，在决定实施投资时，应善于借助监管机构、行业救助基金的力量，加强与监管机构的沟通，尽力争取适宜的监管政策，在化解保险行业风险的同时，实现投资目的。

CHAPTER 03

金融科技与创新

银行保险机构信息科技外包风险要点透视

何植松　张　静*　赵　楠

*作者简介：
何植松，中伦律师事务所上海办公室公司业务部合伙人，电邮为：hezhisong@zhonglun.com。
张静，中伦律师事务所上海办公室私募基金与资管部合伙人，电邮为：zhangjingsh@zhonglun.com。

一、背景简介

原银保监会办公厅于2021年12月30日印发了《银行保险机构信息科技外包风险监管办法》(银保监办发〔2021〕141号,以下简称《办法》),于公布之日起实施。

《银行业金融机构信息科技外包风险监管指引》(银监发〔2013〕5号,以下简称《监管指引》)、《中国银监会办公厅关于加强银行业金融机构信息科技非驻场集中式外包风险管理的通知》(银监办发〔2014〕187号)、《中国银监会办公厅关于开展银行业金融机构信息科技非驻场集中式外包监管评估工作的通知》(银监办发〔2014〕272号)于《办法》实施之日同时废止。

《办法》的出台,对银行保险机构和国家金融监督管理总局及其派出机构监管的其他金融机构的信息科技外包活动产生了重大影响。本文旨在对《办法》较《监管指引》的重点修改内容以新旧法规对比的方式进行解读,以飨读者。

二、《办法》的主要修订内容及解读

(一)扩大适用范围

相较于《监管指引》,《办法》第2条明确将保险集团(控股)公司、保险公司、保险资产管理公司、金融资产管理公司纳入适用范围,并要求国家金融监督管理总局及其派出机构监管的其他金融机构参照适用《办法》。

表1 《监管指引》与《办法》有关"适用范围"的规定对照表

《监管指引》	《办法》
第二条　在中华人民共和国境内设立的政策性银行、商业银行、农村合作银行、省(自治区)农村信用社联合社适用本指引。银监会监管的其他金融机构参照本指引执行	第二条　在中华人民共和国境内设立的政策性银行、商业银行、农村合作银行、省(自治区)农村信用社联合社,**保险集团(控股)公司、保险公司、保险资产管理公司、金融资产管理公司**适用本办法。**银保监会及其派出机构**监管的其他金融机构参照本办法执行

(二)强化银行保险机构的主体责任,明确不得外包的范围

与《监管指引》相比,《办法》未明确列举可以进行信息科技外包的业务类型,而是采用负面清单的形式明确不得进行信息科技外包的范围:《办法》明确要求银

行保险机构在进行信息科技外包时应将“不得将信息科技管理责任、网络安全主体责任外包”作为原则之一。在信息科技外包治理方面,《办法》明确规定银行保险机构应当明确不能外包的信息科技职能,涉及信息科技战略管理、信息科技风险管理、信息科技内部审计及其他有关信息科技核心竞争力的职能不得外包。强化了银行保险机构在信息科技安全方面的主体责任。

表 2 《监管指引》与《办法》有关“主体责任”的规定对照表

《监管指引》	《办法》
第十条　银行业金融机构在实施信息科技外包时应当坚持以下原则: (一)以不妨碍核心能力建设、积极掌握关键技术为导向; (二)保持外包风险、成本和效益的平衡; (三)~~强调外包风险的~~事前控制,~~保持管控力度~~; (四)~~根据外包管理及技术发展趋势,~~持续改进外包策略和措施。	第五条　银行保险机构在实施信息科技外包时应当坚持以下原则: **(一)不得将信息科技管理责任、网络安全主体责任外包;** (二)以不妨碍核心能力建设、积极掌握关键技术为导向; (三)保持外包风险、成本和效益的平衡; **(四)保障网络和信息安全,加强重要数据和个人信息保护;** **(五)强调**事前控制**和事中监督**; (六)持续改进外包策略和**风险管理**措施。

(三)强调个人信息保护和网络安全

鉴于《数据安全法》和《个人信息保护法》于 2021 年先后出台,与《网络安全法》共同形成了国内数据安全立法的“三驾马车”,《办法》以这三部法律为上位法,在此基础上提出网络安全、数据安全、外包的信息跨境处理等要求。

《办法》对于个人信息保护和网络安全的强调主要体现在以下四个方面。

1. 除信息科技外包(银行保险机构将原本由自身负责处理的信息科技活动委托给服务提供商进行处理的行为)外,相较于《监管指引》,《办法》明确要求银行保险机构与其他第三方合作当中涉及银行保险机构重要数据和客户个人信息处理的信息科技活动,亦应按照《办法》相关要求进行管理,法律法规另有要求的除外。

2. 强调银行保险机构实施信息科技外包时,应将“保障网络和信息安全,加强重要数据和个人信息保护”作为原则之一。

3.《办法》明确要求银行保险机构应当制定和落实网络和信息安全管理措施,

包括但不限于:(1)对服务提供商和外包人员进行网络和信息安全教育或培训,增强网络和信息安全意识,服务提供商应与银行保险机构签订安全保密协议,外包人员应签署安全保密承诺书;(2)明确外包活动需要访问或使用的信息资产,按"必需知道"和"最小授权"原则进行访问授权,严格管控远程维护行为;(3)对信息系统开发交付物(含拥有知识产权的源代码)进行安全扫描和检查;(4)对客户信息、源代码和文档等敏感信息采取严格管控措施,对敏感信息泄露风险进行持续监测;(5)对服务提供商所提供的模型、算法及相关信息系统加强管理,确保模型和算法遵循可解释、可验证、透明、公平的原则;(6)定期对外包活动进行网络和信息安全评估。

4.《办法》附则对重要数据、客户个人信息和敏感信息注明参考国家法律法规和国家标准相关定义,此前多项法律法规、监管规定、国家和行业标准已对个人信息或金融数据委托处理的行为作出要求,《办法》与之有效联动。

(四)明确界定重要外包的范围,将信息科技外包进行分类管理

根据《办法》的规定,银行保险机构应对信息科技外包活动及相关服务提供商进行分级管理,对重要外包和一般外包采取差异化管控措施。与《监管指引》相比,《办法》明确界定了重要外包的范围,以便构建对重要外包进行重点监管的监管体系。根据《办法》第13条的规定,下列信息科技外包活动原则上属于重要外包:(1)信息科技工作整体外包,仅保留必要的管理团队和核心职能;(2)数据中心(机房)整体外包;(3)涉及基础设施和信息系统整体架构发生重大变化的信息科技外包;(4)核心业务系统开发测试和运行维护的整体外包;(5)信息科技战略规划(含中长期规划)咨询外包;(6)安全运营的整体外包;(7)涉及集中存储或处理银行保险机构重要数据和客户个人敏感信息的外包;(8)直接影响实时服务、影响账务准确性的重要信息系统外包;(9)其他对机构业务运营具有重要影响的外包。

(五)构建重要外包的监管体系

1. 提高重要外包的内部审批层级

相较于《监管指引》,《办法》明确规定重要外包应至少向高管层报告并经过审批,提高了重要外包的内部审批层级。

表 3 《监管指引》与《办法》有关“外包的内部审批”的规定对照表

《监管指引》	《办法》
第二十五条　外包项目立项前，银行业金融机构应当审慎检查项目与信息科技外包战略的一致性，根据项目内容、范围、性质对其进行风险识别和评估，制定相应的风险处置措施，不因外包活动的引入而增加整体剩余风险。重大外包项目应向董事会、高管层报告	第十五条　银行保险机构应当**充分评估拟开展的信息科技外包活动**与信息科技外包战略的一致性，**充分**评估拟开展的信息科技外包活动相关风险，**就是否实施外包作出审慎决策**。重要外包应至少向高管层报告**并经过审批**

2. 扩大对重要外包的备选服务提供商的准入尽职调查范围，并明确非驻场重要外包的重点调查内容

与《监管指引》相比，《办法》规定的对重要外包的备选服务商的尽职调查范围更为广泛。根据《办法》的规定，银行保险机构应在签订合同前，对重要外包的备选服务提供商深入开展尽职调查，必要时可聘请第三方机构协助调查。

表 4 《监管指引》与《办法》有关“尽职调查”的规定对照表

《监管指引》	《办法》
第二十八条　对重要的服务提供商，银行业金融机构在与其签订合同前应当深入开展尽职调查，必要时可聘请第三方机构协助调查。 第二十九条　银行业金融机构在尽职调查时应当关注服务提供商的技术和行业经验，包括但不限于：服务能力和支持技术、服务经验、服务人员技能、市场评价、监管评价等　。 第三十条　银行业金融机构在尽职调查时应当关注服务提供商的内部控制和管理能力，包括但不限于：内部控制机制和管理流程的完善程度、内部控制技术和工具等。 第三十一条　银行业金融机构在尽职调查时应当关注服务提供商的持续经营状况，包括但不限于：从业时间、市场地位及发展趋势、资金的安全性、近期盈利情况等	第十七条　银行保险机构应在签订合同前，对**重要外包的备选服务提供商**深入开展尽职调查，必要时可聘请第三方机构协助调查。**在服务提供商经营状况未发生重大变化的前提下，尽职调查结果原则上一年内有效。尽职调查应包括但不限于：** （一）服务提供商的技术和行业经验，**人员及能力；** （二）服务提供商的内部控制和管理能力； （三）**服务提供商的网络和信息安全保障能力；** （四）服务提供商的持续经营状况； **（五）服务提供商及其母公司或实际控制人遵守国家和银保监会相关法律法规要求的情况；** **（六）服务提供商过往配合银行保险机构审计、评估、检查及监管机构监督检查情况；** **（七）服务提供商与银行保险机构的关联性**

此外，在上述尽职调查范围的基础上，《办法》进一步明确规定对于符合重要外包条件的非驻场外包，应当进一步重点调查如下内容：（1）服务提供商对银行保

险机构与其他机构的设施、系统和数据是否有明确、清晰的边界;(2)服务提供商是否有管理制度和技术措施保障银行保险机构数据的完整性和保密性;(3)服务提供商对涉及银行保险机构的服务器、存储、网络设备、操作系统、数据库、中间件等软硬件基础设施是否具有最高访问权限;(4)服务提供商是否拥有或可能拥有业务系统的最高管理权限或访问权限,是否能够浏览、获取重要数据或客户个人敏感信息;(5)服务提供商是否有完善的灾难恢复设施和应急管理体系,是否有业务连续性安排;(6)服务提供商是否存在不正当竞争或规避监管的情形。

3. 明确要求制定重要外包的退出策略

相较于《监管指引》,《办法》明确要求银行保险机构考虑重要外包终止的可能性,并制定退出策略。退出策略至少明确:(1)可能造成外包终止的情形;(2)外包终止的业务影响分析;(3)终止交接安排。

4. 明确要求建立重要外包的风控措施

相较于《监管指引》,《办法》明确要求银行保险机构针对可能给业务连续性管理造成重大影响的重要外包服务,事先建立风险控制、缓释或转移措施,包括但不限于:(1)事先制定退出策略和供应链安全保障方案,并在外包服务实施过程中持续收集服务提供商相关信息,尽早发现可能导致服务中断或服务质量下降的情况;(2)明确措施和方法,在服务提供商服务质量不能满足合同要求的情况下,保障获取其外包服务资源的优先权;(3)要求服务提供商提供必要的应急和灾备资源保障,制定应急处理预案并在预案中明确为银行保险机构提供应急响应和恢复的优先级,原则上应为最高级;(4)组织服务提供商参与应急计划编制和应急演练,至少每年在综合性演练或专项演练中纳入一个或多个服务提供商开展一次相关演练;(5)考虑预先在银行保险机构内部配置相应的人力资源,掌握必要的技能,以在外包服务中断期间自行维持最低限度的服务能力。

5. 强化对重要外包的监管措施

相较于《监管指引》,《办法》将监管措施与重要外包进行挂钩,强化对重要外包的事前和事中的监管报告措施。

根据《办法》的规定,银行保险机构在开展符合重要外包条件的非驻场外包、关联外包和跨境外包时,应当在外包合同签订前 20 个工作日向国家金融监督管理总局或其派出机构的信息科技监管部门报告;银行保险机构开展的重要外包服务非正常中断、终止或其服务提供商非正常退出的，应当作为重大风险事件，按照相关突发事件监管报告要求，向国家金融监督管理总局或其派出机构报告。

表5　《监管指引》与《办法》有关“重要外包的监管报告措施”的规定对照表

《监管指引》	《办法》
第七十六条　银行业金融机构开展以下信息科技外包服务时，应当在外包合同签订前二十个工作日向银监会或其派出机构报告~~，针对银行业金融机构信息科技外包风险，银监会及其派出机构可以采取风险提示、约见谈话、监管质询等措施~~。 （一）信息科技工作整体外包； （二）数据中心~~或灾备中心~~整体外包； （三）涉及~~将银行业金融机构客户资料、交易数据等敏感信息交由服务提供商进行分析或处理~~的信息科技外包； （四）以非驻场形式实施的~~、集中存贮客户数据的业务交易~~系统外包； （五）关联外包； （六）涉及跨境的信息科技外包； （七）其他~~银监会~~认为重要的信息科技外包	第三十七条　银行保险机构开展以下信息科技外包活动时，应当在外包合同签订前二十个工作日向银保监会或其派出机构**的信息科技监管部门**报告（目录见附件）： （一）信息科技工作整体外包； （二）数据中心（**机房**）整体外包； （三）涉及**基础设施和信息系统整体架构发生重大变化的**外包； **（四）信息科技战略规划（含中长期规划）咨询外包；** （五）**符合重要外包条件的**非驻场外包、关联外包和跨境外包； （六）其他**银保监会**认为重要的信息科技外包
第七十七条　银行业金融机构信息科技外包活动中发生如下重大事件时，应当~~在两个工作日内~~向银监会或其派出机构报告。 （一）银行业金融机构~~客户信息等敏感数据~~泄露； （二）数据损毁或者重要业务运营中断； （三）由于不可抗力或服务提供商重大经营、财务问题，导致或可能导致多家银行业金融机构外包服务中断； （四）~~其他~~重大的服务提供商违法违规事件； （五）~~银监会~~规定需要报告的其他重大事件	第三十八条　银行保险机构信息科技外包活动中发生以下重大风险事件时，应当**按照相关突发事件监管报告要求**，向银保监会或其派出机构报告： （一）银行保险机构**重要数据或客户个人信息**泄露； （二）数据损毁或者重要业务运营中断； （三）由于不可抗力或服务提供商重大经营、财务问题，导致或可能导致多家银行保险机构外包服务中断； **（四）重要外包服务非正常中断、终止或其服务提供商非正常退出；** **（五）因服务提供商不当行为或其服务的信息系统遭受网络攻击或其他原因，造成银行保险机构客户重大资金损失；** （六）**发现**重大的服务提供商违法违规事件； （七）**银保监会**规定需要报告的其他重大事件。 **相关突发事件报告要求中没有规定的，在24小时内向银保监会或其派出机构报告**

(六)加强对同业外包的监管要求

与《监管指引》相比,《办法》明确要求,银行保险机构对于关联外包和同业外包,不得降低对服务提供商的要求,严格防范利益冲突和利益输送。这意味着将同业外包和关联外包与其他外包置于同样严苛的监管环境进行规制。

表 6 《监管指引》与《办法》有关"同业外包"的规定对照表

《监管指引》	《办法》
第三十三条　~~对于外包服务提供商为同业托管机构的情况,银行业金融机构可参照本节内容对其进行管理。~~	第二十条　对于关联外包**和同业外包**,银行保险机构不得降低对服务提供商的要求,**严格防范利益冲突和利益输送**
第五十九条　~~对于具有机构集中度特点的外包服务提供商为同业托管机构的情况,银行业金融机构可参照本节内容对其进行外包管~~理	

(七)加强监管力度

1. 将信息科技外包工作纳入监管综合评价体系

根据《办法》的规定,原银保监会(现已改为国家金融监督管理总局)及其派出机构对银行保险机构信息科技外包风险进行独立评估,对银行保险机构信息科技外包工作进行监督和检查,并纳入监管综合评价体系。对于检查发现涉嫌违法事项的有关单位和个人,依照相关法律规定实施延伸检查。

2. 对风险较高的信息科技外包服务采取特别监管措施

根据《办法》的规定,对于经监管评估、监督检查或现场核查风险较高的信息科技外包服务,原银保监会(现已改为国家金融监督管理总局)及其派出机构可以对银行保险机构采取风险提示、约见谈话、监管质询、要求暂缓和停止相关外包活动等措施。对具有重大违法违规情形的服务提供商,原银保监会(现已改为国家金融监督管理总局)可通报行业,必要时将有关情况移交司法机关。

3. 问责和处罚机制

根据《办法》的规定,银行保险机构违反《办法》要求的,原银保监会(现已改为国家金融监督管理总局)及其派出机构依法予以纠正,并视情况予以问责或处罚。

三、结语

综上所述,《办法》在适用范围、主体责任、对信息科技外包特别是重要外包的监管要求以及监管措施等方面对原相关规定进行了修改和补充,并在原相关规定的基础上进一步加强监管力度,使银行保险机构的合规压力显著提升。建议银行保险机构根据《办法》的要求梳理完善相关协议及制度文件,逐一落实《办法》的相关要求,以便在合法合规的前提下实施信息科技外包业务。

(陈伟对本文亦有贡献)

网络货运平台的供应链金融合规之路

职　慧* 周梦妮　姚卓蕊

* 作者简介：
职慧，中伦律师事务所深圳办公室公司业务部合伙人，电邮为：zhihui@ zhonglun. com。

一、网络货运平台简介

网络货运平台是在公路货运行业从事承揽运输合同业务的运货平台，网络货运平台能够为承运人对接承运需求，为托运人对接货物运输需求。但网络货运平台并非一般意义上的信息中介或提供交易撮合服务的平台运营方，其会深度参与每一单货运业务：与上游货主签署运输协议形成上游货运受托关系，与下游实际承运人签署运输协议形成下游货运委托关系，即平台运营方于上游货主而言是“承运人”，于下游实际承运人而言是“托运人”。同时，虽然平台本身并不实际进行运输，但会介入整个运输流程中，包括认证承运人及货主的身份、审核承运人资质、定制运输价格、结算运输费用、监督运输安全等。

网络货运平台的前述定位得益于交通运输部、国家税务总局于 2019 年 9 月发布的《关于印发〈网络平台道路货物运输经营管理暂行办法〉的通知》。该通知明确于 2019 年 12 月 31 日结束为期三年的交通运输部无车承运人试点工作，[①]将无车承运正式命名为“网络平台道路货物运输”（以下简称网络货运），并对“网络货运经营”“实际承运人”给出明确定义，要求从事相关业务的企业自 2020 年 1 月 1 日起依照相关规定在申请经营范围为“网络货运”的道路运输经营许可后方可开展相关业务。后交通运输部结合《网络平台道路货物运输经营服务指南》等三个配套指南[②]对网络货运平台的合法合规运营提出了明确的要求。

《网络平台道路货物运输经营管理暂行办法》的颁布及实施结束了原有货运平台不参与货运交易与货运结算，不审查监督货运真实性、货运运输安全等的状态，也标志着国家正式开始大力推广网络货运平台，期望借助互联网的力量高效调度运力，解决承运需求与货物运输需求的匹配问题，提升道路货物运输业的发

---

① 交通运输部办公厅于 2016 年印发《关于推进改革试点加快无车承运物流创新发展的意见》，重点围绕“规范经营行为、强化信用建设、落实税收政策、鼓励模式创新、探索管理制度”五个方面，在全国范围内组织开展无车承运人试点工作。

② 《网络平台道路货物运输经营服务指南》《省级网络货运信息监测系统建设指南》《部网络货运信息交互系统接入指南》中对网络平台服务功能、申请资质、运营流程、风控要求等事项作出了明确要求。

展质量。随后,各省、市也相继出台各类支持网络货运平台发展的利好政策,[①]在税收、补贴、金融等方面给予支持。

二、网络货运平台融资业务的开展情况

近两年,网络货运平台从刚开始简单地将线下业务转移至线上,到逐步发展为通过运力智能调度、智能定价、物联网技术与通信技术结合、大数据及人工智能技术更新等,向真正的线上化、数字化运营转变,为平台融资业务的开展奠定了基础。

(一)丰富的线上数据流

《网络平台道路货物运输经营管理暂行办法》要求网络货运平台运营方记录实际承运人、货主的用户注册信息、身份认证信息、服务信息、订单情况以及交易结算情况等交易信息,实现对运输、交易全过程进行实时监控和动态管理。平台数据实现物流、资金流、信息流的"三流合一"。

实际上,网络货运平台掌握的不仅仅是物流运输数据,通过物流运输数据可以分析货主的供应商、客户情况,货主的商业交易情况,货主的历史履约情况,货主的货物周转率,承运人的承运诚信情况等,在一定程度上为资金方确定融资人的资信情况以及付款人的背景情况提供了数据基础。

(二)全方位的主体融资需求

如前文所述,网络货运平台并不是单纯的网络信息中介或交易撮合服务提供方,平台运营方的角色具有双重性。在此业务模式项下,平台主要参与方即上游货主、实际承运人、平台运营方均存在融资需求。

1. 上游货主

货主希望通过与平台长期合作,尽可能延长支付运输费用的账期,减轻资金压力,尤其是对于部分中小微企业来讲,因其融资成本较高、融资途径较为受限,故希望尽可能延长支付账期或取得一定的运费贷款帮助其渡过难关。

---

① 例如,《安徽省交通运输厅等部门关于印发安徽省促进网络货运行业健康发展若干政策措施的通知》《山西省人民政府办公厅关于印发山西省促进网络货运行业健康发展工作方案的通知》《黑龙江省交通运输厅、黑龙江省财政厅、国家税务总局黑龙江省税务局关于印发〈支持网络货运产业发展实施细则〉的通知》等政策支持文件。

2. 实际承运人

实际承运人往往为零散的货车司机或小型车队，资金实力有限，但是有车辆更新、车辆保养维修、支付司机工资、支付油费、购买保险等资金压力，因此，希望平台运营方作为托运人能够提前预付部分运费，并希望平台能够提供一定的融资渠道，保障其运输相关成本的正常支付，对资金流动性的需求较高。

3. 平台运营方

由于实际承运人能够承受的运输费用账期一般较短，部分情况下需要预付油费或部分运费，而上游货主与平台运营方之间往往会就运输费用约定一定的回款周期；对于平台运营方而言，两个运输合同的账期并不匹配，平台运营方因此也会存在较大的融资需求，并且承接的运输规模越大，融资需求也会越大。

（三）多样化的融资业务场景

随着网络货运平台的发展，与平台用户有业务交集的开展运输附带业务的主体也会逐步参与进来，例如，与实际承运人开展运输业务密切相关的提供保险、油气、汽修等车后服务产品的主体。网络运输平台会逐步建立起完整的生态系统，为各业务主体的业务发展提供平台服务，并为金融机构提供各种不同的融资场景。

目前，从多家网络货运平台在官网介绍的增值金融服务来看，网络货运平台已逐步开始与银行、融资租赁公司、小额贷款公司、保理公司等多类金融机构合作，金融服务类别包括车辆融资租赁、运费保理融资、小额信用贷款等多种创新金融产品。

网络货运平台能够为不同金融机构与平台用户匹配不同的融资需求，协助金融机构对融资主体等进行融资前调查，协助评估用户资信，并提供各方线上签署融资协议的平台服务，协助金融机构贷后管理等。

三、网络货运平台融资业务的风险防范

对于网络货运平台运营方而言，网络货运平台的合规性仍然应放在首要位置。下文将从合规角度对网络货运平台开展融资业务提供建议，为网络货运平台后期更加顺利地引入资金方、嵌入各类金融产品打好基础，同时也为金融机构以及类金融机构在融资业务项下的风险防范提供一些思路。

（一）数据合规和信息保护

网络货运平台在开展货运业务时会收集、处理、使用个人和企业的用户信息、金融信息等，在与金融机构合作开展金融增值服务时，也会涉及直接向合作金融机构传输用户信息以及货运信息等。网络货运平台合法合规地收集、处理、使用并传输信息至关重要。

在信息收集处理方面，基于《网络安全法》《数据安全法》《个人信息保护法》《网络交易监督管理办法》《网络安全审查办法》等法律法规的要求，网络货运平台运营者作为信息安全的义务人，应当遵循合法、正当、必要的原则收集、使用信息，并且应当公开收集、使用个人信息的规则、目的、方式和范围，取得被收集者的同意，在向他人提供信息时也应当取得被收集者的同意。若未满足数据合规要求，可能会承担相关法律法规项下的行政责任和侵犯信息权利的民事责任。

在信息共享方面，平台运营方应与第三方合作机构签署数据处理协议，事先与合作方确定传输数据的范围，确定合作方收集、处理数据的相关规则，并明确第三方服务机构需遵守的处理信息的规范及需履行的信息保护义务，以确保在平台上直接由资金方获取数据开展融资业务时能够符合数据合规的要求。

需要特别注意的是，在资金方提供金融服务的过程中，其可能接触到网络货运平台用户的个人金融信息。除应符合一般性的数据保护规定外，平台运营方应该密切关注第三方合作机构是否严格遵守个人金融信息保护的特别规定，如采取加密、去标识化、匿名化等技术手段，限制跨境传输等。建议平台运营方提前对资金方的信息保管要求、信息保护制度等进行详细了解，以便后续平台方对合作机构进行监督管理，避免因资金方的数据合规风险影响网络货运平台及平台运营方本身。

（二）电子合同的效力问题

网络货运平台是线上货运平台，各方在平台开展业务时一般在线上签署合同，电子合同效力的保障是平台运营的基础。根据《民法典》以及《电子签名法》等相关法律法规的规定，可靠的电子签名与手写签名或者盖章具有同等的法律效力，可靠的电子签名应具备专有性、单独控制性、不可篡改性等特征；同时为保障金融消费者的权益，对于选择在平台接受金融服务的用户，平台需要确保用户在合同签署前充分了解金融产品以及其核心的权利义务。

但实践中,由于实际承运人缺少权利保护意识或者平台操作不便利等,平台运营方考虑到用户在注册后、实际开展业务时不能及时登录平台进行必要的操作,可能影响业务的流畅开展,因而在未取得用户授权的情形下常常在线上"代劳"签署平台协议、申请金融服务。该行为可能直接影响电子合同的效力,涉及的风险主要包括以下两点。

1. 电子签名的瑕疵影响合同效力

如电子签名的调取并非由用户本人进行,则后续发生纠纷时用户可能会以其并未实际签署相关合同、合同由平台运营方代为签署等理由进行抗辩,从而否定电子合同的效力;此时,如平台无法提供用户登录平台签署合同的证据,可能会因电子签名不具备专有性、单独控制性而影响电子合同效力。

笔者建议,平台需要设置规范的操作步骤和严谨的调用电子签名机制,要求在接单、运输合同签订、货物运输确认、融资申请等重要环节均由用户本人根据平台规则与指引,在线上独立进行操作,平台运营方不能随意调用用户电子签名,避免介入用户的单个交易。同时,在签署融资合同等重要合同时,平台可考虑与电子签名认证机构合作,以确保电子合同的效力,避免产生融资纠纷。

2. 平台被授权签署文件同样存在效力问题

部分平台在前期用户注册或产品开通时,即已获得用户的充分授权,被授权平台运营方可以自动发起融资申请,并自动调动用户的电子签章签署融资文件。但是,该等情形下平台代为签署的合同效力仍可能存在一定问题。

用户申请融资的行为本质上是用户在网络货运平台开展金融业务,平台运营方及与其合作的资金方应充分尊重金融消费者的意愿,由消费者自主选择、自行决定是否购买金融产品或接受金融服务,且应充分披露和提示风险,以确保金融消费者的自主选择权。就金融监管的角度而言,在 2023 年 3 月 1 日起开始实施的《银行保险机构消费者权益保护管理办法》中,原银保监会更是细化了对金融消费者权益保护的工作机制与管理要求,要求银行保险机构在售前、售中、售后全流程披露产品和服务关键信息,也再一次着重强调保护消费者知情权、自主选择权和公平交易权。

如果用户在签署授权文件时并未被单独充分提示金融产品的信息以及合作方信息,或是平台运营方未完全将风险提示给用户,而用户又授权平台运营方申请融资，司法实践中法院可能会因此否认授权的效力。例如，在（2020）粤01民终12365号案中，法院针对借款人在授权协议等文件中授权计算机系统自动匹配资金、发出交易指令的内容进行了充分阐述，同时法院也说明了公司已在相关服务授权协议中对部分条款进行加粗，并由借款人点击确认授权，但由于交易模式的复杂性、高风险性，以及公司在交易模式中的优势地位，法院从交易合规性、公平性角度仍然认定授权存在显失公平。

基于此，网络货运平台运营方虽然可以通过平台用户的授权减少用户申请融资的操作，提升申请融资的便利性，但是，这对平台运营方以及资金方在授权时的提示披露义务提出了更高的要求。

笔者建议，网络货运平台运营方在起草特殊提示和确认条款时需要充分注意，使用户充分理解其开展金融业务的交易性质，并向其全面地披露和提示风险。该提示及披露过程建议留下充分的书面证据。

（三）用户数据及交易数据的真实性问题

根据《网络平台道路货物运输经营管理暂行办法》的规定，网络货运平台运营方对入驻平台的承运人的资质具有审核义务，应当保证线上提供服务的车辆、驾驶员与线下实际提供服务的车辆、驾驶员一致。同时，对于运输、交易全过程有相应的监管义务，不得虚构交易、运输、结算信息。2021年，上海市交警总队联合多部门约谈多家网络货运平台，相关部门曾明确要求平台对在沪经营的注册车辆全面复核，确保车辆、人员信息的真实性，禁止无资质车辆及人员进入平台，以及制定违规车辆清退计划。

对于与运营方合作开展融资业务的资金方而言，其主要依据网络货运平台提供的用户数据与运输数据判断运输合同等交易信息的真实性。部分金融产品直接与基础交易数据挂钩，例如，运费保理等直接将运输合同作为底层的基础合同，保理商受让运输合同项下应收账款，向实际承运人发放融资款；油卡、运费预付等小额贷款产品的金额也直接来源于基础交易。因此，用户数据及交易数据也是其关注的重点。

在实践中，部分网络货运平台仍处于线下传统业务直接搬运到线上开展的阶段，并没有实际的线上运输业务，因此需要后期手动录单，批量将单据上传到平台，存在以补录数据冒充真实数据的可能性。虚假数据可能会导致资金方错误评估融资申请人的资信情况或资金需求，或出现融资对应的应收账款等底层资产不真实、不准确的情形，进而影响融资合同的效力。

基于此，资金方与平台合作时可考虑将审核端口前移，加强对用户注册过程的审核，确保用户数据与运输数据的真实性，具体方式包括但不限于对车辆的合规性进行验证、对司机的从业资格进行验证、对运输轨迹的完整性进行验证，并通过多种途径对数据真实性进行交叉核查，确定平台底层数据的真实性，尽到金融机构的审慎注意义务。

（四）支付结算的合规问题

《网络平台道路货物运输经营服务指南》中明确建议网络货运经营者宜与银行等金融机构、第三方支付平台合作，通过电子支付实现交易留痕，并在结算完成后，实时将资金流水单信息上传至省级网络货运信息监测系统。

基于此要求，平台运营方与金融机构就运输合同项下的运费开展融资时，运营方也需要提前考虑金融机构如何将融资款作为运费支付给实际承运人，提前与监管部门沟通运费支付的安排，确定能够符合资金流水单信息上传的相关要求，确保平台运营方依照“三流合一”的监管要求完成运费结算。

同时，网络货运平台与资金方合作过程中，因用户单笔融资金额小且融资频率高，部分资金方选择采用入驻平台的方式开展融资业务。为提高融资效率，可能存在资金方提前在平台的放款账户内预存融资资金，后续由平台运营方划扣资金方资金至融资人账户的情形。根据《中国人民银行办公厅关于进一步加强无证经营支付业务整治工作的通知》（银办发〔2017〕217 号），银行卡收单业务中的“二清”行为是指“以平台对接或‘大商户’模式接入持证机构，留存商户结算资金，并自行开展商户资金清算”；且该通知强调关注“是否存在将特约商户的结算资金划转至‘二清’机构拥有或实际控制的账户，再由‘二清’机构通过其他途径完成对商户入账”的行为。因此，如资金方提前支付融资款至平台运营方名下账户，且后续直接依据平台运营方指令划扣，则平台运营方可能存在无证经营支付业务的风险，其需提前考虑其他结算途径或引入第三方支付机构，以避免该风险。

综上所述，网络货运平台的数据流、融资场景、融资需求都为平台运营方与金融机构等各类资金方合作奠定了基础。同时，地方政府出台了各类优惠政策鼓励、引导金融机构与优质的网络货运平台合作，部分省市更是发布文件明确鼓励金融机构在依法合规、风险可控的前提下适度增加对网络货运企业的信贷投放，降低信贷准入门槛，提升授信额度。在此情境下，网络货运平台如何把握机遇，进一步拓展横向增值服务，利用政策的窗口期形成完整的物流金融生态值得持续关注。后续平台要想准确把握合规安全底线，做好业务风险防范，实现长久可持续发展，更是需要全物流行业的共同努力。

数据安全保护重新定义金融合规

乔文骏* 单 臻

*作者简介：

乔文骏，中伦律师事务所上海办公室资本市场部合伙人，电邮为：anthonyqiao@ zhonglun. com。

在如今这个日新月异的大数据时代，随着人类信息化的历史进程持续发展，深刻的科技革命和产业变革不断影响并改变着我们的生活。数字经济的繁荣使各国利益更加紧密地联系在一起，为世界经济发展注入新的活力。在这样的时代背景下，我国在立法层面确保数据安全及促进数据开发利用的重要性越发凸显，已成为重要的时代使命。习近平总书记指出，审时度势、精心谋划、超前布局、力争主动，深入了解大数据发展现状和趋势及其对经济社会发展的影响，分析我国大数据发展取得的成绩和存在的问题，推动实施国家大数据战略，加快完善数字基础设施，推进数据资源整合和开放共享，保障数据安全，加快建设数字中国，更好服务我国经济社会发展和人民生活改善。

近年来，我国不断出台法律、法规和相关政策，旨在加快数据安全法律制度建设，制定数据资源确权、开放、流通、交易等相关制度，并确立了数据作为新生产要素的地位。2020 年 7 月《数据安全法(草案)》公布并征求意见，在经历了三次审议与修改后，《数据安全法》于 2021 年 9 月 1 日正式实施。《数据安全法》为我国数据安全保护制度搭建了框架，描绘了宏伟蓝图，也对企业数据处理活动的内控和合规等提出了新的要求。本文旨在梳理数据安全立法的演变，总结《数据安全法》对金融机构的影响，并根据笔者多年从事金融法律服务的经验，提出在我国现行法律体系下金融机构开展数据业务在合规方面的相关建议。

一、数据安全立法演变

2018 年 5 月，欧盟通过《通用数据保护条例》(General Data Protection Regulation，GDPR)，这部在欧盟成员国可以直接实施的条例堪称史上对数据安全保护力度最大的法律，为整个欧盟创建了统一的数据安全与保护法。GDPR 的实施意味着欧盟在数据安全保护上迈出了铿锵有力的一大步，这一里程碑式的数据安全与保护监管法规对世界范围内其他国家(包括我国)产生了深远影响。

纵观我国数据安全的立法发展(主要汇总见表 1)，不难体会到我国建立专门数据安全保护制度的立法意图，以及在保证数据安全的前提下实现数字经济的稳步有序发展的监管趋势。《数据安全法》既是我国原本单薄的数据安全法律体系追寻许久的圣杯，其作为第一部数据安全专门法从法律的高度确立了数据安全保护方面的主要制度框架；同时也是我国数据安全法律领域的“原力”，与《网络安全法》和《个人信息保护法》共同勾画了中国数据安全监管领域的基本边际。

表 1 我国数据安全的立法发展

生效时间	名称	发布机构	效力位阶	相关内容
2015 年 7 月 1 日	《国家安全法》	全国人大常委会	法律	建设网络与信息安全保障体系，提升网络与信息安全保护能力，实现重要领域信息系统及数据的安全可控
2017 年 6 月 1 日	《网络安全法》	全国人大常委会	法律	提出“网络运行安全”与“网络信息安全”两大概念，首次提出“重要数据”概念
—	《数据安全管理办法（征求意见稿）》	国家互联网信息办公室	部门规章（如实施，下同）①	提出了与“网络安全”相对的“数据安全”概念，将行业实践上升为法律规定
—	《数据安全法（草案）》	全国人大常委会	法律	—
—	《数据安全法（草案二次审议稿）》	全国人大常委会	法律	—
2021 年 9 月 1 日	《数据安全法》	全国人大常委会	法律	数据领域的基础性法律和国家安全领域的重要法律。明确和建立了数据分类分级保护制度、数据安全保护制度、数据安全审查制度、重要数据出境安全管理制度等，并规定了国家核心数据的管理和保护要求
2021 年 11 月 1 日	《个人信息保护法》	全国人大常委会	法律	个人信息保护领域的基础性法律，厘清了有关个人信息的基本概念，从适用范围、信息处理规则、跨境传输规则、各参与主体的职责与权力以及法律责任等方面对个人信息保护进行了全面规定，建立起了个人信息保护领域的基本制度体系

① 国家互联网信息办公室系国务院直接授权负责互联网信息内容管理工作的部门，笔者认为，国家网信办颁布的规范性文件的法律位阶为部门规章。

续表

生效时间	名称	发布机构	效力位阶	相关内容
—	《网络数据安全管理条例（征求意见稿）》	国家互联网信息办公室	部门规章（如实施）	在《网络安全法》《数据安全法》《个人信息保护法》的基础上制定，对网络数据安全与个人信息保护进行了细化和补充规定，进一步强化和落实数据处理者的主体责任
2022 年 9 月 1 日	《数据出境安全评估办法》	国家互联网信息办公室	部门规章	规定了数据出境安全评估的范围、条件和程序，对于规范数据出境活动，保护个人信息权益，维护国家安全和社会公共利益，促进数据跨境安全、自由流动具有重要意义

二、《数据安全法》对金融机构的影响

《数据安全法》强调了国家在维护数据安全和促进数据开发利用方面的立法初衷和监管理念，旨在实现“双管齐下，两手都要抓、两手都要硬”的目标，并确立了由中央国家安全领导机构负责数据安全工作的决策和协调、国家网信部门统筹网络数据安全监管工作的机制，由各行业主管部门承担本行业、本领域的数据安全监管职责。

金融机构作为现代金融活动的关键组织者和参与者，担任着资金供应方与需求方之间的信用中介，通过引导资金流动，促进经济社会资源分配。金融机构掌握大量金融信息和涉及国家金融安全的数据，是我国金融体系的重要组成部分，在国民经济运行中发挥着举足轻重的作用。因此，金融机构更应严格遵守《数据安全法》在数据分类分级保护与数据安全保护、数据交易、数据安全审查以及数据跨境流动等方面的规定和要求。

（一）数据分类分级保护

1. 分类分级保护制度

《数据安全法》明确提出建立数据分类分级保护制度，该制度成为数据安全领

域的一项基本制度。

(1)分类分级保护

国家建立数据分类分级保护制度,根据数据在经济社会发展中的重要程度,以及一旦遭到篡改、破坏、泄露或者非法获取、非法利用,对国家安全、公共利益或者个人、组织合法权益造成的危害程度,对数据实行分类分级保护。

(2)重要数据保护

各地区、各部门应当按照数据分类分级保护制度的要求,确定本地区、本部门以及相关行业、领域的重要数据具体目录,对列入目录的数据进行重点保护。

(3)国家核心数据

关系国家安全、国民经济命脉、重要民生、重大公共利益等的数据属于国家核心数据,对于这类数据实行更加严格的管理制度。

为了数据安全保护、数据流动及合规遵循,金融行业在数据处理活动中已依据深耕行业的实践标准检验形成数据分类分级标准,如证监会发布的《证券期货业数据分类分级指引》(JR/T 0158—2018)、中国人民银行发布的《个人金融信息保护技术规范》(JR/T 0171—2020)。值得注意的是,2020 年 9 月 23 日中国人民银行正式印发《金融数据安全　数据安全分级指南》(JR/T 0197—2020),明确了金融数据安全分级的目标、原则和范围,同时规定了数据安全定级的要素、规则和定级过程,为金融业机构开展数据安全分级工作提供了指导。根据数据如遭到破坏后的影响对象及影响程度,金融数据在安全级别上被分为 5 级,其中第 5 级为最高级。附录 A 总结了数据样例及其对应的数据安全级别;附录 B 则对于数据安全级别升降进行了举例示范(如数据脱敏、删除关键字段、汇聚融合等),体现了对金融数据动态识别和保护的要求;附录 C 在重要数据定义的基础上进行了详细列举。该分级指南的通过和实施是数据安全法律体系对金融机构的重要影响之一。

2. 数据安全保护制度

《数据安全法》明确了数据处理的范围,包括数据的收集、存储、使用、加工、传输、提供、公开等,以及开展数据处理活动的安全保护义务,主要包括:(1)建立健全全流程数据安全管理制度,组织开展数据安全教育培训,采取相应的技术措施和其他必要措施,保障数据安全;(2)加强风险监测,及时采取补救措施,发生数据安全事件时应当立即采取处置措施、及时告知用户并向主管部门报告;(3)采取合法、正当的方式收集数据,并在法律、行政法规规定的目的和范围内收集、使用数据。

在数据分级保护的基础上,《数据安全法》进一步对重要数据保护提出了特别要求,主要包括:(1)重要数据的处理者应当明确数据安全负责人和管理机构;(2)对重要数据处理活动定期开展风险评估,内容包括重要数据的种类、数量,开展数据处理活动的情况,面临的数据安全风险及其应对措施等;(3)影响或可能影响国家安全的数据处理活动,应当接受国家安全审查;(4)与维护国家安全和利益、履行国际义务相关的属于管制物项的数据,应当依法实施出口管制。

金融机构在维护金融安全和保障客户利益方面起着关键作用,因此必须承担相应的安全保障义务。金融机构首先需要对所有数据(包括个人信息)承担基本的安全保护义务,同时还需满足重要数据的特殊保护要求。另外,金融机构还应关注金融数据的动态识别和安全级别调整,以确保其符合《数据安全法》对数据"具备保障持续安全状态"的要求。因此,金融机构需要持续关注数据的变化,并根据实际情况调整数据安全保护措施。

(二)数据交易

《数据安全法》首次在立法层面提出了数据交易中介服务机构这一概念,体现了国家对于数据交易制度的支持,主要包括:(1)建立健全数据交易管理制度,规范数据交易行为,培育数据交易市场;(2)从事数据交易中介服务的机构提供服务,应当要求数据提供方说明数据来源,审核交易双方的身份,并留存审核、交易记录;(3)法律、行政法规规定提供数据处理相关服务应当取得行政许可的,服务提供者应当依法取得许可。

自2015年贵阳大数据交易所正式挂牌运营以来,我国在北京、上海、广州、深圳等地已成立超40家数据交易所。根据国家工信安全中心测算的数据,国内数据要素市场规模在"十四五"期间将突破1749亿元,数据交易发展空间巨大。数据交易所极大地推动了大数据产业的成长以及大数据产业基础设施的建设,并已成为金融风控和征信等领域重要的数据渠道。

在金融创新的背景下,商业线上贷款业务得以迅速发展。尽管它有效地解决了传统征信体系覆盖范围有限以及传统商业银行效率低、成本高的问题,但仍然存在一些挑战，包括风险管理不够谨慎和金融数据信息泄露等问题。在这种情况下，金融机构需要采取更加严格的风险管理措施，确保线上贷款业务的稳健运行。同时，金融机构还需加强数据保护，防止金融数据信息泄露，以保护客户隐私，维护金融市场的稳定。

2020 年 7 月实施的《商业银行互联网贷款管理暂行办法》提出了商业银行的合作机构准入机制要求，并要求商业银行不得与违规收集和使用个人信息的第三方开展数据合作，商业银行从合作机构获取借款人风险数据应当确认数据来源合法合规、真实有效，并已获本人的明确授权等，在互联网贷款的数据使用、风险管理、合作模式等方面制定了详细的监管指引。2020 年 11 月 2 日，原银保监会、中国人民银行就《网络小额贷款业务管理暂行办法（征求意见稿）》公开征求意见，其在数据保护以及信息披露方面对网络小贷公司在数据采集和业务合规上均提出了较高的要求。2022 年 1 月 1 日实施的《征信业务管理办法》明确了信用信息和征信业务的定义，从保护个人和企业合法权益角度对信用信息的采集、整理、保存、加工和向信息使用者提供进行了规定，规范了信用信息的使用及信用信息安全保护措施和跨境流动。

另外，目前金融科技领域中已经大量引入了大数据、人工智能、云计算、区块链等新兴科技手段，利用最新的科技手段为监管和合规提供支持，可以在风险控制、反欺诈、反洗钱、产品定价等数据处理场景中发挥重要作用。从法律服务角度，我们不仅需要多视野、多维度地审视金融科技在各法域、各行业的法律法规的适用，还要为金融机构在建立新的业务或引入合作供应商时的法律合规性保驾护航。例如，金融机构在拓宽业务领域和创新商业模式过程中提供了在线数据处理和交易等电信业务服务，则可能需要根据《互联网信息服务管理办法》的规定申请办理增值电信业务经营许可证（具体业务种类为《电信业务分类目录（2015 年版）》项下 B21“在线数据处理与交易处理业务”）。

（三）数据安全审查

《数据安全法》首次提出建立数据安全审查制度，对影响或者可能影响国家安全的数据处理活动进行国家安全审查，且安全审查决定为最终决定。

金融机构持有的数据关系国家金融安全，一直都是世界范围内国家安全审查制度的重点对象，例如，美国《外国投资安全法》中美国外国投资委员会（CFIUS）

就对金融行业的安全审查有着严格的规定。就我国而言,金融机构持有的有关国家安全的数据包括但不限于金融业网络与信息系统规划建设、运行维护、安全保障等方面的数据。鉴于该安全审查将覆盖我国境内所有的数据处理活动,我国相关金融机构应紧密关注数据分类及重要数据保护制度,完善数据安全风险预警机制、数据安全事件应急规范,维护清朗的网络空间,加强数据安全保护力度,这样才能更好地保障国家数据主权的完整和数据安全的神圣不可侵犯。

此外,数据安全审查制度与现有法律框架下的其他安全审查制度(包括《外商投资法》和《外商投资安全审查办法》确立的外商投资安全审查制度以及《网络安全法》和《网络安全审查办法》确立的网络安全审查制度等)的衔接和适用值得注意。尽管与数据安全审查制度配套的规范性文件尚未出台,数据安全审查的触发情形、审查流程和审查机构等内容仍有待完善,但《网络安全审查办法》将《数据安全法》作为立法依据之一,为监管数据处理活动提供了法律依据。

《境内企业境外发行证券和上市管理试行办法》已于 2023 年 3 月 31 日起施行,其中第 9 条明确规定境内企业境外发行上市活动,应当严格遵守外商投资、网络安全、数据安全等国家安全法律、行政法规和有关规定,切实履行维护国家安全的义务;涉及安全审查的,应当在向境外证券监督管理机构、交易场所等提交发行上市申请前依法履行相关安全审查程序。企业赴境外上市,可能涉及我国国家安全审查体系下的外商投资安全审查、网络安全审查以及数据安全审查,并且安全审查是向境外提交首次公开发行上市申请文件的前置程序。

(四)数据跨境流动

近年来,数据流动对全球经济发展的贡献已经超过传统的跨国贸易和投资,不仅支撑了包括商品、服务、资本、人才等几乎所有类型的全球化活动,并且发挥着越来越独立的作用,数据全球化成为推动全球经济发展的重要力量。① 随着经济全球化的滚滚洪流不断向前,数据跨境流动成为国际关系中覆盖经济、文化等领域的焦点话题,2013 年斯诺登事件也推动了各国将数据跨境流动纳入政治议题,与国家政治、网络安全、隐私保护等方面的政策紧密挂钩,加剧了网络空间中

① 麦肯锡全球研究院(MGI):《数据全球化:新时代的全球性流动》,载 TDI 协会网 2016 年 3 月,https://www.the-digital-insurer.com/wp-content/uploads/2016/06/709-mgi_digital_globalization.pdf。

的数据资源争夺、国家数据主权和战略博弈考量。《网络安全法》《数据安全管理办法(征求意见稿)》《个人信息出境安全评估办法(征求意见稿)》《数据出境安全评估办法》分别规定了关键信息基础设施运营者、网络运营者重要数据及个人信息的数据出境安全评估要求。

《数据安全法》针对数据跨境流动提出了一系列相关要求,主要包括出口管制、数据相关反制措施以及跨境数据执法报批制度。内容包括:(1)国家积极开展数据安全治理、数据开发利用等领域的国际交流合作及标准制定,促进数据跨境安全、自由流动;(2)国家对与维护国家安全和利益、履行国际义务相关的属于管制物项的数据依法实施出口管制;(3)其他国家或地区对中国采取与数据和数据开发利用技术等有关的投资、贸易等方面的歧视性措施的,我国可以采取对等措施;(4)境外执法机构要求调取存储于境内的数据的,有关主体在向主管机关报告并获得批准后方可提供。前述规定围绕着在保障数据安全的同时鼓励数据自由流动的理念展开。在强调数据安全的重要性的同时,实现数据自由流动与安全之间的平衡,有助于在保护国家安全、公共利益和个人隐私的基础上,推动全球数据交流与合作,促进国际贸易和经济的发展。

数据跨境流动的相关要求,尤其是合规性要求,确实会在一定程度上影响境外投资者在华的投资安排、境内企业的数据出境管理框架,以及境内外企业在数据流通和传输方面的具体方案。在全球化背景下,我国金融机构寻求与境外企业开展商业合作并拓展海外市场,同时境外企业也看好中国庞大的商业市场,希望其产品进入中国国内。因此,金融信息跨境流动和传输已经成为企业跨境商业活动的常态,这将在很大程度上影响数据跨境流动的法律体系。

中国人民银行公告〔2018〕第7号明确了外商投资支付机构的准入和监管政策,结合2021年9月1日实施的《关键信息基础设施安全保护条例》的规定,境内支付机构可能被视作关键信息基础设施运营者而应依据《网络安全法》的规定在跨境交易中向境外投资者提供个人信息和数据时进行必要的安全评估。另外,外商投资金融机构如涉及大量个人信息、关键信息基础设施、重要数据,还应当关注涉及外商投资安全审查的可能性。

数据跨境流动政策在很大程度上受地缘政治、国家安全、产业发展及市场准入等诸多复杂因素影响。我国作为数字经济高速发展、数字产业实力领先的国家之一，从国家主权与安全角度，同时基于构建数字战略和提高数据治理能力的考量，都将加大对企业数据跨境流动的监管力度，进而明确我国数据和网络安全的底线。金融机构应在产业竞争、数据保护和国家安全等各个层面高度关注数据跨境流动问题，不断完善数据跨境审查流程与制度，在金融领域确保数据安全流动，掌握数据跨境流动的话语权。

三、金融机构开展数据相关业务的合规要点

《数据安全法》为包括金融机构在内的各类企事业单位在工作中合法合规地进行数据处理活动提供了基本的法律指引和依据，也将进一步引导金融机构内外部的数据采集、数据使用和数据保护方面的合规工作。

（一）数据的采集

首先，金融机构在收集用户数据时必须遵循合法授权原则。除非有法定事由，金融机构不得在未经用户同意的情况下收集信息，不得过度收集用户信息，也不得滥用数据以谋求利润。

其次，金融机构应明确保护对象。在金融行业数据分类分级标准和重要数据保护目录的基础上，金融机构应建立内部数据分级分类和重要数据识别体系。此外，还需建立重要数据动态识别机制，并通过清洗、转换、加载的方式从各业务系统提取原始数据。在数据使用和流转过程中，可能出现数据因整合分析与国家安全或公共利益关联而升级为重要数据的情况。特别是在利用大数据技术的数据处理活动中，金融机构应及时跟踪数据是否因汇聚融合而转化为重要数据，并调整数据保护策略，以实现对数据全生命周期的保护。

再次，金融机构应加强对第三方数据来源的审查。《数据安全法》对从事数据交易中介服务的机构提出了合规要求。特别是在金融风险控制和征信领域，金融机构应建立相应的流程机制，对第三方供应商的数据采集方式和过程进行适当的合规性审查。例如，在商业银行开展互联网贷款业务时，如需从合作机构获取借款人风险数据，应通过适当方式确认合作机构的数据来源是合法、合规的并已获得授权。

最后，金融机构从事特定业务还要满足相关政府主管部门的规定。例如，国家外汇管理局在2022年下发了《关于发布〈金融机构外汇业务数据采集规范（1.3

版)〉的通知》(汇发〔2022〕13 号),根据 2019 年以来各监管发文情况以及金融市场的变化,对金融机构主要外汇业务数据采集制度进行了升级,进一步规范了金融机构外汇业务数据采集和报送活动,提高了外汇管理效率和水平。

(二)数据的使用

首先,金融机构应在法律、行政法规规定的目的和范围内收集和使用数据,不得超出必要限度。同时,在数据的归集、存储、共享、应用、整合和分析等环节中,数据泄露或滥用等安全事件发生的可能性较大。金融机构在使用数据过程中还应加强制度建设,利用权限管控等技术手段,提高风险监测能力;建立数据使用者安全责任制度,并设置相关岗位,负责数据使用的管理、评估和风险控制。发现数据安全缺陷、漏洞等风险时,应立即采取补救措施;如发生数据安全事件,应按照规定及时告知用户并向有关主管部门报告。

其次,《数据安全法》要求提供在线数据处理等服务的经营者须取得业务经营资质。在风控、反欺诈、产品定价等数据处理业务中,金融机构自建业务系统对外提供在线数据处理服务或引入外部服务供应商时,需关注相关业务资质的申请和审核。此外,建议金融机构提升监管数据综合分析能力,结合各类监管业务日志或系统数据,通过提炼业务数据的交叉关系,促进金融机构业务发展。

最后,金融机构应关注金融信息跨境传输的合法合规性。尽管当前《数据安全法》尚未明确具体监管措施,但《数据出境安全评估办法》《网络安全标准实践指南——个人信息跨境处理活动安全认证规范 V2.0》等规定为金融领域的数据跨境流通提供了可遵循的依据。金融机构参与跨境支付等活动时,仍需面对数据安全审查制度和出口管制制度的审查。因此,金融机构应聘请专业律师及时完善针对数据跨境传输的相关内控流程制度。

(三)数据的保护

《数据安全法》明确了相关主体开展数据处理活动时的数据安全保护义务,包括建立健全全流程数据安全管理制度、组织开展数据安全教育培训、采取相应的技术措施和其他必要措施。此外,《数据安全法》还强调了有关数据安全的持续和动态要求,金融机构关于数据安全保护的理念也应当“动静结合”,针对金融行业业务长链条完善动态风险控制体系。

原银监会在2006年和2016年两次下发指引文件[①]，重点提出硬件上“应当建立与业务规模、风险状况等相匹配的信息科技基础设施”，以及软件上“应当建立健全数据质量控制机制，积累真实、准确、连续、完整的内部和外部数据”。2022年12月14日中国人民银行发布《金融基础设施监督管理办法（征求意见稿）》，要求整合与强化金融基础设施数据保存义务，强调金融基础设施运营机构信息安全管理。

金融机构在追求自身健康发展的同时，肩负着维护金融秩序的重要社会责任。为保障客户利益，金融机构应当承担起安全保障义务，根据法律规定和合同约定，采取措施确保金融客户的数据信息和交易活动的安全。对于数据信息的整体保护，我国早在2007年就颁布了《信息安全等级保护管理办法》，并根据数据信息受破坏后可能会对公民、法人和其他组织的合法权益造成危害的程度对信息系统的安全保护等级进行了分类，且规定应委托专业测评机构出具整改意见和方案，以确保相关企事业单位符合国家信息安全等级标准。等级保护制度的严格执行客观上也使专业数据安全检测评估公司在市场上茁壮成长。根据《数据安全法》的规定，国家鼓励数据开发利用和数据安全等领域的技术推广和商业创新，培育、发展数据开发利用和数据安全产品、产业体系，因此数据安全检测评估和认证也将成为等级保护制度的重要组成部分之一。

中国互联网发展的浪潮或许仅是人类历史长河中的一部分，然而，其在特定时代背景下所展现出的光辉，以及优秀互联网企业所带来的信息变革，都深刻地重塑了中国经济社会和生产生活的形态，并为中国的发展注入了源源不断的活力。然而，互联网发展的“阿喀琉斯之踵”便是数据保护问题。《数据安全法》为我国数据安全保护建立了法律基础和制度框架，具有里程碑式的意义。

数据作为数字经济发展的核心要素，在金融领域尤为关键。它是金融机构实现数字化转型、金融科技创新突破的基石，是大数据、人工智能等先进技术手段的必备要素。《金融科技发展规划（2022—2025年）》提出，以加强金融数据要素应用为基础，注重金融创新的科技驱动和数据赋能，高质量推进金融数字化转型。通过科技赋能，金融机构可打破服务门槛和壁垒，拓宽生态边界，提升金融机构的

---

① 两次下发的指引文件分别是2006年《银行业金融机构信息系统风险管理指引》（现已失效）和2016年《银行业金融机构全面风险管理指引》。

效率和供给质量。

因此,数据安全对于推动金融机构商业模式变革和数字化转型升级至关重要。金融机构应高度重视数据安全问题,确保合法合规地收集和使用数据,加强内部数据安全管理,优化数据跨境传输内控流程制度,以更好地适应数字经济时代的发展需求。在这个过程中,金融机构将不断实现数字化转型,推动金融科技创新,真正实现金融服务的“无处不在”和金融产品的“百花齐放”。①

《数据安全法》实施后,相关法规、标准等配套的规范性文件陆续出台,但仍在不断地成熟、完善中。金融机构可以探究立法者的意图和思路,把握数据安全保护和监管的方向和趋势,聘请专业律师从内部控制、法律合规和应对监管要求的角度对其与数据处理活动相关的业务模式和管理机制进行梳理和调整,与此同时,优化发展规划、完善技术管理手段,以应对数据安全方面的风险和挑战。

---

① 参见陈立吾:《科技创新驱动银行数字化转型——兼评2017年度银行科技发展奖获奖成果》,载《中国金融》2019年第4期。

银行电商业务的开展及其法律合规问题探讨

刘新宇[*] 吴豪雳

[*] 作者简介：

刘新宇，中伦律师事务所上海办公室知识产权部合伙人，电邮为：jeffreyliu@ zhonglun. com。

近年来,我国的电子商务产业日趋成熟,产业规模的扩大吸引了许多非互联网企业投身于电子商务的浪潮之中。其中,作为传统金融机构的银行,亦开始“跨界”从事电商业务,广泛参与到电商平台的开发和运营中。尽管投身电商的银行众多,但在实践中,部分银行缺乏开展电子商务业务的相关经验,且银行主导的电商平台由于具备金融和电子商务的交叉属性,相较于一般的电商平台亦存在一些合规要求上的特殊性,为银行系电商业务的合规开展带来了一定的困难。本文拟结合当前银行电商业务的开展情况,就银行电商业务的开展及银行系电商平台面临的常见法律合规问题展开探讨。

一、银行电商兴起的原因

在电商业务迅猛发展之际,众多企业都想参与到电子商务业务中“分一杯羹”,但银行跨界电商绝非仅是简单的“蹭热点”。无论是传统国有大型银行和大型股份制银行,还是包括各地城商行、农商行在内的各类中小银行,频频在不同的时点选择了切入电商领域,加快电子商务领域的业务布局,不仅是因为看到电子商务的繁荣和潜在的业务增长,亦是基于其自身金融业务发展需要所作出的选择。

互联网时代,用户可谓是企业最重要的资源之一,在银行电商兴起之初,各大银行未尝不想借电子商务之“东风”获客,通过电商业务为银行固有的金融业务引流,攫取更多客户资源。但随着电子商务行业的持续发展,电子商务业态也发生了较大变化,客户的消费习惯也已趋于稳定,单纯通过银行系电商平台获取新客的可能性相对较低。在当下,各大银行并未放弃发展电商业务,盖因即使抛开电商业务的“获客”功能,电商平台对于银行仍具备其他价值。

对于银行的C端用户①而言,其多来源于银行的传统金融业务,该等业务用户粘性较低,用户购买相应的存款类或理财类产品后可能在很长时间内不会频繁打开商业银行的网页、小程序等业务平台,活跃度相对有限,故而部分银行系电商平台希望通过电商平台提供的商品和服务缓解金融业务用户黏性较低的问题,即通过提高用户使用时长从而增强用户黏性。另外,借助电商平台,商业银行也可

① C端客户指的是消费者个人用户Consumer,一般情况常见于描述产品所面对客户群体。

以更好地融入同电商业务相关联的具体消费场景，衔接开展同消费场景相关的金融服务，如消费贷款、消费分期等，从而为用户提供多样化的金融服务。

就B端客户①而言，商业银行一般本身即拥有规模庞大且较为稳定的自有B端客源，且该等客源往往同银行建立了较为良好的长期合作关系，这使银行对客户有一定的控制力与影响力。搭建电商平台亦可以一定程度上利用这种控制力与影响力：一方面协助既有的企业客户拓宽产品的购销渠道，另一方面协助客户对接电商平台和相关的电子支付及供应链金融融资服务，从而进一步稳固同B端客户的关系，为B端客户提供更为全面的金融服务。

总体来说，银行跨界电商或许"醉翁之意不在酒"，其并不单纯在意银行系电商平台能够带来的直接利润，而更在乎如何有效将银行系电商平台所带来的线上消费场景与既有的金融服务相衔接，加强C端用户黏性，提升服务B端客户的综合能力，以更好地提升用户体验，满足用户需求。

二、实践中银行系电商同传统互联网电商业务的区别

尽管兴起的原因具有一定的特殊性，但银行系电商平台在发展的过程中并未因其特殊性走出同传统互联网电商平台迥异的发展之路。梳理实践中典型银行系电商平台的业务开展情况可以发现，当前银行系电商平台无论是从平台的搭建、交易模式还是从提供的产品、服务的具体内容来看，同传统的互联网电商并无显著区别。但基于行业银行固有的金融属性，银行系电商平台在业务开展过程中仍同传统互联网电商平台表现出一定的区别。

（一）平台所提供的产品及服务的区别

结合当前银行系电商平台的业务开展情况来看，就提供的一般商品或服务而言，银行系电商平台同传统互联网电商平台并无实质性区别。但如前文所述，由于部分银行系电商平台往往被赋予了回哺银行传统金融业务的职责，故而在实践中，银行系电商平台除了向用户提供传统互联网电商平台提供的商品和服务外，还往往在此基础上整合了银行本身的金融产品或服务板块，如信用卡还款、理财产品销售、消费贷款等。传统互联网电商由于受到金融监管政策的限制，其一般

---

① B端代表企业用户商家，英文是Business，是互联网产品中的商家界面。

较少通过业务渠道提供金融类产品或服务。

（二）平台运营主体不同

对于传统互联网电商平台而言，其依托的互联网企业往往具有相对较强的技术能力和运营能力，其电商平台大多由其自主开发、运营。银行作为相对传统且保守的金融机构，实践中技术能力较一般的互联网企业相对偏弱。对于行业中大量中小银行而言，其虽然存在开展电商业务的需求，但可能缺乏开发、运营电商平台的经验和技术能力，且缺乏同电商业务开展相关的营销和销售管理经验。基于此，实践中该等中小银行委托第三方代为开发、运营电商平台的情形亦较为常见。

（三）平台支持的支付方式不同

在电子商务的发展浪潮中，移动支付的发展起到了重要的推动作用，支持的支付方式是否多样、便捷亦成为消费者选择不同电商平台的一个重要因素。对于传统互联网电商平台而言，其往往支持多种不同的支付方式，且一般同时向用户提供包括银联支付、第三方支付在内的多种支付方案。但对于银行系电商平台而言，由于其在某种程度上承担着增强用户黏性，服务本行金融业务的功能，这导致其支持的支付方式多为本行银行卡支付或银联支付，且一般力推其本行的支付渠道，支持第三方支付的比重较低且支持的第三方支付类型较传统互联网电商平台相对较少。

三、银行系电商平台业务开展流程及可能涉及的法律文件

实践中，银行系电商平台的业务流程同传统互联网电商平台的业务流程相仿，一般亦包括商户入驻、商品展示、买家注册、下单、支付、发货等环节。在业务开展流程中，涉及的法律文件主要包括（见表1）：

表1　业务开展流程中涉及的法律文件

序号	业务流程环节	所涉法律文件名称	协议签署主体
1	商户（卖家）入驻	商户入驻协议	平台运营者、拟入驻商户
2		交易结算服务协议	银行、拟入驻商户

续表

序号	业务流程环节	所涉法律文件名称	协议签署主体
3	买家注册	用户注册协议	平台运营者、买家(注册时勾选确认/同意)
4		个人信息保护政策	买家(注册时勾选确认/同意)
5		电子签名授权书	买家(注册时勾选确认/同意)
6		平台交易规则	买家(注册时勾选确认/同意)
7	下单、支付、发货	销售合同	入驻商户、买家

四、银行系电商业务合规的特殊要点

(一)银行经营电商业务的增值电信业务资质问题

1. 电子商务经营者一般应取得 EDI 许可证

《电子商务法》第 12 条规定,电子商务经营者从事经营活动,依法需要取得相关行政许可的,应当依法取得行政许可。笔者理解,银行作为电子商务经营者,若需要搭建并运营银行系电商平台,应属于《电子商务法》第 12 条所称的“电子商务平台经营者”,应当取得相应的行政许可。

结合《电信条例》第 7 条和第 8 条规定,电子商务经营者在电子商务中为交易双方或者多方提供网络经营场所、交易撮合、信息发布等服务,应属于增值电信业务范围,须取得增值电信许可。参照当前行业实践,电子商务平台经营者一般应向通信主管部门申请并取得《电信业务分类目录(2015 年版)》项下“B21 在线数据处理与交易处理业务”许可证(Electronic Data Interchange,以下简称 EDI 许可证)。

2. 由银行作为运营主体自主运营的银行系电商平台申请 EDI 许可证可能存在法律和实务操作障碍

实践中,通过区分运营银行系电商平台的主体可以将银行系电商平台大体分为两类:一类平台由银行作为运营主体自主运营,另一类平台则一般通过集团内关联公司或第三方公司运营。结合笔者实践考察,对于由银行作为运营主体自主运营的银行系电商平台而言,由于银行自身作为电子商务经营者,在搭建并运营平台的过程中,申请 EDI 许可证目前可能存在法律和实务操作层面的障碍。

首先,《商业银行法》第 3 条规定,“商业银行可以经营下列部分或者全部业务:(一)吸收公众存款;(二)发放短期、中期和长期贷款;(三)办理国内外结算;(四)办理票据承兑与贴现;(五)发行金融债券;(六)代理发行、代理兑付、承销政府债券;(七)买卖政府债券、金融债券;(八)从事同业拆借;(九)买卖、代理买卖外汇;(十)从事银行卡业务;(十一)提供信用证服务及担保;(十二)代理收付款项及代理保险业务;(十三)提供保管箱服务;(十四)经国务院银行业监督管理机构批准的其他业务。经营范围由商业银行章程规定,报国务院银行业监督管理机构批准。商业银行经中国人民银行批准,可以经营结汇、售汇业务",若严格依照《商业银行法》第3条的解释,商业银行以自身为主体搭建并运营电子商务平台,为消费者提供商品和服务,经营增值电信业务的行为可能不符合《商业银行法》第3条对商业银行业务范围的规定。其次,根据前述《商业银行法》之规定,商业银行经营范围应报国务院银行业监督管理机构批准。同时,申请EDI许可证一般亦需要在经营范围中增加同增值电信业务相关的内容。从实务操作来看,实践中,商业银行获得监管机构批准且在经营范围中增加同增值电信业务相关内容的情形亦极为罕见,难以在经营范围中增加增值电信业务等相关内容亦是银行系电商平台具有行业性、普遍性的问题。

对于通过集团内关联公司或第三方公司运营的银行系电商平台,其子公司或关联公司申请EDI许可证基本不存在实质性障碍,应根据《电信条例》的相关规定申请EDI许可证。

基于此,考虑到银行经营电商业务是否需要申请EDI许可证存在一定不确定性,且以商业银行作为业务开展主体直接申请EDI许可证在实务操作中可能存在实质性障碍,从最严格的角度来讲,建议开展电商业务的银行在实践中审慎选择银行系电商平台的运营主体。

值得注意的是,根据中共中央、国务院《关于完善国有金融资本管理的指导意见》、财政部《关于国有金融机构聚焦主业、压缩层级等相关事项的通知》(财金〔2020〕111号)等关于金融机构服务范围的指导意见及相关要求,国有金融机构需遵守"规范金融综合经营,依法合规开展股权投资,严禁国有金融机构凭借资金优势控制非金融企业""国有金融机构把握好发展方向、战略定位、经营重点,突出主业、做精专业,提高稳健发展能力、服务能力与核心竞争力",要"坚决退出偏离主责主业……推动资本向核心主业聚集"等。基于此规定,我们理解国有金融机构自营电商业务已经不再现实。同时，结合近年来各地的窗口指导意见，各地监管均或多或少传达过关于“银行应专注主业”的要求，诸多银行已经逐步将电商平台剥离至体系之外，由电商平台独立开展业务。

（二）银行系电商平台开展金融营销宣传的合规性问题

近年来，规范金融营销宣传行为，保护消费者合法权益成为实践中监管部门开展监管工作时重点关注的一环。如前文所述，银行系电商平台除向用户提供商品或服务外，往往亦承担着一定的反哺银行金融业务的职责。基于此，许多银行系电商平台或是在平台中整合了其金融业务入口，或是以弹窗、页面广告等方式通过电商平台展开金融营销宣传。银行系电商平台参与金融营销宣传的现象较为普遍，相应的合规问题也应当引起充分的重视。

就金融营销相关资质而言，《关于进一步规范金融营销宣传行为的通知》（银发〔2019〕316 号）明确，未取得相应金融业务资质的市场经营主体，不得开展与该金融业务相关的营销宣传活动。但信息发布平台、传播媒介等依法接受取得金融业务资质的金融产品或金融服务经营者的委托，为其开展金融营销宣传活动的除外。根据上述规定，若银行系电商平台由银行自行运营，则一般不存在金融营销的资质障碍，但若银行系电商平台的运营主体为集团内无金融业务资质的企业或银行委托的无金融资质的第三方，则银行系电商平台运营者开展金融营销宣传活动至少应依法取得银行的委托。

在当前实践中，以短信、电子邮件等方式发布营销宣传广告的行为较为普遍，部分银行系电商平台亦存在向收集的注册用户以电子信息形式发布金融营销宣传广告的行为。就该等行为而言，根据《关于进一步规范金融营销宣传行为的通知》，以电子信息形式发布营销宣传广告应经金融消费者同意或请求，并向接收者提供拒绝继续接收的方式。对于银行系电商平台运营者而言，建议于用户注册时通过让用户主动勾选用户注册协议、隐私政策等相关文本的方式获得其同意，并采用回复退订等方式确保用户可实现不再继续接受相关金融营销信息。

在信息时代，平台基于用户的消费行为，往往积累了大量同用户的兴趣爱好、消费习惯等相关的数据，并可以通过技术手段基于相关数据描摹出用户的个人特征。在实践中，电商平台大多存在基于该等个人特征向用户提供商品或者服务的搜索结果的情形，在这一场景下，根据《关于进一步规范金融营销宣传行为的通知》的规定，平台应当同时向用户提供不针对其个人特征的选项，尊重和平等保护用户的合法权益。建议银行系电商平台运营者严格依照上述规定执行，于平台中“用户设置”等相关页面中设置相应选项，确保用户可以实现针对个性化营销行为的有效管控。

（三）银行系电商业务开展中的金融数据合规问题

近年来，随着数据保护和治理的相关监管工作逐渐步入“深水区”，数据合规成了企业合规中绕不开的话题。电子商务平台作为通过互联网开展交易撮合业务的中间方，其业务开展过程中往往涉及大量用户个人信息和交易数据的处理，亦因此承担了较重的数据保护义务。由于涉及大量个人敏感信息的处理，金融行业往往是数据侵权事件发生的“重灾区”，金融数据安全亦受到了央行、国家金融监督管理总局等银行业监管部门的重点关注。

对于银行系电商平台，尤其是将运营或部分服务外包由第三方提供的平台而言，其业务开展流程中往往会涉及金融数据的处理。例如，对于在银行系电商平台注册的用户，银行可能基于平台运营服务商回传的用户使用习惯和消费习惯数据，结合既有的行内数据对用户进行分析并形成用户画像，基于用户画像针对用户开展金融营销活动，为用户推荐其可能感兴趣的商品或金融服务。对于该等金融数据的处理，往往可能对用户的个人信息权益产生一定的影响，也受到用户的普遍关注。

鉴于电商平台的业务主要系线上开展，银行系电商平台运营者显然属于《网络安全法》规定的网络运营者，应遵守《网络安全法》中对于数据合规的相关要求，如收集、使用个人信息经用户同意、发生个人信息安全事件时立即采取补救措施，并向有关主管部门报告等。除了数据合规应遵循的一般规定外，于 2020 年 11 月 1 日施行的《中国人民银行金融消费者权益保护实施办法》对银行处理消费者金融信息还提出了具体的合规要求，银行系电商经营者在实际业务开展中亦应当遵守其中的相关规定（见表 2），主要包括：

表 2 《中国人民银行金融消费者权益保护实施办法》对数据活动的合规要求

对应的数据活动	合规要求
处理(包括收集、存储、使用、加工、传输、提供、公开等)	遵循合法、正当、必要原则;经金融消费者或者其监护人明示同意;不得以金融消费者不同意处理其金融信息为由拒绝提供金融产品或者服务,但处理其金融信息属于提供金融产品或者服务所必需或履行反洗钱义务的除外
收集	公开收集规则,明示收集的目的、方式和范围,并留存有关证明资料
收集(用于营销)	提供拒绝继续接收金融营销信息的方式
使用	公开使用规则、明示使用的目的、方式和范围,并留存有关证明资料;按照法律法规的规定和双方约定的用途使用,不得超出范围使用;建立以分级授权为核心的消费者金融信息使用管理制度
存储	按照国家档案管理和电子数据管理等规定,采取技术措施和其他必要措施,妥善保管和存储
内部控制	建立以分级授权为核心的消费者金融信息使用管理制度,根据消费者金融信息的重要性、敏感度及业务开展需要,在不影响本机构履行反洗钱等法定义务的前提下,合理确定本机构工作人员调取信息的范围、权限,严格落实信息使用授权审批程序

此外,考虑到《数据安全法》和《个人信息保护法》均已先后出台,央行亦通过《个人金融信息保护技术规范》(JR/T 0171—2020)、《金融数据安全 数据安全分级指南》(JR/T 0197—2020)等推荐性行业标准一再重申金融数据保护的重要性,建议银行在经营电商平台过程中仍对金融数据保护问题充分重视,并可以参照上述推荐性行业标准进行相应的金融数据合规安排。

五、结语

银行系电商平台处于传统金融业务同电子商务业务的交叉领域,在金融服务场景化的构建、业务模式创新等方面有其独特的发展特点,是当前各大银行业务板块中的重要一环。在开展电商业务的过程中,银行亦应当充分认识到因其处于金融与电子商务的交叉领域,在法律合规上存在一定的特殊性,应梳理规划业务开展流程并做好相应的合规安排,以更好地利用电商平台带来的场景优势,推动银行业务的整体发展。

举一纲而万目张
——金融数据的分类分级与全生命周期保护

李瑞　贾申　钟俊鹏*

*作者简介：

李瑞，中伦律师事务所北京办公室公司业务部合伙人，电邮为：lirui@ zhonglun. com。

贾申，中伦律师事务所北京办公室合规与政府监管部顾问，电邮为：jiashen@ zhonglun. com。

钟俊鹏，中伦律师事务所北京办公室公司业务部非权益合伙人，电邮为：zhongjunpeng@ zhonglun. com。

作为宏观经济平稳运行的重要一环,金融行业的重要性毋庸置疑。在数字化经济蓬勃发展的今天,金融行业担负着优化已有运营系统与产品服务,高效发挥资金融通、资源配置作用,繁荣实体经济的任务和使命,是国民经济发展和社会稳定的重要一环。近年来,除传统金融机构外,金融行业也涌现了新型金融服务机构、金融科技公司等新参与者。新、旧金融机构有一个共同特点,就是掌握大量数据。因此,在网络和数据合规成为当下监管重点的同时,数据合规也成为金融行业的一项核心关注要点。

为呼应金融行业在网络和数据方面日渐增长的合规要求,我们将结合法律要求和实践经验,介绍金融行业的数据合规要点,提供数据保护方面的合规建议。本文将从澄清金融数据合规的义务主体及数据对象出发,讨论如何搭建金融数据的分类分级框架,并在此基础上梳理对金融数据进行全生命周期保护的要点。

一、金融数据合规的义务主体与对象

分析金融数据合规,就要回答"谁需要合规"与"哪些金融数据要合规"这两个问题。一种常见的错误理解是:只有银行、证券公司、期货公司等金融持牌机构承担金融数据合规义务,而金融数据仅指用户端的交易信息、账户信息与机构端的业务信息、交易信息。这种存在偏差的理解不仅导致一些新型金融服务机构忽视了其业务所涉金融数据也应适用同样或者类似的监管合规要求,还导致一些传统持牌金融机构可能将行业主管部门不时下发的监管指导意见等同于全部的数据合规要求,无法充分识别金融数据的范围,从而无法准确把握来自网信办、工信部、公安部等其他涉及网络安全行政部门的数据合规约束边界。

《金融数据安全 数据安全分级指南》(JR/T 0197—2020)(以下简称金融数据分级指南)中对金融数据进行了明确定义,金融数据是指金融业机构开展金融业务、提供金融服务以及日常经营管理所需或产生的各类数据。[①]《金融数据安全 数据安全评估规范(征求意见稿)》(以下简称金融数据评估规范)中也沿用了上述定义。[②] 上述定义中的义务主体为金融业机构,而《个人金融信息保护技术规范》(以下简称个金技术规范)中将金融业机构定义为由国家金融管理部门监督管

---

① 参见《金融数据安全 数据安全分级指南》第3.10条。

② 参见《金融数据安全 数据安全评估规范(征求意见稿)》第3.1条。

理的持牌金融机构以及涉及个人金融信息处理的相关机构,[1]将“个人金融信息”定义为金融业机构通过提供金融产品和服务或者其他渠道获取、加工和保存的个人信息。[2]

综合上述定义可以看出,金融数据合规的义务主体不仅指银行、信托公司、金融租赁公司、货币经纪公司、融资租赁公司等传统持牌金融机构,还包括其他提供金融产品/服务从而涉及个人金融信息处理的新型金融业机构,如金融服务机构、金融科技公司等。另外,从个人金融信息和金融数据的定义也可以看出,个人金融信息仅是金融数据的一种,金融数据的范围涵盖金融业机构的内部运营与外部业务产生的所有数据,包含个人信息、组织经营信息、公共信息等。

故而,金融数据合规不仅义务主体面广,而且业务场景繁多、数据种类复杂。在当前《个人信息保护法》《数据安全法》《网络安全法》三部法律引领的数据合规体系下,金融业机构需要遵循个人信息保护、数据及网络安全领域的基础性法律义务,此外,还需参考中国人民银行或全国金融标准化技术委员会发布的行业标准,遵循“就高从严”的原则开展金融数据合规工作。

二、金融数据的分类分级要求

在对复杂多样的金融数据资产进行识别、梳理、管理与保护时,基础性的分类分级是金融业机构建立完善的金融数据生命周期保护框架的基础,也是有的放矢地实施数据安全管理的前提。

(一)金融数据分类分级适用的规范

全国信标委发布的《网络安全标准实践指南——网络数据分类分级指引》(以下简称数据分类分级指引)对所有数据的分类分级提供了指导,在此之前,金融数据早已有诸多分类分级标准。如何理解金融数据在规则适用上与其他数据的关系,以及金融数据自身诸多标准间的关系,直接关系到金融业机构数据合规工作的开展。

笔者认为,金融数据只是数据的一种基于行业的特殊分类,其已有的一些分类分级指引(指南)是根据行业特性提出的更具有针对性的管理与保护要求。金

① 参见《个人金融信息保护技术规范》第3.1条。
② 参见《个人金融信息保护技术规范》第3.2条。

融数据分类分级的思路也是在“先分类，再分级”的情况下，进行更完备且适当的管理与保护；此外，数据分类分级指引中也明确表示数据分类时应优先遵循行业的数据分类要求，[①]并且给出了数据分类分级指引与3个金融行业数据分类分级规则的对应关系。[②] 因此，发布在后的数据分类分级指引并未否定金融数据已有的特殊分类分级要求。

从对数据进行管理与保护的终极目的出发，金融业机构应当在把握数据分类分级指引的基本原则与流程的基础上，结合自身业务实践，在对数据资产进行尽可能全面的梳理后，按照以下原则开展分类分级工作：

1. 在金融数据分类上，金融业机构应优先遵循金融数据的分类要求，在此基础上再从组织经营维度结合自身数据管理和使用需要对金融数据进行分类。

2. 在金融数据分级上，数据分类分级指引与金融数据分级指南、个金技术规范等规则之间的不同分级体系在实践中可能带来一些困难，对此，笔者认为，金融业机构可以以金融数据分级指南为分级的基础，在涉及证券期货数据/个人金融信息等金融数据的分级时“就高从严”地适用更有针对性的《证券期货数据分类分级指引》或个金技术规范。

（二）金融数据分类分级的方法与流程

基于对自身数据资产的整体盘点：金融业机构可以先将金融数据分为客户类、业务类、经营管理类和监管类等一级子类，在这一过程中，金融业机构可以对其所涉及的信息类别与信息量有一个较为科学准确的把握；然后根据信息主体或金融服务场景的不同再进行二级子类、三级子类下的细分（如作为一级子类的业务数据可再细分为账户信息、法定数字货币钱包信息、合约协议、金融监管和服务、交易信息等二级子类[③]）。对此，业内已有一些提供数据云安全解决方案的机构可以帮助企业在云平台上进行自动化、日常性的数据分类，金融业机构也可依托于自身已有的数据系统对其金融数据类别进行整理。

在对数据资产进行梳理分类后，金融业机构应明确数据定级的标准及关键要

---

① 参见《网络安全标准实践指南——网络数据分类分级指引》第5.1条。

② 参见《网络安全标准实践指南——网络数据分类分级指引》附录C.3、C.4。

③ 参见《金融数据分级指南》附录A。

素，为便于参考，我们在表1[①] 中对比了分类分级指引、金融数据分级指南与个金技术规范在金融数据分级上的具体对应关系：

表1 关于金融数据分级相关规范的标准对比

数据分类分级指引的分级	金融数据分级指南的分级（JR/T 0197—2020）	个金技术规范的分级（JR/T 0171—2020）
重要数据级	5级	—
一般数据4级	4级	C3
一般数据3级	3级	C2
一般数据2级	2级	C1
一般数据1级	1级	—

笔者建议，金融业机构可以自行或咨询外部律师，制定一份以数据作为级别划分标准的"内部判定表"。为之后细化安全保护流程之考虑，建议该表以金融数据分级指南的数据定级标准为主要参考（如表2[②] 所示），此外，在涉及5级数据、证券期货数据以及个人金融信息时，还要考虑分类分级指引、《证券期货业数据分类分级指引》以及个金技术规范的特殊要求。比如，对银行等金融业机构而言，不仅金融账户属于个人敏感信息，在业务过程中收集的生物识别信息、特定身份信息（身份证、社保卡等记载的信息）、行踪轨迹（App定位）信息、14岁以下（含）未成年人个人信息、身份鉴别信息（登录信息、支付密码、交易密码、银行卡有效期、口令等），都属于个人敏感信息，定级时不应低于4级（C3级）。

① 表1总结自《网络安全标准实践指南——网络数据分类分级指引》附录C.4。
② 表2总结自《金融数据分级指南》第5.3.2条。

表 2　金融数据安全定级规则参考

金融数据最低安全级别参考	数据定级要素		数据一般特征
	影响对象	影响程度	
5 级	国家安全	严重损害/一般损害/轻微损害	· 重要数据,通常主要由大型或特大型金融机构、金融交易过程中重要核心节点类机构的关键业务使用,一般针对特定人员公开,且仅为必须知悉的对象访问或使用
	公众权益	严重损害	
4 级	公众权益	一般损害	· 数据通常主要用于大型或特大型金融机构、金融交易过程中重要核心节点类机构的重要业务使用,一般针对特定人员公开,且仅为必须知悉的对象访问或使用; · 个人金融信息中的 C3 类信息
	个人隐私	严重损害	
	企业合法权益	严重损害	
3 级	公众权益	轻微损害	· 数据用于金融业机构关键或重要业务使用,一般针对特定人员公开,且仅为必须知悉的对象访问或使用; · 个人金融信息中的 C2 类信息
	个人隐私	一般损害	
	企业合法权益	一般损害	
2 级	个人隐私	轻微损害	· 数据用于金融业机构一般业务使用,一般针对受限对象公开,通常为内部管理且不宜广泛公开的数据; · 个人金融信息中的 C1 类信息
	企业合法权益	轻微损害	
1 级	国家安全、公众权益、个人隐私、企业合法权益	无损害	· 数据一般可被公开或可被公众获知、使用; · 个人消费者在一定情况下主动公开的信息

在搭建好金融数据分类分级的框架并备好数据分类分级清单后,由于金融数据的类别、级别可能因时间变化、政策变化、安全事件发生、不同业务场景的敏感性变化或相关行业规则不同而发生改变,还需要对金融数据分类分级进行定期审核并及时调整。

三、金融数据生命周期保护的要点

数据分类分级的终极意义为落实更好的数据管理与保护措施。基于金融数据分级指南,《金融数据安全　数据生命周期安全规范》(以下简称周期安全规范）通过规定金融数据生命周期安全原则、防护要求、组织保障要求及信息系统运维保障要求，搭建了覆盖金融数据全生命周期的安全保护框架，进一步细化了安全防护的标准。

（一）搭建金融数据生命周期保护的框架

首先，应当理解“生命周期”的概念。金融数据生命周期是指金融业机构在开展业务和进行经营管理的过程中，对金融数据进行采集、传输、存储、使用、删除、销毁的整个过程。[1]

其次，应当在图1[2]所示的10个场景下细化数据生命周期的安全防护要求，将其作为数据生命周期安全框架的核心。

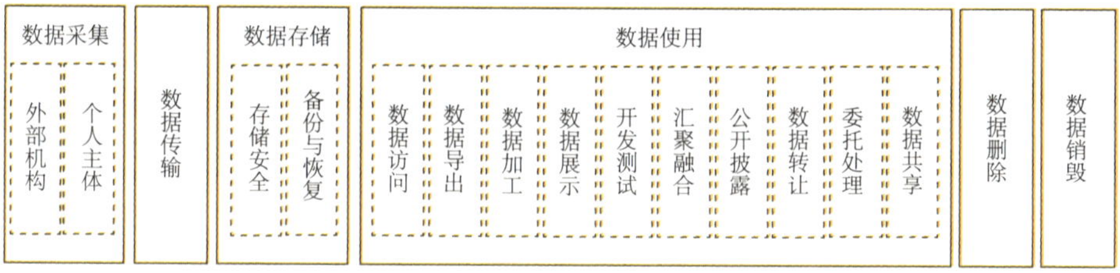

图1　数据生命周期的10大场景

最后，在以上诸多场景中，金融业机构应当进一步从数据安全组织保障（组织结构，制度体系，内外部人员、机构管理）和信息系统运维保障（边界管控、访问控制、安全监测与审计、检查评估、应急事件相应及处置）两大方面，构筑内部数据合规管理体系与安全防护机制。

（二）金融数据的安全防护技术要求

基于金融数据分级指南的定级，周期安全规范规定了不同数据级下的安全防护技术要求。因此，以金融数据分级指南（或上文“内部判定表”）为基础进行分级对照的金融业机构，就可以基于其分级对金融数据的采集、传输、储存、使用、删除、销毁进行以下生命周期安全防护。篇幅所限，我们仅在表3[3]中总结了周期安全规范中的一些典型要求，以此提示不同分级下的合规义务差别，帮助金融业机

---

① 参见《周期安全规范》第5.1条。

② 图1来自《周期安全规范》第5.1条。

③ 表3总结自《周期安全规范》第7.1～7.6条。

构感受不同级别下合规的不同要求：

表 3　各数据生命周期环节中不同级别数据的合规义务示例

数据生命周期环节	金融数据分级指南下的数据定级	合规义务示例
采集	3 级及以上	· 对从外部机构或个人金融信息主体采集的，须多因素增强认证； · 对外部机构进行评估，面向个人的客户端不应留存 3 级以上数据
	4 级及以上	· 对从外部机构或个人金融信息主体采集的 4 级以上数据进行全流程动态认证，能够阻断和二次认证
传输	2 级及以上	· 内部传输应事先审批授权明确范围、频次、有效期等； · 对外传输应事先审批授权并采取加密、安全传输通道或协议
	3 级及以上	· 原则上内部传输应当采取数据加密、安全传输通道或安全传输协议； · 确需外部传输的需要经过事先审批授权，并采取技术措施
	4 级及以上	· 对数据进行字段级加密并采用安全的传输协议，且原则上不对外传输
存储	3 级及以上	· 采取加密等技术措施，且相应的数据信息系统的网络安全建设要满足网络安全等级保护 3 级要求
	4 级及以上	· 使用密码算法加密存储
	5 级	· 在我国境内产生的 5 级数据应仅在我国境内存储
使用	3 级及以上	· 数据导出：3 级及以上导出操作前须有多因素认证或二次授权并采取加密脱敏等技术手段； · 数据加工：对 3 级及以上数据的加工需要先进行数据安全评估，并采取加密脱敏等技术手段； · 数据展示：3 级数据应在审批基础上采用屏蔽等技术措施； · 开发测试：3 级及以上数据应控制范围、数量，先脱敏后方可提取； · 数据委托处理、共享：3 级及以上数据须采取加密或脱敏等措施

续表

数据生命周期环节	金融数据分级指南下的数据定级	合规义务示例
使用	4 级及以上	· 数据导出:4 级以上数据原则上不应导出,确需导出须经高级管理层批准且进行数据追踪溯源; · 数据加工:除业务必须,不应基于市场分析、业务优化、风险管控等需求,对 4 级以上数据进行清洗、转换、分析、挖掘等操作; · 数据展示:4 级及以上数据不应明文展示; · 汇聚融合:4 级数据原则上不应汇聚融合,确因业务需要汇聚融合的要建立授权审批机制并使其具备数据跟踪溯源能力; · 数据委托处理、共享:不可委托处理或共享 4 级数据
删除	3 级及以上	· 3 级以上数据建立删除有效性的复核机制,定期检查
销毁	3 级及以上	· 3 级以上数据存储介质不移作他用

(三)金融数据的安全防护组织要求

承前所述,信息系统运维与数据安全组织是金融数据生命周期防护的两大保障。与科技、互联网等公司强依赖于在线系统处理数据安全及保护有所不同,金融业机构工作人员的违规行为在某种程度上更容易且频繁地危害金融数据安全,产生侵权后果。在实践中,金融业机构工作人员私自访问、保存并违法对外提供个人金融信息是导致数据安全事件的一大原因。① 在规范适用上,无论是《证券期货数据分类分级指引》,还是金融数据分级指南、个金技术规范,都强调了良好的组织保障与完善的管理制度对金融数据保护的重要性。因此,建立完善的数据安全组织体系尤为重要。对此,周期安全规范细化了管理体系的组织架构与职责定位,金融业机构可以参考表 4②,在不同管理层级上梳理管理流程,拟定管理制度,细化管理要点,实现数据安全的防护闭环。

---

① 参见中国银行保险监督管理委员会舟山监管分局行政处罚决定书,舟银保监罚决字〔2020〕5 号。

② 表 4 总结自《周期安全规范》第 8.1 条。

表 4　数据安全防护管理体系

管理层级	人员组成	职责定位
决策层	数据安全管理委员会领导小组：由机构高级管理层组成	战略规划；统筹管理；决策评价；审核批准 ……
管理层	数据安全管理委员会委员：由科技、业务、法律合规、风险管理等部门主要负责人组成	组织协调；建纲建制；风险控制；考核评审 ……
执行层	由科技、业务、法律合规、风险管理等部门具体数据安全岗位相关工作人员组成	执行要求；落实标准；实施防护；事件处置 ……
监督层	由审计、稽核等部门相关工作人员组成	IT 审计；合规审计；安全审计；业务审计 ……

简言之，传统强监管的金融业机构虽然已面临诸多法律法规的约束，但在管理日益精细化、系统化、科技化的今天，传统金融业机构更需要主动作为，在行业内标准、规范的基础上，整理并搭建好金融数据系统性管理的思路与框架，将具有更细区分标准的管理方案纳入日常运营管理中。

四、结语

虽然金融领域既有的标准、规范已对金融数据合规提出了诸多要求，但金融业机构的金融数据合规应当乘上“三驾马车”，在对数据合规的全局性理解下，从技术应用与管理组织两个层面推进自身系统化的建设。本文选择以金融数据的生命周期与分类分级为研究对象，正是认为金融业机构，尤其是传统金融持牌机构，应该从根本上改变区块式看待金融数据合规的看法：在技术应用层面，需要针对金融数据的收集、传输、存储、使用、删除、销毁等各个环节，根据不同的数据分类分级策略，构建新一代动态金融数据安全风险监测、评估与防护体系，实现差异化管理；在管理组织层面，金融业机构需要将内部管理体系与数据分类分级相结合，从管理制度、防护措施、岗位职责等多方面依托数据分类分级进行针对性编制，强化体系落地执行性。

（罗仪涵对本文亦有贡献）

金融数据服务业数据合规指引

樊晓娟* 印 磊

*作者简介：
樊晓娟，中伦律师事务所上海办公室私募基金与资管部合伙人，电邮为：fanxiaojuan@zhonglun.com。

随着大数据产业的繁荣和信息技术在金融行业的广泛应用，市场对于多样化的金融数据库、金融数据分析工具以及金融深度数据的需求也日益增长，金融数据相关的信息服务业随之迅猛发展。该行业的发展通过有效整合金融业内部数据资源实现产品化，从而满足机构投研、交易、风控和估值等各类业务需求，为金融数据赋予资源价值。目前，市场上受到认可的供应商如“万得”“同花顺”，其金融数据服务业务不仅受到金融业内部机构的认可，也受到了大量个人客户的青睐。

一、准入门槛

根据《国民经济行业分类》(GB/T 4754—2017)，金融信息服务属于金融业的业务，“指向从事金融分析、金融交易、金融决策或者其他金融活动的用户提供可能影响金融市场的信息(或者金融数据)的服务，包括征信机构服务”。因此，金融数据服务属于金融信息服务类别，适用相关的准入门槛规定。

2019 年 2 月 1 日起，国家互联网信息办公室发布的《金融信息服务管理规定》正式生效，对金融信息服务提供者(以下简称服务提供者)的资质作出了规定：“金融信息服务提供者从事互联网新闻信息服务、法定特许或者应予以备案的金融业务应当取得相应资质。”服务提供者需要取得的基础的业务许可是增值电信业务经营许可证(Internet Content Provide，以下简称 ICP 许可证)，如果同时提供互联网新闻信息服务、证券期货业务服务，则应另外取得相应许可。

(一)金融服务信息的外资准入

外国金融信息服务机构，则需要遵守《外国机构在中国境内提供金融信息服务管理规定》和《外国机构在中国境内提供金融信息服务申请许可说明》，满足规定中的资质要求，并向国家互联网信息办公室申请金融信息外国机构在中国境内提供金融信息服务的许可证书。

(二)证券投资咨询

根据《证券、期货投资咨询管理暂行办法》的规定，为证券、期货投资人或者客户提供证券、期货投资分析、预测或者建议等直接或者间接有偿咨询服务，无论是以研讨会、讲座的形式，还是通过电话、网络等方式，都必须取得中国证监会的业务许可。部分服务提供者若取得了证监会颁发的经营证券期货业务许可证，可以同时提供许可范围内的咨询服务。

例如,股民常用炒股软件同花顺的服务就包括证券投资咨询,证监会官网公布的证券投资机构名录中,同花顺位列其中。

(三)互联网信息服务

服务提供者通过互联网向用户有偿提供金融类数据及信息的形式比较常见,如向散户提供股指播报、财经快讯等,向机构用户提供金融数据库、定制投研系统、风控系统和估值系统等。在此情况下,服务提供者应当取得ICP许可证,并根据《互联网信息服务管理办法》的要求前往各地方省级通信管理局进行办理。

(四)互联网视听节目服务

服务提供者的部分业务可能包含向用户通过互联网提供关于金融的视频或音频节目,而这些服务提供者需要根据《互联网视听节目服务管理规定》的要求取得信息网络传播视听节目许可证。如果服务提供者在自有网站或平台端,为用户提供有关金融的新闻信息服务,则还需要遵守《互联网新闻信息服务管理规定》,取得互联网新闻信息服务许可证。

二、数据来源

一般情况下,数据来源有以下三大类:

(一)定向采集

银行、保险公司等金融机构因其直接面对个人客户的特性,多采取直接采集的手段,所直接获得的数据和信息多为个人身份、财产等,同时还通过与客户交易获得客户的交易习惯与偏好、投资意愿等数据信息。

由于金融数据服务提供者处理的元数据大部分是金融市场和金融交易相关的数据,如股票、债券发行人的信息披露内容,交易品种,交易量,金融产品所涉的行业数据等大量来自市场活动的非个人信息数据,并且金融数据服务提供者对数据量和数据广度往往有很高的要求。所以,金融数据服务提供者的数据来源中,直接采集数据的比重一般较低。

(二)爬取

仅靠面对面采集个人信息和数据,效率较低且信息类别单一,没有指向性。爬取是目前服务提供者获取数据和信息常见途径之一。但是,笔者建议,服务提供者在爬取数据时,从爬取行为和数据本身两方面进行合规判断。

在爬取行为方面,服务提供者应当遵循被爬取平台的 Robots 协议(爬虫协议)爬取数据,避免绕过技术性障碍、未经平台授权收集数据,或造成服务器拥堵妨碍被爬取平台正常经营。如服务提供者作出上述行为,很可能涉嫌不正当竞争,卷入诉讼纠纷,并面临承担赔偿被爬取平台的经济损失及合理诉讼开支、停止虚假宣传、消除不良影响等法律责任。如果侵入他人计算机信息系统或者采用其他技术手段,获取该计算机信息系统中存储、处理或者传输的数据的,情节严重的,有可能构成非法获取计算机信息系统数据罪,承担刑事责任。

对于数据本身而言,服务提供者应当注意,爬取个人信息时,服务提供者和被爬取平台均需要取得个人授权,否则就违反了《网络安全法》①,可能将面临罚款、关停业务乃至吊销证照的处罚;另外,在爬取数据后,服务提供者应当在授权范围内使用数据和信息,不得对作品进行不正当的修改或剪裁,导致侵犯他人知识产权等合法权益的情况发生。

(三)采购

采购是金融数据流通的主要方式,合规风险也相对较低。金融数据服务提供者处理的数据量巨大,因此经常会向其他数据处理者采购数据。例如,部分金融数据服务提供者会向巨潮咨询网的运营方等采购上市公司的公开披露信息。

在采购数据时,采购方至少应注意两方面的合规:一方面,卖方应保证其提供的数据或服务内容及来源合法,且不存在侵犯他人知识产权(如著作权)的情形;另一方面,采购方应当确认所采购标的数据的使用范围、使用限制和使用期限等,是否能在合规的前提下符合采购方的实际业务需要。笔者建议,采购方在法律专家的指导下准备相关的采购合同。

三、金融数据产品设计

常见的金融数据产品或服务包含数据库应用、数据解决方案、数据接口开发、

---

① 《网络安全法》第 41 条规定:"网络运营者收集、使用个人信息,应当遵循合法、正当、必要的原则,公开收集、使用规则,明示收集、使用信息的目的、方式和范围,并经被收集者同意。网络运营者不得收集与其提供的服务无关的个人信息,不得违反法律、行政法规的规定和双方的约定收集、使用个人信息,并应当依照法律、行政法规的规定和与用户的约定,处理其保存的个人信息。"

标准化数据表结构等,主要用于聚合量化、投资研究、风险控制、开发交易系统等功能。设计这些产品,不仅要满足法律规定,也要符合国家标准和行业标准。

(一)金融数据的定义

金融数据,是指金融业机构开展金融业务、提供金融服务以及日常经营管理所需或产生的各类数据,这些数据可以用传统数据处理技术或大数据处理技术进行组织、存储、计算、分析和管理。①

(二)金融数据分级分类制度

元数据是数据中的数据,一般用来对数据进行描述,方便对数据进行查找、管理和使用。② 元数据的性质使其对于数据的分级分类具有重大作用。

《金融数据安全 数据安全分级指南》(JR/T 0197—2020)根据数据的安全性及遭到破坏后可能造成的影响,将数据分为五个等级;从一级到五级,数据安全性遭到破坏的影响逐渐变大,数据的重要性也逐渐增加。《证券期货业数据分类分级指引》则从业务条线出发,确定了证券期货业务数据的分类分级方法。

对于服务提供者来说,设计产品时,应当灵活运用元数据,对数据进行初步的说明和管理,再遵循分类分级标准进行分类分级。对级别较高的数据,予以更严密的保护措施。如在业务信息大类下,保险业务类中的特殊风险标的信息,因涉及航空、航天、核电站和石油开发等相关数据,最低参考安全级别为四级。四级数据一般只针对特定人员公开,在产品中使用此类数据时,应当采取全部脱敏的措施后,再投入使用。如果在评定时数据级别已经达到五级,一旦泄露会对公众权益造成严重影响,或对国家安全造成影响的,此类数据则不应用于制作金融服务产品。

① 参见《金融数据安全 数据安全分级指南》,第 2 页。

② 参见《关于数据元、元数据、主数据、交易数据、主题数据、数据资源、大数据、数据湖等数据相关概念理解和总结》,载 CSDN 网 2019 年 4 月 16 日,https://blog.csdn.net/kuangfeng88588/article/details/89341227。

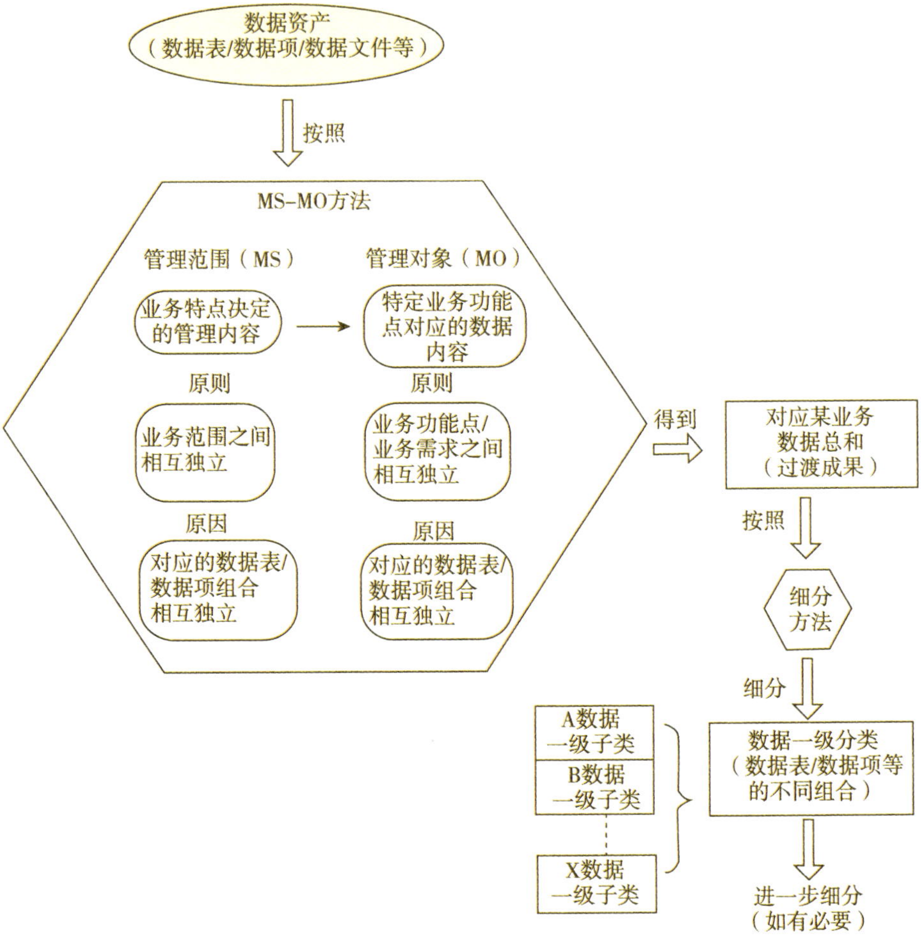

图 1　数据归类方法（MS－MO）

注：参见《证券期货业数据分类分级指引》。

（三）禁止的情况

《金融信息服务管理规定》第 8 条规定："金融信息服务提供者不得制作、复制、发布、传播含有下列内容的信息：（一）散布虚假金融信息，危害国家金融安全以及社会稳定的；（二）歪曲国家财政货币政策、金融管理政策，扰乱经济秩序、损害国家利益的；（三）教唆他人商业欺诈或经济犯罪，造成社会影响的；（四）虚构证券、基金、期货、外汇等金融市场事件或新闻的；（五）宣传有关主管部门禁止的金融产品与服务的；（六）法律、法规和规章禁止的其他内容。"

服务提供者应当在产品设计期间注重数据的真实性及可靠性，防止从数据中提取虚假信息，并在售后做好数据库及产品的维护，以免触碰法律红线。

（四）生命周期管理

数据是具有生命周期的，从开始采集、传输、储存、使用到最后的删除或销毁，各个环节都有一定的安全防护要求，服务提供者可以参考行业标准《金融数据安全 数据生命周期安全规范》（JR/T 0223—2021）对数据从产生至消亡的全流程进行管理。

数据采集时应明确双方在数据安全方面的责任和义务，明确采集的范围、数据的来源等，如果数据的级别较高，需要采取技术措施增强验证。数据传输时要加强网络传输安全，可以采取身份认证、数字签名等方法，确保传输双方是可信任的，在传输过程中应完全保密并传输完整的数据。在传输后，也需要服务提供者安排必要的技术措施确保数据安全备份，并实现数据恢复功能，以保障数据的存储安全。数据使用期间则需要两道防线，即组织保障和运维保障，需要建立完善的人员管理制度，并对访问权限进行控制，在使用数据期间持续进行安全监测。

相关服务提供者可以通过上述一系列措施，实现对数据全生命周期的安全管控。

（五）跨境处理

《个人金融信息保护技术规范》与《个人信息保护法》的精神相一致，也对个人金融信息确立了境内储存原则，并同时要求，如确实需要向境外公司（含总公司、母公司或分公司、子公司及其他为完成该业务所必需的关联机构）提供，应进行个人金融信息安全评估，确保境外机构数据安全保护能力达到要求，并通过与境外机构签订协议、现场核查等方式，监督境外机构履行数据保密、删除和协查义务。

另外，证券业作为金融业主要分支，2020 年 3 月施行的《证券法》对证券期货的监管作了全面而详细的规定。笔者理解，对于证券业数据跨境问题，应秉持两个原则：第一个原则是与境外证券监管机构建立监督管理合作机制，共同对跨境数据进行管理；第二个原则是未经证监会和其他有关主管部门同意，数据不得擅自出境。但这一规定相对笼统，有待更为细化的法律依据出台。金融数据的跨境传输涉及国家金融安全，除个人金融信息跨境传输的规定外，其他金融数据的跨境传输法律规定，有待进一步完善。

四、金融数据交易合规

交易是金融信息服务提供者开展业务时必不可少的一环，一般分为两种模式，即点对点进行交易和通过数据交易所进行交易，二者各有风险防控要点。

（一）点对点交易合规要点

签订数据服务合同时，应当在合同中明确数据的使用范围和来源。另外，针对金融行业信息变化速度快的特点，要在合同中对数据信息的完整性、准确性和及时性作出书面约定。

如果是提供投研工具、金融系统等服务，则需要注意服务提供者是否对合同项下的数据及服务内容拥有完全的知识产权，以及在之后使用数据时是否需要注明来源等细节要求。

（二）通过数据交易所交易

根据《数据安全法》及相关地方性规定，数据交易所应当建立一系列的自律监管规则。交易所应通过建立安全、可信、可控、可追溯的数据交易环境，保障双方利益，防止在交易过程中因不信任而带来不必要的麻烦和损失；应选择经审批成立的合规交易场所，在交易所的服务流程、交易规则及自律监管规则下实施数据交易，使交易各方更多一重保障。

此外，部分金融数据产品因涉及金融市场稳定、个人信息安全及国家安全的特质，除遵守交易所的自律监管规则外，可能不宜通过数据交易场所挂牌，还有待相关法规的进一步指引。

五、结语

计算机技术、证券行业及用户需求的多样化同时推动金融信息服务业快速发展。金融数据及信息服务已成为金融业的重要组成部分，而金融业作为关系国计民生的行业之一，一直以来都受到重点关注和有力监管。作为金融信息服务提供者，只有在保持业务质量的同时，关注行业政策及监管动向，才能保证在激烈的竞争中脱颖而出，稳健发展。

（竺雨辰、权亮羽对本文亦有贡献）

金融机构建立数据中心的合规要点分析

唐梦沅　穆　笋[*]　盛于兰

[*] 作者简介：
唐梦沅，中伦律师事务所北京办公室公司业务部非权益合伙人，电邮为：tangmengyuan@zhonglun.com。
穆笋，中伦律师事务所北京办公室公司业务部合伙人，电邮为：musong@zhonglun.com。

由于具有高度敏感性，金融行业网络设施和信息系统等通常被世界各国视为关键基础设施，将其列入重点保护和规制对象。如美国 1998 年第 63 号总统令《对关键基础设施保护的政策》[1]中将金融与信息通信、电力、石油等共同列入重点国家基础设施。习近平总书记也明确指出："金融、能源、电力、通信、交通等领域的关键信息基础设施是经济社会运行的神经中枢，是网络安全的重中之重，也是可能遭到重点攻击的目标。"[2]

随着科技水平的提高，欧美国家中大量金融机构开始建立云计算系统与互联网数据中心[例如，被誉为世界金融服务标准的高盛(Goldman Sachs)已经从基础的数据中心走向了云计算，其云计算已占公司目前在云框架中运行的工作量的 85% 左右[3]]，但也由于金融数据电子化程度的不断提高，黑客攻击、数据泄露等情况也层出不穷[4]。对此，如何在拥抱科技革新的同时保障金融机构的系统性安全是各国金融机构均需要面对的问题。

就此，笔者认为，金融机构自建或租用数据中心已是科技发展的必然趋势，但金融机构在建立数据中心的过程中，除需要关注传统的投融资、土地获取、厂方与设施设备建设(就数据中心建设方面的问题，请关注笔者此前文章《IDC 工程建设的"危"与"机"》)等方面的法律问题外，也应关注与金融机构业务特性相关的合规问题。本文笔者拟对金融机构自建或租用数据中心所需关注的合规问题提出我们的意见。

一、数据中心如何赋能金融机构

需要指出的是，数据中心目前正面临更新换代的过程。在世界范围内，大量

---

① Presidential Decision Directives 63, President Clinton.

② 中华人民共和国网信办：《〈网络安全法〉促进国家关键信息基础设施安全保护新发展》，载中华人民共和国国家互联网信息办公室网，http://www.cac.gov.cn/2016-11/10/c_1119889958.htm。

③ See Brandon Butler, *How Goldman Sachs and Bank of America use the cloud and containers*, Networkworld (Dec. 10, 2015), https://www.networkworld.com/article/3013474/how-goldman-sachs-and-bank-of-america-use-the-cloud-and-containers.html.

④ 根据中国信息通信研究院、平安金融安全研究院和普华永道联合发布的《2018－2019 年度金融科技安全分析报告》，针对客户资料及企业重要业务数据的安全事件成为发生频率最高的安全事件类别，合计高达 44% 的比例，其中客户资料泄露及企业敏感信息泄露各占一半，DDoS 攻击占比约 21%，有害程序攻击，如勒索、病毒、蠕虫攻击占 20% 的比例。

技术过时、能耗较大的老式数据中心已不能满足现今的发展需要,需要更新或关停。近十年来,我国在数据中心建设运营标准文件方面也作出了不小的改动(如《数据中心设计规范》2017 版较 2008 版在建设要求、安全性等方面作出了大量调整更新)。因此,本文所述的数据中心主要讨论的是适用我国目前有效新标准要求的数据中心。

(一)面对日趋庞大的数据体量,各类金融机构建立数据中心已为必然趋势

金融机构管理的数据规模日益扩大,需要数据中心提供强大的存储及运维服务。根据网络公开信息,在境内,部分地方性银行 5 年左右影像数据可达近 8PB,年增量在 1.6PB 左右。[①] 在境外,以荷兰银行为例,其 20 个数据中心有大约 7PB 磁盘和超过 20PB 的磁带存储,而且每年有 50% ~70% 的存储量增长,根据笔者估算,这些数据可能会占用近 20 吨储存媒介。

我们可以预计,未来金融机构所掌握与管理的数据体量会越发庞大,由专业化的数据中心提供数据存储及运维服务将成为必然趋势。实践中,较多金融机构已着手建立现代化数据中心,如国泰君安、中国建设银行、山西农信社[②]等早已开展数据中心建设,在监管部门方面,中国人民银行、证监会等也正在不断建立数据中心。

(二)专业 IDC(Internet Data Center)运营公司已可为金融机构提供多样化的服务与产品,且其数据中心原则上在设计建设、网络与管理等安全方面均可达到较高标准

就运维服务而言,专业 IDC 运营公司的服务内容涵盖了机柜租用或管理、宽带租用、内容分发网络、数据同步、云计算、网络安全等多维度的服务与产品内容,可满足金融机构自建、租用数据中心的需求,并有助于业务使用及满足合规监管要求。

目前 IDC 行业的专业化程度已非常高,在国家层面已有较多法规政策与标准文件为数据中心的建设、运营提供指引。如《关于数据中心建设布局的指导意见》

---

① 参见 Robin:《想请教一下有没有全国银行业影像的数据,大概在多少 pb 级别? 每年的增长率大概多少?》,载知乎网,https://www.zhihu.com/question/346063565(相关数据非官方数据,可能不准确,仅做参考用。——笔者注)。

② 参见晓忆:《华为助山西最大金融机构打造强健数据中心》,载 51CTO 网,https://www.51cto.com/article/484361.html。

（工信部联通〔2013〕13号）、《数据中心基础设施运行维护标准》（GB/T 51314—2018）、《数据中心设计规范》（GB 50174—2017）、《互联网数据中心工程技术规范》（GB 51195—2016）、《数据中心基础设施施工及验收规范》（GB 50462—2015）、《互联网数据中心（IDC）安全防护要求》（YD/T 2584—2015）等规定与标准文件，为数据中心在选址、内外部设计与工艺、消防、防震、能耗、网络技术安全等方面提出标准化建设及运维要求。①

（三）国家鼓励包括现代化数据中心在内的新基建项目，数据中心建设可享受诸多利好政策

在宏观政策层面，自2019年起，我国已将包括数据中心在内的新基建项目开发建设置于发展重点，2020年，国家发展改革委明确新基建内容包括“新一代信息技术演化生成的基础设施……以数据中心、智能计算中心为代表的算力基础设施等”。2021年《国民经济和社会发展第十四个五年规划和2035年远景目标纲要》亦强调“加快建设新型基础设施……加快构建全国一体化大数据中心体系，强化算力统筹智能调度，建设若干国家枢纽节点和大数据中心集群……”在实践中，大量数据中心项目主要使用工业用地开发建设，也存在部分项目的用地性质为一类物流仓储用地、邮电设施用地、行政办公用地等。

从各地政策来看，部分地区对数据中心项目建设提供了用地政策支持，如《重庆市规划和自然资源局关于强化用地保障支持产业发展的意见》提出优先保障大数据中心等新型基础设施建设项目的用地供应，并规定产业用地可以采取长期租赁、先租后让、租让结合、弹性年期出让方式供应。此外，北京市②、上海市③、天津市④等地区现有的多样化产业用地、工业用地供地模式（如弹性年期、先租后让、租

① 例如，在管理安全方面，《互联网数据中心（IDC）安全防护要求》（YD/T 2584—2015）对数据储存、使用、销毁等均作出了要求。其中，第2级防护（共5级）要求数据中心应有介质存取、验证、转存、销毁管理制度，确保备份数据授权访问，且应当具备相应服务器设备的灾难备份及恢复的管理制度。此外，数据中心应有灾难恢复预案的教育和培训，至少每半年一次，还应有灾难恢复预案的演练，至少每年一次。

② 如中共北京市委、北京市人民政府《关于进一步提升民营经济活力促进民营经济高质量发展的实施意见》中明确对产业用地的供地方式、成本等提出支持与鼓励政策。

③ 《关于印发〈关于上海市推进产业用地高质量利用的实施细则（2020版）〉的通知》（沪规划资源用〔2020〕351号）中对工业用地转型、存量土地盘活提出了建议。

④ 《天津市人民政府办公厅关于进一步做好稳就业工作的实施意见》（津政办规〔2020〕7号）中对工业用地的供地方式、成本等提出支持与鼓励政策。

让结合等)也有利于数据中心建设。

部分地区也提供了其他优惠政策,以成都地区为例,政府提出对互联网数据中心等给予项目用地、市场拓展、投融资服务等支持,并在电价、带宽资费、通信资费方面给予优惠或补贴。

二、金融机构建立数据中心的合规要点分析

在实践中,金融机构可以通过自建企业数据中心、租用第三方 IDC 运营公司的设备与服务器并由其提供服务(本文中所称"租用数据中心")等形式来建立数据中心。对此,《中国银监会办公厅关于加强非银行金融机构信息科技建设和管理的指导意见》(银监办发〔2016〕188 号)也提及,规模较小的非银行金融机构可考虑采用租用、托管、共享数据中心的建设方式,具备能力的非银行金融机构可自建数据中心。

(一)数据中心配置

1. 灾备中心配置

在《国务院关于加强金融监管防范金融风险工作情况的报告》中,国务院统一要求金融机构完善灾备中心布局,监管部门作出了一些具体规定,例如:

根据《商业银行数据中心监管指引》(银监办发〔2010〕114 号)等规定,商业银行数据中心应包括生产中心和灾备中心①,根据资产规模,灾备中心恢复能力应达到《信息安全技术 信息系统灾难恢复规范》相应级别。根据《中国银监会关于印发商业银行监管评级内部指引的通知》(银监发〔2014〕32 号),灾备中心的信息覆盖率、建设要求等均需符合监管要求,并以其达标程度进行评级打分。

根据《关于贯彻实施〈保险公司董事及高级管理人员审计管理办法〉有关事项的通知》(保监发〔2012〕102 号),保险公司是否建立灾备中心及应急处理机制是纳入信息技术高级管理人员审计范围的内容之一。

实践中,也已出现因违反灾备中心相关规定受到监管处罚的案例。② 据此,基于金融机构监管要求,也为保证金融机构的安全稳定,金融机构应关注数据中心

---

① 实践中"两地三中心"(金融机构在同城设立生产中心和灾备中心,并同时增加异地灾备中心)模式能够最大化防止地质灾害等意外事件对数据造成损害。

② 原中国银行业监督管理委员会河南监管局行政处罚决定书,豫银监罚决字〔2018〕50 号。

中同地或异地灾备中心的建设及相应制度合规。

2. 物理安全保护区域

根据《商业银行信息科技风险管理指引》(银监发〔2009〕19 号),对于数据中心所在区域,银行应当设立物理安全保护区域,明确相应的职责,采取必要的预防、检测和恢复控制措施。并根据《中国银监会办公厅关于加强非银行金融机构信息科技建设和管理的指导意见》,数据中心与其他机构(包括出资人)共用或托管至外包服务商的,应确保重要信息科技设备与其他机构的有效隔离,明确物理安全区域,严格控制物理访问权限。

根据上述规定,金融机构数据中心应当设立物理安全保护区域,控制数据中心的物理访问权限,并在制度与协议上体现、落实。

(二)业务连续性要求

根据《商业银行业务连续性监管指引》(银监发〔2011〕104 号)、《中国银监会办公厅关于加强非银行金融机构信息科技建设和管理的指导意见》等的规定,金融机构应当建立业务连续性管理体系,确保重要业务在运营中断事件发生后快速恢复,降低或消除因重要业务运营中断造成的影响和损失,保障业务持续运营。此外,金融机构还应当制定总体应急预案及重要业务专项应急预案,以应对运营中断事件,如运营中断事件的预警、报告、分析、决策、处理、恢复等处置程序。

在实践中,金融机构可能因为设备陈旧及风险管理措施不到位而遭受处罚,如某银行由于数据中心网络先后两次中断,分别造成网点业务中断,因而被处罚 20 万元。①

据此,金融机构在自建或者租用第三方数据中心时,应当对业务连续性提高关注度,制定相应的制度及应急处理方案,以免业务中断导致遭受行政处罚。

(三)相关资质要求

1. 银行业金融机构异地非持牌机构

根据《中国银保监会关于规范银行业金融机构异地非持牌机构的指导意见》(银保监发〔2018〕71 号)的规定,对于银行业金融机构在异地设立的区域审批中心、灾备中心、软件开发中心等非经营性机构,应当根据规定向监管机构履行报告

① 原中国银行业监督管理委员会青岛监管局行政处罚决定书,青银监罚决字〔2016〕1 号。

义务,并满足相关地域、管理监管要求。

2. 增值电信业务经营许可证/跨地区增值电信业务经营许可证(涉及互联网数据中心)

根据《电信业务分类目录(2015 年版)》,“互联网数据中心业务”属于增值电信业务分类中的第 B11 项,因此 IDC 运营公司应当持有增值电信业务经营许可证(IDC 业务),如业务范围涉及云计算,其取得的 IDC 业务许可证中应当明确标示包括互联网资源协作服务业务。在实践中,并非所有的第三方 IDC 运营公司均拥有自建的数据中心,以 IDC 行业内的租赁经营模式为例(产权公司进行投建,运营公司向产权公司租赁数据中心对外提供数据中心服务),此种模式下,根据《新版〈电信业务分类目录〉典型增值业务调整说明》,产权公司与运营公司均需取得相应 IDC 业务许可,否则项目及相关主体可能会面临行政处罚,甚至停业整顿等情况。

需关注的是,金融机构一般需设置多地数据中心,如金融机构租用数据中心的,根据《电信条例》的规定,IDC 运营商经营增值电信业务覆盖范围在两个以上省、自治区、直辖市的,应当经过国务院信息产业主管部门审查批准,取得跨地区增值电信业务经营许可证。对于该等资质要求,金融机构需谨慎核实。

(四)外包合规要求

《银行保险机构信息科技外包风险监管办法》规定银行业金融机构应就信息科技外包[包括数据中心(机房)整体建设咨询和规划,信息科技治理(含数据治理)、数据中心(机房)物理环境的托管或运行维护、安全运营维护外包等]建立与本机构信息科技战略目标相适应的信息科技外包管理体系,将信息科技外包风险纳入全面风险管理体系,并对外包风险评估与准入、尽职调查、合同约定、监控评价等作出了详细的规定。并需关注,规定明确“不得将信息科技管理责任、网络安全主体责任外包”,即合规管理责任理论上无法通过外包方式予以转移。

此外,根据《商业银行信息科技风险管理指引》、《保险公司信息系统安全管理指引(试行)》(保监发〔2011〕68 号)、《银行保险机构信息科技外包风险监管办法》的规定,金融机构实施重要外包(如数据中心和信息科技基础设施外包等)应格外谨慎,在准备实施重要外包时应当在外包合同签订前 20 个工作日向国家金融监督管理总局或其派出机构的信息科技监管部门报告。

因此，对于银行业金融机构而言，其租用第三方数据中心、设施、网络或仅由其提供运维服务等，均应被纳入《银行保险机构信息科技外包风险监管办法》规制范围，需对外包机构开展尽职调查，进行严谨的风险评估、采取管控措施并履行报告程序。

（五）数据与反洗钱合规要求

1. 数据与个人信息合规制度

根据《银行业金融机构数据治理指引》（银保监发〔2018〕22 号）的规定，银行业金融机构应当建立数据安全策略与标准，依法合规采集、应用数据，依法保护客户隐私。

根据《网络安全法》、《个人金融信息保护技术规范》（JR/T 0171—2020）的规定，金融机构、网络运营者应确保收集的个人信息安全，建立健全用户信息保护制度，防止信息泄露、毁损、丢失。如根据《个人金融信息保护技术规范》的规定，在使用公共网络传输时需对 C2 类、C3 类信息进行加密传输，采用有效措施保证数据传输可靠性，并应关注该类数据的保密与委托处理限制。

对于金融机构而言，由于一般需满足多地多中心的配置要求，且相关数据可能需通过公共网络进行传输，因此更需从制度层面对数据保护、个人信息安全提高关注度，包括建立安全策略与标准、信息合规制度以满足监管部门对信息保护提出的相关要求。

2. 反洗钱信息保密要求

根据《金融机构客户尽职调查和客户身份资料及交易记录保存管理办法》（中国人民银行、中国银行保险监督管理委员会、中国证券监督管理委员会令〔2022〕第 1 号）的规定，金融机构应当按照安全、准确、完整、保密的原则，妥善保存客户身份资料及交易记录，确保足以重现每笔交易，以提供客户尽职调查、监测分析交易、调查可疑交易活动以及查处洗钱和恐怖融资案件所需的信息。在保存方式上，根据《法人金融机构洗钱和恐怖融资风险管理指引（试行）》（银反洗发〔2018〕19 号）等法规要求，金融机构应采取必要管理措施和技术措施，防止客户身份资料和交易记录的缺失、损毁，防止泄露客户身份信息和交易信息。

根据《反洗钱法》《金融机构客户尽职调查和客户身份资料及交易记录保存管理办法》等的规定，违反数据保存、信息保密、个人隐私保护等要求的，金融机构可能被监管部门处罚，相关董事、监事、高级管理人员及责任人员亦可能同时被处罚，并已有处罚先例。[①] 因此，金融机构数据中心应当对防止反洗钱信息泄露额外关注，在第三方提供服务时，更应妥善划分与 IDC 运营公司、其他服务企业间权责。

3. 反洗钱监管合规

根据《金融机构客户尽职调查和客户身份资料及交易记录保存管理办法》的要求，金融机构对于客户身份资料和交易记录的保存应需便于金融机构反洗钱工作开展，以及反洗钱调查和监督管理，不得违反规定设置信息壁垒，阻止或影响反洗钱部门正常获取开展反洗钱工作所必需的信息和数据，并应按照规定将客户身份信息和交易记录迅速、便捷、准确地提供给监管机构、执法机构等部门。《银行业金融机构反洗钱现场检查数据接口规范（试行）》（银发〔2017〕300 号）对于金融机构面对现场检查的数据接口格式也作出了要求。

从理论上讲，更高级别的数据中心与机房[②]有利于金融机构准确、迅速调取信息并应对监管检查。但具体到每个金融机构，由于其数据体量、数据中心位置、数据调取频次不同，其对数据中心网络设备、带宽、运维服务的要求（如是否需要进行服务器托管、系统运维与网安服务）也不同。

总而言之，金融机构应以保障安全并能满足监管要求作为基础定制数据中心，如数据中心系统不能满足监管要求，可能面临处罚风险。[③]

（六）国家安全合规要求

1. 数据跨境流动风险

在大多数情况下，各国政府基于对国家安全的考量，对于数据信息的跨境流通均持限制性态度，金融领域更是如此。对于我国而言，大量的反洗钱、金融监管规定要求金融机构未经我国政府允许不得擅自对外提供数据信息。根据《反洗钱

---

① 中国人民银行西安分行行政处罚决定书，西银罚字〔2018〕第 1 号。

② 如《数据中心设计规范》（GB 50174—2017）中规定 A 级数据中心的核心网络设备应采用容错系统并应具备可拓展性。《互联网数据中心工程技术规范》（GB 51195—2016）规定 R3 级别 IDC 机房的核心路由器需与同一运营商 2 个不同的省级骨干网核心会接节点链接或者与 2 个不同的运营商骨干节点链接，且接连带宽根据业务需要不宜小于 2 × 10Gbps。

③ 如《非银行支付机构反洗钱现场检查数据接口规范（试行）》中明确规定不能及时提供资料或不符合接口规范要求的将“依法予以处理”。

法》《法人金融机构洗钱和恐怖融资风险管理指引(试行)》《网络安全法》等的规定,如我国金融机构留存的数据信息拟进行跨境流动的,需严格按照要求进行,对于境外政府部门的信息提供要求也不得擅自配合提供。

尤其需要关注的是,《网络安全法》明确将金融领域列入涉及关键信息基础设施的领域,并明确关键信息基础设施的运营者在境内运营中收集和产生的个人信息和重要数据应当在境内存储。因业务需要,确需向境外提供的,应当进行安全评估。违反该等规定的,严重者可以吊销相关业务许可证或者吊销营业执照。

因此,金融机构应注意,是否可能因自身或第三方原因(如因 IDC 运营公司原因)导致存储于数据中心的数据产生跨境流动的风险,并应在相关协议中对于该等风险处理进行约定。

2. 网络安全审查问题

根据《网络安全审查办法》的规定,关键信息基础设施运营者采购网络产品和服务,影响或可能影响国家安全的,应当进行网络安全审查。虽然目前法规层面对于关键信息基础设施运营者暂无明确定义,但结合美国法规实践[①]及我国的行业观点,金融机构很可能会被列为关键信息基础设施运营者,即未来金融机构采购数据中心服务以及与数据中心相关的设备需接受网络安全审查。此外,IDC 运营公司基于业务原因,可能需进一步采购第三方服务(如网络产品、网络安全设备、软件等)并向金融机构提供该等产品与服务,而该等采购可能也需面临网络安全审查,金融机构应当谨慎处理。

我们理解,金融机构理应抓住国家鼓励数据中心建设的时机,利用优惠政策与窗口期优势,以最小的成本完成从传统机房到新型数据中心的蜕变,同时需关注日趋完备的监管规定对金融机构的安保、数据、反洗钱、网络安全等提出的更高合规要求。

---

① 参见左晓栋:《关键信息基础设施,保!"》,载中华人民共和国国家互联网信息办公室网,http://www.cac.gov.cn/2015-11/04/c_1117015673.htm。

草木百年新雨露
——数字征信时代的业务创新与监管挑战

陈际红[*]　吴佳蔚　李佳笑

[*] 作者简介：
陈际红，中伦律师事务所北京办公室知识产权部合伙人，电邮为：chenjihong@ zhonglun. com。

《网络安全法》《数据安全法》《个人信息保护法》的相继落地对数据处理活动提出了严格的监管要求。同时,2022 年 1 月 1 日《征信业务管理办法》(以下简称《办法》)正式生效实施,聚焦互联网和大数据等新技术广泛应用征信业务的新业态、新特征,提出了更具针对性的业务合规要求。鉴于征信业务的本质即是信用信息的处理活动,因此在数据合规和业务合规双重压力之下,在整改期限将至之际,把握行业发展趋势,明确监管重点,将成为行业机构实现“窗口期”过渡的有力举措。

所谓“征信业务”,即指对企业和个人的信用信息进行采集、整理、保存、加工,并向信息使用者提供的活动。[①] 在消费数据、支付数据等替代数据广泛应用于信用评价的背景下,如何界定“信用信息”成为合规展业的关键问题。[②]

一、从传统征信到数字征信,“金融 + 科技”背景下的行业创新

2006 年,中国人民银行征信中心负责建设、运行和维护的全国集中统一的企业和个人征信系统(金融信用信息基础数据库,以下简称央行征信系统)正式运行,标志着由政府主导的征信体系逐步建立,依靠商业银行等业务沉淀的基本信息和借贷信息推动征信业务发展。在互联网技术应用背景下,网络借贷、消费金融等业务模式创新产生了对于征信服务的巨大需求。中国人民银行作为征信监管部门,积极顺应新形势的要求:一方面推动二代征信系统切换,优化丰富信息内容,提升信息采集的拓展性、灵活性、便利性;另一方面大力推进征信市场主体培育,逐步发放个人征信机构牌照,有序增加企业征信服务供给,形成了“政府 + 市场”双轮驱动发展模式,逐步构建央行征信系统和市场化征信机构协同发展、互相补充的发展格局。“金融 + 科技”造成了征信业务的创新与发展。

(一)互联网公司成为重要助推力,监管从严持牌机构正式入场

综合考虑主体性质和数据敏感程度,《征信业管理条例》(以下简称《条例》)

---

① 《征信业务管理办法》第 3 条规定:“本办法所称征信业务,是指对企业和个人的信用信息进行采集、整理、保存、加工,并向信息使用者提供的活动。本办法所称信用信息,是指依法采集,为金融等活动提供服务,用于识别判断企业和个人信用状况的基本信息、借贷信息、其他相关信息,以及基于前述信息形成的分析评价信息。”

② 参见《中国人民银行有关负责人就〈征信业务管理办法〉答记者问》,载中华人民共和国中央人民政府网 2023 年 4 月 21 日,http://www.gov.cn/zhengce/2021-10/01/content_5640686.htm。

采取了“分业治理”的基本思路：经营个人征信业务以获得行政许可为前提，经营企业征信业务需要进行备案。

企业征信机构的管理尺度整体较为宽松，自 2014 年年底第一批企业征信机构备案名单公布，根据中国人民银行公开信息，截至 2022 年 2 月末，共有 136 家企业征信机构完成备案工作。在中小型企业贷款需求上升的情况下，如企查查、天眼查等互联网公司充分利用公开数据等资源，形成了企业征信市场的重要补充。

相较而言，关于个人征信机构的许可则更为谨慎。2013 年《条例》正式实施后个人征信牌照迟迟未落。底线性的监管原则和宽松的监管环境为个人征信业务的探索和尝试提供了空间。网络借贷、消费金融等金融业务创新背景下，互联网公司凭借丰富的业务场景、海量的数据资源、先进的数据处理技术，形成了独特的大数据金融风控体系。多家大型互联网公司，如阿里、腾讯、美团等互联网平台都基于自身业务场景沉淀数据建立起了平台内的信用评价体系，从而为金融活动提供支持。同时对于数据丰富度的需求也催生了同盾、百融等金融科技公司，这些公司也成为金融数字化转型链条中的重要一环。在此背景下，2015 年中国人民银行下发《关于做好个人征信业务准备工作的通知》，要求芝麻信用、腾讯征信等八家公司做好个人征信业务的准备工作。但在业务试点过程中，各公司主体治理结构不具备独立性、数据孤岛、信息被误采误用等问题较为突出。2018 年，由互联网金融协会及八家试点单位共同组建的百行征信获发首张个人征信牌照，持牌机构正式入场。继 2020 年朴道征信成为第二家个人征信机构后，2021 年 11 月 26 日中国人民银行公布《关于钱塘征信有限公司（筹）相关情况的公示》，第三张个人征信牌照有望落地，个人征信业务形成了“政府 + 市场”双轮驱动的格局。目前中国市场化个人征信机构设置情况如图 1 所示。

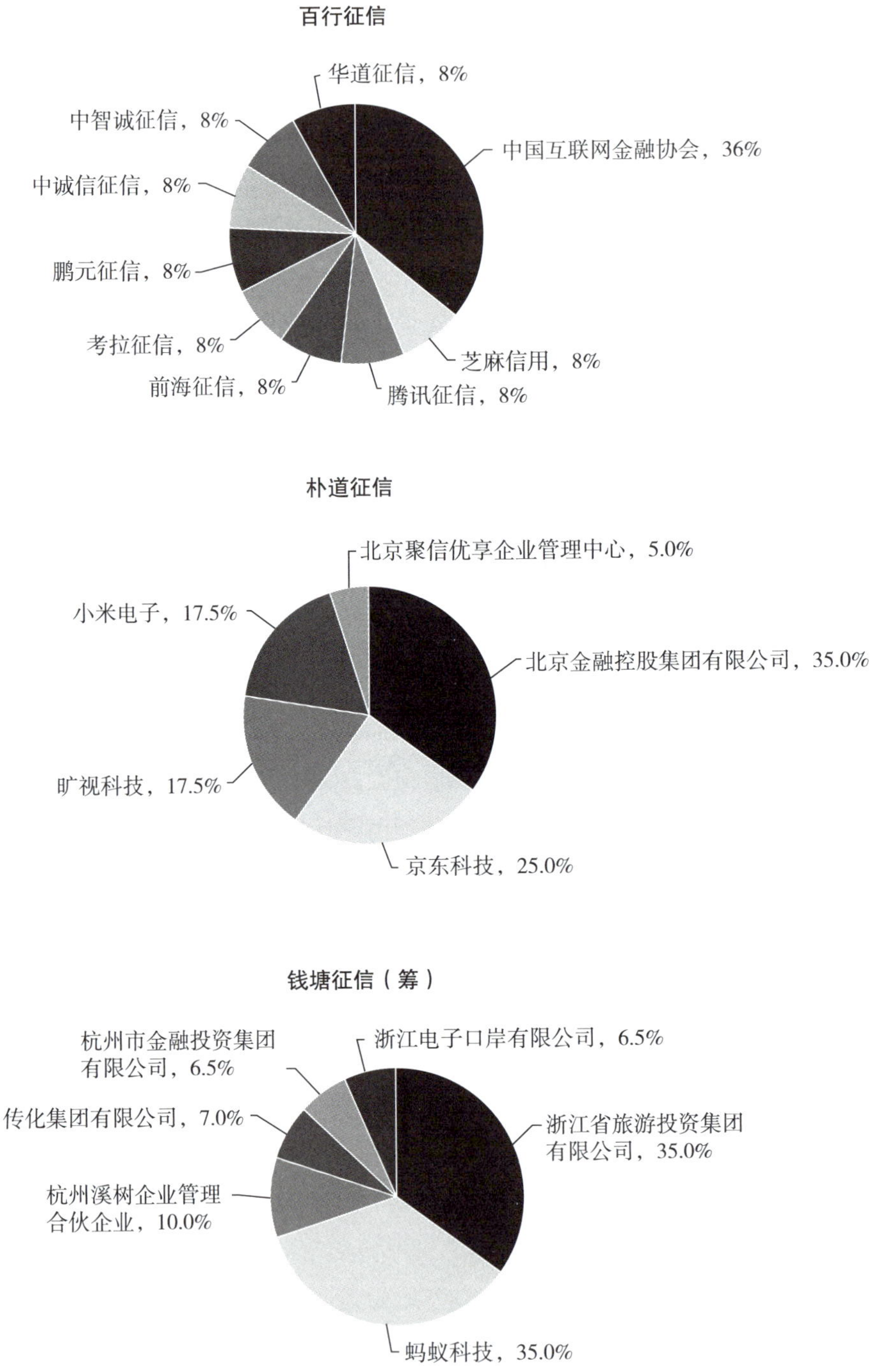

图1　中国市场化个人征信机构设置情况

《办法》生效实施后，个人征信业务持牌经营已经成为底线性要求，综合征信业务发展历程和个人征信机构的设立情况来看，互联网公司因数据和技术的加持始终在其中扮演着重要的角色。合规整改期限将至，如何实现业务的有效衔接成为各方关注重点。

（二）替代数据广泛应用，信用信息外延扩大

在金融数字化转型背景之下，有效风险定价是把控金融风险的重要议题，因此如何确保数据处理活动的全面、及时、真实进而形成准确的信用评价成为金融风控的核心环节。除金融机构通过自身业务积累的借贷信息外，通信数据、消费记录、社交数据等替代数据可以有效弥补信用白户缺失的信息，帮助形成对信息主体更为全面的信用评价，成为借贷信息的有益补充。同时各公司数据处理能力的提升，也为替代数据在征信领域的应用提供了可能。2020 年 12 月 15 日，中国人民银行网站发布《人民银行召开“长三角征信一体化”工作推进现场交流会》新闻，肯定了替代数据在现代化征信体系中发挥重要作用，指出市场化的替代数据征信信息互联互通是当前构建全覆盖社会征信体系的重要步骤，同时也明确利用替代数据为金融和经济活动提供信用管理服务，在本质上属于征信活动，需要纳入征信监管。综合行业实践和监管趋势，如何在现行个人信息保护与数据合规，以及征信业务的监管框架下实现替代数据的合理利用成为重点。目前诸多替代数据已经在征信领域中得到了广泛的应用：

1. 公共数据

国家机关、法律法规授权的具有管理公共事务职能的组织以及供水、供电、供气、公共交通等公共服务运营单位等在依法履行职责或者提供公共服务过程中收集、产生的数据，如水、电、气等缴纳信息、通信数据等。

2. 场景数据

基于特定业务场景产生的数据，如支付数据、消费记录、社交数据、互联网行为数据等。此类数据一般与基本信息、借贷信息等结合使用，目的在于形成信息主体的多维评价。

（三）征信产品形式创新实现多维信用评价

在传统征信业务场景下，征信产品以信用信息查询为主，主要体现为个人或企业信用报告，通过对信息主体基本信息和借贷信息等内容的列示，形成对信息

主体较为直观的信用评价。但在金融业务创新场景下，前述较为单一的征信产品形式已经无法满足市场需求，部分互联网公司基于数据积淀和技术投入，不断创新信用评价的形式，既避免提供原始数据导致的数据安全和竞争性问题，同时也有助于数据流动与共享以提升信用评价效果。一方面，行业机构汇集多方数据源信息，通过对信用信息的加工处理，形成用户画像、信用评分等标签或聚合评分对外提供，从而实现对信息主体的信用情况的判断。另一方面，评价的维度也趋于丰富，相较于此前单纯的信息传递，其可以通过社交、行为等多方面实现信用评价，同时反欺诈等多维度描述也有助于金融机构更好实现风险把控。与此同时，复杂的数据处理活动和算法技术应用是否可以保证信息主体被公平公正对待也逐渐成为各界关注的焦点问题。

（四）跨境征信推进征信服务提升

网络互通互联同样拓宽了金融展业的边界，跨境金融发展也催生了对于征信服务的巨大需求。2020 年 5 月，中国人民银行等四部门联合发布《关于金融支持粤港澳大湾区建设的意见》，要求推动跨境征信合作，支持粤港澳三地征信机构开展跨境合作，探索推进征信产品互认，为粤港澳大湾区提供征信服务。2021 年 9 月，广东省人民政府印发《广东省深入推进资本要素市场化配置改革行动方案》推进粤港澳共建“征信链”以满足跨境征信需求。2023 年 2 月中国人民银行、中国银行保险监督管理委员会、中国证券监督管理委员会、国家外汇管理局、广东省人民政府联合发布《关于金融支持前海深港现代服务业合作区全面深化改革开放的意见》，探索深港市场化企业征信机构依法开展跨境交流合作。与此同时，上海、福建、广西等地也纷纷推进跨境企业征信平台的建设，以切实解决企业在市场拓展、风险管控、贸易融资等方面的难题。在数据出境合规机制逐步落地的背景下，如何推动跨境征信平稳发展也有待厘清。

二、从业务管理到业务治理，征信行业的监管升级

（一）征信业专门性监管规定不断细化

业务创新推动监管规则细化。从《条例》到《办法》，随着征信业务的不断演进，监管规则也针对业态变化适时更新。

1. 第一阶段:积极响应行业实践

在本阶段,监管规则重点关注个人信用信息基础数据库的建设与运行管理,对于个人信用信息基础数据库的数据报送、整理、查询、异议处理、安全管理等情况作出系统性规定。本阶段主要监管规则整理如表1所示。

表1　第一阶段主要监管规则

生效/发布日期	法律文件	效力层级	效力状态
2005年10月1日	《个人信用信息基础数据库管理暂行办法》	部门规章	现行有效
2006年11月21日	《征信数据元　个人征信数据元》(JR/T 0028—2006)	推荐性行业标准	现行有效
2006年11月21日	《征信数据元　数据元设计与管理》(JR/T 0027—2006)	推荐性行业标准	现行有效
2009年1月24日	《征信数据交换格式　信用评级违约率数据采集格式》(JR/T 0042—2009)	推荐性行业标准	现行有效
2009年1月24日	《征信数据元　信用评级数据元》(JR/T 0039—2009)	推荐性行业标准	现行有效

2. 第二阶段:稳步落地征信业务管理

《条例》的生效实施明确我国征信业步入了有法可依的轨道,通过规范征信机构、信息提供者和信息使用者的行为,更加强调保护信息主体权益,从而促进征信业良性发展。本阶段主要监管规则整理如表2所示。

表2　第二阶段主要监管规则

生效/发布日期	法律文件	效力层级	效力状态
2013年3月15日	《征信业管理条例》	行政法规	现行有效
2013年12月20日	《征信机构管理办法》	部门规章	现行有效
2014年5月6日	《征信投诉办理规程》	规范性文件	现行有效
2014年11月2日	《金融信用信息基础数据库用户管理规范》	推荐性行业标准	现行有效
2014年11月17日	《征信机构信息安全规范》	推荐性行业标准	现行有效

续表

生效/发布日期	法律文件	效力层级	效力状态
2016 年 9 月 20 日	《企业征信机构备案管理办法》	部门规章	现行有效
2016 年 11 月 24 日	《中国人民银行关于加强征信合规管理工作的通知》	规范性文章	现行有效
2017 年 8 月 2 日	《中国人民银行办公厅关于加强征信系统查询用户信息管理的通知》	规范性文件	现行有效
2018 年 4 月 24 日	《中国人民银行关于进一步加强征信信息安全管理的通知》	规范性文件	现行有效
2019 年 12 月 26 日	《信用评级业管理暂行办法》	部门规章	现行有效

3. 第三阶段:有效回应业务形态更新

在数字经济背景下,《个人信息保护法》等法律法规相继出台,明确了个人信息合规处理的基本要求与合规边界。同时,数据要素价值放大,如何实现安全与利用平衡成为破题关键。在此背景下,技术创新和数据沉淀颠覆了传统征信行业的发展,《办法》针对征信产品形式创新、行业模式变化等予以回应,以实现有效监管。同时,社会信用体系建设下的立法推进也会对征信业务的发展产生一定的影响。本阶段主要监管规则整理如表 3 所示。

表 3　第三阶段主要监管规则

生效/发布日期	法律文件	效力层级	效力状态
2022 年 1 月 1 日	《征信业务管理办法》	部门规章	现行有效
2023 年 5 月 1 日	《失信行为纠正后的信用信息修复管理办法(试行)》	部门规章	尚未生效
—	《社会信用体系建设法(向社会公开征求意见稿)》	征求意见稿	—

相关监管文件明确了征信机构的设立标准、征信业务相关规则,对于信息提供者、征信机构、信息使用者间的责任、义务进行了规定,一系列推荐性行业标准也为征信机构信息交互及安全提供了明确的指引。越发清晰的监管框架为中国征信市场的发展提供了良好的环境。

（二）数据合规监管框架不断完善

《个人信息保护法》《数据安全法》《网络安全法》等监管规则及标准文件相继落地，明确了个人信息保护与数据安全的基本要求，也划定了征信业务中的数据处理活动合规边界，相关监管规则整理如表 4 所示。

表 4　数据合规监管规则及标准文件

生效/发布日期	法律文件	效力层级	效力状态
2017 年 6 月 1 日	《网络安全法》	法律	现行有效
2021 年 9 月 1 日	《数据安全法》	法律	现行有效
2021 年 11 月 1 日	《个人信息保护法》	法律	现行有效
2020 年 2 月 13 日	《个人金融信息保护技术规范》（JR/T 0171—2020）	推荐性行业标准	现行有效
2021 年 9 月 23 日	《金融数据安全　数据安全分级指南》（JR/T 0197—2020）	推荐性行业标准	现行有效
2020 年 11 月 11 日	《金融行业网络安全等级保护实施指引》（JR/T 0072—2020）	推荐性行业标准	现行有效
2021 年 2 月 9 日	《金融业数据能力建设指引》（JR/T 0218—2021）	推荐性行业标准	现行有效
2021 年 4 月 8 日	《金融数据安全　数据生命周期安全规范》（JR/T 0223—2021）	推荐性行业标准	现行有效

（三）金融科技业务治理规则逐渐明晰

金融科技发展推动业务模式创新，业务范围的准确界定系合规展业的基本前提。互联网贷款业务相关规则的制定、更新逐渐明确平台参与金融业务的角色，也为征信业务与相关业务的识别区分提供了进一步的指引，相关监管规则整理如表 5 所示。

表 5　金融科技业务治理规则

生效/发布日期	法律文件	效力层级	效力状态
2020 年 7 月 12 日	《商业银行互联网贷款管理暂行办法》	部门规章	现行有效
2021 年 2 月 1 日	《互联网保险业务监管办法》	部门规章	现行有效
2021 年 12 月 30 日	《银行保险机构信息科技外包风险监管办法》	部门规章	现行有效
2021 年 2 月 19 日	《中国银保监会办公厅关于进一步规范商业银行互联网贷款业务的通知》	规范性文件	现行有效
2022 年 7 月 12 日	《中国银保监会关于加强商业银行互联网贷款业务管理提升金融服务质效的通知》	规范性文件	现行有效
—	关于进一步强化信托公司互联网合作贷款规范整改的通知	规范性文件	现行有效
—	《网络小额贷款业务管理暂行办法（征求意见稿）》	征求意见稿	—
—	《金融产品网络营销管理办法（征求意见稿）》	征求意见稿	—

（四）金融消费者权益保护逐渐加强

《金融消费者权益保护实施办法》明确规定征信机构需参照适用金融消费者保护的相关要求。近年来金融消费领域的执法活动不断深入，金融消费者权益保护的要求也成为行业、机构业务推进过程所需遵循的基本准则，相关监管规则整理如表 6 所示。

表 6　金融消费者权益保护相关规定

生效/发布日期	法律文件	效力层级	效力状态
2014 年 3 月 15 日	《消费者权益保护法》	法律	现行有效
2020 年 11 月 1 日	《金融消费者权益保护实施办法》	部门规章	现行有效
2023 年 3 月 1 日	《银行保险机构消费者权益保护管理办法》	部门规章	现行有效

三、监管回应行业实践，合规治理重点突出

（一）征信业务范围明确，坚持持牌经营底线

《办法》采取实质性监管思路，公司以商业营利为目的，采取合法采集信用信息，加工整理并对外提供的基本模式会被认定为开展征信业务。因此公司符合前述情形以“信用信息服务”“信用服务”“信用评分”“信用评级”“信用修复”等名义提供服务属于开展征信业务。互联网公司基于替代数据形成信用评价在金融业务活动中的商业利用行为性质即相应明确，这为监管提供了有力抓手。中国人民银行有关负责人就《征信业务管理办法》答记者问中也对于征信业务的范围予以进一步澄清，指出非商业合作的信息服务并非征信服务。例如，国家机关以及法律法规授权的具有管理公共事务职能的组织依职责直接向金融机构提供个人或企业信息的，以及汽车经销商、房产营销中介等市场机构依法代金融机构收集客户信息但并不对客户信息分析处理营利的，不属于征信活动。

在征信业务范畴明确、企业征信备案和个人征信牌照发放有序推进的情况下，《办法》也再次明确了持牌经营的底线。一方面明确规定实质性从事征信业务但未进行备案或获得许可的机构需要在 2022 年 1 月 1 日起 18 个月内完成合规整改，另一方面禁止金融机构与未取得合法征信业务资质的市场机构开展商业合作获取征信服务。

在此背景下，征信业务执法活动重点突出，个人征信业务也迎来首张罚单。一家征信有限公司因在 2019 年对机构客户提供的个人报告中，含有少量个人贷款信息，被认定为未经批准擅自从事个人征信业务活动被罚没近 2000 万元。[①]

“断直连”治理工作持续推进。2020 年 11 月，监管部门约谈一家科技金融公司，自此平台金融业务整顿序幕开启。2021 年 4 月，13 家从事金融业务的网络平台企业被监管部门约谈，明确金融业务必须持牌经营，严格通过持牌征信机构依

---

① 参见《银罚字〔2020〕28 号》，载中国人民银行网 2020 年 12 月 30 日，http://www.pbc.gov.cn/zhengwugongkai/4081330/4081344/4081407/4081705/4155892/index.html；《鹏元征信被罚近 2000 万 8 家个人征信试点企业命运多舛》，载新浪财经网，https://finance.sina.com.cn/money/bank/bank_hydt/2021-01-04/doc-iiznezxt0471721.shtml；《央行开征信业最大罚单 昔日种子选手鹏元征信为何“无照驾驶”?》，载新浪财经网，https://finance.sina.com.cn/money/bank/bank_hydt/2021-01-06/doc-iiznezxt0888794.shtml。

法合规开展个人征信业务成为整改重点之一。[①]

2021 年 7 月，中国人民银行征信管理局给网络平台机构下发通知，要求网络平台实现个人信息与金融机构的全面“断直连”，打破信息垄断，严格落实通过持牌征信机构依法合规开展个人征信业务的整改要求，禁止平台直接为金融机构提供个人信息。

2023 年年初，中国人民银行等部门负责人表明，在金融管理部门的督促下，14 家大型平台企业包括个人征信业务等金融业务的整改基本完成。在监管制度不断明确的基本前提下，平台企业金融业务常态化监管制度框架已经初步形成，为后续常态化监管奠定了良好制度基础。

（二）信用信息界定标准逐渐厘清，替代数据应当合规应用

征信业务范围的明确取决于信用信息的定义。根据《办法》的规定，“信用信息”符合依法采集、为金融等活动提供服务、用于识别判断企业和个人信用状况三个维度的要求，包括符合上述标准的基本信息、借贷信息、其他相关信息，以及基于这些信息的分析评价信息。其中“其他相关信息”为替代数据的应用留下了充分的空间，同时也通过明确替代数据的判断标准，将其纳入监管范围以保证其被合规应用。

《办法（征求意见稿）》对信用信息进行了列举，即包括但不限于身份、地址、交通、通信、债务、财产、支付、消费、生产经营、履行法定义务等信息，以及基于前述信息对个人和企业信用状况形成的分析、评价类信息。前述定义范围突破了传统借贷信息的范畴，将消费信息、财产信息等金融强相关信息纳入。但《办法》最终删除了前述列举内容，仅对“信用信息”识别进行了原则性规定，由此也体现出监管对于“信用信息”界定的审慎态度。围绕信用信息判断的三个维度，就替代数据在征信业务领域中的应用应当关注其与金融活动中的信用评价的关联性。

首先，信息提供者在底层数据源提供替代数据时应保证相关数据系合法收集。一方面，《个人信息保护法》作为相关个人信息处理活动的上位法律对于个人信息处理活动提出了合法正当的基本要求；另一方面，《办法》明确规定信用信息的判断维度之一即为“合法采集”，因此要求数据来源合法收集也是替代数据得以

---

① 参见《金融管理部门联合约谈部分从事金融业务的网络平台企业》，载人民网，http://politics.people.com.cn/n1/2021/0430/c1001-32092431.html。

应用的基本前提。

其次，替代数据应当与信用评价存在关联性、必要性。《办法》明确规定征信机构不得将与信息主体信用无关的要素作为评价标准，同时通过规定征信机构客观展示信用信息内容、提供解释说明、建立信用评价标准、建立欺诈信用信息认定标准等合规义务，确保相关信用信息处理活动与信用评价目的存在关联性，在数据处理阶段降低将无关信息纳入信用评价的可能性。

最后，对于替代数据的应用应当落实公开透明要求，披露相关数据处理活动并向信息主体提供相关解释说明。征信机构、信息提供者、信息使用者上下联动，针对相关数据处理活动进行披露说明，确保相关合规义务的落实，同时也可以保证个人信息主体对于相关数据处理活动知情。征信机构通过获得个人信息主体授权的方式对于替代数据在征信业务场景下的应用实现有效控制。

（三）信息主体权利意识增强，合理利用信用信息

伴随着征信业务监管规则逐渐落地以及执法活动的不断深入，信息主体权利意识不断增强，司法实践针对征信业务中信用信息处理活动的争议焦点也予以回应，争取实现权益保护和合理利用的价值平衡。

信用信息应处理的合法正当。基于提供金融产品/服务需要，在符合告知/授权同意的情况下，查询、使用征信情况，上报不良信息符合合法、正当、必要原则，属于信用信息合理使用。① 未获得信息主体有效授权、同意的情况下，采集并提供信用信息需承担相应的法律责任。② 针对错误信用信息或已过期不良信息，征信机构也需及时修改、删除。③

注意已公开信息合理利用的边界，也应得到企业征信机构的重视。企业征信机构可以对已公开数据进行合理利用，但应当保证已公开数据处理活动的真实、及时、准确。④ 针对已公开个人信息，征信机构应当在满足合法公开、合法收集、合理范围的前提下进行处理，且应对个人信息主体权益产生的影响采取控制措施，不得进行不当篡改、增加、误导性结构调整等行为。⑤

---

① 参见杭州互联网法院（2021）浙 0192 民初 5426 号。

② 参见浙江省杭州市西湖区人民法院（2020）浙 0106 刑初 437 号。

③ 参见辽宁省沈阳市中级人民法院（2021）辽 01 民终 2119 号。

④ 参见浙江省杭州市中级人民法院（2020）浙 01 民终 4847 号。

⑤ 参见北京市第四中级人民法院（2021）京 04 民终 71 号。

四、结语

个人信息保护及数据安全领域基本制度已经确立，个人信息保护与数据安全是机构展业的基本前提。同时，数据要素价值被激活，中共中央、国务院《关于构建数据基础制度 更好发挥数据要素作用的意见》发布，明确在确保数据安全的基本前提下，促进数据合规流通，释放数据价值红利。在此背景下，行业监管进入深水期，金融业务创新边界逐渐厘清，金融与科技加快深度融合，金融数据治理框架初步建立。如何在强监管的趋势下，落实相关合规要求，成为征信机构合规展业，助力普惠金融的关键环节。合规整改期限将至，行业机构即将迎来转型考验，继本文对行业发展和监管重点系统梳理之后，我们也将在后续文章中结合实践经验为征信业务活动中的数据合规审查、落实授权同意、使征信产品具有可解释性等合规要求落地提供更为细致的合规指引。

数字财富传承法律问题探析

樊晓娟* 印 磊

*作者简介：

樊晓娟，中伦律师事务所上海办公室私募基金与资管部合伙人，电邮为：fanxiaojuan@zhonglun.com。

在传统意义上，现金、房产、股票及其他有价证券是私人财富的重要组成部分，也是私人财富传承中的重要标的。当比特币的价值攀升，以太坊、莱特币等各类虚拟货币和加密资产如雨后春笋般涌现，数字资产的经济价值已从被人们认知发展到被人们认可。数字资产在人们的财富组成中将日渐占据重要地位。各国的立法也开始将数字资产的权属、交易、税务等问题纳入规制范畴。那么，数字资产可能也需要像传统资产一样被纳入财富传承的范畴。相应地，数字财富传承相关的法律问题，也需要被认真探讨。

一、数字财富传承的标的物范围

目前，各法域尚无立法明确数字财富的定义和范围。笔者将从实践中常见的一些例子来分析什么是数字财富，从而进一步从法律角度探讨数字财富的传承。

（一）广义和狭义的理解

狭义上看，数字财富指有经济价值，尤其是具有交换价值的数字资产，包括虚拟货币（如比特币、以太坊）、数字版权、可产生收入的网站账号（如淘宝店铺、抖音营销账号）、线上游戏道具、数字艺术品［如 NFT（Non Fungible Token，非同质化代币）形式的绘画作品、音乐作品］，等等。

广义上看，数字财富并不一定局限于可以换成金钱的数字资产，除了前述狭义范围的数字财富外，还包括个人的邮箱账号，社交账号（如微博、微信账号等），个人在线储存的照片、影像和日记等。在广义数字财富中，与个人身份强关联的部分对于其他人可能并无经济价值，但对于相应的个人及其家人来说，或具有特殊的情感寄托和纪念价值。例如，2004 年，美国海军陆战队士兵贾斯汀在伊拉克执行任务时不幸身亡。他的父母要求电子邮箱所在公司告知儿子的电子邮箱密码，以获取儿子留下的文字，保存有关儿子的回忆。

本文主要讨论与经济价值紧密相关的数字财富的传承，因此，本文中的数字财富仅指狭义上的数字财富。

（二）财产权的客体

通常来说，财产权的权利客体应当具备价值性、稀缺性和可支配性。首先，数字资产具备经济性或价值性，是由人类通过一定的劳动力付出而创造，可以通过金钱作为对价转让、交易并可产生收益的资产，具有一定的使用价值和交换价值；

其次，数字资产具备稀缺性，虽然某些数字资产如账号、虚拟装备等在理论上可以被无限创造，但其取得具有一定的难度，无法随意获取；最后，数字资产具备可支配性和排他性，数字资产具有明确的边界、内容，并且可以被转让、分离，持有人可以对数字资产占有、使用并获得收益。

因此，尽管在法律上尚无明确的定义，但大多数法域已经认可数字资产属于财产权的客体。例如，我国《民法典》第 127 条规定："法律对数据、网络虚拟财产的保护有规定的，依照其规定。"

结合《民法典》第 127 条和《民法典》第 1122 条的规定（"遗产是自然人死亡时遗留的个人合法财产。依照法律规定或者根据其性质不得继承的遗产，不得继承"），笔者理解，属于个人合法财产的数字资产可以成为财产权保护的客体，属于个人合法财产的数字资产和传统资产一样，可以作为遗产被继承，也可以纳入财富传承的范畴。

二、数字财富传承形式的探索

数字财富不像房屋、黄金等具有实物的表现形式，又不像股票等有价证券存在明确的登记机制。那么怎样的数字财富传承形式更为合适呢？

（一）直接转移

数字财富的存在形式通常是储存于某个特定账户的数据。那么数字财富的直接转移就是原权利人将账户中的数字资产转移给接收方，使该等数字资产储存于接收方的账户内。

直接转移的方式简单直接，但也有一些问题：直接转移必须在原权利人生前完成，难以通过继承或遗赠的方式完成。在此情况下，若原权利人生前就对相应的数字资产的所有权加以转移，可能并不符合传承的初衷。如果接收方因为所在地政策限制或技术限制等原因无法开立或控制自己的数字资产账户，那么这种形式也较难实现。进一步而言，从财富传承的角度分析，还需要考虑继承人是否具备足够的意愿和能力管理被传承的财富。

（二）遗嘱传承

数字财富另一种常见的传承形式是通过立遗嘱传承，即立遗嘱人通过订立遗嘱和确定遗嘱执行人来安排其身后财产的分配，数字资产作为财产的一种，理论上确实也可以作为遗嘱分配的对象。立遗嘱可以使立嘱人的财产在立遗嘱人过世后（而不是生前），按照立遗嘱人的意愿处理。

虽然初衷是合理的，但是，通过遗嘱传承数字资产也会遇到一些问题。其中，最主要的问题是，数字资产存于特定账户中，这些账户的服务提供商（如 Facebook 公司）可能会出于隐私保护或其他考虑，在用户协议中制定禁止共享账户的规则，并且保留对账户的控制权。仅有遗嘱，服务提供商可能不会向遗嘱受益人开放账户的使用权，因而遗嘱受益人可能无法控制特定账户。本文前述士兵贾斯汀父母与电子邮箱公司之间的争议就是一个例子。也有人采用规避的方法，如通过遗嘱或者其他方式，直接告知受益人特定账户及其密码，但这么做可能涉嫌违反与服务提供商之间的用户协议，并且如果特定账户中有多项数字资产，而立遗嘱人希望分配给不同的受益人，或只分配其中的某一部分，那么直接提供账户及其密码的方式显然不够妥当。

（三）数字资产信托

境外有一些律师事务所和信托机构开始提供数字资产信托服务，利用信托的安全性、私密性等特点帮助原权利人及其继承人或受遗赠人解决上述问题，或许值得借鉴。不同法域的立法也正在逐渐接纳和规范数字资产信托。例如，2015年，美国统一法律委员会（Uniform Law Commission，ULC）修订了《统一受托人访问数字资产法范本》（Uniform Fiduciary Access to Digital Assets Act，UFADAA），赋予受托人以尽可能与管理有形资产和金融账户相同的方式管理数字资产和电子通信的合法权力。

在信托中，数字资产置于信托计划之中：一方面，可以起到财产隔离的作用，在原权利人破产或离婚时，该部分财产不受影响；另一方面，在原权利人过世或丧失行为能力后，可以确保权利人指定的受益人按信托计划享有数字资产的相关权益。当原权利人具有行为能力时，可以按照信托计划及所适用法律的规定，对信托计划及其中的受托人、收益人作出调整。通常来说，大多数法域要求信托公司持有牌照，并有一定的合规要求，这样置于适当信托计划中的数字资产的安全才能有一定保障。

当然，由于目前数字资产信托尚未成为一项成熟的信托服务，各地法律对信托的规定也不完全一致。因此，原权利人也需要谨慎选择受托人和信托安排。

三、数字财富传承的税务问题

如前文所述,数字资产和有形资产一样,同属于财产。那么,与有形资产的传承一样,数字资产的传承也会遇到税务问题。

部分法域,如英国、美国和加拿大,征收遗产税。以美国为例,现金、证券、房产、保险、信托、养老金及其他资产均被计入遗产总额(gross estate)的范围内,在扣除法律规定的税前扣除项(例如,被继承人的债务、财产管理支出、未亡配偶继承的财产)后的应税遗产,均需按相应税率征收遗产税(estate tax)。自2014年起,美国国家税务局(The Internal Revenue Service, IRS)陆续发出指引和采取行动,将加密货币作为资产纳入应税范围,可见美国税务当局对于加密货币在税收征收方面的态度。从遗产税的角度分析,笔者理解,数字资产,至少加密货币理论上也应当作为"资产"被纳入遗产总额的范畴,也会成为遗产税的应税财产范畴。在英国,拥有经济价值的数字资产需要包含在自然人死后的遗产税申报表中,英国税务及海关总署(Her Majesty's Revenue and Customs, HMRC)的指南确认,如果数字资产具有经济价值,它们将被视为等同于其他遗产,征收遗产税。

由此看来,在征收遗产税的法域,数字资产在作为遗产被继承时,也可能适用遗产税的征收规定。因此,如果相应的数字资产有较高的价值,那么被继承人在生前就需要考虑一定的税务筹划,以减轻税务负担,数字资产信托或许是一个可以考虑的方向。

四、隐私保护与财富传承的冲突

如前文提及的那样,由于数字资产被储存于数字形式的账户之中,为传承之目的,如果直接转移账户控制权,还会涉及原账户使用权人的隐私保护问题。例如,在加密货币的数字账户内,可能存有原权利人不愿意被他人知晓的转账记录(洗钱等违法目的不在本段的讨论范围内),而一旦控制权转移,则这些转账记录也会同步被接收方所掌握。如果数字账户中是视频或者照片等,那么也可能包含个人隐私的内容。

如何保证被继承人的数字财富按其意愿得到传承,而又同时保护被继承人的个人隐私呢?如前文所述,数字服务商们常见的做法是在服务协议中约定,用户只有账户的使用权而非所有权，并且禁止用户共享账户和密码以规避泄露隐私所引发的法律责任。除此之外，最近也有一些技术服务商试图通过技术手段，在用户在世时允许用户自行设定遗产联系人，在用户过世后，允许遗产联系人访问用户指定内容；或者基于区块链技术，“确定用户的生命周期结束，获取用户的遗嘱。如果对所述遗嘱用司法机构节点公钥进行的签名验证成功，则触发向所述遗嘱中的各继承人个人安全内核节点的标识的继承人个人安全内核节点，发送所述遗嘱中各数字资产凭证，用对应继承人个人安全内核节点的公钥进行的签名”。当然何种技术解决方案是最合适的目前并无定论，并且，根据不同的地区所适用的法律，其合法性可能也会不同。

从立法的角度来看，立法机关也已经关注数字资产继承和隐私保护的协调问题。以前文提到的美国加利福尼亚州修订后的 UFADAA 为例，该法案的总体目标是在尊重用户隐私和意图的同时，促进受托人有效访问账户，规制保管人披露数字资产的行为。所以，该法案赋予数字资产和电子通信保管人与其用户的受托人处理相关数字资产的合法权利的前提是尊重用户对个人通信隐私的合理期待。相信其他的立法机关也已经在各自研究应对措施。

五、结语

财富传承是一个传统话题，而数字财富传承还有很多问题和挑战需要研究和探索。相信随着技术进步和立法的完善，数字财富的传承路径也会日益成熟。

（竺雨辰、权亮羽对本文亦有贡献）

虚拟资产在我国香港特别行政区

姚平平　徐振梁*　崔　灏

*作者简介：

姚平平，中伦律师事务所香港办公室私募基金与资管部合伙人，电邮为：janeyao@ zhonglun. com。

徐振梁，中伦律师事务所香港办公室私募基金与资管部非权益合伙人，电邮为：alfredxu@ zhonglun. com。

我国香港特别行政区财经事务及库务局(以下简称财库局)于2022年10月31日正式发布《有关香港虚拟资产发展的政策宣言》(政策宣言),引起举世关注。政策宣言就公众参与虚拟资产交易、代币化资产的产权保护、稳定币的发展等方面,表明了香港特区政府开放、兼容、拥抱创新的态度。香港特区政府亦亲自下场,参与NFT发行、绿色债权代币化、数码港元三项试验计划,以测试虚拟资产带来的技术效益,并尝试把有关技术进一步应用于金融市场。

近年来,虚拟资产行业风起云涌,各项创新技术与应用层出不穷,全球各法域的监管部门亦步步紧追,以期在规范行业发展的同时,为本地经济找到新的发展引擎。香港证监会、财库局、金管局等机构从不同的监管角度出发,出台了多项声明、通函、立场书、咨询文件,逐步构建香港对虚拟资产的监管框架。笔者将介绍香港关于虚拟资产监管的最新动态,并提出见解。

一、香港数字交易所发牌制度

政策宣言指出,在香港新设立的虚拟资产服务提供者发牌制度下,虚拟资产交易所将与传统金融机构一样,须遵守打击洗钱及恐怖分子资金筹集和保护投资者方面的规定。与之相呼应,《2022年打击洗钱及恐怖分子资金筹集条例(修订)条例草案》(以下简称修订条例)已在香港立法会通过并刊宪。制定该修订条例的目的之一,旨在修订《打击洗钱及恐怖分子资金筹集条例》,以使对客户作尽职审查及备存记录的规定适用于虚拟资产服务提供者,并就该等提供者设立一套规管制度。本部分中,我们就对这项新出台的虚拟资产服务商发牌制度进行介绍。

(一)修订条例出台背景

修订条例旨在加强香港打击洗钱和恐怖分子融资(ML/TF, Money Laundering /Terrorist Financing)的监管制度,以履行香港在反洗钱金融行动特别工作组(Financial Action Task Force on Money Laundering, FATF)中的义务。FATF是一个成立于1989年的政府间机构,负责制定打击ML/TF的国际标准。FATF由全球39个主要经济体组成,通过成员在司法管辖区进行的相互评估(同行评审),监督FATF标准(以40项建议的形式颁布)的实施。未能遵守FATF标准,无论是在技术方面还是在有效方面,都会受到国际社会的审查,并有可能被列入FATF的黑名单。FATF于2018年至2019年在香港进行了相互评估,以评估香港的反洗钱和反恐融资（AML/CTF, Anti－Money Laundering and Counter Terrorism Financing）制度是否符合 FATF 标准。

FATF 不时更新其标准以应对新出现的 ML/TF 风险。FATF 标准要求相关法域的政府机构让虚拟资产服务提供商（virtual Assets Service Provider,或“虚拟资产服务商”）承担目前适用于金融机构和指定非金融企业和专业（DNFBP, Designated Non－Financial Businesses and Professions）的相同范围的 AML/CTF 义务。根据 FATF 关于虚拟资产服务商的标准,在管理和降低虚拟资产（virtual assets）的风险时,司法管辖区可以选择:禁止虚拟资产服务商在其管辖范围内运营;许可或注册它们,使其受到 AML/CTF 控制和监督。FATF 成员可以根据他们的 ML/TF 概况以及其他政策目标（如投资者保护或稳定金融）选择任何一种方法。就香港而言,考虑到其作为国际金融中心的地位,以及正在制定和采用虚拟资产的情况,监管方法被认为更符合香港的需要和情况。

相较于其他一些经济体,如新加坡、英国和日本（已经实施了基于反洗钱考虑的虚拟资产服务商监管制度）,香港拟议的监管制度更加严格和全面。它包括投资者保护的其他要素。例如,该制度会考虑申请人的公司和管理架构,也会要求商业模式健全,有详细的风险管理政策和其他上市和反市场操纵措施。为进一步促进投资者保护,该制度将在初期规定虚拟资产服务商只能为专业投资者提供服务。

（二）覆盖范围和监管机构

在 FATF 用语中,虚拟资产服务商是指从事涉及虚拟资产的特定活动的企业。特定活动包括:(1)虚拟资产与法定货币之间的兑换;(2)一种或多种形式的虚拟资产之间的交换;（3）转让增值服务;(4)保管和/或管理虚拟资产或能够控制虚拟资产的工具;(5)参与和提供与发行人要约和/或出售虚拟资产相关的金融服务。FATF 将虚拟资产定义为“有价值的数字表示,可以进行数字交易或转移,并可用于支付或投资目的”。

因此,修订条例参考 FATF 定义中列出的关键要素来定义虚拟资产。此外,鉴于虚拟资产领域的快速发展,财库局有权利通过宪报公告规定一项特定资产是否应被视为受修订条例规管的虚拟资产。

（三）什么是虚拟资产

根据修订条例,虚拟资产除另有规定外:

1. 符合以下说明的加密保护数码形式价值——(1)以计算单位或经济价值的储存形式表述;(2)符合以下其中一项——

第一,作为或拟作为公众接受的交易媒介,用于一个或多于一个以下目的——

(Ⅰ)为货品或服务付款;

(Ⅱ)清偿债务;

(Ⅲ)投资;或

第二,提供权利、资格或途径,对以下事宜进行投票:任何加密保护数码形式价值的相关事务的管理、运作或管制,或任何适用于加密保护数码形式价值的安排的条款的改变;

(3)可透过电子方式转移、储存或买卖;及

(4)具备证监会根据第(3)(a)款订明的其他特征;或

2. 由根据第(4)(a)款刊登的公告订明为虚拟资产的数码形式价值。

下列项目明确被排除在虚拟资产的定义之外:(1)由中央银行、执行中央银行职能的实体发行,或由中央银行授权的实体代中央银行发行的数字货币;(2)有限用途数字代币(在性质上不可转让、不可交换且不可替代,如礼品卡、客户忠诚度奖励计划和电子支付服务);(3)储值设施[受《支付系统及储值支付工具条例》(第584章)第2条监管];(4)证券或期货合约(受《证券及期货条例》监管)。

这一定义的范围足以涵盖当今市场上的大多数形式的加密货币,如稳定币(stable coins)、实用代币(utility token)和治理代币(governance token)等。但是,关于非可替代代币(NFT)是否属于该修订条例下的虚拟资产仍然存疑。根据香港金融管理局于2022年1月发布的Discussion Paper on Crypto – assets and Stable-coins(《加密资产和稳定币的讨论文件》,《讨论文件》),NFT也属于crypto – asset(加密货币),但是由于虚拟资产以计算单位或经济价值的储存形式表述,需要具有记账价值,若NFT是被当作艺术品和收藏品,极有可能不被视为虚拟资产,因为它们不是“记账单位”或“经济价值储藏”。但这不意味着NFT就不受监管。根据香港证监会(SFC)于2022年6月6日发出的SFC reminds investors of risks associated with non – fungible tokens(证监会提醒投资者注意非同质化代币的相关风险)通函,在NFT可能被视为“证券”的情况下,从事NFT交易、就NFT提供建

议或管理包含 NFT 的投资组合的业务可能需要牌照。

(四)哪些虚拟资产交易场所需要被许可

法案目前仅对虚拟资产交易所的运作进行监管，经营虚拟资产交易所，即透过电子设施方式，提供符合以下说明的服务：

(1)借该项服务。①买卖虚拟资产的要约，经常以某种方式被提出或接受，而以该种方式提出或接受该等要约，形成具约束力的交易，或导致具约束力的交易产生；或②人与人之间经常互相介绍或辨识，以期洽商或完成虚拟资产的买卖，或经常在有他们将会以某种方式洽商或完成虚拟资产的买卖的合理期望的情况下互相介绍或辨识，而以该种方式洽商或完成该等买卖，形成具约束力的交易，或导致具约束力的交易产生；及(2)在该项服务中，客户款项或客户虚拟资产由提供该项服务的人直接或间接管有。

这一定义符合财库局于 2021 年 5 月发出的加强我国香港特别行政区打击洗钱和恐怖分子资金筹集的立法建议公众咨询的咨询总结中的指示，即只要实际交易在平台外进行，且平台未因在任何时间拥有任何金钱或任何增值权益而参与相关交易，则该类点对点平台(仅为用户提供发布和/或撮合出价和报价的论坛，但不支持在平台上进行交易)不在新机制的覆盖范围之内。

(五)持牌标准和要求

在发牌制度下，SFC 只会向通过适当人选测试(fit and proper test)的申请人发放虚拟资产服务商牌照。为确保我国香港特别行政区证监会(以下简称证监会)能够有效监察持牌虚拟资产服务商的运作，条例规定只有在香港设有永久营业地点的本地注册公司或在其他地方注册成立但根据《公司条例》(第 622 章)在香港注册的公司才可考虑授予虚拟资产服务商牌照。没有法人资格的自然人或商业机构(如独资经营者或合伙企业)，或在其他地方注册成立但未在香港注册的公司，将不具有申请牌照的资格。

虚拟资产服务商的两类人员(指定人员)，即负责人员和持牌代表，须遵守拟议制度的规定。尤其是(1)只有获得证监会批准的个人才能担任虚拟资产服务商的负责人员。每个虚拟资产服务商必须至少有两名负责人，他们将承担监督、许可虚拟资产服务商的运作并确保其遵守 AML/CTF 和其他监管要求的一般责任，在发生违规行为时负责人将被追究个人责任。(2)只有获证监会批准的负责人员方可成为虚拟资产服务商的执行董事；只有获证监会发牌为持牌代表并获证监会批准其对虚拟资产服务商的认可的个人，才能代表虚拟资产服务商就其开展提供虚拟资产服务的业务执行受规管职能。为获持牌代表资格，个人应符合证监会确定的资格要求，并应有能力进行虚拟资产交易服务。

持牌虚拟资产服务商本身和指定人员须遵守证监会严格的监管规定。就持牌虚拟资产服务商而言，监管要求涵盖范围广泛的事项，其中包括持牌虚拟资产服务商应具有足够的财务资源、知识和经验，风险管理政策和程序，打击洗钱及恐怖分子资金筹集政策及程序，客户资产的管理、业务稳健程度、财务汇报及披露，虚拟资产被纳入和交易政策，预防市场操控及违规活动、避免利益冲突，持牌提供者及其有联系实体备存账目及记录，持牌提供者及其有联系实体提供成交单据、收据、户口结单及通知单，财务报表及其他文件以及核数师报告，持牌提供者及其持牌代表的业务操守，更改的具报或通知及网络安全。此外，虚拟资产服务商的董事，如果不属于上文所述的负责人，须是与提供虚拟资产服务业务相关联的适当人选。如果法团有最终拥有人，最终拥有人须为与提供虚拟资产服务业务相关联的适当人选。另外，至少一名持牌提供商的负责人员应随时可以监督虚拟资产服务的业务。

（六）开放式牌照

根据 FSTB 的咨询文件（Public Consultation on Legislative Proposals to Enhance Anti – Money Laundering and Counter – Terrorist Financing Regulation in Hong Kong，有关香港加强打击洗钱及恐怖分子资金筹集规管的立法建议），由于获得发牌的虚拟资产服务商需要进行大量投资以获得必要的规模和成熟度，从而运营具有竞争力的虚拟资产交易所，因此运营环境的确定性是必要的条件。在新的框架体系下，向持牌虚拟资产服务商授予的开放式牌照，可以因虚拟资产服务商的不当行为或停止营运而被证监会撤销。在任何情况下，持牌虚拟资产服务商在操守和营运方面均会受到证监会的密切和持续监督，而证监会有权根据需要审查和撤销（或暂停）牌照。证监会亦有权对被认定实施不当行为的虚拟资产服务商采取行动，包括暂停或撤销牌照。

（七）证监会的权力

为有效实施发牌制度，修订条例赋予证监会监督权力以执行反洗钱/反恐融资及其他监管规定,包括:(1)进入持牌虚拟资产服务提供商及其关联实体的营业场所进行日常事务检查;(2)要求持牌虚拟资产服务商出示文件和其他记录;(3)调查违规行为,并对涉及违规行为的持牌人施加纪律处分(包括谴责、责令采取补救行动、民事处罚及暂停或撤销牌照)。

根据修订条例53ZSG条的规定,证监会如有理由认为获得许可的虚拟资产服务商或其任何关联实体未能遵守规定,亦可委任核数师调查持牌虚拟资产服务商及其有联系实体的事务,一般地或就特定事项,审查和审计持牌提供者(相关提供者)或其任何有联系实体的账目及记录,并就证监会指示的事项,向该会提交报告。具体而言,核数师可以就与受涵盖业务或任何受涵盖客户资产有关的任何事宜询问相关提供者,相关提供者的有联系实体的高级人员、雇员及代理人,要求其交出账目及记录并作出解释。证监会委任核数师,有助于证监会保障投资者的利益。

此外,虚拟资产交易所的违约会给投资者带来相当大的损失。因此,修订条例中赋予了证监会在紧急情况下实施保护持牌虚拟资产服务商实施客户资产,并防止在持牌虚拟资产服务商实施不当行为的情况下客户资产流失的措施的权利。其给予证监会干预权力,以在必要情况下对持牌虚拟资产服务商的运作施加禁令和作出规定。具体而言,证监会可要求持牌虚拟资产服务商及其有联系实体仅以指定方式开展业务,禁止持牌虚拟资产服务商及其有联系实体进行任何进一步交易,及限制获得许可的虚拟资产服务商及其关联实体处置客户资产和其他财产。证监会可通过书面通知,要求某持牌提供者或其任何有联系实体,在香港保存财产,或在香港以外的指明地方保存财产,还需符合:(1)所保存的财产的价值及种类,是证监会觉得对旨在确保该持牌提供者将会有能力应付构成该持牌提供者提供虚拟资产服务的业务的债务;(2)保存上述财产的方式,将会使该持牌提供者或其任何有联系实体能随时随意转移该财产,或以其他方式处置该财产。证监会施加禁止或要求的权力,不受牌照的撤销或暂时吊销影响。若虚拟资产服务商就禁止或要求不获遵从,证监会可以向原讼法庭提出申请命令。

(八)执法及处罚

修订条例规定了相关制裁措施,制裁将适用于制止非法行为和不合规行为,包括在没有取得许可的情况下开展提供虚拟资产服务的业务,以及不遵守AML/CTF要求。其中,主动向香港公众推销一项服务,如在香港提供,即属虚拟资产服务，视为经营提供虚拟资产服务的业务。公司在没有取得虚拟资产服务商牌照的情况下经营提供虚拟资产服务的业务应属犯罪：一经公诉定罪，可处罚款500万港元及监禁7年；如属持续罪行，可就罪行持续期间的每一天，另处罚款10万港元。为防止本地投资者面临来自无牌虚拟资产交易所的风险，修订条例规定任何人在香港或其他地方积极向香港公众推销其他地方的虚拟资产交易所的服务，也可能构成同样的罪行，除非该人已获证监会发牌以提供该服务。此外，修订条例规定，若任何人在申请发放牌照的过程中在要项上作出虚假或误导性陈述，一经公诉程序定罪，可处罚款100万港元，并判处有期徒刑2年。

如不遵守法定的AML/CTF规定，持牌虚拟资产服务商及其负责人员即属犯罪，一经公诉罪名成立，每人可处罚款100万港元及监禁2年。他们会因违反AML/CTF规定或其他监管要求等受到一系列纪律处分，包括暂停或撤销牌照、谴责、责令采取补救行动及罚款（不超过1000万港元，或所获利润或所避免亏损的3倍，以数量大者为准）。

（九）豁免和过渡期

修订条例为现有经营者经营虚拟资产交易所提供过渡安排。2024年6月1日前为过渡期。如果该经营者在2023年6月1日后的首9个月内向证监会提出申请，并确认其将遵守证监会制定的监管规定，则该经营者可被视为已获许可直至证监会就其牌照申请作出决定，其虚拟资产交易所的运营商的运营具有被视为取得许可的状态，因此将能够继续提供服务，直到第一个12个月结束，申请人撤回申请，证监会拒绝申请，或证监会授予牌照，以较早者为准，但不会被视为违反修订条例。如果其虚拟资产服务商牌照申请被证监会拒绝，则必须在收到拒绝通知后的3个月内或2024年6月1日前（以较晚者为准）终止其虚拟资产服务之业务。在此期间，经营者只可采取纯粹为关闭其服务而作出的行动。经营者可向证监会申请延长关闭期，延长期为证监会在考虑经营者的业务和活动的情况下认为适当的期限。计划在2023年6月1日后在香港提供虚拟资产服务的公司，应在开展业务前事先向证监会申请并获发虚拟资产服务商牌照。

（十）与现行SFC牌照制度的关系

根据现行SFO的规定，虚拟资产交易所只有在提供"证券"类型虚拟资产交易服务时才需要向证监会事先申请第1类（证券交易商）及第7类（自动交易服务提供商)牌照,而修订条例下关于虚拟资产的定义明确排除了"证券或期货合约"。因此我们理解,当所交易的虚拟资产不构成"证券或期货合约"的情况下,交易所需要申请虚拟资产服务商牌照;反之,如所交易的虚拟资产本身已构成"证券或期货合约",则理应根据SFO已有的规则进行监管。修订条例从制度上弥补了证监会监管不构成证券的虚拟资产"有心无力"的局面,但该观点有待监管部门进一步的厘清。

我国香港特别行政区证监会已于2023年2月20日就虚拟资产交易所发牌制度展开咨询。我们将对此保持持续关注,并及时与读者分享我们的观点。

二、证监会就新出台的VASP制度展开咨询

上文中,我们介绍了香港于2022年年底对《打击洗钱及恐怖分子资金筹集条例》(第615章)(以下简称《打击洗钱条例》)的最新修订情况,其为提供非证券型代币交易服务的中心化虚拟资产交易平台设立了全新发牌制度(虚拟资产服务提供商制度,Virtual asset service provider 制度,VASP制度)。在VASP制度于2023年6月1日起正式实施后,所有在香港经营业务或向香港投资者积极推广其服务的中央虚拟资产交易平台,不论它们是否提供证券型代币交易服务,均将需获香港证监会(以下简称证监会)发牌并受其监管。

为了就即将实施的VASP制度做好准备,证监会于2023年2月20日发布《有关适用于获证券及期货事务监察委员会发牌的虚拟资产交易平台营运者的建议监管规定的咨询文件》(以下简称咨询文件),就适用于持牌虚拟资产交易平台的建议监管规定进行解读。咨询文件不仅就《打击洗钱条例》下新的发牌制度进行讨论,也对已实施多年的《证券及期货条例》(第571章)中针对至少一种证券型代币提供交易服务的虚拟资产交易平台的现行制度(以下简称现行制度)进行检讨,以在投资者保障与市场发展之间达致更适度的平衡。

在本部分,我们将结合咨询文件的内容,谈谈我国香港特别行政区证监会对虚拟资产交易平台监管的最新思路与动态。

(一)新的持牌指引

证监会建议,在VASP制度实施后,获证监会发牌的虚拟资产交易平台须遵守《适用于虚拟资产交易平台营运者的指引》(以下简称新指引)。本着"相同业

务、相同风险、相同规则”的原则，新指引根据适用于现行制度的现行监管规定，尤其是《适用于虚拟资产交易平台营运者的条款及条件》（以下简称旧条件）制定而成，但对旧条件作出了若干修改。

在《打击洗钱条例》中的 VASP 制度生效后，现在作为发牌条件施加于《证券及期货条例》中的持牌虚拟资产交易平台的旧条件将被取代。证监会将会从现有《证券及期货条例》下的持牌平台营运者的牌照申请条件中删除相应的发牌条件。日后，所有平台营运者（不论是否根据《证券及期货条例》/《打击洗钱条例》获发牌）将须受到新指引的规制。

（二）投资者（包括零售投资者）保护

在现行制度下，根据《证券及期货条例》持牌的虚拟资产交易平台仅可向专业投资者提供服务。但正如咨询文件所述，现行制度已运行多年，随着越来越多的传统金融机构及服务提供者涉及虚拟资产领域，该领域的监管正在逐步完善，零售投资人取得的关于虚拟资产的知识也越来越丰富。基于各项因素，并权衡为零售投资者提供投资者保障的重要性，证监会建议容许各类投资者（包括零售投资者）使用由持牌虚拟资产交易平台营运者提供的交易服务，前提是有关平台需遵守一系列的投资者保障措施，包括：

1. 在 KYC（了解你的客户，Know Your Client，KYC）方面，除非是机构专业投资者及符合资格的法团专业投资者，平台运营者需在提供服务前对投资者进行知识评估及/或培训。此外，运营者应评估客户的风险承受水平，判断客户是否适合参与虚拟资产交易，并为每位客户设定合理上限。

2. 在管制方面，平台运营者需设立代币纳入及检讨委员会，负责下列事项：

（1）订立、实施及执行有关将虚拟资产纳入以供买卖的准则（当中已顾及新指引所载列的代币纳入准则）和有关中止、暂停及撤销虚拟资产的买卖的准则，以及持有该虚拟资产的客户可行使的选择权；

（2）根据上述准则，就是否纳入虚拟资产以供客户买卖及中止、暂停和撤销虚拟资产的买卖，作出最终决定；

（3）在适当的情况下订立、实施及执行适用于虚拟资产发行人的责任和限制的规则［例如，就任何建议的硬分叉（hard fork）或空投（airdrop）、发行人业务的任何重大改变或任何针对发行人的监管行动而通知持牌平台营运者的责任］；

(4)定期检查以上各分段所述的准则和规则,确保它们仍然适用,及检查被纳入以供买卖的虚拟资产,确保它们继续符合代币纳入准则。

证监会要求,代币纳入及检讨委员会至少应由主要负责管理主要业务、合规、风险管理及资讯科技的高级管理层成员组成。代币纳入及检讨委员会应至少每月向董事会汇报一次,而汇报内容应至少包含可供零售客户买卖的虚拟资产的详情及其他问题。

3. 在代币准入方面,证监会特别强调,虚拟资产本身并不受证监会的监管,意即证监会从未审核亦未曾审阅虚拟资产的要约及推广文件,这与传统金融产品大有区别。鉴于此,证监会要求平台运营者对拟纳入平台交易的虚拟资产进行合理的尽职审查,以符合一系列客观准则(以下简称纳入准则),并对此承担最终责任。其中,持牌平台营运者如有意向零售客户提供虚拟资产,除需遵守一般的代币纳入准则外,亦应确保所挑选的虚拟资产属于“合资格的大型虚拟资产”(指获纳入由至少两个独立指数提供者①所推出的至少两个“获接纳的指数”②中的虚拟资产)。

4. 在其他尽职调查方面,证监会要求持牌平台营运者在纳入任何虚拟资产以供买卖前,除了需要遵守一般及特定的纳入准则之外,亦应针对下列范畴进行合理的尽职审查:

(1)持牌平台营运者应确保其本身的内部监控措施、系统、技术和基础设施能够支援及管理有关虚拟资产所涉及的任何特定风险。

(2)持牌平台营运者应对附设智能合约分层22的区块链上的虚拟资产进行智能合约审计,除非该平台营运者证明其依赖独立核数师进行的智能合约审计是合理的。有关审计应重点审视智能合约分层是否存在任何安全缺失或隐忧。

(3)持牌平台营运者应就虚拟资产(仅提供给专业投资者的虚拟资产除外)

---

① 指数提供者仅在其与持牌平台营运者并非属同一实体或并非属同一公司集团的情况下,才可被视为独立。

② “获接纳的指数”指具有清楚界定的目标的指数,以衡量在市场上最大型的虚拟资产(如首十大虚拟资产)的表现,并且符合以下准则:

a)该指数应是可供投资的,意味着有关的成分虚拟资产应具备充足的流通性。

b)该指数应以客观方式计算,并以规则为本。

c)指数提供者应具备所需的专业知识及技术资源,以便建构、维持和检讨指数的编制方法及规则。

d)指数的编制方法及规则应以文件妥为记录,而且贯彻一致及具备透明度。

取得并向证监会呈交以法律意见或备忘录的形式出具的法律建议书，并确认有关虚拟资产不属于《证券及期货条例》所指的“证券”的范围。

5. 在披露方面，持牌平台营运者应披露足够的产品资料，使客户能够评估其投资的状况。

（三）保险与补偿安排

在现有制度下，根据《证券及期货条例》持牌的平台运营者必须时刻投购保险，当中的保障范围必须涵盖以线上储存方式持有客户虚拟资产所涉及的风险（全面保障）及以线下储存方式持有客户虚拟资产所涉及的风险（绝大部分保障，如 95%）。考虑到该等要求在实际操作中较难实现，证监会建议修改现行保险规定，建议如下：

1. 持牌平台营运者应设有经证监会核准的补偿安排，就与保管客户虚拟资产有关的风险（如平台遭黑客攻击，或持牌平台营运者或其有联系实体违约）提供适当的保障。有关安排应包括购买第三者保险，或持牌平台营运者或与其属同一公司集团的法团以信托方式拨出并指定作有关用途的资金，或两者兼备。

2. 持牌平台营运者应每日监察其所保管的客户虚拟资产的总值。如持牌平台营运者察觉所保管的客户虚拟资产的总值超过证监会所核准的补偿安排下的保障额，而该营运者预计这个情况会持续出现，该营运者便应通知证监会，并尽快采取补救措施，确保遵守有关的补偿规定。

3. 持牌平台营运者如为遵从有关规定而拨出自身的资金或与其属同一公司集团的法团的资金便应确保该等资金乃以信托方式持有并指定作有关用途。该等资金亦应从持牌平台营运者、其有联系实体或与持牌平台营运者属同一公司集团的法团的资产分隔出来。

（四）虚拟资产衍生工具的交易

在现有制度下，持牌平台营运者不得就虚拟资产期货合约或相关衍生工具进行销售、交易或买卖。虽然证监会理解业界对虚拟资产衍生工具的兴趣，但在咨询文件中，证监会未明确表态是否放开虚拟资产衍生工具的交易，而是进一步咨询业界可能采取的业务模式和衍生工具种类以及市场需求，继而进一步制定政策。

（五）新指引对旧条件的其他调节

除上述内容外，《打击洗钱条例》中的新指引对《证券及期货条例》中的旧条件作出了以下方面的调节：

1. 旧条件下关于“证券型代币”的规定不再纳入新指引，尤其是对证券型代币具有12个月的发行记录的要求。取而代之的是新指引下一般代币纳入准则，以及证监会将来适时发布的证券型代币分销指引。

2. 新指引不再要求持牌平台运营者需为客户行使因拥有虚拟资产而享有的投票权提供便利，只需向客户披露其将如何处理有关投票权即可。

3. 除非将有关虚拟资产售予零售投资者，持牌平台营运者无须再就拟供买卖的虚拟资产呈交以法律意见或备忘录的形式出具的法律建议书。

4. 作为自营交易规定下的例外情况，持牌平台营运者可进行平台以外的背对背交易或证监会因应个别个案而准许的少数情况下的自营交易。

5. 如有关虚拟资产仅售予专业投资者，持牌平台营运者只需于计划在其交易平台上加入或移除有关产品前预先通知证监会即可，而无须征得证监会批准。如有关虚拟资产是售予零售客户的，便会沿用先前的做法，即持牌平台营运者应就有关计划预先征求证监会批准，然后才可纳入有关虚拟资产以供买卖。

（六）新指引的其他配套安排

为配合新指引的实施，并遵循惯例，证监会就现行的《打击洗钱及恐怖分子资金筹集指引（适用于持牌法团）》草拟一个独立章节（第12章），该指引也将因此更名为《打击洗钱及恐怖分子资金筹集指引（适用于持牌法团及获证监会发牌的虚拟资产服务提供者）》，而《证券及期货事务监察委员会发出适用于有联系实体的防止洗钱及恐怖分子资金筹集的指引》亦会予以修订，以同时涵盖持牌平台营运者的有联系实体。此外，证监会亦将发布适用于VASP制度的《证监会纪律处分罚款指引》。

（七）VASP制度的过渡安排

如前文所述，《打击洗钱条例》下的VASP制度将在2023年6月1日生效。在此日期前，不在香港营运的虚拟资产交易平台，一概不应在香港开展任何虚拟资产交易平台的业务，直至其获证监会发牌为止。在2023年6月1日前已于香港营运的，并开展了具有意义且实质的业务（meaningful and substantial presence）的虚拟资产交易平台（包括根据现有制度获发牌的平台运营者，以及根据《证券及期货条例》中的现行制度已于香港就非证券型代币展开虚拟资产交易平台业务的虚拟资产交易平台申请人)(以下简称原有平台)有资格参与过渡安排,以便申领牌照或以有序方式结业。

有资格的原有平台可于不违反期间(non - contravention period),即 2023 年 6 月 1 日至 2024 年 5 月 31 日继续于香港营运。在此期间,有意申领牌照的原有平台应在 2023 年 6 月 1 日后的 9 个月内(2023 年 6 月 1 日至 2024 年 2 月 29 日)提出牌照申请,以便继续享受类似获得发牌的安排(deeming arrangement),并继续经营现有业务直至证监会作出颁发/拒绝颁发牌照的决定。

为阻吓未获发牌或被要求结业的虚拟资产交易平台向公众提供服务,证监会将在其官网发布数份名单,以告知公众有关虚拟资产交易平台的不同监管状况。这些名单包括:持牌虚拟资产交易平台名单、被当作获发牌的虚拟资产交易平台名单、结业的虚拟资产交易平台名单、未获发牌的虚拟资产交易平台名单。

(八)双重牌照

VASP 制度实施后,证监会一方面将根据《证券及期货条例》下的现行制度,对虚拟资产交易平台所进行的证券型代币交易作出监管(涉及 1 号、7 号牌);另一方面亦会根据《打击洗钱条例》下的 VASP 制度,对虚拟资产交易平台所进行的非证券型代币交易作出监管(涉及 VASP 牌照)。在实际操作中,往往难以判断某个虚拟资产是否属于证券,且有些虚拟资产可能随着时间的推移其特性会发生转变。

为免违反任何发牌制度的规定及确保业务得以持续运作,证监会要求虚拟资产交易平台(连同其负责人员和持牌代表)应同时根据《证券及期货条例》下的现行制度及《打击洗钱条例》下的 VASP 制度申请批准,以获双重发牌及核准。证监会将就双重牌照制度提供简化申请措施。值得一提的是,证监会的该项安排与笔者在 2022 年解读《2022 年打击洗钱及恐怖分子资金筹集(修订)条例草案》时的预期一致。

(九)外部评估报告

为了简化申请程序、缩短申请周期并实现证监会的监管预期,证监会建议日后虚拟资产交易平台申请人委聘外部评估专家,以对其业务进行评估,并于以下时间向证监会提交有关评估专家的报告:提交牌照申请之时(第一阶段报告);以及获证监会原则上批准之后(第二阶段报告)。证监会对评估报告应涵盖的内容及外部专家的拣选标准均提出了具体要求。

（十）结语

近年来，虚拟资产市场持续动荡，无数投资者蒙受重大损失。这些悲剧的发生，不但显露了因虚拟资产的生态系统内部及虚拟资产市场与传统金融体系之间的联系日趋紧密而带来的风险，还凸显了对虚拟资产业施行有效监管及监察的重要性。VASP 制度的出台，给证监会监管中心化的虚拟资产交易平台打上了重要的法律补丁。随着配套制度的落地，我们有理由相信虚拟资产行业在香港将走向蓬勃发展的康庄大道。

三、金管局发表关于稳定币监管的咨询总结

香港金融管理局（以下简称金管局）于 2022 年 1 月发布了 Discussion Paper on Crypto - assets and Stablecoins（《加密资产和稳定币的讨论文件》，以下简称讨论文件），讨论文件概述了金管局优先发展"与支付有关的稳定币"的监管框架，同时在制度上体现了灵活性，以便在未来需要时对可能受到监管的稳定币的范围进行调整。金管局于 2023 年 1 月发布了 Conclusion of Discussion Paper on Crypto - assets and Stablecoins，总结了就主要问题收到的反馈意见以及其自身的态度。

我们针对金管局在讨论文件中开展咨询的八个问题，总结金管局的最新监管态度。

（一）金管局应该监管与所有类型的稳定币有关的活动，还是优先监管那些对货币和金融体系构成较高风险的与支付有关的稳定币的活动？

在考虑过收到的回应以及最新的国际建议后，金管局表示将采取基于风险的方法，优先监管声称参考一种或多种法定货币的稳定币。原因是这些稳定币更有可能被用于支付，并与传统的金融体系有联系，从而比其他类型的稳定币或加密资产产生更高和更紧迫的货币和金融稳定风险。此外，该制度必须灵活，以便能够及时处理新的稳定币结构和/或使用案例可能带来的货币和金融稳定风险。

同时，金管局确认，基于某些原因（例如，已受另一金融监管制度约束，或在公众无法接触的严密环境下使用），有必要将某些安排排除在稳定币的定义之外。金管局将就豁免范围和相关方法进行进一步的分析和咨询。其中，接受存款活动目前在香港受《银行条例》监管，金管局将考虑在香港对代币存款进行适当监管和

处理。至于对其他加密资产的监管,金管局将继续与香港特区政府的其他利益相关者协调,参与相关的国际讨论,并在考虑相关的监管处理时考虑任何适用的国际标准和/或建议。在此过程中,金管局也会考虑其他加密资产可能对香港的货币和金融稳定带来的风险。

(二)哪些类型的稳定币相关活动应纳入监管范围。例如,发行和赎回、保管和管理、储备管理?

根据所收到的意见及国际上不断演变的做法,金管局表示将进一步检讨纳入监管范围的活动清单。其会采取以风险为基础的方法,并参考国际上的建议和其他主要司法管辖区的建议发展方向,主要集中在监管强制性牌照制度下的关键职能,例如:

(1) 治理:建立和维护管理范围内稳定币安排的规则;

(2) 发行:发行、创建或销毁相关范围内的稳定币;

(3) 稳定:监管相关范围内稳定币的稳定和储备管理安排(无论这种安排是否由发行者提供);

(4) 钱包:提供服务,允许存储用户的加密密钥,以便访问用户持有范围内的稳定币和管理这些稳定币。

换句话说,上段中未列出的稳定币相关活动在初始阶段可能不会被纳入拟议的监管范围。这些活动被评估为一般会带来较低和不太紧迫的货币和金融稳定风险。尽管如此,金管局建议在稳定币监管制度中体现适当的灵活性,使监管机构能够在考虑重大公共利益的情况下,在未来纳入新类型的受监管活动。从货币和金融稳定的角度来看,这将使政府部门能够在与不受监管的稳定币活动有关的任何风险变得令人担忧时,随时处理这些风险。

关于外包,金管局希望相关的持牌实体能够保留对外包活动的最终控制权以及对其用户的义务。参照金管局目前管理的其他监管制度,金管局预期会以适当的指引来补充有关法例,以列明其在发牌及持续监管事宜方面的要求。

(三)对于那些受新的许可制度约束的实体,金管局将设想什么样的授权和监管要求?

金管局将采取以风险为基础的方法来制定稳定币的监管要求。鉴于与稳定币有关的活动有多种,金管局更倾向于针对每类活动制定适当的监管要求,即不同的牌照会涵盖不同类型的受监管活动,而不是单一类型的牌照涵盖各种活动。

虽然金管局会继续制定确定及详细的监管规定,并在适当时候咨询市场,但原则上,金管局认为以下是监管制度的重要元素:

(1)全面的监管架构。监管要求应涵盖广泛的问题,包括但不限于所有权问题、治理和管理要求、财务资源要求、风险管理要求、反洗钱/反恐融资要求、用户保护要求,以及定期审计和披露要求。

(2)全面支持和按面值赎回。为稳定币安排的储备资产的价值应该在任何时候都能不低于已发行稳定币的价值。储备资产应该是高质量和高流动性的。基于套利或算法获得其价值的稳定币将不被接受。稳定币持有者应能在合理期限内按面值将稳定币赎回为参考的法定货币。

(3)主营业务限制。受监管实体不应开展偏离其相关牌照所允许的主营业务的活动,如钱包运营商不应从事借贷活动。

(四)在预期的监管制度下,谁需要牌照,预期的覆盖范围是什么?

金管局认为,实施本地注册规定非常有利于金管局有效监管持牌机构及执行监管规定,特别是确保公司的资产及负债与集团其他成员适当地分开,以及在业务倒闭时方便扣押资产以保障使用者。与此同时,其注意到在咨询期内有关执行监管规定的其他方法的意见和建议。金管局将进一步评估不同的方案,例如在维持监管制度必要的稳健性和有效性的前提下,是否可以采用某些缓解措施来代替本地注册的要求。其会考虑相关的国际监管讨论和发展,以及市场参与者的意见。

在香港进行有关范围内稳定币的受规管活动或积极向香港公众推销该等活动的人士,应持有相关牌照。至于以港元为参照物的稳定币问题,金管局倾向于将其纳入监管范围。具体来说,任何进行稳定币相关活动的实体,如果声称其稳定币价值参考了港元,那么就需要获得相关的牌照,并受到监管规定的约束,无论相关的受监管活动是在香港进行还是向香港公众积极推销。这是因为考虑到以港元为参照物的稳定币被香港公众采纳和使用的可能性要大得多,因此会引起较高的货币和金融稳定问题,需要加强对用户的保护。

（五）该新的、以风险为基础的稳定币制度将于何时建立，是否会与香港的其他金融监管制度重叠，包括但不限于证监会的VASP制度，以及《支付系统及储值支付工具条例》（Payment Systems and Stored Value Facilities Ordinance，PSSVFO）的储值设施（Stored Value Facilities，SVF）许可制度？

在引入新监管制度的时间表方面，金管局正在检讨其工作目标。考虑到稳定币的波动性和风险，以及有必要采用最新的国际建议，并使香港的稳定币监管制度与其他主要司法管辖区的监管制度保持一致，金管局将致力于在2024年前建立监管制度。金管局表示，在上述稳定币制度下的监管活动可能与香港的其他金融监管制度（如由证监会管理的VASP的发牌制度）重叠及/或有联系，金管局将进行进一步的评估，并在制定制度细节时与香港特区政府的其他利益相关者、本地金融监管机构以及其他相关利益相关者合作，以避免监管套利，确定和解决监管重叠或漏洞，并减轻不同活动带来的风险。在制定监管制度时，金管局会注意到可能出现的情况，即目前在某一制度下的稳定币随后可能会被纳入另一制度。

同时，金管局认识到更广泛的加密资产市场的快速发展，以及国际上对不同类型的加密资产的讨论处于不同阶段。在这方面，关于稳定币的监管讨论更为深入和具体。同时，在不同的国际论坛上，也在不断讨论更广泛的加密资产市场，如无担保的加密资产和分散金融（去中心化金融，Decentralized Finance，DeFi），金管局也积极参与其中。金管局还注意到，在加密货币领域提供服务的方式正在迅速发展，可能与传统金融的方式不同。金管局将继续关注国际建议和适用的时间安排。鉴于上述情况，虽然修订PSSVFO可以达到从支付角度将稳定币纳入监管范围的目的，但金管局认为引入一项新的、独立的立法，从监管稳定币开始，同时提供进一步将加密资产市场的其他部分纳入监管的可能性，也有其独特的益处。金管局将进一步评估这种做法的利弊。

（六）稳定币可能会被挤兑，成为银行存款的潜在替代品。金管局是否应该像美国总统金融市场工作小组发布的《稳定币报告》中的建议那样，要求稳定币发行人成为《银行条例》下的认可机构？

金管局表示将采用以风险为基础的“相同风险、相同监管”的方式来监管相关实体和活动。经考虑所取得的意见及参考多个主要司法管辖区的未来方向后，金管局认为，只要认可机构及非认可机构能符合相关的发牌及监管规定，便应获准发行稳定币。根据“相同风险、相同监管”的原则,金管局将根据每类发行人对金融体系带来的风险来调整适用于认可机构和非认可机构发行人的最终监管要求(相同或定制)。上述方法的目的是在促进金融创新(如不设置过高的门槛)和维护金融稳定之间取得合理的平衡。至于是否应该在监管方法中区分“系统性”和“非系统性”稳定币,金管局在参考了对SVF发行人的监管,并考虑了市场的发展阶段后,其认为,与其一开始就对可能构成“系统性”稳定币的内容和相应的额外监管要求作出规定,不如采取以风险为基础的方法,由金管局根据与持牌实体和所采用的具体稳定币安排有关的所有相关因素来调整监管力度,这样更合适。

(七)鉴于无担保的加密资产与主流金融系统的联系越来越紧密,对金融稳定的风险越来越大,金管局是否也有计划对其进行监管?

考虑到反馈者对风险为本方法的广泛支持,以及国际上对稳定币的建议处于高级阶段,金管局表示将在现阶段优先考虑对稳定币的监管,并监测其他加密资产与主流金融系统之间的相互关联性。金管局将分析最新的市场情况和国际讨论,以考虑是否以及如何对其他加密资产进行监管。同时,金管局表示会继续考虑不同类别的加密资产可能带来的货币和金融稳定风险。

关于沙盒的问题,金管局设立了金融科技监管沙盒(fintech supervisory sandbox),让银行及其合作的科技公司就其金融科技措施进行试点,涉及的参与客户数量有限,而无须完全遵守金管局的监管要求。在制定稳定币的监管制度的同时,金管局也会考虑实施安排的问题。在这一背景下,将考虑是否需要设立沙盒。

(八)对于稳定币生态系统中的现有或潜在各方和实体,在金管局的监管制度出台之前,他们应该做些什么?

随着相关工作的进展,金管局将继续与业界人士及香港特区政府和金融监管机构的其他利益相关者沟通。金管局表示其会进一步咨询业界,然后才立法制定规管架构。避免监管套利的问题将在制定法例及实施细则时处理。

讨论文件及其总结只是相关立法推出的第一步,金管局表示将在适当时候进行更详细的咨询,提供有关监管制度的更详细资料,以确定法例草案将涵盖的主要参数。此外,金管局将就某些问题进行进一步评估,如是否应制定新法例或修订现有法例以实施建议的监管制度、如何尽量减少可能出现的监管重叠、处理联营实体提供多种或捆绑式金融服务可能带来的风险,以及本地注册的规定。其计划在更详细的咨询中列出评估结果和建议的未来方向。我们将持续关注该方面的立法动向。

（张勰对本文亦有贡献）

前沿观察：从境外热点案例中看 NFT 性质认定与法律风险

李瑞　贾申*　徐晨

*作者简介：
李瑞，中伦律师事务所北京办公室公司业务部合伙人，电邮为：lirui@ zhonglun. com。
贾申，中伦律师事务所北京办公室合规与政府监管部顾问，电邮为：jiashen@ zhonglun. com。

2021 年 3 月，艺术家 Beeple 的非同质化代币（Non－Fungible Token，NFT）作品“Everydays—The First 500 Days”在佳士得拍卖会上以 6900 多万美元的金额成交，引得市场的瞩目。以此为代表的 NFT 高额交易层出不穷，吸引着风投机构、区块链技术提供方、发行者、交易用户等纷纷入场。多家互联网巨头也纷纷尝试推出 NFT 交易平台或发行 NFT 产品。

不可忽视的是，火爆的 NFT 市场伴随着较多的不确定性与隐患，NFT 投资所可能带来的法律风险也不甚明确。NFT 本身的灵活性及应用的多元化也为监管机构带来一定的挑战。相较于国内市场而言，境外尤其是欧美各国的 NFT 交易与应用市场更为活跃，目前已经形成的监管态势及司法实践也更为多样。因此，本文希望通过域外观察的视角，就 NFT 发行与交易的不同场景中可能映射的法律关系与风险进行分析梳理，以此探究 NFT 未来的监管方向与思路。

综观全球，目前暂无国家或地区形成关于 NFT 的成熟监管框架，各法域均主要通过解析 NFT 本身的特性及应用场景的特点，来推定可能适用的法律法规，因此解析 NFT 本身对于认识 NFT 监管而言十分重要。下文将根据域外实践经验，分析 NFT 本身的技术特点、发行交易的链条及其目前的域外 NFT 生态系统，着眼于以美国和英国为代表的域外热点案例，探讨不同监管模式下的共性与特点。

一、当我们谈起 NFT 时，我们在讲什么

（一）NFT 特性与境外应用实践

NFT 直译为非同质化代币，根据域外实践，NFT 普遍具有不可分割、不可替代、独一无二等特点。与比特币、以太币等拥有自己主链的原生币不同，NFT 属于代币，主要依附于现有的区块链，并一般使用智能合约（smart contract）来进行交易。由于 NFT 的不可替代特性及去中心化记账的特性，该数据资产能够避免被随意复制、更改，其所有权可以被实时追溯，每一次的交易也能够被有效记录在案。因此，NFT 目前在国际上被广泛应用在游戏、艺术、音乐、地产等领域。以音乐为例，世界知名的 DJ 3LAU 在 Nifty Gateway 平台推出了 NFT 音乐作品，境内部分音乐平台也推出了 NFT 专辑。

（二）NFT 在域外的发行与交易

为明确 NFT 可能带来的法律风险，除需了解 NFT 及其所依赖的技术外，还需

了解目前的生态产业链,不同的环节可能映射着不同的合规义务。依据重要节点及域外实践现状,目前 NFT 的国际产业链可归纳为以下四个环节(见图 1)。

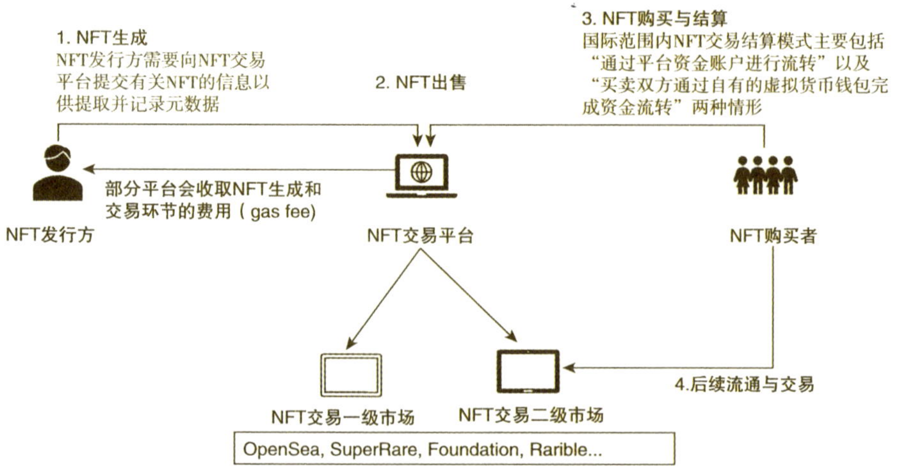

图 1　NFT 发行与交易流程

1. NFT 的域外上链与发行

NFT 发行方(通常为创作者或被授权方)需要先在区块链上生成 NFT。通常而言,在通过 NFT 交易平台生成 NFT 时,NFT 发行方需要向国际范围内的 NFT 交易平台提交有关 NFT 的信息以供提取并记录元数据,NFT 交易平台则作为 NFT 生成服务方在区块链上生成 NFT,作为记录元数据的区块链凭证。在该过程中,部分平台可能会收取 NFT 生成和交易环节产生的费用。

2. NFT 国际范围内的初次出售

NFT 的购买者可通过国际 NFT 交易平台展示的信息,选择对应的 NFT 并根据要求支付固定价格或进行竞拍。国际范围内常见的价格支付方式包括法定货币支付、虚拟货币支付等。支付完成后,NFT 交易平台将根据预设交付规则,将标的 NFT 以约定方式交付至购买者,同时 NFT 交易平台将公示该交易信息。

3. NFT 的购买与结算

在完成 NFT 出售后,双方将进行对价的结算。当前,国际范围内 NFT 交易结算模式主要包括通过平台资金账户进行流转,以及买卖双方通过自有的虚拟货币钱包完成资金流转两种情形。

4. NFT 后续流转与交易

NFT 的持有者可以进行二次交易，目前国际市场上流量较大的二级市场交易平台包括 OpenSea、Auctionity、TokenTrove 等。一般来说，此类域外平台会依据智能合约在每次流通时向 NFT 发行方支付一定比例的费用，部分平台也会抽取佣金。

二、域外观察之美国

在美国，NFT 法律性质的认定仍面临着诸多挑战，因此尚未形成统一的监管框架。尽管如此，美国最新出台和修订的一系列法律法规、监管机关指导意见及司法案件都在不断推进着对于 NFT 监管的探索。本文以目前监管态势下 NFT 可能会被认定为商品、证券或虚拟货币的三种可能性为索引，就不同情形下的法律风险进行分析与说明。

（一）NFT 被认定为商品

NFT 有可能被认定为《美国商品交易法》（Commodity Exchange Act，CEA）中所定义的“商品”。在实践中，美国商品期货交易委员会（Commodity Futures Trading Commission，CFTC）对于“商品”认定也通常较为宽泛。在 CFTC 发布的多份报告与指引中，以太币、比特币等虚拟货币就被认为是受 CEA 规制的“商品”之一。2018 年，美国马萨诸塞州地区法院在 CFTC v. Randall Crater，Mark Gillespie and My Big Coin Pay，Inc. 案中进一步明确了前述的观点，裁定虚拟货币（比特币、以太币等）属于 CEA 所规制的商品。

虽然由于其非同质化的特点，NFT 不等同于虚拟货币，但由于 NFT 及虚拟货币均依赖区块链技术进行流通交易，存在较多相似性，所以 NFT 也有可能被认定为 CEA 中所定义的商品。在 2022 年 6 月，美国共和党参议员就提出了《负责任的金融创新法案》（The Responsible Financial Innovation Act），提议将大部分种类的数字资产（包括 NFT）认定为“商品”。如 NFT 被认定为商品，那么企业应特别关注 CEA，尤其是其中两项规定：（1）CEA 对欺骗性和操纵性交易的一般禁令；（2）若 NFT 是以保证金或杠杆方式提供的，则 CEA 对此的额外要求可能适用，如涉及保证金及杠杆的 NFT 交易只能在已注册的衍生品交易所交易等。

（二）NFT 被认定为证券

部分 NFT 交易可能构成证券发行的标准，从而被认定为证券。在实践中，美国最高法院在 SEC v. W. J. Howey Co. 案件中确立了以豪威测试(howey test)作为判断一些"另类投资"是否属于证券的主要认定方法。如 NFT 被认定为证券,那么其发行与交易需受《1933 年证券法》(Securities Act of 1933)和《1934 年证券交易法》(Securities Exchange Act of 1934)等的规制。

虽然美国证券交易委员会(U. S. Securities and Exchange Commission, SEC)目前尚未针对某一个 NFT 的项目、业务发起诉讼,但是目前已经出现了普通投资者针对 NFT 卡牌发行方提出的一个非法证券交易指控。2021 年 5 月,Jeeun Friel 等人针对发行 NBA 卡牌的发行方 Dapper Labs, Inc. 及其首席执行官 Roham Gharegozlou 提起集体诉讼。原告称,平台强调 NFT 的稀缺性,诱导用户高价购买,并通过营销手段诱导用户"期望获利",因此 NFT 卡牌的发行属于"投资合同"。Dapper Labs 未在 SEC 注册却非法发行销售 NFT 证券,违反《1933 年证券法》,应当赔偿原告损失。2023 年 2 月 22 日,美国联邦地区法院最新裁定认为,在应用豪威测试后,能够认定被告 Dapper Labs 提供的 NFT 属于"投资合同",因此是一种"证券",需要向 SEC 登记。尽管法官在该案中也指出,NFT 是否属于证券还需个案讨论,但该裁定对于 NFT 法律性质的认定产生了重要的影响。

SEC 也较为活跃地在调查 NFT 创建者以及提供 NFT 交易的加密货币交易所,并重点调查碎片化 NFT(F-NFT)。此外,2022 年 5 月,SEC 还宣布对于其下属执法部门进行改革,将原网络部门(cyber unit)改为加密资产和网络部门(crypto assets and cyber unit),并增加部门工作人员。SEC 更在新闻中指出,NFT 也将是该部门未来执法关注的领域之一,预示了在证券领域对 NFT 加强执法和监管的态度。

(三)NFT 被认定为数字货币

虚拟货币的洗钱风险一直是监管重点,NFT 因为与虚拟货币的相似性,如被认定为数字货币,其洗钱风险与监管要求也不容忽视。美国金融犯罪执法局(The Financial Crimes Enforcement Network, FinCEN)依据《美国银行保密法》(The Bank Secrecy Act,BSA)和其他相关法律,主要承担监管与打击金融机构洗钱的职责。自虚拟货币横空出世以来,FinCEN 陆续发布了相关指引以加强对于虚拟货币洗钱风险的监管。2022 年年初,FinCEN 发布了《通过艺术品交易开展洗钱和恐怖融资的研究》(Study of the Facilitation of Money Laundering and Terror Finance

Through the Trade in Works of Art)，指出艺术品交易市场上存在使用 NFT 进行洗钱的风险。尤其是 NFT 能够通过互联网转移，其无地理距离和国境限制的特性更助长了被用于洗钱的风险。

此外，美国政府最近颁布的《国防授权法》(The National Defense Authorization Act, NDAA)对一些反洗钱相关法律规定进行了更新和改革，除 BSA 外，还包括《美国反洗钱法》(The Anti - money Laundering Act, AMLA)。依据反洗钱要求，货币服务提供者(Money Services Businesses, MSB)具有一系列反洗钱方面的义务，包括向 FinCEN 登记，建立自身的反洗钱合规项目等。依据不同 NFT 的性质与特点，相关交易平台可能受到 FinCEN 的监管。例如，用于支付或投资目的的 NFT 可能被认定为"虚拟资产"(virtual asset)，而从事虚拟资产业务的实体则会被视为 MSB，受到上述义务规制。

三、域外观察之英国

英国法律法规及司法实践对于 NFT 法律性质的认定及探索不如美国频繁与密集，但近年来英国 NFT 市场也出现了一些较具代表性的案例与动态，因此值得有意在英国投资、发展 NFT 产业链的企业与个人关注。

英国金融行为监管局(Financial Conduct Authority, FCA)在 2019 年的加密资产指引(Guidance on Cryptoassets)中将"加密资产"(cryptoassets)主要分为以下三大类：

(1)电子货币代币(e - money tokens)。其指的是具有价值的数字支付工具，流通性强。

(2)证券代币(securities tokens)。其指的是具有投资特征的代币，一般具有和传统金融投资手段(如股权、信用债券等)类似的特征。

(3)不受监管的代币(unregulated tokens)。其主要包括用于购买服务(或访问 DLT 平台)的代币和用作交换手段的代币。

基于 FCA 对于适用法律法规的查明研究和公共意见的咨询，笔者认为，为保护金融投资者，电子货币代币、证券代币属于受监管的对象，以太币及比特币一般而言属于不受监管的代币。英国财政部(HM Treasury)在其 2021 年 1 月发布的报告中也指出，NFT 因其非同质化、非金融化的特性和相关市场暂不成熟的情况，并不会成为重点监管的加密资产。因此，除非在实际应用中 NFT 表现出类似于电子货币或证券代币的特征，一般而言，NFT 更可能会被视为不受监管的代币。但需要提示的是，尽管 NFT 可能会被认为是不受监管的代币，但视其业务场景仍需关注其他可能适用的法律法规，如《资深经理人及认证机制》(Senior Managers and Certification Regime)等。

2022 年，英国高等法院在 Lavinia Deborah Osbourne v. Persons Unknown, Ozone [2022] EWHC 1021 (Comm)(以下简称 LO 案)的判决中认为 NFT 属于私人财产，这成为一个重要先例。在 LO 案中，原告购买的 NFT 艺术作品失窃，因此原告提起诉讼并要求 OpenSea 为追踪盗窃者账号提供必要的信息与协助。在判决中，法官认为 NFT 艺术作品对于原告来讲确有重要价值，属于私人财产，这也与英国已发生的一系列加密资产诉讼案件中法院所持态度一致。但值得注意的是，NFT 的财产属性并未延伸至 NFT 所关联的物品(如虚拟艺术作品)，而仅限于 NFT 本身。由此可见，NFT 及虚拟财产的确权还有待进一步明确。

在中国，NFT 主要作为数据藏品流通。因此，相较而言，NFT 在境外的发展与投资更为活跃，部分公司也可能会在海外市场面临 NFT 相关产业的风险。在这种情况下，中国公司应特别关注海外 NFT 市场及监管环境的不确定性与风险。如中国母公司为上市公司，可能还需注意海外 NFT 监管风险将给上市合规带来的影响。

从本文所浅议的 NFT 监管态势与司法实践来看，在大部分法域，NFT 监管所面临的首要难题就是其性质的确定。NFT 技术在不同场景下的应用使其可能具有不同的特点与属性，因此难以一概而论。NFT 及其所关联的数据(集)的确权问题及特定场景下的知识产权，如著作权等问题，仍有待商榷。厘清一新兴事物的法律性质及其所关联的权益与风险需要一定时间的探索，在目前监管框架仍不清晰的情况下，本文抛转引玉以期为 NFT 产业链中的各方提供有益观察。在部署 NFT 业务时，建议企业首先明确产品拟投放的市场以明确可能适用的监管框架，并进一步依据自身在 NFT 产业链中所处的环节提前防范可能出现的法律监管风险，并对监管态势尤其是里程碑式的司法案件保持密切观察。

(陈蓝天、苏洞宇对本文亦有贡献)